Bruno Kreisky · Der Mensch im Mittelpunkt

Bruno Kreisky

Der Mensch im Mittelpunkt

Der Memoiren dritter Teil

Herausgegeben von Oliver Rathkolb,
Johannes Kunz und Margit Schmidt

Mit einem Gesamtregister aller 3 Bände am Ende dieses Bandes

K&S

Wien · München · Zürich
Verlag Kremayr & Scheriau

Überarbeitete Neuausgabe

Die Originalausgabe dieses Werks erschien 1996
by Verlag Kremayr & Scheriau, Wien-München

Einbandgestaltung: Heinrich Mayr unter Verwendung eines Fotos
von Margret Wenzel-Jelinek
Druck und Bindung: Wiener Verlag, Himberg bei Wien
ISBN 3-218-00684-8

Vorwort der Herausgeber

Sechs Jahre nach dem Tod Bruno Kreiskys und acht Jahre nach dem Erscheinen seines zweiten Memoirenbandes erscheint posthum ein drittes und letztes Erinnerungsbuch. Der Autor selbst hatte nicht mehr die physische Kraft, der Aufforderung Rudolf Kirchschlägers nachzukommen, der bei der Präsentation des zweiten Buches »Im Strom der Politik« 1988 erklärte, daß es »nicht nur nach ›Der Memoiren dritter Teil‹ verlangt, sondern auch dazu verleitet, die eigene Müdigkeit zu überwinden und entgegen der bisherigen Absicht doch noch Erinnerungen zu schreiben, schon allein, um in rückschauender Selbstprüfung die eigene Interpretation eigenen Handelns ›to whom it may concern‹ darzustellen«.

Ziel dieser Veröffentlichung ist es daher, all jene Themenbereiche, die Bruno Kreisky selbst noch für die Nachwelt festhalten wollte und die nach wie vor gesellschaftlich relevant sind, anhand von inhaltlich originalgetreuen autobiographischen Unterlagen zusammenzustellen und sprachlich zurückhaltend lektoriert zu publizieren. Ausdrücklich muß darauf hingewiesen werden, daß eine Reihe von internationalen Themen bereits im »Vorgriff« im zweiten Memoirenband beschrieben wurden, so daß nur grundsätzlich neue und weiterentwickelte Bereiche in den dritten Band, der den Jahren 1970–1983, aber auch dem Zeitraum bis 1989 gewidmet ist, aufgenommen wurden. Wiederholungen wurden in allen Fällen – soweit als möglich – vermieden.

Ausgangspunkt des dritten Memoirenbandes »Der Mensch im Mittelpunkt« bilden über 5.000 Seiten unbearbeiteter Gesprächstranskripte von ungekürzten Vorarbeiten Kreiskys aus den Jahren 1984–1989; dazu kommen noch weitere 500 Seiten mit Abschriften aus einem früheren Film-Projekt von Otto Pammer und später auch ein Memoirenvorhaben (das aber nicht ausgeführt wurde) sowie eine Reihe anderer, im Quellenverzeichnis angeführten O-Ton-Materialien aus der Stiftung Bruno Kreisky Archiv.

Diese Unterlagen wurden entlang einer inhaltlichen Struktur, die Bruno Kreisky großteils noch selbst festlegte und die sich auch in Hinweisen in den Transkripten findet (zum Beispiel hinsichtlich der Wichtigkeit eines wirtschaftspolitischen Kapitels zur Bekämpfung der Arbeitslosigkeit), von den Herausgebern gemeinsam fertiggestellt, von Oliver Rathkolb ausgewählt und in einem gemeinsamen, intensiven Arbeitsprozeß der Herausgeber endgültig zur Publikation festgelegt. Kapitel 3 basiert auf einer Zusammenstellung von Dr. Theodor Venus.

Zentrales und immerwährendes Motto bei der Auswahl der Texte war die absolute Forderung nach Authentizität, die als strenger Maßstab auch bei notwendigen Kürzungen von Textüberlängen oder mehrfachen Textüberlieferungen desselben Inhalts angelegt wurde. Ghost-writing wäre manchmal einfacher gewesen, aber der Ehrgeiz der Herausgeber war es, die Positionen Bruno Kreiskys unverfälscht zu dokumentieren – sowohl dem Inhalt als auch der Sprache nach –, wenn auch die Editoren nicht immer mit seinen Einschätzungen und Wertungen konform gehen. Tatsächlich ist es gelungen, die entsprechenden O-Töne zu einem Ganzen zusammenzustellen. Daher konnte von ursprünglich geplanten Einleitungen Abstand genommen werden. Daß etwaige Lücken trotzdem auftreten können, liegt daran, daß man den Autor nicht mehr um eine Ergänzung fragen oder bitten konnte. Andererseits zeigte sich bereits bei den ersten beiden Bänden, daß gerade die bewußte/unbewußte Auswahl oder Auslassung von Ereignissen oder Personen wiederum Einblick in die höchst persönliche Einschätzung Bruno Kreiskys gewährt. Es sind eben jene Themen und Persönlichkeiten gewesen, die er »besprochen« hat, die ihm in der Erinnerung als wesentlich erschienen sind – gleichviel ob erfreulich oder zutiefst unerfreulich in ihrer Wirkung. Bruno Kreisky deponierte mehrmals schriftlich, daß es primär darum gehe, nicht die Politik, die er zu verantworten hatte, im Detail zu verteidigen oder einen Tätigkeitsbericht vorzulegen, sondern die großen politischen Ziele und Leitlinien während seiner Regierungszeit zu erklären. Enzyklopädische Vollständigkeit kann daher nur von Historikern und Historikerinnen gefordert werden, die jedoch erst am Anfang ihrer Arbeit über diesen Zeitabschnitt österreichischer Geschichte stehen. Besonders wichtig war es Kreisky auch, immer wieder auf die Aufgaben der Politik in der Zukunft hinzuweisen und durch seine Analysen zu untermauern – ein Bemühen, das trotz der geopolitischen Änderungen seit 1989 und dem Ende des Kalten Krieges durchaus noch höchste Aktualität besitzt.

Interessant ist in diesem Zusammenhang auch eine typische

Facette Bruno Kreiskys, der bei besonders kontroversen Ereignissen – vor allem im Zusammenhang mit seiner Beziehung zur Führungselite der SPÖ seit 1980 – in Briefen seine höchst subjektive Interpretation »für die Geschichte« schriftlich festhielt, in Presse-Interviews aber, die zwischen 1985 und 1988 mehrfach für große Aufregung gesorgt hatten, immer ohne die ihm manchmal eigene Erregung agierte. Aus diesem Grund wurde auch eine Kreisky-Original-Formulierung »Für das Parteiarchiv diktiert« als Überschrift des 15. Kapitels gewählt, in dem derartige Quellen erstmals der Öffentlichkeit zugänglich gemacht werden. Die auch hier notwendigen Kürzungen betreffen keine wesentlichen inhaltlichen Analysen und Wertungen beziehungsweise entsprechen späteren Neubewertungen durch Kreisky, doch war in diesem Fall eine kurze Einführung der Herausgeber in die den Briefen und Reflexionen zugrundeliegenden Ereignisse und Fakten notwendig.

In mühevoller Detailarbeit wurden diese gesprochenen Kreisky-Texte von der Lektorin des dritten Bandes, Dr. Doris Sottopietra, in eine flüssige, gut lesbare Form gebracht, ohne den »gesprochenen« Stil des Autors zu ändern oder gar zu verfälschen. Frau Dr. Sottopietra hatte überdies gewichtigen Anteil am Sachlektorat und der Kontrolle der Dramaturgie des Buches.

Bereits die ersten beiden Memoirenbände sind auf ähnliche Art und Weise entstanden. Daher soll nochmals die Arbeitsmethode, die Bruno Kreisky selbst autorisierte, kurz geschildert werden, um klarzustellen, daß sich die Authentizität des dritten Teils an den vorhergegangenen Produktionen orientiert. Ausgangspunkt für alle Bücher waren umfangreiche Tonbandaufzeichnungen von Monologen Kreiskys, die dieser als Antworten auf Fragen seines Verlegers Wolf Jobst Siedler (bei den ersten drei Sitzungen von Joachim Fest) in Wien, am Semmering und vor allem auf Mallorca entwickelte und ausführte. Daten und Dauer dieser Memoirensitzungen sind im Quellenverzeichnis angeführt. In der Endphase dieser Arbeit, die zunehmend auch dem Redigieren der ersten beiden Bände gewidmet war, blieben vom »Team« Kreiskys seine langjährige Mitarbeiterin Margit Schmidt und Oliver Rathkolb als wissenschaftlicher Konsulent übrig. Bis zuletzt diktierte Kreisky seine Memoirenvorarbeiten immer vor »Publikum« – er war kein stiller Schreiber im klassischen Sinn, und entsprechend »gesprochen« klingt auch der Schreibstil all seiner Memoirenbände.

»Zwischen den Zeiten« und »Im Strom der Politik« basierten auf diesen Kreisky-Monologen, fallweise ergänzt durch frühere oder zeitgleiche andere Original-Kreisky-Quellen (Transkripte von Interviews, selbstverfaßten Reden und Briefe) und wenige Materialien Dritter. Thomas Karlauf schnitt als Lektor dieser Bände die Kreisky-Monolog-Transkripte zusammen und bearbeitete die Einzelkapitel nach einer vom Autor entwickelten Dramaturgie unter besonderer Berücksichtigung des »gesprochenen« Kreisky-Stils (Daten- und Faktenkontrolle besorgte Oliver Rathkolb). Band I wurde in weiterer Folge von Kreisky dann überaus stark bearbeitet und teilweise zum Leidwesen aller an der Produktion Beteiligten neu geschrieben. Band II erfuhr weniger starke Änderungen, die jedoch deutlich die Absicht des Autors Bruno Kreisky dokumentierten, im gedruckten Wort persönliche Attacken oder Interview-Polemik zu vermeiden beziehungsweise zu mildern.

Die Herausgeber sind dem wissenschaftlichen Recherche-Team der Stiftung Bruno Kreisky Archiv, welches Hunderte Fakten und Details auf seine Richtigkeit überprüfte, zu großem Dank verpflichtet: Vitali Bodnar, Ingeborg Hausknost, Stefan August Lütgenau, Mag. Maria Steiner (die auch die Foto-Recherchen leitete), Dr. Theodor Venus, Mag. Doris Wiesinger (die die Erfassung und Übertragung der Korrekturen leitete und großteils selbst ausführte). Ein wichtiger Teil der wissenschaftlichen Grundlagen und Quellenforschungsarbeit wurde durch ein begutachtetes Projekt des Fonds zur Förderung der wissenschaftlichen Forschung ermöglicht, wofür diesem aufrichtig gedankt sei. Ohne das Interesse des Verlegers, Herrn Leo Mazakarini, wäre dieses Buch möglicherweise nie erschienen, da eine Veröffentlichung nur sinnvoll erschien, wenn der österreichische Partner des Siedler-Verlags auch den dritten Memoiren-Band in Österreich produziert und vermarktet. Dem Verlag Kremayr & Scheriau und Frau Barbara Köszegi sei an dieser Stelle für die höchst effiziente Zusammenarbeit aufrichtig gedankt.

Oliver Rathkolb, Johannes Kunz und Margit Schmidt
Wien im Juli 1996

1. Kapitel

Auf dem Weg zur Europa-Reife und zu einem modernen Österreich

Als ich im Jahre 1968 als neugewählter Parteivorsitzender meine erste Parteitagsrede zu halten hatte, befanden wir uns in der Blütezeit der modernen Soziologie, der Renaissance der berühmten Frankfurter Schule, und in der Zeit der Studentenrevolution, von der ich behaupte, daß sie mehr vollbracht hat als frühere Studentenrevolutionen. Sie lockerte nämlich die erstarrten Strukturen der Universitäten sehr – in einer etwas gemilderten Form auch in Österreich, wie das halt immer so war – und brachte außerdem auch beträchtliche Unruhe in die etablierte Politik. In Frankreich mußte de facto Georges Pompidou gehen, und auch an amerikanischen Universitäten herrschte der Zustand eines echten Bürgerkrieges. In diesem Jahr 1968 also sollte ich als neugewählter Parteivorsitzender einer Partei, die hintereinander zwei furchtbare Niederlagen erlitten hatte, wieder Mut geben. Das war meine Aufgabe. Das mag egozentrisch klingen, aber es war die Realität. Und ich mußte dieser Partei doch auch sagen, daß wir die Wahl 1970 vorbereiten müssen.

SPÖ-Parteitag in Wien, Haus der Begegnung in Floridsdorf; 1971

Ich bekam damals und schon vorher, zum Teil durch Vermittlung meines etwas rebellischen Sohnes Peter, eine Fülle von Literatur ins Haus geschleppt, die ich anfänglich ein bißchen zerstreut durchgeblättert und dann wirklich gelesen habe. Da ist mir klar geworden, wie verwirrt und verwirrend die Positionen der Neuen Linken waren. Wenn ich mir zum Beispiel durchlas, was Ernest Mandel und André Gorz und andere Säulenheilige der Neuen Linken geschrieben hatten, dann merkte ich, daß sie die Dinge in der Analyse zwar sehr interessant, aber meiner Meinung nach nicht immer richtig sahen. Sie zogen sich jedoch dadurch aus der Affäre, daß sie sich einem gewissen Reformismus öffneten. Dabei kam ihnen die Idee – ich sage das jetzt sehr frei, ich könnte es auch mit Gorz zitieren –, daß es zweierlei Reformen geben wird, nämlich einerseits Reformen, die im System bleiben, und andererseits Reformen, die das System verändern. Und da fragte ich mich: Worin liegt da der Unterschied? Was immer man für das eine oder für das andere anführen konnte, letztendlich kam ich als einer, der sich von der Denkmethode der Austromarxisten nicht freimachen kann – Austromarxismus ist nämlich, wie ich immer wieder im Ausland gesagt habe, kein Schimpfwort, wie es das bei uns in Österreich war, sondern eine Art und Weise zu denken –, zu dem sehr simplen Schluß, daß die beste Definition dessen, was eine im System haftende Reform und eine das System verändernde Reform ist, darin beruht, daß die Quantität der Reformen sowohl für ihre Qualität als auch für die Qualität der Gesellschaft entscheidend ist.

Und ich behaupte nun, daß wir in den Jahren 1970 bis 1983 und danach die österreichische Gesellschaft entscheidend verändert haben, und zwar sehr viel mehr verändert haben, als es vielfach denjenigen gelang, die behaupteten, ein revolutionäres Prinzip zu vertreten.

Ich habe mich mit denselben Fragen jetzt wieder beschäftigt und mir das Buch von André Gorz nochmals durchgelesen. Es trägt den Titel »Der schwierige Sozialismus« und schildert mit großer Eindringlichkeit, was alles *nicht* zum Sozialismus führt. Aber auf der Suche nach dem, was vielleicht dort hinführen könnte, da stockt Gorz schon. Mir fiel es jedenfalls schwer, herauszufinden, was seiner Ansicht nach der sicherste Weg zum Sozialismus wäre, um so mehr, als er selbst mit den Stabilisierungstendenzen innerhalb der kapitalistischen Welt rechnet. Und ähnlich ging es mir auch mit anderen Autoren, aber das ist ja eine alte marxistische Tendenz: Daß man sehr gut die Situation darstellt, mit der man konfrontiert wird; daß man in vielem recht hat und recht behält, was ja viel wichtiger ist, aber sehr wenig aussagt über das, was sein soll.

Dabei ist ganz interessant, was ich in einem Buch gelesen habe, das anläßlich des Todestages von Karl Marx in der damaligen DDR herausgegeben wurde und in dem sich Vertreter aller kommunistischen Parteien – meistens sehr braver kommunistischer Parteien, wenn ich von der rumänischen und der jugoslawischen absehe – mit Marx beschäftigen. Ich hatte dabei das Gefühl, daß vom Marxismus-Leninismus eigentlich nur der Titel übriggeblieben ist. Alle versuchen irgendwie, ein bißchen von ihm wegzukommen, weil es nicht in ihre Vorstellung paßt, wenn sie sich zu sehr an die Klischees halten, die ihnen vorgegeben sind. Manche allerdings, vor allem ein paar Afrikaner und auch die Rumänen, versuchen doch zu sagen: So großartig Marx' Erbe ist, so sehr muß man es weiterdenken. Es ist bekannt, daß auch Stalin diese Meinung vertreten hat, wobei für ihn vielleicht maßgebend war, nach allem, was man so aus seiner Umgebung hört, daß es sich bei Karl Marx um einen deutschen Juden gehandelt hat.

Im Zuge meiner Überlegungen zu all diesen Fragen bin ich auf eine Rede gestoßen, die ich 1972, also am Anfang der Reformepoche der österreichischen Sozialdemokratie, in Villach gehalten habe. Darin hatte ich auch ein Zitat Ovids verwendet – »Wenn die Blitze auch nur einen treffen mögen, erschrecken sie nicht nur einen« –, um das Problem der Arbeitslosigkeit, an die damals niemand dachte, zu beschreiben. Man solle nicht glauben, sagte ich damals, daß es, wenn es auch nicht so eine gigantische Arbeitslosigkeit geben wird wie seinerzeit in den dreißiger Jahren (im Verhältnis zu den Beschäftigten natürlich, denn jetzt, 1985, ist ja die Arbeitslosigkeit numerisch viel größer, aber es ist auch die Zahl der Beschäftigten um sehr vieles höher), keine großen gesellschaftlichen Probleme damit geben werde. Damals meinte ich, man möge aufpassen und sich nicht einer Prosperitätseuphorie hingeben.

Ich habe damals in Villach noch zu einer ganzen Reihe von Problemen, wie zum Beispiel zum Umweltschutz, sehr ausführlich Stellung genommen, auf die ich hier nicht näher eingehen möchte, auch deshalb, weil es das Schlechteste ist, wenn man sich selbst zitiert. Wen ich aber in Zusammenhang mit der Problematik Reform und Revolution in Erinnerung rufen möchte, das ist Oscar Pollak. Er war, was die Didaktik der Arbeiterbildung betrifft, einer der bedeutendsten Theoretiker, der noch heute nicht genügend gewürdigt wird. Oscar Pollak vertrat in den dreißiger Jahren im »Kampf« eine These, die für uns revolutionäre Sozialdemokraten besonders wichtig war: Wie können wir überhaupt geistig überleben mit einer reformistischen Politik in Wien und überall in den großen Städten? Wie können wir revolutionär sein, wie soll das möglich sein? Und er meinte: Wir leben immer zwischen Revolutionen. Die letzte war 1918, die nächste kommt irgendwann einmal. Und in dieser Pause zwischen den Revolutionen müsse man den revolutionären Geist bewahren und nähren, die Menschen in diesem Geist erziehen, bis der Augenblick kommt, den wir zwar nicht herbeiführen können, aber der sich aus Krise und Krieg und einer Reihe von historischen Phänomenen ergeben kann. Für diesen Augenblick müssen wir da sein. Das war die Gegenposition zu den Reformisten, die gemeint haben: Wir wachsen sowieso in eine neue Gesellschaftsordnung hinein, wir machen immer bessere Reformen. Das Leben der arbeitenden Menschen wird immer sicherer, also ist das der Weg. Beide Auffassungen endeten bekanntlich in einer Sackgasse. Die Reformisten endeten in einer Sackgasse, weil die kostspieligen Reformen, als die große Krise kam und nichts da war außer der Angst, was danach geschähe, wenn man ausgesteuert würde, nicht mehr finanziert werden konnten. Und die anderen, die Revolutionären, endeten ebenfalls in einer Sackgasse, weil sich am Ende der großen Krise keine revolutionäre Situation ergab, sondern eine gegenrevolutionäre, die zu erklären hier nicht der Platz ist. Es waren ja vor allem die Arbeitslosen, die am 12. Februar 1934 gekämpft haben. Noch heute habe ich das Bild vor mir, wie die Leute vor dem Reumann-Hof bei der Südbahn mit dem Taxameter, dem kleinen Reindl, das sie in die Arbeit mitnahmen, entlang der Mauer geschlichen sind, um zu ihrem Arbeitsplatz zu kommen, während drüben die Menschen der Reihe nach verhaftet wurden.

Ja, die Revolution kam nicht. Otto Bauer hat etwas erklärt, was in einer weniger sympathischen Art, aber vielleicht durch die Umstände bedingt, auch Renner erklärt hat (man soll ja diese Dinge nicht unter den Teppich kehren oder unter den Tisch fallen lassen): Er war für den »Anschluß« und hat das auch sehr ausführlich begründet; er war sicher davon überzeugt, daß sich in seinem Leben nichts mehr ändern würde. Und Otto Bauer war auf seine Weise für den »Anschluß«, indem er die großdeutsche Revolution von Paris aus verkündete, während manche von uns eben der Meinung waren, daß das falsch war. Ich gebe zu, ich war ein Gegner dieser Thesen, aus einer ganz einfachen Auffassung heraus. Ich habe mir gesagt: Der Hitler führt zum Krieg, da hat Otto Bauer recht in seinem Buch »Zwischen zwei Weltkriegen?« – das war ja ein prophetisches Buch von großer Klarheit. Die Fronten werden so verlaufen, aber am Ende wird nicht die großdeutsche Revolution stehen, sondern es werden die Siegermächte in dem Teil, den sie erobert haben, versuchen, ihr politisches System oder das ihnen adäquate politische System zu entwickeln. Daher kann es für uns nichts anderes geben als zu trachten, daß Österreich in seinen alten Grenzen wiederersteht, die damals im Krieg gar nicht so sicher waren. Und es kam nicht zu jener berühmten großdeutschen Revolution mit all ihren Träumen. Friedrich Adler, den ich ungeheuer bewundert und geliebt habe, war der Meinung, man soll es den Österreichern in einem Plebiszit überlassen, ob sie Österreich wollen oder nicht. Aber die Realität war eben nicht so.

Vom ersten Tag meiner Wahl im Jahr 1967 an habe ich mich mit der Frage befaßt, wie die Sozialistische Partei Österreichs – also die österreichische Sozialdemokratie, wie ich sie gerne nenne – wieder zur führenden politischen Kraft im Lande gemacht werden kann. Und ich habe mir den Kopf zerbrochen, wie sich diese Partei nun nach den schweren Krisen der frühen sechziger Jahre wieder als eine Partei präsentieren kann, der man Regierungsverantwortung überträgt. Da war es vor allem wichtig, daß wir zu einer Versachlichung der Politik kommen. Ich wollte nicht, daß die SPÖ das Image, das Bild einer absoluten Oppositionspartei bekommt. Opposition um jeden Preis, aber bei aller Beteuerung, daß diese Opposition zwar gegen die Regierung, aber nicht gegen den Staat gerichtet ist, bestand doch die Gefahr, daß man sie als gegen den Staat gerichtet auffaßte, was ja bei einer Sozialistischen Partei, die gesellschaftsverändernd wirken will, durchaus nicht so fern liegt. Daher haben wir für alle wichtigen Bereiche unseres gesellschaftlichen Lebens Programme entwickelt, für deren Abfassung wir Hunderte hervorragende Fachleute gewinnen konnten. Und wenn man heute das damals erstellte Wirtschaftsprogramm durchliest, sieht man erst, wie vieles von diesem Konzept richtig ge-

Die Reformprogramme der SPÖ 1969

dacht war und wie vieles davon auch verwirklicht werden konnte.

Als wir dieses Programm verfaßten – ich habe ja mit zu den Verfassern gehört –, hatten wir es mit einem Österreich zu tun, das noch weit entfernt von der Europareife war. Wir setzten uns damals zum Ziel, »Österreich europareif« zu machen. Es war ein kühnes Ziel, und viele haben uns gewarnt, aber meine ganze politische Lebensauffassung besteht darin, daß ich von einer sozialdemokratischen Partei mehr verlange als von einer Partei schlechthin; einer Partei, der so viele Menschen ihr Leben geopfert haben, ihre Freiheit und ihr persönliches Glück. Eine solche Partei ist verpflichtet, sehr viel mehr zu sein als nur ein politischer Zusammenschluß von Leuten, die begrenzte Ziele in der Politik und im innenpolitischen Leben erreichen wollen. Deshalb haben wir uns in allen diesen Programmen Ziele gesetzt, die – miteinander verwirklicht – das »moderne Österreich« schaffen sollten. Aber schon damals waren wir uns darüber im klaren, daß wir nicht einem geistlosen Modernismus huldigen dürften, sondern daß unter »modern« auch ein menschliches Österreich verstanden werden muß, mit einer Politik, die eine Humanpolitik ist, mit allem, was dazugehört. Schon damals widmeten wir dem Umweltschutz und der Frage des Wohlbefindens des Menschen in der Gesellschaft besondere Aufmerksamkeit, wir entwickelten ganz neue Gesichtspunkte, von denen ich allerdings sagen muß, daß viele von ihnen auch heute noch nicht jene Realisierung gefunden haben, die wir uns vorstellten. Aber ein Programm kann auch nicht in zehn Jahren in allen seinen Teilen verwirklicht werden, vor allem dann nicht, wenn es ein so ehrgeiziges ist wie das unsere.

Doch ich glaube, daß wir damit die österreichische Gesellschaft von Grund auf verändert haben. Ich nenne ein Extrembeispiel, eine kleine Bergbauernfamilie. Nicht nur, daß wir die Bergbauern entdeckt haben, die früher von den Rüben- und Körndlbauern ignoriert wurden, wir waren auch die ersten, die ein echtes Bergbauernprogramm ausarbeiteten. Und wir holten sogar einen Fachmann, Franz Stummer, den Bergbauernreferenten der Landwirtschaftskammer, der zu mir sagte: »Bei denen, wo ich bin, da werden wir nichts durchsetzen.« Darauf habe ich gemeint, nun ja, dann wird es eben die Regierung durchsetzen müssen. In Landwirtschaftsminister Günter Haiden konnte ich dann auch einen großen Freund dieser Politik finden, und wir begannen, uns um die Probleme der Bergbauern zu kümmern. Es ist erstaunlich, was man alles über die Landwirtschaft erfährt, wenn man kein Bauer ist. So wurde uns zum Beispiel gesagt, daß Bergwiesen, die über Jahre hinweg nicht gemäht werden, zu einem gleitenden Teppich werden, auf dem der Schnee in gewaltigen Mengen hinuntersaust, die Straßen ruiniert und versperrt. Das wird dann vor allem ab dem 6. Jänner ein großes Problem, wenn alle, die in Vorarlberg oder anderswo in den Bergen auf Urlaub waren, wieder nach Hause fahren wollen. Wir sagten daher: »Gut, wenn ihr sagt, daß diese Probleme gelöst werden können, indem man das Gras schneidet, dann werden wir euch dafür Prämien geben.« Es gab also eine Fülle von Lösungen, ohne daß man die Mansholtsche Lösung anvisieren mußte, die darin besteht, daß man die Bauern von ihrem angestammten Platz wegholt. Diese »Landschaftsschützer«, wie wir die Bergbauern schon damals genannt haben, wurden für ihre Arbeit bezahlt.

Und es gab für sie auch viele andere Hilfen: Durch die Transferleistungen beispielsweise, die wir eingeführt haben, hatten die Frauen im Dorf, die Bäuerinnen, nicht mehr nur das Milchgeld, das ihnen traditionell gehörte und von dem sie alles bezahlen sollten und eigentlich nichts bezahlen konnten, sondern sie

Besuch bei der Bergbauernfamilie Friedrich Sperl, Gemeinde Pöls; 1969

bekamen von uns eine Menge zusätzlicher Zahlungen, die ihr Leben total veränderten. Das ist auch der Grund dafür, daß wir in den frühen achtziger Jahren noch immer in den Dörfern sehr stark waren. Dort hatten wir zum Beispiel 1983 im Vergleich zu den industriellen Kerngebieten die geringsten Wahlverluste. Die Frauen bekamen bei der Heirat etwas und auch bei der Geburt ihrer doch zahlreichen Kinder; sie erhielten, da sie viele Kinder hatten und nur einer den Hof – meistens nur unwillig – übernehmen konnte, die Möglichkeit der freien Schulfahrt. Auch das war eine große Hilfe, denn wenn man zum Beispiel aus Großarl die Kinder in die nächste Schule schickt, sind das ja viele Kilometer. Es gab also die freie Schulfahrt, und was war die Folge? Die Kinder der Bauern und Bäuerinnen wurden Krankenschwestern, Kindergärtnerinnen, Angestellte, konnten also eine Fülle von Berufen ergreifen, ohne daß sie das alles irgend etwas gekostet hätte. Auch das Schulmaterial haben wir frei zur Verfügung gestellt. Zudem haben wir durch ein sehr gerechtes System des Ausbaus der Telekommunikation ihre Isolierung aufgebrochen. Mir sagte einmal ein Bürgermeister aus dem Oberen Gericht, einer Gegend in Tirol zwischen Landeck und Reschenpaß: »Schau'n Sie, ich habe 35.000 Schilling, die bleiben mir über. Von den 35.000 Schilling kann ich entweder ein Telefon bezahlen oder den Schulbus, beides kann ich nicht bezahlen. Wir brauchen aber ein Telefon, denn sonst kommt kein Fremder zu uns herauf.« Wir haben ihm beides ermöglicht.

Wir haben also, wenn man so will, einer Gruppe von Menschen, die nicht von vornherein zu unseren Wählern gehört hat, neben der normalen und üblichen verstärkten Förderung im engen Bereich der Landwirtschaft eine totale Revolutionierung ihres Lebens gebracht. Und dazu kommen noch alle anderen Transferleistungen: die Einbeziehung in ein ordentliches Gesundheitssystem, in die Sozialpolitik. Wenn wir heute Probleme mit der Finanzierung der Sozialpolitik haben, so unter anderem auch deshalb, weil wir die Selbständigen einbezogen haben. Zum Unterschied von den Arbeitern und Angestellten zahlen die Selbständigen nur einen geringen Teil selbst, den anderen muß der Staat bezahlen.

Es sind ja die Arbeiterinnen, die eigentlich die größte Last zu tragen haben. Sie haben die schwere Arbeit, die Last der Familie und auch noch die Bürde, die für sie sehr oft die Männer darstellen, weil die halt lieber ins Wirtshaus gehen als zu Hause mitzuarbeiten. Mir ist das alles sehr bekannt und sehr bewußt. Schon auf Grund meines politischen Instinkts habe ich einen Widerwillen gegenüber Vorurteilen aller Art. Jegliche Emanzipation nützt der Gesamtemanzipation, das heißt, je mehr Frauenemanzipation es gibt, desto mehr Emanzipation gibt es in der Summe der Gesellschaft, weil die grundsätzliche Geisteshaltung für Intoleranz dann nicht mehr da ist. Man kann zum Beispiel auch nicht sagen, man ist prinzipiell ein Gegner des Antisemitismus, aber man mag die Schwarzen nicht. Das geht nicht.

Es gibt auch in unserer Partei konservative Tendenzen, ich gebe das offen zu. Aber es ist halt etwas leichter, wenn man jemanden wie mich hat, der dagegen kämpft, als wenn das jemand ist, der sich dabei aufreibt und sich nicht durchsetzt.

Wir (Männer) haben die Frauenfrage intellektuell bewältigt und beugen uns in dem Maße, in dem wir bereit sind, uns intellektuellen Zwängen unterzuordnen. Bestimmt bin ich im Unterbewußtsein auch geprägt durch die politische Realität, dadurch kann ich leicht reden, denn meine Partei hat eigentlich die Mehrheit durch die Frauen gewonnen. Ich bin mir aber bewußt, daß

Die neuen Staatssekretärinnen am 5. November 1979 in der Hofburg (v. l. n. r.): Frauenstaatssekretärin Johanna Dohnal, Staatssekretärin im Handelsministerium Anneliese Albrecht, Staatssekretärin im Bundesministerium für soziale Verwaltung Franziska Fast, Bautenstaatssekretärin Beatrix Eypeltauer, Finanzstaatssekretärin Elfriede Karl

wir trotz vieler Maßnahmen für die Frauen erst am Anfang stehen und daß noch sehr, sehr viel zu geschehen hat, vor allem im wirtschaftlichen Bereich.

Noch nicht gesprochen habe ich von den Arbeitern und Angestellten. Entgegen allem, was oft aus den Statistiken herausgelesen wird, zum Beispiel eine relative Verarmung, geht daraus hervor, daß das Einkommen der Menschen 1970–1983 wesentlich gestiegen ist. Und wenn das von der Einkommensseite her angezweifelt wird, dann sage ich, daß man sich doch die Konsumation, die Steigerung der Langzeit-Konsumartikel wie Television, Autos, Kühlschränke usw. anschauen soll. Die Steigerung des Konsums dieser Waren kann ja nicht nur darauf zurückzuführen sein, daß sich ein paar Leute in Österreich sehr bereichert haben, sondern der Massenkonsum ist eben wesentlich gestiegen – mit all den Folgen, die er natürlich auch in negativer Weise hat. Aber auch hier muß man die Dinge etwas anders sehen als in anderen Ländern.

Das österreichische Volk war so lange – um ein berühmtes Wort zu gebrauchen – das passive Material der Weltgeschichte, vor allem in den 30 Jahren vor 1955 – es gab immer nur Kriege, Krisen, die Industrie war verschwunden –, daß man wirklich ein bißchen Verständnis dafür haben soll und – das ist ein Wort an die Grünen, die ich gar nicht verteufeln möchte – es den Österreichern wirklich gönnen muß, daß sie auch einmal ein bißchen besser leben und sich diesen Lebensstandard erhalten wollen. Solange ich noch zu Wählerversammlungen gegangen bin, habe ich immer gesagt: »Na, kann denn jemand unter euch bestreiten, daß es niemals vorher so vielen Leuten so gut gegangen ist in Österreich wie jetzt?« Stürmischer Beifall war die Antwort.

Die Sozialdemokraten, vor allem jene marxistischer Provenienz, aber auch die Reformisten, haben gesagt: Wir können zwar Reformen machen, können Sozialpolitik machen, aber die kapitalistische Welt, die kapitalistische Wirtschaftsordnung können wir nicht verändern. Na ja, sicher nicht, aber man kann sie doch ein bißchen anders strukturieren. Seit der Stockholmer Schule der Nationalökonomie, die das Glück hatte, auf eine Regierung Einfluß zu haben – im Unterschied zu Keynes, der ja keinen Einfluß bei irgendeiner Regierung ausübte –, wissen wir, daß es Aberglaube ist, zu denken, man könne die Wirtschaft nicht beeinflussen. Man weiß beispielsweise, wer den Zinssatz bestimmt. Man kann über die Banken manches erreichen. Und deshalb erachtete ich es persönlich für einen großen Fehler – und meine Freunde in Frankreich stimmen mir jetzt auch zu –, daß man 1982 in Frankreich zuerst 39 Banken verstaatlicht hat und damit fast das ganze Kreditwesen kontrollierte. Ich habe ihnen gesagt: Ihr müßt wissen, was ihr zuerst wollt: Wollt ihr die Arbeitslosigkeit bekämpfen, was meiner Meinung nach für eine Partei, die vor allem bei den Arbeitern und Angestellten ankommen möchte, wichtig ist, dann braucht ihr sehr viel Geld. Und ehe ihr euch das im Ausland ausborgen könnt – das dauert eine Weile, denn der Schock einer sozialistischen Regierung auf die Banker in der Wallstreet ist schon sehr stark –, müßt ihr es euch im eigenen Land ausborgen können. Bei uns war das leicht, weil die großen Banken bereits verstaatlicht waren und viele andere Banken auch nicht vollständig im Privateigentum gestanden sind. Also darf man die Banken vorerst nicht anrühren. Wenn ihr das Bedürfnis habt, euch da durchzusetzen, müßt ihr halt schauen, daß ihr das Aktienkapital ein bißchen vergrößert und die Aktien kauft, dann könnt ihr manches tun. Aber: entweder – oder! Wenn ihr die Banken anrührt, dann werdet ihr Kapitalflucht, große Probleme und das Geld nicht haben, das man braucht, um in einem Land, das sich in einer Krise befindet, zu einer hochmodernen Infrastruktur zu kommen, die – für uns jedenfalls – arbeitsbeschaffend war. Das Telefon, die Straßen, die Tunnels, die wir gebaut haben, die Modernisierung unserer Infrastruktur, die jetzt zum Beispiel bei den Eisenbahnen geglückt ist, das alles hat sehr starke, unmittelbar arbeitsbeschaffende Wirkungen, aber auch im Sekundär- und Tertiärbereich positive Folgen gehabt. Und vor allem haben wir uns kein Geld ausborgen müssen, um die Arbeitslosenunterstützung zu zahlen.

Wir sind durch die ganze Krise durchgekommen, und 1983 hatten wir nach OECD-Berechnungen eine durchschnittliche Arbeitslosigkeit von 4,4%. Die Sommerarbeitslosigkeit, und nur die zählt in Wirklichkeit in Österreich, lag 1983 nur bei 3,3%, das war also fast eine Vollbeschäftigung. Und 1985 traten wir in eine Phase der Prosperität ein, mit einer durchschnittlichen Arbeitslosigkeit von 4,5%, während die Deutschen, die bekanntlich nicht nur an Wunder geglaubt, sondern auch Wunder getan haben, bei einer Arbeitslosigkeit von über 9% im Sommer und im Winter rangierten. Im Sommer steigt die Arbeitslosigkeit dort sogar noch. Und in den anderen großen, reichen Industriestaaten auch. In Amerika zum Beispiel erging man sich damals unter dem republikanischen Präsidenten Ronald Reagan in Selbstbeweihräucherung, weil man jetzt dort angelangt ist, wo wir am Höhepunkt der Krise standen.

Österreichs Beispiel zeigt, daß man vom Staat her durchaus erfolgreich in die Wirtschaft eingreifen kann. Einerseits durch Arbeitsbeschaffung, andererseits aber auch durch eine zweite Möglichkeit. Wir haben den privaten Unternehmen gesagt: Wir machen euch die Investitionen so billig, daß es doch gescheiter ist, daß ihr jetzt gleich investiert und nicht darauf wartet, bis wieder alle investieren und man dann ein Jahr auf jede Maschine warten muß, die zudem immer teurer wird. Und wir hatten mit unserer ERP-Politik und mit den Top-Investitionsaktionen auch beträchtlichen Erfolg. Es hat sich gezeigt, daß unser Investitionsniveau zwar etwas abgefallen ist, aber insgesamt doch sehr hoch blieb, mit dem Effekt, daß wir, als sich die ersten leisen

Winde der Konjunkturbelebung gezeigt haben, auf den schwierigsten Märkten, nämlich den EG-Märkten, große Exporterfolge erzielen konnten, weil wir eine modernisierte Industrie hatten.

Es ist gar keine Frage, daß die VOEST dank öffentlicher Finanzierungshilfe die Krise besser überstanden hat als die deutsche und die französische Eisen- und Stahlindustrie, von der englischen und amerikanischen gar nicht zu reden. Ja, und daß wir ihr geholfen haben in der Krise. Als ich im Februar 1985 in Amerika war, lauteten die Schlagzeilen auf den Wirtschaftsseiten der großen Zeitungen, daß Chrysler aus der Krise ist. Man hat ihnen geholfen, und Chrysler ist seinem Versprechen treu geblieben, nicht nur an die Aktionäre zu denken, sondern auch den Arbeitern freiwillig wesentliche Einkommenserhöhungen zuzugestehen. Dieselben Chrysler-Werke, die vorher pleite waren und zusperren hätten müssen, wenn sie nicht öffentliche Hilfe – und die der Gewerkschaften – bekommen hätten! Also, so ganz anders ist die Wirtschaftspraxis in den USA ja auch wieder nicht, wie man es uns manchmal weismachen will.

Wir haben forciert, daß dort, wo Betriebe zugrunde gehen, neue Unternehmen hinkommen, die diese Betriebe dann übernehmen – für sehr wenig Geld, weil Pleite-Betriebe ja wenig kosten. Wir haben viel getan, damit die Verstaatlichte überleben kann. Ein negatives Beispiel ist dabei unser Edelstahl, aber das hat besondere Gründe. Wir haben uns einen sehr harten Schilling erhalten. Unsere größten Konkurrenten haben ununterbrochen abgewertet, die Schweden zum Beispiel. Die österreichischen VEW-Werke hatten einen Teil unserer harten Währungspolitik zu bezahlen. Das ließ sich mit zirka 300 Millionen Schilling im Jahr beziffern. Dazu kamen die immensen Zinserhöhungen, die natürlich die Edelstahlwerke, die über sehr viel Fremdkapital verfügten, zusätzlich belastet haben. Und dazu kamen vielleicht auch Mängel im Management. Aber alle anderen Betriebe, denen wir geholfen haben, über die Krise hinwegzukommen, sind jetzt eigentlich in den schwarzen Zahlen. Das heißt, wären wir der ÖVP in ihrer Wirtschaftspolitik gefolgt, hätten wir zusperren müssen. Ja, denn das sind für die Volkspartei nicht mehr lebensfähige Betriebe, obwohl sie Milliarden an Steuerleistungen und Milliarden an Dividendenzahlungen erbracht haben. Die ÖVP-Politik war ja: entweder zusperren oder verkaufen, wie es zum Beispiel bei der Schwachstromindustrie der Fall war. Zum Glück konnten wir uns einen über 40%igen Anteil beim Käufer, bei Siemens, sichern, was ja auch ein Teil unserer Politik war: Dort, wo wir nicht selbst dabei waren, haben wir uns ein gewisses öffentliches Mitbestimmungsrecht gesichert. Das ist sicher eine Strukturveränderung.

Der Fehler der französischen Sozialisten 1982 war es, daß sie die Eigentumsverhältnisse überschätzt haben, denn es gibt seit langem, vor allem auch in der amerikanischen Industrie, eine Trennung von Eigentum und Management. Es ist wichtig zu wissen, wer die Verfügungsgewalt über Betriebe hat, denn über General Motors zum Beispiel verfügen diejenigen, die sie führen und nicht die – ich weiß nicht wie viele Zehntausende – Aktienbesitzer.

Wir haben also eine Wirtschaftspolitik gemacht, die uns geholfen hat, die Krise leichter zu überstehen. Aber wir haben das auch deshalb getan, weil ein paar Alte unter uns doch vorgeprägt waren durch das Erlebnis der großen Krise der dreißiger Jahre. Sie haben sich immer wieder gefragt, wann eine solche Krise erneut eintreten würde. Und als sie sich 1974 andeutete – es gab damals eine Diskussion mit Professoren der Ökonomie –, habe ich gemeint, daß sie jetzt da sein dürfte und wir, würden wir noch weiter Stabilitätspolitik diskutieren, am falschen Dampfer wären. Da schauten mich einige der jüngeren Professoren an, als ob ich von etwas reden würde, was man noch nie gekostet hat und von dem man daher auch nicht weiß, wie es schmeckt; und das man überdies auch für unmöglich gehalten hatte, weil man dachte, mit dem modernen Wirtschaftsinstrumentarium könne man das alles ausschließen. Unsere These in der Regierung war: Irren wir uns und es ist nicht die große Krise, dann wird uns niemand einen Vorwurf machen; aber wehe uns, wenn wir in den Fehler der Hooverschen Diktion verfallen, in ein »prosperity is just around the corner«.

So haben wir daher von 1974 an eine Politik gemacht, als ob die Krise kommen würde. Wir hatten keine Illusionen, daß wir sie gänzlich von Österreich abhalten könnten, aber wir vertraten den Standpunkt, wir müßten, um einen Begriff aus der Außenpolitik zu verwenden, eine »policy of containment« machen, also eine Politik der Eindämmung, um die Krise so gut wie möglich zu bewältigen. Ich erinnere mich noch, daß mir der deutsche Bundeskanzler Schmidt, als ich ihm 1974 bei einem offiziellen Besuch in Bonn zu erklären versuchte, was wir vorhaben, vor allen führenden deutschen Sozialdemokraten sagte: »Ja, aber ihr

Bundeskanzler Kreisky beim deutschen Bundeskanzler Helmut Schmidt; April 1982

werdet euch eine donnernde Inflation einwirtschaften.« 1983, als ich aus der Regierung wegging, hatten wir dieselbe Inflationsrate wie Deutschland und fast dieselbe wie die Schweiz. Und wenn sie 1984 ein bißchen höher war, dann deshalb, weil wir die Mehrwertsteuersätze erhöhen mußten, was natürlich sehr viel mehr als die Zinsertragssteuer gekostet hat, die als »Sparbuchsteuer« den Menschen vermittelt wurde und von der manche glaubten, daß sie dafür 20% ihrer Ersparnisse jedes Jahr werden hergeben müssen. In Wirklichkeit sind es 20% vom Zinsertrag. Wenn die Banken heute 7% wegnehmen, dann herrscht Schweigen im ganzen Pressewald, man nimmt es zur Kenntnis. Aber diese 20% hätten Österreich wahrscheinlich jährlich mindestens sieben Nettomilliarden gebracht und die Mehrwertsteuer erspart, die sich jetzt für alle verteuernd auswirkt.

Ich führe das alles an, um zu zeigen, daß wir uns ununterbrochen wirtschaftspolitische Gedanken gemacht haben, und zwar in eine ganz bestimmte Richtung. Wir haben immer wieder gesagt, daß hunderttausend Arbeitslose sehr viel mehr kosten, als wenn wir hunderttausend Leute sozusagen mit Gewalt im Arbeitsprozeß halten. Arbeitslose können keine Gegenleistung er-

Auf Wahlkampfreise

bringen, während Leute, die in den Arbeitsprozeß integriert sind, Steuern und Sozialversicherungsabgaben leisten. So habe ich zum Beispiel in einer Wahlversammlung in der Steiermark am 18. März 1979 darauf hingewiesen, daß der »oberste Grundsatz der Regierungspolitik noch immer sei, daß ein paar Milliarden mehr Schulden weniger schlimm seien, als ein paar hunderttausend Arbeitslose«. Überdies konnten wir erreichen, daß Österreich durch seine Mischung von Wirtschaftspolitik und Außenpolitik mit den arabischen Ölstaaten eine aktive Handels- und Zahlungsbilanz hatte. Außer uns war das nur der Schweiz möglich, aber dort aus Gründen des Kapitaltransfers. Die Folge unserer Politik war, daß man heute noch in vielen Ländern, auch zum Beispiel in den USA, immer wieder fragt: Wie habt ihr denn das eigentlich gemacht, daß ihr über diese Zeit so gut hinweggekommen seid?

Wir haben, ich wiederhole es, seit 1970 die Struktur unserer Gesellschaft verändert, wobei wir uns nicht so sehr um die Eigentumsveränderungen bemühten als um die Rahmenbedingungen unserer Wirtschaft. Und wir haben 1978 in unserem neuen Parteiprogramm versucht, zu einer Übereinstimmung von Theorie und Praxis zu kommen. Dazu ist zu sagen, daß ich der Auffassung bin, daß ein Parteiprogramm ungefähr alle 20 Jahre zu erneuern ist, weil innerhalb einer solchen Zeitspanne große Veränderungen gesellschaftlicher und auch technischer Art stattfinden. Wir gestalteten diesmal die Programmarbeit ganz anders als früher. Wir haben das nicht einem Gremium von Fachleuten gegeben, sondern erst einmal Rohmaterial gesammelt in der Weise, daß wir einige der gescheitesten Leute – Amerikaner, Engländer und andere – gerufen und sie gebeten haben, uns zu sagen, wie sie die Welt mit ihren Veränderungen sehen. Diese Arbeit war sehr erfolgreich. Professor Egon Matzner und einige andere Mitarbeiter und Mitarbeiterinnen haben versucht, ein ordentliches System in die ganze Arbeit zu bringen. Ich habe an den Sitzungen teilgenommen und mich primär dem Konzeptiven gewidmet. Uns ist also die Sachkenntnis einer Fülle von großen – nicht nur sozialistischen – Begabungen zur Verfügung gestanden. Danach haben wir dieses Konzept in der ganzen Partei zur Diskussion gestellt. Das hat anschließend zu einem Entwurf und einem Beschluß geführt, aber alles in großen Gremien.

Und jetzt die Frage: Welche Ziele setzten wir uns selber? Die Zielsetzung war meiner Meinung nach dadurch gegeben, daß einmal Schluß gemacht werden mußte mit diesen Sonntagsreden, in denen man den Leuten sagt: »Unser Ziel ist der Sozialismus.« Ja, wir sitzen ununterbrochen in der Regierung – wir sind damals schon sieben oder acht Jahre in der Regierung gesessen –, und es war Zeit, daß wir endlich definierten, was wir eigentlich mit all diesen Dingen meinten, weil wir uns sonst hoffnungslos in unsere Phraseologie verstrickt hätten. Dazu kam, daß wir ja auch gesehen haben – früher als andere, vor allem als die Kommunisten –, wie der »reale Sozialismus« durch Bürokratie, Korruption und Unfähigkeit in die Sackgasse geraten ist. Wir haben von Glasnost und allen diesen Dingen schon viel früher geredet. Und aus dem Bedürfnis, hier Antworten zu geben, haben wir uns zuerst gefragt: Was ist jetzt unser Sozialismus, der, den wir wollen? Und wir sind zu dem Schluß gekommen, daß wir in Wirklichkeit eine tragende Idee haben. Die Grundsätze der Demokratie dürfen nicht im politischen Bereich eingeschlossen bleiben, sondern sie müssen auf jeweils verschiedene Arten in jedem Bereich der Gesellschaft ihre Verwirklichung finden. Denn wenn das nicht geschieht, wird man die

Unterscheidung zwischen unserer, der konservativen und der kommunistischen gesellschaftlichen Auffassung nicht erkennen können. Wir reden nicht vom Traum der Illusion, sondern von der gesellschaftlichen Veränderung, die wir jeden Tag bewirken wollen.

Wie erklärt man nun den Unterschied zwischen einer systemverändernden und einer systemimmanenten Reform? Da glaube ich, daß das dialektische Prinzip das brauchbarste ist. Es kann unter Umständen die Steigerung der Quantität zu einer anderen Qualität der Gesellschaft, das heißt, durch die Summe von gesellschaftlichen Reformen zu einer Veränderung der Gesellschaft kommen. Das war in Österreich der Fall. Wir müssen folglich den Begriff Sozialismus ausdeuten. Das ist kein zu erreichender gesellschaftlicher Zustand, weil jeder sagen wird: »Na, wann werdet ihr ihn verwirklichen? Was wollt ihr eigentlich mit dem Sozialismus?« Es muß klar gemacht werden, daß Sozialismus eine gesellschaftliche Auffassung, ja, eine Auffassung der gesellschaftlichen Ordnung ist, die eine gewisse Tendenz hat. So wie andererseits der bürgerliche Konservative oder auch der bürgerliche Liberale sagt: »Ich will ja von der Demokratie nichts wissen, außer in der Politik. Ansonsten können diese Grundsätze keine Anwendung finden.« Natürlich kann man nicht mit Abstimmungen in den Betrieben arbeiten. Das hat sich schon in Jugoslawien als unmöglich herausgestellt. Aber man kann auch nicht mit der diktatorischen Planung arbeiten, sondern man muß wissen, daß Wirtschaftsdemokratie etwas anderes ist, zum Beispiel eine gut funktionierende Sozialpartnerschaft. Das ist aber keine rein österreichische Erfindung; in der Schweiz gibt es etwas ähnliches schon sehr viel länger, und auch in Schweden gab es das. Man führte dort nur keine solche Institutionalisierung herbei. Das bedeutet aber, daß man zur Kenntnis nimmt, daß die gewerkschaftlich organisierten Arbeitnehmer eine gewisse – und wenn es geht – paritätische Mitbestimmung haben. Man kann das nicht zu politisch demokratischen Grundsätzen in den Betrieben machen, doch muß man gewährleisten, daß die Menschen, die dort arbeiten, genügend Informationsmöglichkeiten haben, um sich an diesem Prozeß zu beteiligen.

Das war eine grundsätzliche Veränderung gegenüber der Ära der Großen Koalition, die in der sozialistischen Ära, in der Zeit der sozialistischen Alleinregierung erfolgte. In der Großen Koalition überließ man eigentlich alle Entscheidungen den soge-

Schülerinnen im Bundeskanzleramt bei Bruno Kreisky

nannten Sozialpartnern. In der Zeit der Machtübernahme der Sozialisten hatten wir natürlich ein Wirtschaftsprogramm, das mit allen, also auch mit den Fachleuten der Gewerkschaften, besprochen wurde – das war ein politisches Programm. Es ist zwar bei der konkreten Sozialpartnerschaft geblieben, aber es sind wesentliche Grundsätze durchgesetzt worden, so unter anderem Planungsmodelle. Durch die Errichtung der Planungsregion Aichfeld-Murboden haben wir zum Beispiel den Leuten neue Arbeitsmöglichkeiten gegeben. Wir überlegten zuerst, was wir mit den Menschen dort machen sollten, bevor gesagt wurde, jetzt muß zugesperrt werden. Das wurde aber vorher mit den Betroffenen diskutiert, was keine leichte Sache war.

Dann versuchten wir zu klären, was wir unter kultureller Demokratie verstanden. Hier haben wir ungeheuer viel erreicht und die Tore erst zu den Mittelschulen, dann zu den Hochschulen für alle geöffnet. Das war nicht nur eine rhetorische Zusage, sondern wir haben sehr viel Geld dafür investiert und so in Österreich eine Bildungsrevolution herbeigeführt. Im kulturellen Bereich konnten wir in kurzer Zeit erreichen, daß sich für Zehntausende Menschen der Weg zu den Bildungsstätten der Gesellschaft öffnete. Man muß sich nur einmal anschauen, aus welchen Klassen diese Menschen kommen, die jetzt etwas geworden sind. Ich glaube, daß ich das, was der eine als nivellierend sieht, als heraufhebend auf ein höheres Niveau für die große Mehrheit der Kinder sehe. Von dort oben her, das sagen uns die Psychologen, kann erst der Ausleseprozeß, den es in jeder Gesellschaft geben wird, beginnen. Ich will nicht behaupten, daß das unbedingt Klassen sein müssen, aber wenn man so will, kann man sie so nennen. Dieser Ausleseprozeß tritt ein, aber er muß nicht so früh eintreten, daß er die Gefahr besonderer Ungerechtigkeit beinhaltet. Und immer wieder erlebe ich, mit welcher großen Intelligenz Leute ausgestattet sind, bei denen man sich fragt, was aus ihnen doch alles geworden wäre, hätten sie dieselben Entwicklungsmöglichkeiten wie man selbst gehabt.

Wir haben also gewisse gesellschaftliche Entwicklungslinien forciert. Natürlich haben wir auch in anderen Fragen versucht, unsere Gesichtspunkte durchzusetzen, etwa in der Sozialpolitik. Ich will gar nicht leugnen, daß dafür viel Geld ausgegeben wird. Aber warum sollte das nicht so sein? Gemessen an den gewaltigen Milliarden, die in der Wirtschaft fehlgeleitet werden, zum Beispiel durch Irrtümer der Manager oder durch Fehlkalkulationen, ist das, was in der Sozialpolitik im Wohlfahrtsstaat vergeudet wird, relativ gering.

Das allerwichtigste war, daß wir aktive Versuche unternommen haben – während der langen schweren Krisenmonate von 1974 an (Öl-Krise usw.) –, die Folgen der ärgsten Arbeitslosigkeit von Österreich fernzuhalten. Das ist uns ja auch gelungen. Wir haben keinen Betrieb neu verstaatlicht. 1946/47 war die Verstaatlichung von beiden Parteien beschlossen worden. Wir haben das nicht getan, um Unternehmen zu liquidieren, sondern wir verlangten, daß innerhalb der Betriebe Gesichtspunkte der Rentabilität angelegt werden. Und es ist interessant, wenn man sich die Zahlen aus unserer Zeit anschaut – da waren die verstaatlichten Betriebe keine Draufzahlerbetriebe. Wenn sie es jetzt zum Teil sind, so deshalb, weil die Weltwirtschaftsordnung solche Formen angenommen hat, daß die Stahlbetriebe Europas leiden und liquidiert werden müssen, was natürlich auch für Österreich unangenehme Folgen hat. Wir haben aber immer versucht, neue Produktionen, neue Technologien durchzusetzen. Wir haben also eine aktive Wirtschaftspolitik gemacht, die dort ansetzte, wo wir Krisengebiete vermuteten. So haben wir General Motors nach Wien und BMW nach Steyr gebracht. Wir haben uns also sehr wohl um die Arbeiter gekümmert.

Wir stellten uns die Frage: Was ist soziale Demokratie? Soziale Demokratie ist nicht, wie viele glauben, eine Demokratie, die Nachsicht mit den Bürgern hat und menschenfreundlich ist, sondern soziale Demokratie ist die Verwirklichung der gesellschaftlichen Demokratie. Und das bleibt meiner Ansicht nach die ausschlaggebende Aufgabe der Sozialdemokratie für die Zukunft – denn was will sie denn verwirklichen? Wenn es dasselbe ist, was die Bürgerlichen wollen, dann fragt man sich, ja wozu braucht man dann noch unsere Partei? Sie muß ein konkretes großes Programm, ein »Grand Design« haben. Wenn hingegen in manchen Ländern Sozialdemokraten zu beweisen versuchen, daß sie bessere Reagans sind, dann wird das eine Pleite werden. Nämlich eine solche Pleite, wie es der Reaganismus schon geworden ist. Und wenn man mich heute frägt, was sozialdemokratische Identität ist, so sage ich: Sie darf sich nicht einer inhaltslosen Zukunftsvision hingeben, sie muß versuchen, eine eigene gesellschaftliche Zielsetzung zu erarbeiten. Dies scheint mir sehr realistisch zu sein, und diese Zielsetzung wird von den Menschen immer stärker verlangt. Die Friedensbewegung hatte zum Beispiel eine ungeheure Bedeutung, die Sozialdemokratie hat sie nur nicht überall erkannt. Sie wird sie in Zukunft erkennen müssen. Es kann nämlich nicht sein, daß Friedensfaktoren davon abhängen, ob ein Gorbatschow zufällig das Licht der kommunistischen Welt erblickt, sondern sie müssen ein Teil der wichtigsten politischen Aufgaben der Sozialdemokratie sein. Denn wenn wir diesen Planeten durch Krieg zerstören lassen, wird nichts mehr für die soziale Demokratie übrigbleiben. Und deshalb müssen wir hellhörig sein. Nehmen wir zum Beispiel die Atomenergie, das war mein größter Irrtum. Es bleibt dabei, und ich leugne es nicht: Ich hielt sie, wie viele Wissenschaftler auch, für gefährlich, aber verglichen mit anderen lauernden Gefahren, so meinte ich, könnte man sie in Kauf nehmen. Große Fehlentwicklungen wie im Fall Tschernobyl führten nun dazu, daß de facto ein Ereignis eintrat, das in dieser Form nicht erwartet werden konnte. Und gleichzeitig erfaßte die Menschen, vor allem die jungen Menschen, große Angst. Die Sozialdemokratie erfüllte in den letzten 100 Jahren eine moralische Aufgabe: Den Menschen durch Vorsorge für ihr Alter, durch Vorsorge für Krankheit und durch Sozialpolitik die Angst zu nehmen. Solche gesellschaftlichen Zielsetzungen sollten Angstgefühle beseitigen. Doch nun zeigte sich, daß eine jener Ängste heute der

Franz Kardinal König und Bruno Kreisky während des Katholikentages; 1974

Atomenergie gilt. Ich bin daher der Überzeugung, daß es nicht sein darf, für billige Stromerzeugung die Ängste der Menschen vor dieser Entwicklung in Kauf zu nehmen. Wir haben die Volksabstimmung zum Kernkraftwerk Zwentendorf verloren, und weil wir die Volksabstimmung ernst genommen haben, haben wir auch die nächsten Wahlen gewonnen. Denn hätten wir das nicht gemacht, wären die nächsten Wahlen Zwentendorf-Wahlen gewesen, und die hätten wir verloren. Also war es in Wirklichkeit ein großes Glück, daß diese Volksabstimmung abgehalten wurde.

Im programmatischen Bereich muß die Sozialdemokratie jetzt versuchen, ihre Identität auf Grund ihrer Grundsätze neu zu formulieren, aber wiederum nicht so neu, daß sie sich von ihrem Programm entfernt. Denn es bleibt ja wahr, daß wir zum Beispiel zur internationalen Solidarität verpflichtet sind. Das ist eines unserer großen Ziele. Die katholische Kirche steht für den Begriff der Caritas, wir für den Begriff der Solidarität. Vieles von dem, was wir uns erhofft haben, ist verwirklicht worden. Vieles aber ist noch unverwirklicht, anderes hingegen wurde sogar weit übertroffen. Ich bin der Meinung, daß eine richtige politische, eine richtige gesellschaftspolitische Anschauung sich relativ einfach formulieren lassen muß, sonst ist sie nicht vermittelbar. Das könnte zu einer vordergründigen Politik führen, obgleich man mir eher eine hintergründige vorwirft, und dabei spreche ich aus, was ist, weil ich mich immer noch an den Satz der Lehrmeister halte: Wir müssen es ablehnen, unsere Gedanken zu verbergen und zu verheimlichen, wir müssen klar und deutlich sagen, was wir wollen. Und ich kehre zurück zu dem klassischen Ausgang der Sozialdemokratie, nämlich zu jenen Menschen, die der Bewegung den Namen gegeben und die sich dabei ja etwas gedacht haben: Warum haben sie ihre Partei in der Regel Sozialdemokratie genannt? Und das vor hundert Jahren.

Ich habe noch aus der alten Zeit das Gefühl für intellektuelle Verantwortung. Man muß, will man eine führende Rolle in der sozialistischen Bewegung spielen, unendlich viel lesen, ununterbrochen lesen. Das ist auch das Qualvollste für mich, daß ich einfach physisch gar nicht in der Lage bin, diesen Aufruf aus den zwanziger und dreißiger Jahren zu befolgen. Daß man lernen muß und lesen muß, daß man nur dann das Recht hat, anderen Leuten etwas zu sagen, wenn man aus dem vollen schöpft und sich nicht einfach total verausgabt. Aufhören, Bücher zu lesen, ist das absolute geistige Ende eines Politikers. Es hat auch politische Folgen, die später kommen.

Nun zurück zur Parteitagsdiskussion 1968: Damals haben wir uns vorgenommen, Österreich europareif zu machen. Und ich kann mich noch daran erinnern, daß ich nach meiner Rede im Foyer einen älteren Funktionär getroffen habe, der zu mir sagte: »A schene Red', aber des sollst net machen. Du sollst den Leuten nix einreden, was wir in 50 Jahren nicht erreichen werden: Österreich europareif zu machen, in Konkurrenz mit der Schweiz, mit Deutschland, mit Skandinavien, mit solchen Ländern.« Doch wir sind mehr als europareif geworden. Meiner persönlichen Vorstellung nach sollten die Lebensbedingungen der Menschen in Österreich in maximalster Weise abgesichert sein, es sollte auch in Zukunft sichere Arbeitsplätze geben, und das wird nicht leicht sein; es wird in den nächsten Jahren sogar sehr viel schwerer werden, noch schwerer, als es bisher schon war. Denn wir leben in einer Welt, in der es bereits Millionen Arbeitslose gibt, und die Arbeitslosenzahlen wachsen. Wer so wie ich die Zeit der großen Krise mit ihren Hunderttausenden

Arbeitslosen erlebt hat, der wird verstehen, wenn ich sage: Was immer in Österreich passieren mag, das darf es nicht wieder geben! Das muß das Ziel aller Politik sein.

Ich stelle mir unseren Wohlfahrtsstaat so ausgebaut vor, daß er dem Menschen dort, wo er sich nicht selber helfen kann, ein hohes Maß an Sicherheit vermittelt. Im Falle der Krankheit muß er das Gefühl haben, daß alles getan wird, um ihn wieder gesund zu machen, im Falle des Alters muß er sicher sein, daß die Pensionen, die gezahlt werden, dem Wert des Schilling entsprechen, und im Falle anderer von ihm nicht beherrschbarer Situationen muß er mit der Gesellschaft und ihrer Hilfe rechnen können, auch die Familien müssen ein gewisses Maß an Sicherheit durch den Wohlfahrtsstaat vermittelt bekommen. Nur muß man die Grenzen des Wohlfahrtsstaates erkennen und darf sie nicht zu weit spannen, da er sonst nicht mehr finanzierbar ist und die Menschen das Gefühl haben, daß sie vieles von dem, was ihnen der Staat bietet, selber besser finanzieren können. Wir sind heute noch lange nicht dort, und ich hoffe, wir werden dort auch nicht hinkommen, aber es gibt Länder – ich sage es ganz offen –, in denen diese Zweifel am Wohlfahrtsstaat entstehen.

Weiters müssen wir – und das schiebt sich immer stärker in den Vordergrund unseres politischen Strebens – die Lebensqualität erhöhen und verbessern. Dazu gehört sehr viel: Die Erhaltung einer gesunden Umwelt, die Erhaltung der Schönheiten unseres Landes, dazu gehört aber auch – und das übersehen viele Menschen heute noch – ein höheres Maß an Mitbestimmung in den wichtigen Fragen des eigenen Lebens. Es genügt nicht, die Demokratie so eng zu fassen, daß sie sich nur im Bereich der Politik erschöpft, sondern es müssen neue Formen der Mitsprache und der Mitbestimmung für diejenigen gefunden werden, die in stärkerem Maße, als das bisher möglich war, ihr Schicksal mitbestimmen wollen. Wir können den Menschen gewisse Arbeitsprozesse nicht ersparen, schwere Arbeit, schmutzige Arbeit, unbefriedigende Arbeit, aber wir können ihnen eine gewisse Kompensation dadurch bieten, daß sie auch im Arbeitsleben sehr viel mehr mitzuentscheiden haben.

Ich weiß sehr genau, daß viele das gar nicht wollen. Vielen ist das gar nicht recht, aber man kann politische Fragen und politische Zielvorstellungen nicht an denen orientieren, welche die bescheidensten Ansprüche an die Politik stellen oder glauben, gar keine stellen zu müssen. Eine fortschrittliche Gesellschaft muß

Junge sozialdemokratische Funktionäre und Bruno Kreisky (v. l. n. r.): Herbert Ostleitner, Rudolf Edlinger und Josef Cap

sich vielmehr an den Vorstellungen der Menschen orientieren, die eben große persönliche Ansprüche stellen, die mitentscheiden, die mitreden und an der Demokratie partizipieren wollen. Denen sagen wir: Wir wollen ein großes Maß, ein zusätzliches Maß an Mitbestimmung verwirklichen. Nicht nur in der Politik, sondern auch in der Wirtschaft und im kulturellen Leben.

Das bedeutet gleichzeitig eine höhere Lebensqualität, und damit bin ich bei der Frage der Jungen angelangt, und ich sage ganz offen, daß ich mich immer in meiner ganzen politischen Laufbahn den Jungen in besonderem Maße verpflichtet gefühlt habe. Ich war nicht immer ein freundlicher und gutmütiger Gesprächspartner, aber es gab Augenblicke, in denen ich gespürt habe, wie sehr sie mir doch Vertrauen entgegenbringen und verstanden haben, wie ich versuche, den Idealen meiner Jugend – nicht all den politischen Vorstellungen dieser Zeit, aber den Idealen – treu zu bleiben. Und noch immer gilt für mich das Wort des Marquis Posa in Schillers »Don Carlos«, das er dem Königssohn übermitteln läßt: »Sagen Sie ihm, daß er für die Träume seiner Jugend soll Achtung tragen, wenn er Mann sein wird.«

2. Kapitel

»Der Kunst ihre Freiheit«: Demokratie und Kultur

Noch ein Wort zur Demokratie in der Kultur: Das Abstimmen ist nicht signifikant für die Demokratie, es ist nur ein unentbehrliches Merkmal der *politischen* Demokratie. Hier geht das so vor sich, daß nach einem langen Meinungsbildungsprozeß abgestimmt werden muß. So kann es in der Kultur nicht vor sich gehen. Aber ein wesentliches Element der *kulturellen* Demokratie scheint mir das Faktum zu sein, daß es niemanden geben darf, der bestimmt, das oder jenes sei kulturell hochstehend, anderes hingegen nicht. Denn wie soll das entschieden werden? Es ist doch gar keine Frage, daß viele der heute berühmten Stilrichtungen der Vergangenheit zu ihrer Zeit keine allgemeine Anerkennung gefunden haben. Ich will damit nicht sagen, daß alles, was heute im Bereich der Kunst geschaffen wird, Ewigkeitsbestand hat. Doch muß es hier andere, neue Kriterien der Beurteilung geben. Ich bilde mir gar nicht ein, in der Lage zu sein, diese Zielvorstellungen so zu definieren, daß sie schon heute prakti-

Besuch von Günter Grass am Ballhausplatz; 23. November 1981

ziert werden können. Ich will nur andeuten, daß sich auch in diesem Bereich eine Fülle neuer Gedanken ergibt. Die Demokratie mußte seinerzeit in der Politik auch neu gedacht werden, als das Ende des Feudalstaates gekommen war.

Über die Freiheit der Kunst zu sprechen, ist in der Tat ein politisches Thema sui generis, vor allem in Österreich. Wir schmeicheln uns immer, die Angehörigen eines zwar kleinen Volkes zu sein, aber eines, das eine kulturelle Großmacht darstellt. Wie verhält es sich damit in Wirklichkeit? Nikolaus Lenau entringen sich in einem Brief an seinen Freund Löwenthal sehr unpatriotische, aber dennoch erschütternde Feststellungen: »Wie schrecklich ist es, in einem Land und unter einer Regierung zu leben, wo ich keinen Augenblick sicher bin, daß man mich nicht überfällt und mir meine Manuskripte wegnehme (. . .). Ja, das Land, das Land ist göttlich, noch göttlicher durch den Kontrast der Menschen. Mögen hier die Alpen ragen, Bergströme stürzen, Lawinen donnern; das geschwächte Herz des Menschen zuckt im Staube und kann an den kühnen Felsen nicht hinaufklettern zu hohen Gedanken und Empfindungen. Jede Burgruine kommt mir in diesem Land vor wie eine versteinerte, bittere Lache der Zeit, die vom grauen Gestein herabgrinst in das entartete Herz (. . .) Ein zufriedener Österreicher aber, der unaufhörlich in der dichten Atmosphäre dieses Jammers weilt und ihn über Strauß und Lanner vergessen kann, ist eo ipso ein schlechter Kerl. In unseren Leuten ist ja doch kein Funken Gefühls für Selbständigkeit, Würde und Recht des Menschen.«

Vor allem die Künstler haben sehr oft unter dieser Enge der Gesinnung zu leiden. Immer wieder konnten die Mächtigen, die sich Macht Anmaßenden, die Passivität ausnützend, ihren reaktionären Gesinnungen zum Durchbruch verhelfen.

In der Secession fand eine große Ausstellung statt, für die Klimt seinen berühmten Fries herstellte. Am Schicksal dieses Frieses kann die ganze – fast bis in unsere Zeit reichende – Feindseligkeit der österreichischen Kulturlandschaft erkannt werden. 1902 begann Klimt mit seinem Werk. Er sollte Beethovens und Schillers Ode »An die Freude« darstellen. Den Anlaß zu dieser Arbeit gab die Wiener Ausstellung des Beethoven-Standbildes von Max Klinger. Die Secession beschloß, ihr ganzes Haus diesem Standbild zu widmen. Alle bedeutenden Künstler der Secession wirkten mit. Und obwohl Klimt allmählich zu den arriviertesten Künstlern gehörte, dank des Umstandes, daß er wunderbare Frauenbildnisse zu gestalten vermochte, hat die österreichische Kulturpolitik lange nichts getan, um diesen Fries, der in irgendeinem Magazin zu vermodern begann, zu retten. Erst im Zusammenwirken mit Wissenschaftsministerin Hertha Firnberg war es möglich, Fragmente zu erwerben und zu restaurieren. Der Fries selber galt vielen Zeitgenossen als obszön, ja sogar pornographisch, und Klimt mußte sich gegenüber Behörden unterer Instanzen rechtfertigen. Als dann der Nazismus nicht nur die Ausbeutung von Millionen Menschen in Angriff nahm, sollte die Kunst reglementiert werden, und es ist eigentlich unverständlich, wieso Klimts »entartete Kunst« eine gewisse Gnade vor der Zensur fand. Erstaunlicherweise zeigte man im Jahr 1943 Teilstücke in der Wiener Secession, damals »Ausstellungshaus Friedrichstraße« genannt. Gegen Ende des Zweiten Weltkrieges mußte der Fries vor dem Bombenhagel in Sicherheit gebracht werden.

In der Zweiten Republik gab es Tendenzen gewisser Kunstverwalter, die Rückgabe des Werkes an den mir bekannten österreichischen Mäzen Erich Lederer zu verhindern. 1970 wurde ich Bundeskanzler, und mein Freund Karl Kahane machte mich mit Erich Lederer bekannt. Aus vielen Gründen – nicht zuletzt aus der Verantwortung, die ich als Regierungschef dem Kunstwerk und seinem Eigentümer gegenüber empfand – entschloß ich mich, den nachstehenden Brief zu schreiben, und zwar am 30. Mai 1970, nach Antritt der sozialdemokratischen Regierung, in Zusammenwirken und nach Rücksprache mit der damaligen Bundesministerin für Wissenschaft und Forschung, Frau Dr. Hertha Firnberg.

»Sehr geehrter Herr Lederer!
Von privater und amtlicher Seite bin ich schon mehrmals auf den Beethoven-Fries von Gustav Klimt hingewiesen worden, der sich in Ihrem Besitz befindet, zur Zeit jedoch in den Depoträumen der Österreichischen Galerie lagert. Mir ist auch bekannt, daß das Kunstwerk in seiner Substanz gefährdet ist und einer baldigen umfassenden Restaurierung bedarf, um es vor dem drohenden Verfall zu bewahren. Ebenso bin ich orientiert, daß seit Jahren von seiten des Bundesministeriums für Unterricht Verhandlungen mit Ihnen gepflogen wurden, um den Fries – das einzige noch in Österreich vorhandene Monumentalwerk Klimts – dem Land zu erhalten.

Die geplante Errichtung des UNIDO-Gebäudes in Wien, deren Kosten Österreich zu tragen hat, bietet eine glückliche Möglichkeit, dem Fries eine über das kunsthistorische Interesse hinausgehende Funktion zu geben und das jüngere österreichische Kunstschaffen durch ein Werk von allgemein menschlicher, die Völker verbindender Thematik sozusagen vor aller Welt zu dokumentieren.

Die finanziellen Möglichkeiten in unserem Land sind begrenzt. Dieser Tatsache Rechnung tragend, will ich mich dafür verwenden, daß Ihnen seitens der Republik Österreich ein Kaufangebot in Höhe von etwa sechs Millionen Schilling gemacht wird. Auch diese Summe müßte zu einem wesentlichen Teil durch private Spenden von österreichischen Kunstfreunden aller Gesellschaftsschichten aufgebracht werden. Ich möchte in diesem Zusammenhang an Sie als Angehörigen einer Familie appellieren, die den Weg der österreichischen Kunst in die Moderne durch Ihr Mäzenatentum gefördert, ja in gewissem Sinn mitermöglicht hat, und hoffe, daß Sie meinen Vorschlag als Verhandlungsgrundlage annehmen werden. Sie würden sich damit an die Spitze der Kunstfreunde unseres Landes stellen.«

Ich verband mit diesem Brief auch die Absicht, Erich Lederer mit der neuen österreichischen Wirklichkeit in Verbindung zu bringen und ein Unrecht zu vermeiden. Diesmal aus einer, wie mir schien, gewissen Gleichgültigkeit heraus. Ich mußte damals die großen Geldbeträge, die für die Restaurierung des Kunstwerkes nötig waren, mit der Errichtung des UN-Konferenzzentrums verbinden, weil die Gefahr bestand, daß man eine derartige »Verschwendung« für ein fast zerstörtes Kunstwerk nicht so ohne weiteres verstehen wollte. Ich hatte dabei aber auch – und das, obwohl ich mit etablierten Kunstfreunden in Konflikt geriet – den Nebengedanken, daß dieses einzigartige, die Aufmerksamkeit der Welt findende Kunstwerk einer großen Zahl österreichischer und ausländischer Gäste zur Besichtigung zur Verfügung gestanden wäre. Heute befindet sich der Fries aber in der Secession.

Ich verfolgte interessiert die Restaurierung des Kunstwerkes und hatte nicht die Absicht, mich in den Streit der Kunstfreunde einzulassen, wenngleich für mich eines jedenfalls feststand: Daß es gar nicht so oft künstlerische Betrachtungen waren, die hier im Hintergrund standen, sondern einfach das Politikum des österreichischen Konservativismus, Wien ein modernes Konferenzzentrum zu verweigern. Fast jedes Bundesland hatte eines, Wien wollte man es nicht gönnen. Wenn auch manche sich lieber in Schlössern treffen, um einer Tradition Genüge zu tun, so hielt ich dafür, daß wir – wenn Wien und damit auch Österreich ein Zentrum internationaler Begegnungen in noch höherem Maße werden wollte – dieses moderne Konferenzzentrum bräuchten.

Die ganze Enge unseres kulturellen Lebens kann man auch am Schicksal Egon Schieles ermessen, der am 13. April 1912 sogar ins Bezirksgericht Neulengbach eingeliefert wurde, wo er unter den verschiedensten Verdächtigungen stand. Und der Höhepunkt obrigkeitlichen Hochmuts und Selbstgefälligkeit wurde in dem Augenblick erreicht, in dem der Richter am Kreisgericht St. Pölten einige der Skizzen Schieles einfach am Richtertisch verbrannte.

Neben dieser behördlichen Arroganz und Borniertheit zugleich soll es rührende Beispiele der Toleranz gegeben haben, von denen die bekannte Anekdote zeugt, wobei ich gar nicht weiß, ob sie sich damals auch so ereignet hat. Doch sie ist kennzeichnend für eine Grundhaltung scheinbarer Toleranz, mit der aber alles, was es an Verbrechen gegen die Freiheit der Kunst je gab, keineswegs weggewischt werden kann. Es wurde erzählt, daß Kaiser Franz Joseph bei einer Ausstellung vor einem Bild verharrte und es sich nicht erklären konnte. Der Maler gab eine Erklärung, der Kaiser soll den Kopf geschüttelt haben, der Maler wurde ein bißchen unwillig und meinte: »Majestät, das ist so, wie ich es sehe.« Und der Kaiser soll zugegeben haben, daß das schon stimmen mag, aber dann hätte er kein Maler werden sollen. Derartige Anekdoten sollten als mildernde Umstände die Düsternis der Kulturszene erhellen. Das könnte man noch akzeptieren, wenn es sich um Ausnahmeerscheinungen handeln würde. Wir selber spüren aber, wie der Geist des Reaktionären immer wieder die offizielle Politik beherrscht.

Am 31. Dezember 1927 wurde – nach einem Triumphzug durch Europa – an der Staatsoper in Wien endlich »Jonny spielt auf« von Ernst Křenek gegeben. Alles, was in diesem Land reaktionär war, Christlichsoziale und Deutschnationale, protestierte. Nur David Josef Bach, der Leiter der Kulturabteilung der »Arbeiter-Zeitung«, bejubelte dieses Ereignis und schrieb am 6. Februar 1928: »Der Erfolg dieses Werkes ist auch in Wien ganz ungewöhnlich groß. Das Publikum, lange genug einer jedem Neuen prinzipiell böswillig verschlossenen Kritik untertan, läuft in hellen Scharen zum ›Feind‹ über. ›Wozzek‹ von Alban Berg hat man in der Staatsoper nicht erlaubt, ein Werk, dessen sittlicher Ernst, dessen große Künstlerschaft auch jedem Übelwollenden offenbar sind; mit ›Johnny‹ mußte die Tür aufgestoßen werden. Jetzt entlädt sich die Wut über einen genialischen Spaß, nachdem man ein geniales Werk hintertrieben hat. In Wien wird jeder Dirigent beschimpft, bedroht, verleumdet, ein modernes Werk aufzuführen, jeder neue Komponist bespien. Hindemith wird sogar in Wien, also in der letzten Provinz, aufgeführt; da wird er kritisch geschlachtet, daß ein Haarmann (Massenmörder in Berlin; Anm. d. Hrsg.) seine Freude daran hätte – nun wird Hindemith auf Kosten Křeneks gelobt. So geht das weiter. Dieses Treiben macht Wien in der ganzen Welt lächerlich und verächtlich.«

Die Proteste nahmen zu. Ich selber habe sie erlebt, und »Jonny spielt auf« wurde im ganzen nur wenige Male gegeben, bis es ganz vom Spielplan verschwand. Křenek machte einen letzten Versuch, sein Kunstwerk zu erklären, es half ihm nichts. Er wurde aus der Staatsoper verbannt.

Ein anderes Beispiel sind die Ereignisse rund um das Buch »Im Westen nichts Neues« von Erich Maria Remarque und dessen Verfilmung. Schon im Herbst 1929 ordnete der christlichsoziale Heeresminister Karl Vaugoin ein Verbreitungsverbot des Romans in sämtlichen Soldatenbüchereien und Garnisonen an. Vaugoin begründete das Verbot des Buches mit folgenden Worten: »Geflissentlich werden in demselben die Schattenseiten des Krieges in widerlich übertriebener Weise geschildert, dagegen mit keinem Worte der erhebenden und idealen Seiten desselben gedacht.« Dann gab es im Parlament heftige Debatten über die Aufführung des Films. Am 23. Dezember 1930 faßte schließlich die Bundesregierung den Beschluß, im Fall dieses Films »nationale Solidarität« zu bekunden und empfahl den Länderregierungen ein Aufführungsverbot. Am 9. Jänner 1931 untersagte der Innenminister schlußendlich jede weitere Vorstellung. Abermals waren klerikale Reaktionäre und Deutschnationale in einer Front. Ihre Meinung zu dem Werk: »Das deutschbewußte Wien empfindet diesen Film als eine unerhörte Beleidigung des deutschen Frontheeres, das in ihm so dargestellt wird, als hätte es nur aus Feiglingen und Lumpenkerln bestanden (. . .). Man wird auch dem sozialdemokratischen Landeshauptmann beweisen, daß der Wille der überwältigenden Mehrheit der Bevölkerung um des Geschäftes einiger Filmjuden willen nicht länger mißachtet werden darf.« Als das Verbot ausgesprochen wurde, waren wir Jungen gezwungen, nach Bratislava zu fahren, um den Film zu sehen. Darüber heißt es in den Ministerrats-Protokollen: »Kein Wunder, daß diese ganze Kulturempfindlichkeit dazu geführt hat, daß einige Exponenten der Wiener Intelligenz den ungewöhnlichen Schritt in eine Unterstützungserklärung für die Sozialdemokratie schon im Jahre 1927 gehen.«

Vor den politisch überaus bedeutenden April-Wahlen meldeten sich 39 Kapazitäten des kulturellen Lebens zu Wort. Unter ihnen waren so hervorragende Persönlichkeiten wie Sigmund Freud, Alfred Adler, Oskar Strnad, Wilhelm Kienzl, Robert Musil, Hans Kelsen, Alfred Polgar, Franz Werfel und Egon Wellesz. Sie alle bekundeten ihre Sympathie »für die große soziale und kulturelle Leistung der Gemeinde Wien«. In den einleitenden Bemerkungen dieses Manifests wurde betont, daß »der geistig wirkende Mensch zwischen und über den Klassen steht und sich keinem politischen Dogma beugen kann, denn der Geist allein ist es, der die neuen Wirklichkeiten schafft, deren sich die Politik erst später bemächtigt. (. . .) Wesen des Geistes ist vor allem Freiheit, die jetzt gefährdet ist und die zu schützen wir uns verpflichtet fühlen. Das Ringen um eine höhere Menschlichkeit und der Kampf gegen Trägheit und Verödung wird uns immer bereit finden. Er findet uns auch jetzt bereit.« Die »Neue Freie Presse« brandmarkte dieses Dokument als ein »Manifest des Irrtums«. Die »Reichspost« verstieg sich gar zur Feststellung, daß sich ein »Fähnlein zum Teil sehr unbekannter und um so bereitwilligerer Namen«, das sich als »geistiges Wien« ausgebe, für einen Wahlaufruf vergattern ließ, und gab diesem den Stellenwert einer Sympathieerklärung sozialdemokratischer »Beislsitzer«. Der christlichsoziale Unterrichtsminister Richard Schmitz vermißte auf dem Manifest »die Namen jener großen Gelehrten und Künstler, die vor allem das internationale Ansehen des österreichischen Geisteslebens begründet haben«.

In der Tat, es hat ihnen nichts genützt. Die Reaktion schlug weiter zu. Auf den Universitäten gab es wahre Haßorgien gegen berühmte Wissenschaftler, vor allem dann, wenn sie jüdischer Herkunft waren; wenn sie nicht jüdischer Herkunft waren, wurden sie jüdischer Geisteshaltung beschuldigt. So vertrieben sie damals, die Reaktionären und Deutschnationalen in einer Front, den berühmten Staatsrechtler Hans Kelsen aus Wien, brüstete sich der Mörder des Philosophen Moritz Schlick, daß er ihn aus politischen Motiven umgebracht hätte – einen Philosophen! Der Schriftsteller Hugo Bettauer wurde ermordet, und niemals meldete sich auch nur ein einziger Exponent der Christlichsozialen Partei von Rang zu Wort, um gegen diese Ungeheuerlichkeit, diese Kulturschande zu protestieren.

Für die Partei- bzw. Arbeitermittelschüler der Sozialdemokratischen Partei gab es ein Fach, das hieß Dramaturgie und wurde von Professor Otto König geleitet, einem guten Theaterrezensenten der »Arbeiter-Zeitung«. Es war damals allgemeine Meinung, daß Dramaturgie für Partei- bzw. Arbeitermittelschüler ein sinnloses Lehrfach wäre. Und Danneberg, ein sehr nüchterner, aber großartiger Parteisekretär, fragte mich: »Also, was soll das für eine Bedeutung haben, welchen Sinn soll das für die Arbeiterbuben und Arbeitermädeln haben, Dramaturgie?« Und ich antwortete ihm, daß, wenn aus dem Umstand, daß wir dieses Fach hätten, auch nur *ein* Dichter herauskommen sollte, so hätte es sich gelohnt; also ein Ernst Toller, sagte ich damals, der für mich ein großer Dramatiker war, aber keiner für die Nachwelt wurde. Toller war damals sehr berühmt mit seinem »Hinkemann«, der Inbegriff des modernen, revolutionären Dramatikers; ich habe ihn selbst einmal kennengelernt, als er in Stockholm war, kurz vor seinem Selbstmord. Unter diesen Parteischülern befand sich auch ein arbeitsloser Tapezierer namens Fritz Hochwälder. Es war also einer unter uns, nämlich einer der bedeutendsten Dramatiker der Nachkriegszeit.

Ich kann nicht sagen, daß ich den Umgang mit Künstlern gesucht habe, aber ich habe unter ihnen natürlich Freunde, einer meiner liebsten war Fritz Wotruba. Die Gründe, warum Wotruba mir so nahe stand, sind zahlreiche. Erstens empfinde ich ihn als einen Künstler besonderer Art, den zu würdigen ich versucht wäre, mir aber nicht zutraue. Zweitens, weil Wotruba derselben Bewegung angehörte wie ich, der sozialistischen Jugendbewegung, die er unter dem Eindruck der Enttäuschung, die der 15. Juli 1927 (Brand des Justizpalastes; Anm. d. Hrsg.) verursacht hatte, allerdings verließ, um sich der kommunistischen Jugendbewegung anzunähern.

Unter den jungen Künstlern fühle ich mich sehr hingezogen zu Peter Handke, Peter Turrini und Gerhard Roth; inwieweit das

Gerhard Roth, Bruno Kreisky und Konrad R. Müller auf Mallorca (v. l. n. r.); April 1980

jeweils mit ihrem künstlerischen Schaffen zusammenhängt oder der mit diesem Schaffen verbundenen Radikalität, kann ich nicht sagen. Aber eines ist sicher, daß mich die Renaissance österreichischer Schriftstellerei sehr beeindruckt, mich froh macht, aber gleichzeitig in mir das Gefühl entstehen läßt, daß die Bedingungen, unter denen Künstler zu wirken haben, verbessert werden müssen, denn es ist ohne Zweifel richtig, daß Künstler, Schriftsteller und Maler eine Zeit zum Schaffen brauchen. Ein sie voll ausfüllender Beruf, etwa als Lehrer, würde sie furchtbar hemmen. Was ich immer für wenig befriedigend gehalten habe, ist diese Preisjägerei, die sie auf der einen Seite hoffen läßt, einen Preis zu bekommen, sie auf der anderen Seite innerlich provoziert, sich über den Geber des Preises zu mokieren. Aus dieser Ambivalenz entsteht eine Haltung, die durchaus negativ ist. Man will nicht zu nahe an den Staat geraten, also ein Staatsschriftsteller werden, doch braucht man auf der anderen Seite zur Befriedigung seiner Lebensbedürfnisse natürlich Geld.

Ich habe in Schweden diese Dinge geprüft und immer wieder darüber nachgedacht, bin aber zu keiner eindeutigen Schlußfolgerung gelangt. Bei Malern ist das sicher leichter, denn wenn ein Bild fertig und gelungen ist, hat es über den Schöpfer dieses Werkes sein Zeugnis abgelegt; Bücher aber müssen gelesen werden, da genügt es nicht, sie anzuschauen. Bildhauer und Maler sind ja die zwei Seiten des künstlerischen Schaffens der darstellenden Kunst – ein komisches Wort, aber ich weiß auch kein besseres. Ich erinnere mich in diesem Zusammenhang an einen Essay von Robert Musil, in dem er den Malern eine adäquate Bezeichnung zu den Schriftstellern verlieh – er nannte sie »Bildsteller«.

Kunstverständnis jeder Art ist für mich ein Teil von Lebensqualität. Wenn Menschen sich um Kunstverständnis bemühen, um Kunstgenuß, handelt es sich ohne Zweifel um einen echten Ausdruck von Lebensqualität. Lebensqualität ist also nicht nur eine bessere ökologische Umwelt, wie man gemeinhin darunter versteht, sondern Lebensqualität heißt für mich auch Bildung um ihrer selbst willen und nicht zum Zwecke des Berufs. Der Gebildete, das ist ein permanenter Zustand, das Streben *nach* Bildung ist ein Wert an sich. Für mich waren eigentlich zwei Komponenten maßgebend: Auf der einen Seite, daß die Funktionäre der Arbeiterbewegung, die Männer und Frauen, ein immer höheres Maß an allgemeiner Bildung erwerben, weil ich die reine politische Bildung, etwa durch Vermittlung der Schriften der Theoretiker des Sozialismus, immer für eine fragmentarische gehalten habe, die um so unvollständiger sein muß, je mehr sie einseitig wird und nicht ihre Ergänzung durch allgemeine Bildung erfährt. Und auf der anderen Seite die begrenzte Vermittlung, vor allem zeitlich begrenzte Vermittlung von Wissen, um dem, der dieses Wissen empfangen hat, die Möglichkeit zu geben, sich danach in selektiver Weise zusätzliches Wissen anzueignen. Das ist eigentlich nichts anderes als eben das, was man mit dem Modewort Lebensqualität bezeichnet.

Ich habe daher auch gegenüber der Kulturpolitik in der Zeit der Verwirklichung von politischen Vorstellungen, so möchte ich diese Epoche nennen, großen Wert darauf gelegt, daß der Zugang zu den Bildungsmöglichkeiten eines der Hauptanliegen einer sozialistischen Gesellschaftspolitik sein muß. Und gerade an dem Abend, an dem ich meinen späteren Verleger meiner ersten beiden Memoirenbände, Wolf Jobst Siedler, kennenlernte, wohnte ich einer Diskussion zweier radikaler Künstler bei, der eine war Alfred Hrdlicka, der andere war Georg Eisler. An die-

Karlheinz Böhm, Brigitte Neumeister und Johannes Mario Simmel (v. l. n. r.)

sem Abend insistierte Eisler gegenüber Hrdlicka darauf, daß, was immer man an Einschränkungen über die sozialdemokratische Ära, die sich damals in voller Entfaltung befand, sagen könnte, man eines zugeben müsse: Es entstand jener Geist der Liberalität, wie es ihn in Österreich niemals zuvor gegeben hatte. Aus all dem läßt sich ermessen, wie sehr sich in den Jahren sozialdemokratischen Regierens die Dinge zum Besseren gewendet haben. Endlich begann sich in Österreich dieser Geist der Liberalität zu regen, der sich nicht anmaßt, Kunst zu zensurieren – ihre Entartung zu deklarieren. Ein Klima der Toleranz und der Weltoffenheit ist entstanden.

Und wenn auch da und dort viele Schriftsteller ihren beißenden Spott über unsere Verhältnisse ergießen, so haben sie ein Recht darauf, es zu tun, und die meisten tun es auch mit öffentlicher Förderung. Ich will aber keinem zu leichtgläubigen Optimismus huldigen: Dieser Geist der Liberalität kann wieder leicht rückgängig gemacht werden, vor allem bei Vorliegen anderer politischer Verhältnisse. Liberalität gehört meiner Meinung nach zu den vergänglichsten Dingen dieser Welt, denn nichts ist leichter, als der Liberalität die Luft wieder abzudrehen. Und damit komme ich zu einer Interpretation der Demokratie schlechthin, die auf den berühmten italienischen Märtyrer Giacomo Matteotti zurückgeht, der einmal meinte, die Demokratie respektive die Freiheit wäre wie die Luft – man merkt sie erst, wenn sie einem auszugehen beginnt. Wir erkennen bereits 1982 aus der benachbarten Bundesrepublik Deutschland sehr beunruhigende Zeichen einer neuen obrigkeitlichen Kulturpolitik, die mißliebige Schriftsteller einfach zu übersehen beginnt, und eine Zeit kündigt sich an, die abermals von Intoleranz gekennzeichnet ist. Dabei geschieht das alles in sehr raffinierter Weise, nach einem Prinzip der Arbeitsteilung. Da gibt es Politiker, die wollen den Eindruck erwecken, sie wären nur dem Prinzip der Toleranz ergeben; dort aber, wo sie praktisch Kulturpolitik betreiben, in jenen Bundesländern, wo man glaubt, sich finstere reaktionäre Gesinnung leisten zu können, finden sich ihre praktischen Auswirkungen. Eine jener seltenen Ausnahmen ist der »Steirische Herbst«, der sich einfach durchgesetzt hat, so sehr durchgesetzt hat, daß es niemand wagt, ihm jene Zügel anzulegen, die in Wirklichkeit von manchen herbeigesehnt werden. Erwähnenswert sind in diesem Zusammenhang auch die »Wiener Festwochen«, die mutige und neue Wege gehen.

Denn es kommt nicht darauf an, daß man begrenzte Narrenfreiheit gewährt, sondern es kommt darauf an, daß alle Entfaltungsmöglichkeiten mit großer Selbstverständlichkeit gewährt werden. Wie sollte nun der Prozeß der Demokratisierung des kulturellen Bereiches unserer Gesellschaft erfolgen? Zuerst einmal muß es diesen Geist der Liberalität geben, der den Kunst- und Kulturschaffenden jene Entfaltungsmöglichkeiten bietet, die sie brauchen, um Schöpferisches leisten zu können. Das heißt, daß man in Wirklichkeit sehr viel mehr Geld für diesen Teil unserer kulturellen Aktivitäten zur Verfügung haben müßte, jedenfalls in Relation zu dem, was wir für die Reproduktion kultureller Werke der Vergangenheit aufbringen. Hier gibt es zugegebenermaßen immer noch ein starkes Mißverhältnis. Zum zweiten müssen die Wege zur Teilnahme am kulturellen Leben sehr viel breiter gestaltet werden, weil es hier um den Aspekt der Qualität des Lebens geht. Wir müssen in immer stärkerem Maße den Menschen begreiflich machen, daß Bildung und Zugang zum kulturellen Leben Werte sind, welche die Qualität des Lebens verbessern, auch dann, wenn sich dies nicht un-

Ein Spaziergang mit Heinrich Böll und Lew S. Kopelew; 4. Mai 1982

mittelbar umsetzen läßt in Einkommen und gestiegenem Lebensstandard.

Ich sage offen: In dem Maße, in dem die Radikalität aus der Politik verschwindet, weil sie nicht mehr jene schöpferische

Kraft entfalten kann, die man von ihr erwartet, weil sie unter Umständen die politischen Auseinandersetzungen auf ein Niveau drücken könnte, das wir uns alle miteinander nicht leisten können, in dem Maße muß es im kulturellen Bereich Platz für Radikalität geben – in einer Weise, daß sich die Geister scheiden, im Streit formieren können. Und die Auseinandersetzung in der Gesellschaft muß dort, wo sie ohne Lebensgefahr für die Demokratie stattfindet, mit jener Eindeutigkeit und Klarheit geführt werden, die nichts zu wünschen übrig läßt. Nur so werden wir zur Überwindung jener Geisteshaltung kommen, die so viele große Begabungen in Österreich verzweifeln ließ und sie ins Ausland getrieben hat. Nur so werden wir jenes geistige Klima in Österreich schaffen, das im kulturellen Leben den an ihm Beteiligten das Gefühl vermittelt, daß es in diesem Lande eine Lust zu leben ist.

3. Kapitel

Persönliches zu Kunst und Medien

Schon in meiner Kindheit hatte ich Zugang zu für damalige Verhältnisse vielseitigen Informationen, sowohl zu Büchern als auch zu Zeitungen. Dadurch, aber insbesondere durch politische, literarische und satirische Zeitschriften bin ich geformt worden.

Ich erinnere mich, daß mein Vater gebundene Jahrgänge einer längst vergessenen, sehr angesehenen österreichischen Zeitschrift hatte; sie hieß »Die Wage«, damals mit einem a geschrieben. Diese Bände habe ich gefunden und durchgeblättert, und daraus konnte man relativ viele Informationen erhalten, so über österreichische Krisensymptome, wie zum Beispiel das Problem Bosnien-Herzegowina, die Okkupation und alles mögliche, über Probleme, die in Osteuropa vorherrschten, so zum Beispiel Berichte aus dem zaristischen Rußland, verfaßt von einem anonymen Autor, der offenbar in Rußland lebte, über die ständigen Hungersnöte infolge von Mißernten, aber auch über Verkehrsprobleme in Rußland.

Mein Vater war überhaupt allem Neuen gegenüber sehr aufgeschlossen, und so gab es bei uns auch sehr früh einen Radioempfänger, allerdings anfangs noch ein sehr primitives Gerät, einen sogenannten Detektorempfänger, bei dem man durch Abtastung eines Kristalls mit Hilfe einer dünnen Nadel versucht hat, einen halbwegs guten Empfang zu bekommen.

Wie jedes Kind habe auch ich Märchenbücher gelesen. Hier hatte ich eine sonderbare Abneigung gegen die Brüder Grimm, dafür aber eine desto größere Vorliebe für Andersens Märchen, die man mir natürlich erklären mußte, denn manche waren ja sehr hintergründig, wie zum Beispiel »Des Kaisers neue Kleider«. Dieses Märchen habe ich auch später noch in meiner journalistischen und politischen Tätigkeit verwendet. Und das ganz simple Märchen von »Hans im Glück« schien mir als die erste Lehre meines Lebens.

Ich kann mich noch erinnern, daß ich die meisten berühmten Jugendbücher, wie zum Beispiel »Onkel Toms Hütte«, gelesen habe. Heute mag einem das vielleicht konservativ vorkommen, damals aber wurde mir durch solche Bücher die Idee von der Nichtgleichberechtigung der Schwarzen vertraut. Aber ich muß gestehen, daß ich deshalb soviel anderes lesen konnte, weil ich kein einziges Karl-May-Buch wirklich ausgelesen habe. Das wird manche Leute schockieren. Ich weiß so wenig darüber, ein paar Figuren, die es da gegeben hat, den Old Shatterhand und so, weil man das als Junge nicht vermeiden konnte. Aber wirklich gelesen habe ich Karl-May-Bücher nicht.

Später sind dann natürlich immer »schwerere« Bücher gekommen, manche von ihnen haben mir große Mühe bereitet, und ich finde heute noch hie und da ein Buch aus dieser jugendlichen Zeit, bei dem die mir schwer verständlichen Stellen mit dicken Bleistiftstrichen angezeichnet sind. Erst unlängst sagte eine Dame, der ich davon erzählt habe, zu mir: »Um Gottes willen, Sie sind ja ein Büchervernichter gewesen.« Ich habe mir das Gelesene einfach besser gemerkt, wenn ich die wesentlichen Stellen unterstrichen habe. Das habe ich später auch in meinen Studien getan. Und dann hat es natürlich auch ein paar spannende Bücher gegeben, so zum Beispiel von E. T. A. Hoffmann oder englische Kriminalliteratur, und in deutscher Sprache natürlich auch »Dr. Jekyll und Mr. Hyde«, aber eigentlich war ich auch bei diesen Sachen sehr wählerisch.

Später habe ich mich zwar immer mehr der politischen Literatur zugewendet, mich aber trotzdem bemüht, daneben auch andere Bücher zu lesen. Die Naturwissenschaften haben mich sehr interessiert, soweit das eben mein Fassungsvermögen erlaubt hat, wie zum Beispiel Wilhelm Ostwalds »Lehrbuch der allgemeinen Chemie« und andere für ein Laienpublikum verfaßte Lehrbücher von berühmten Wissenschaftlern. Aber auch Kunstbücher haben mich interessiert.

Ich habe schon in meiner frühen Jugend zu den unbekannten Jüngern von Karl Kraus gehört, von dem ich tatsächlich viel gelernt habe. In einigen Fragen war ich allerdings kein Kraus-Anhänger oder kein unentwegter Krausianer, das betraf seine Beistrichtortur und seine Antipathien. Viele von denen, die er haßte, schätzte ich, manche sogar außerordentlich, und ich konnte mich nicht zu seinem harten Urteil durchringen. Aber vor allem konnte ich mich nicht zu dieser hemmungslosen Kraus-Sympathie bekennen.

Man muß halt die Menschen in ihrer Gesamtheit beurteilen. Das eine Mal kommt man zu einem positiven Schluß, wie etwa bei Bert Brecht, das andere Mal zu einer etwas kritischen Haltung, so im Falle Karl Kraus'. Das tut ihrer Größe aber keinen

Abbruch, das schränkt ihre Größe nicht ein. Man sollte halt nie darauf verzichten, wenn es irgendwie geht, sich zu einer Sonde milder Kritik bereitzufinden. Manchmal allerdings muß auch eine Brise Zorn mitschwingen, wenn es um Dinge geht, von denen man glaubt, daß sie einfach Axiome der Politik sind.

Aber um auf das Lesen zurückzukommen: Verschiedene Zeitschriften habe ich sehr früh kennengelernt. Mein Vater hatte zum Beispiel zwei illustrierte Zeitschriften abonniert, den berühmten »Simplicissimus« mit seiner immer wiederkehrenden Figur des »Serenissimus«, also des Monarchen, der ein bißchen der Figur des Grafen Bobby ähnlich war, und dann »Der wahre Jakob«, das war eine Zeitschrift für deutsche Sozialdemokraten. Satirische Aufsätze sind mir aber eigentlich nicht haftengeblieben, ich habe sie damals wahrscheinlich auch nicht verstanden.

Mein Vater hat diese Interessen von mir gar nicht so gerne gehabt. Er hat immer gesagt, ich würde mir durch die Zeitungen meine Kenntnisse des Lesens ruinieren, ich sollte lieber häufiger Bücher lesen.

Es gab in unserem Haus neben der »Neuen Freien Presse« auch die »Arbeiter-Zeitung«, die damals übrigens in vielen anderen bürgerlichen Häusern auflag, denn sie galt als eine Zeitung, die man lesen mußte. Es gibt ja die Anekdote – ob sie der Wahrheit entspricht, weiß ich nicht –, daß auch Kaiser Franz Joseph zu den ständigen Lesern der »Arbeiter-Zeitung« gehörte. Er soll einmal auf die Frage eines Hofschranzen, warum er sie lese, geantwortet haben: »Da stehen die Dinge drinnen, die mir immer verschwiegen werden.«

Die »Arbeiter-Zeitung« war damals eine sehr intellektuelle Zeitung. Nach dem Ersten Weltkrieg hatte sie zunächst eine Riesenauflage von fast 300.000 Stück, dann ist sie ganz runtergegangen. Sie hatte aber immer schon radikale Konkurrenzblätter, damals war es zum Beispiel »Der Abend«, ein sehr populäres und auflagenstarkes Blatt, das unter dem Motto »Wo es Stärkere gibt, immer auf Seite der Schwächeren« erschien. »Der Abend« hatte auch ein bisserl etwas von einem Revolverblatt an sich, sprach aber innerhalb der Sozialdemokratie viele Radikale an. Und diese Konkurrenz war auch der Grund, warum sich die Partei 1927 zur Gründung des »Kleinen Blatts« entschlossen hat. Die geniale Idee dazu stammte von dem großen Journalisten Julius Braunthal, der die neue Zeitung schnell zu einer echten

Konkurrenz zur damaligen »Kronen Zeitung« und zu anderen kleinen Blättern wie der »Volkszeitung« und dem klerikalen »Kleinen Volksblatt« machte. Es war ein Kleinformat mit einer großen Auflage, das auf die breiten Massen abgestimmt war, aber doch eine akzeptable Qualität aufwies.

Dann gab es natürlich die theoretischen Zeitschriften, die mich ungeheuer gefesselt haben, vor allem »Der Kampf«, die berühmteste österreichische wissenschaftliche Zeitschrift, in der Otto Bauer und alle anderen großen Sozialdemokraten aus der ganzen Welt geschrieben haben. Das war die monatliche Lektüre, und Otto Bauers Person übte eine ungeheuer große Faszination auf mich aus. Ich habe ihn oft nach den Besuchen der Bezirksorganisationen in die »Arbeiter-Zeitung« begleitet. Er ist jeden Tag hingegangen; er hat dem Schreiben eine Riesenbedeutung gegeben. Bauer ging also von einem Vortrag weg, hatte oft lange Diskussionen hinter sich, es war spät geworden, zehn Uhr oder noch später, und er ging in die »Arbeiter-Zeitung«. Der Redaktionsgehilfe brachte ihm ein Tablett mit einer Kleinigkeit zu essen, ein Stück Schinken und Brot und Wasser – er trank ja keinen Alkohol –, und dann setzte er sich hin und versetzte sich selber in das hinein, was er schrieb, und das man überwältigt am nächsten Tag las. Otto Bauer war weniger ein journalistisches Vorbild für mich als ein rhetorisches. Er hatte eine unfaßbar überzeugende Art zu sprechen. Er verzichtete auf alle rhetorischen Mätzchen, er sprach ohne das sonst übliche Pathos. In dieser Sache hat er mich sehr beeinflußt, obwohl ich ja in vielen Dingen nicht mit ihm übereinstimmte. Auch Willy Brandt hat einmal gesagt, ein Sozialdemokrat muß immer überzeugen. Das ist auch meine Auffassung.

Ich bin also einer, der alles gelesen hat, die verschiedenen Zeitschriften, aber auch literarische Themen, und ich wurde dadurch schon sehr früh geformt.

In der sozialistischen Jugendbewegung, ungefähr 1927/28, war ich einer der Mitarbeiter der Jugendzeitschrift »Der Neuen Jugend«. Herausgeber und Leiter dieser kleinen Gruppe von jungen Leuten waren der frühere »Econ«-Chef Erwin Barth von Wehrenalp, Paul Lukács, der Sohn des berühmten ungarischen Philosophen und Marxisten György Lukács, und Peter Smolka, der spätere Journalist und Herausgeber von »Austria Today«. Wo Wehrenalp das Geld für diese Zeitung auftrieb, weiß ich nicht, jedenfalls konnte sie zwei Jahre existieren. Wir haben zum Beispiel ein Heft über die Arbeiterjugend gemacht, aber auch über andere Themen wie Jugend und Sexualität, und insgesamt war es eine relativ anspruchsvolle Zeitschrift, die da von Gymnasiasten herausgegeben wurde.

Alles das Geschriebene gedruckt zu sehen, das war für mich das größte Erlebnis. Ich wollte auch nicht Abgeordneter oder so etwas werden, sondern Journalist. Jeden Tag gedruckt seine Meinung sagen zu können, das ist ja sehr faszinierend. Junge Intellektuelle, wie Ludwig Wagner, Paul Lazarsfeld oder Marie Jahoda, um nur die bedeutendsten Namen der damaligen Jugendbewegung zu nennen, haben eigentlich nur diesen Berufswunsch gehabt, sofern sie sich nicht für ein spezielles Gebiet interessiert haben, für Naturwissenschaften oder Medizin zum Beispiel. Das gedruckte Wort hatte für uns eine ungeheure Faszination. Wenn ein junger Freund Journalist wurde, selbst wenn es in der »Kronen Zeitung« war, ist er von uns sehr geschätzt worden. Wenn er gar beim »Abend« war, und es kam ein Redaktionsbote und hat ihm die Korrekturfahnen gebracht – die Zeitung wurde nämlich erst spät fertig –, dann haben wir das alles mit großer Bewunderung verfolgt.

Ich erinnere mich auch an die Zeitschrift »Der christliche Ständestaat«. Das war in der Zeit des Austrofaschismus. »Der christliche Ständestaat« war eine sehr gute Zeitung, die immer wieder versucht hat, sich an den Klippen der Zensur vorbeizumanövrieren, was ihr oft gelungen ist. Dazu eine kleine historische Anekdote: In den letzten Tagen des Ständestaates haben sich eine Reihe von Leuten, die einen sehr geringen politischen Einfluß im Rahmen des Regimes ausübten, bemüht, den Kontakt zu uns aus der Arbeiterbewegung zu finden und uns trotz aller Kränkungen und Beleidigungen dafür zu gewinnen, daß wir mittun. Nikolaus Howorka, der gemeinsam mit Viktor Matejka die Zeitschrift »Berichte zur Kultur- und Zeitgeschichte« gegründet hatte, schlug also vor, daß wir in der Vorwärts-Druckerei ein Organ der Arbeiterjugend herausgeben sollten, um zu zeigen, daß wir Jungen mit dabei sind, wenn es darum geht, Österreichs Souveränität zu verteidigen oder gar zu retten. Christian Broda und ich waren dazu bereit, vorerst einmal bis zu der von Schuschnigg überstürzt angesetzten Volksabstimmung, um dann zu sehen, was wird. Dazu kam es aber nicht mehr. Die primäre Idee dahinter war aber nicht die Zeitungsgründung, sondern die

Absicht, junge Menschen zu einer Widerstandshaltung zu bringen.

Ich hatte damals auch den Wunsch, zwei Bücher zu schreiben. Das erste sollte – in austromarxistischer Tradition – eine wissenschaftliche Abhandlung über die »Judenfrage« sein, für das ich schon sehr früh Material gesammelt hatte. Sich mit diesem Thema wissenschaftlich zu befassen, lag angesichts der von Hitler angeheizten Rassenfrage auf der Hand, und leider ist dieses Thema auch heute angesichts des Neonazismus aktuell. Wir erleben eine Renaissance einer ganz bestimmten Geistesart, von der man glaubte, daß sie längst verschwunden wäre. Aber das Gegenteil trifft zu, und hier hat leider auch die Volkspartei eine Mitschuld. Sie hat den politischen Antisemitismus, der lange Zeit nur noch als individuelle Phobie galt, durch ihre Propaganda für Waldheim 1986 wieder zum Leben erweckt.

Und das zweite Buch, das ich damals schreiben wollte, sollte sich mit der Rolle der Persönlichkeit für den Geschichtsablauf befassen. Das war die Zeit des Aufkommens Hitlers und, früher noch, Mussolinis. Ich wollte eben versuchen, zu zeigen, daß es zwar richtig ist, was der Dichter sagt: »Höchstes Glück der Erdenkinder sei nur die Persönlichkeit«; aber vor allem wollte ich die Rolle des Führertums, damals war ja der Führerbegriff da, untersuchen. Marx hat einmal geschrieben: »Die Menschen machen ihre Geschichte selbst« – aber unter vorgefundenen Bedingungen, das heißt, sie können im Strom schwimmen, aber die Richtung hängt vom Strom ab. Daher beschäftigte mich die Frage: Was ist für die Entwicklung einer Persönlichkeit maßgebend? Ist es der Mensch, der die Umstände formt, oder sind es die Umstände, die er zu berücksichtigen hat? Aber davon bin ich sehr bald abgekommen.

In der Emigration hatte ich dann erstmals die Möglichkeit, mich regelmäßig journalistisch zu betätigen; einige meiner damals erschienenen Artikel sind ja inzwischen wieder publiziert worden. Es war am Beginn der Emigration durchaus nicht sicher, ob man nach dem Ende der Hitlerzeit so ohne weiteres wieder in Österreich Fuß fassen konnte, wodurch diese Arbeit einen eigenen Stellenwert bekommen hat. Daneben hatte ich in Schweden auch genügend Zeit zu intensiven Studien, so zum Beispiel zur Beschäftigung mit Sinologie. Die eigentliche technische Arbeit des Journalisten war mir aber noch fremd. Wenn man in eine fremde Sprache übersetzt wird oder selbst in einer fremden Sprache schreibt, dann ist das sicher eine interessante Sache. Ich habe entweder als Auslandskorrespondent, also als »free correspondent«, oder als Kommentator in Wochen- oder Tageszeitungen gearbeitet; in beiden Fällen hatte ich nichts mit dem zu tun, was zum Alltagsgeschäft eines Redakteurs gehört, sondern nur zu schauen, daß ich meine Berichte möglichst rasch dahin bekomme, wofür sie bestimmt waren. Das reine Redigieren hat dann der dortige Redakteur gemacht, ich war nur der Verfasser. Dennoch konnte ich bei dieser Tätigkeit viel lernen, denn meine Artikel wurden ja nur genommen, wenn sie etwas enthielten, was meine schwedischen Konkurrenten nicht wußten. Ich habe zum Beispiel drei Artikel über die Entwicklung in China verfaßt, die hat keiner in Schweden kommentiert. Oder ich habe ziemlich lange über den finnischen Winterkrieg gearbeitet. Ich habe damals noch sehr viele außenpolitische Ereignisse kommentiert und dafür halt sehr viel dazulernen müssen, denn ich hatte die härteste Konkurrenz. Jeder schwedische Journalist, der das Gebiet beherrschte, über das auch ich schrieb, wurde natürlich bevorzugt. Daher mußte ich über Dinge schreiben, die sonst keiner darstellte. Dennoch hatte ich damals ein sehr ordentliches Einkommen aus dieser Tätigkeit. Es war höher als mein Berufseinkommen.

Ich habe in Schweden auch etwas gelernt, was ich nach meiner Rückkehr nicht wirklich anwenden konnte und hier vergeblich vertreten habe. Ich kann mich heute noch an ein Abendessen im Hause Bonnier erinnern, wo diskutiert wurde, ob Bonnier eine Abendzeitung herausbringen sollte, den späteren »Dagens Nyheter«. Und da hat der berühmte schwedische Journalist Carl Adam Nycop zum Verleger Albert Bonnier gesagt: »100 Millionen mußt Du mir dafür geben.« Worauf Bonnier fragte: »Wieso? Ein Blatt der Gewerkschaft hat man mit 40 Millionen gegründet.« Und Nycop antwortete: »Schau, die werden aber auch doppelt soviel verlieren und dann aufhören, und ich verlange 100 Millionen, und Du wirst 100 Millionen durch mich noch zusätzlich verdienen.« Heute, 1987, weiß man, daß eine Zeitungsgründung nichts wird, wenn man nicht, sagen wir, zumindest 300 Millionen Schilling dafür ausgibt. Das Gegenbeispiel, wenn man versucht, mit zu wenig Geld eine Zeitung zu gründen, hat vor nicht allzu langer Zeit Ian Robert Maxwell in England erlebt. Wer heute in Österreich eine Zeitung machen will, der muß drei- bis vierhundert Millionen haben, zum Hineinbuttern. Dann erst wird er die dreihundert, vierhundert Millionen verdienen und vielleicht noch mehr.

Wir in der Sozialdemokratischen Partei haben diese Lehre nie beherzigt, in keiner sozialdemokratischen Partei, glaube ich, weil man die Mittel dazu nicht hatte. Weil man die Leute nicht hatte, die diesen großzügigen Blick besaßen. Das waren ja doch meist sparsame Gewerkschaftsfunktionäre, so daß eigentlich alle Zeitungen scheitern mußten. Wir haben in Österreich aber eine doch relativ erfolgreiche Zeitung zustande gebracht: den »Expreß«. Diese Zeitung wäre gut gegangen, hatte am Schluß auch eine große Auflage, ist aber dann am Widerstand der Freunde in der BAWAG und der Gewerkschaftsführer gescheitert, die unbedingt haben wollten, daß wir diese Zeitung an die Herren Dichand und Falk verkaufen. Die habe ich eigentlich immer für die extremsten Feinde der sozialdemokratischen Bewegung gehalten, auch wenn sie hie und da den Anschein erwecken, daß sie es nicht wären; das aber immer nur, weil sie halt doch die Mehrzahl ihrer Leser unter den sozialdemokratischen Wählern gefunden haben. Sie besitzen heute die auflagenstärksten Zeitungen. Hätten wir damals eine bessere Zeitungspolitik gemacht, hätten wir vor allem nicht verlangt, daß der »Expreß« immer wieder sein sozialdemokratisches Naheverhältnis unter Beweis stellt, hätte er wahrscheinlich sehr viel erfolgreicher sein können. Aber man hat den damaligen Chefredakteur vertrieben; er hieß Gerd Bacher, der spätere Generalintendant des ORF.

Ich möchte an dieser Stelle auf das schwierige Problem der Parteipresse in der heutigen Welt eingehen. Es ist vielleicht interessant, zu erwähnen, daß mich mein erster Weg als gewählter Vorsitzender der Sozialistischen Partei im Jahre 1967 in den Vorwärts-Verlag führte, also zur »Arbeiter-Zeitung«. Das war für mich auch damals noch das Herz der Partei, mehr als das Parteisekretariat. Natürlich kostet eine Parteizeitung, die jeden Tag in einer relativ großen Auflage herauskommt, das waren damals immerhin 80.000 bis 100.000 Stück, sehr viel, denn es müssen sehr viele Leute zu ihrer Produktion beschäftigt werden. Aber andererseits darf man auch nicht vergessen, daß der Multiplikationseffekt des politischen Zeitungslesers größer ist als der des »Staberl«-Lesers. Der »Staberl«-Leser befindet sich, drükken wir es vielleicht so aus, in der Lage desjenigen, der träumt und das Gefühl hat: »I kann net reden, i kann net schreien.« Das ist die Aufgabe des »Staberl«! Dieser Leser ist unbewußt der,

der das Gefühl hat, stumm zu sein, und der andere akzentuiert ihn. Der politische Zeitungsleser ist aber im Prinzip der, der in der Zeitung das Material bekommt, das er weitergeben kann, und daher ist das Zeitungsproblem eben eines, das man nicht nach Gewinn und Verlust beurteilen kann. Eine Parteizeitung muß erhalten bleiben, auch wenn sie noch soviel kostet. Mit der größten Selbstverständlichkeit der Welt schmeißen die Leute hundert Millionen für einen Wahlkampf hinaus, aber sie wollen nichts von einer Deckung des Defizits wissen, das ist falsch. Die politische Zeitung *muß* defizitär sein.

Bevor ich 1983 aus dem Amt geschieden bin, habe ich eine Idee gehabt, die ich damals nur wenigen erzählt habe. Ich habe gesagt: »Diese Wochenblätter, die wir da herausgeben, diese Sonntagsnachrichten, das ist der richtige Stil. Das ist ein gutes Layout, und das muß man weiterentwickeln.« Ich war überzeugt, die »Arbeiter-Zeitung« sei nicht zu retten, ja, sie kann besser werden, man kann mehr für sie tun, aber sie kann nicht ein Massenblatt werden. Da man aber das Blatt nicht anders finanzieren kann, muß man ein Wochenblatt herausgeben. Ich hatte also ein Blatt mit einer nur leichten politischen Akzentuierung im Auge, mit einem ausführlichen Radio- und Fernsehteil, mit dem soviel verdient werden sollte, daß man die »Arbeiter-Zeitung«, zumindest die Vorwärts-Druckerei, erhalten kann, was ja gegangen wäre. Diese Idee, die ich damals hatte, war das gleiche Konzept, das später von Kurt Falk mit »Die ganze Woche« realisiert wurde.

Auf der anderen Seite verfolgte ich mit der von mir 1973 initiierten Reform des Medienrechts das Ziel der besseren Absicherung der Position der Journalisten gegenüber den Zeitungsherausgebern. Ich war immer der Meinung, daß es zu den wichtigsten offenen Fragen großer parteiunabhängiger Zeitungen zählt, daß die Journalisten dort gesichert sind, damit sie den Mut haben, das zu schreiben, was sie schreiben wollen. Ich habe die Erarbeitung der konkreten Grundlagen dafür Justizminister Broda überlassen, der von dieser Idee jedoch nur soviel in die Wirklichkeit umsetzte, wie unter den Journalisten populär war. Eine wirklich befriedigende Lösung dieses Problems kam dabei nicht zustande, und ich muß eingestehen, daß ich mit meinen Vorstellungen in diesem Punkt gescheitert bin. Man muß ja nur an den früheren Chefredakteur des »Kurier«, Hugo Portisch, denken, den der Herausgeber Ludwig Polsterer über Nacht hin-

In der Ära der Großen Koalition 1965 bereits gemeinsam auf der Regierungsbank im Parlament: Außenminister Bruno Kreisky und Justizminister Christian Broda

ausgeschmissen hat. Der Herausgeber war der Stärkere. Portisch gelang es in der Folge jedoch, sich einen Namen übers Fernsehen zu machen, aber dem Herausgeber gegenüber ist er gescheitert.

Ich war vom ersten Tag meiner Amtszeit an bestrebt, ein neues Verhältnis zu den Medien herzustellen. Deshalb habe ich die Pressefoyers nach dem Ministerrat eingeführt, wo sich die Journalisten gedrängt haben. Man muß den Journalisten den Beruf erleichtern – im eigenen politischen Interesse! Mein gutes Verhältnis zu den Journalisten in all den Jahren meiner Amtsführung beruht auf einem Umstand: Der Journalist lebt davon, daß er Fakten hat. Wenn man haben will, daß er Fakten bringt oder über eine interessante Sache schreibt, dann muß man ihm auch interessante Sachen sagen. Man muß den Journalisten Fakten geben, man kann sich nicht mit Geschwätz herausreden. Man

Pressekonferenz im Presseclub Concordia

muß da sein, muß präsent sein, und es muß den Journalisten wert sein, um das Stückerl Platz, das sie in der Zeitung haben, zu raufen.

Es sind immer sehr viele gekommen – und oft war es weder für sie noch für mich angenehm, sie haben nicht sitzen können und mußten stehen, mußten oft lange warten, bis der Ministerrat zu Ende war. Daß ich ihnen dort eine Stunde lang und noch länger für Fragen zur Verfügung gestanden bin, ist Ausdruck meiner Überzeugungsfähigkeit gewesen. Natürlich kommt auch dazu, daß ich mich auf politischer Ebene in der Zeit meiner Kanzlerschaft bewährt habe. Und wenn ein Journalist keine persönlichen Beleidigungen ausgesprochen oder geschrieben hat, so war Kritik für mich nie ein Hindernis in der Diskussion mit ihm. Ich bin mit den kritischsten Journalisten am besten ausgekommen. Nur wenn einer einen Untergriff gemacht hat, was allerdings sehr selten vorkam, dann habe ich den einen oder anderen Journalisten einige Zeit ignoriert, aber in Wirklichkeit waren sie ja doch sehr zufrieden mit mir. Eine zustimmende Presse halte ich nämlich nicht für eine gute Presse; eine gute Presse hatte ich zum Beispiel dann, wenn die Karikaturisten sich jeden Tag mit mir beschäftigt haben.

Aber um auf die verschiedenen Interessen in meiner Jugend zurückzukommen: Bei uns in der Jugendbewegung gehörten Kinobesuche zum guten Ton. Man war sehr wählerisch in Hinblick auf die Themen und Tendenzen der Filme, die als sehenswert galten. Wir haben in der sehr genauen Unterscheidung zwischen guten und schlechten Filmen eine unserer Erziehungsaufgaben gesehen. Damit meine ich, daß wir nicht nur die vielen Kriegsfilme, sondern auch Filme wie »Adieu du mein kleiner Gardeoffizier«, »Liebe in Uniform« oder andere, die den Militarismus verherrlicht oder auch nur nostalgisch dargestellt haben, abgelehnt haben. Die ideologische Wirkung lief ja, das haben wir vorausgesehen, auf eine versteckte Rehabilitierung des Militarismus hinaus. Das ist fast so wie mit »Lili Marleen« gewesen. Es gab natürlich die direkten Tendenzfilme, die großartigen wie die »Dreigroschenoper« oder »Kameradschaft« über die Solidarität zwischen deutschen und französischen Bergarbeitern, die großen Pabst-Filme, die großen französischen Filme usw.

Ich bin aber nicht nur in politische Filme gegangen, sondern habe mir auch solche angesehen, die mit aktueller Politik nichts zu tun hatten, wie den »Don Quijote«-Film von G. W. Pabst mit dem berühmten russischen Sänger Fjodor Iwanowitsch Schaljapin. Das war ein großartiger Film. Es gab auch sehr amüsante Filme, die von sehr konservativen Leuten gemacht wurden und doch die gegenwärtige Gesellschaft ironisiert haben.

Ich bin ins Kino und Theater gegangen, aber komischerweise lieber ins Theater als ins Kino. Ums Theater gab es damals heftige innenpolitische Kämpfe. Man darf nicht vergessen, das offizielle kulturelle Leben in Österreich war ja klerikalisiert. Da wurden unbedeutende Dichter überbewertet und andere, deren Bedeutung heute unumstritten ist, vernichtend beurteilt. Schnitzler zum Beispiel war damals in den Augen dieser Kreise eigentlich ein Skandalschreiber. Die großen, bereits anerkannten Autoren wie Stefan Zweig haben ja noch gelebt zu der Zeit. Theaterstücke haben schon eine Bedeutung gehabt, ich erinnere mich, den »Don Carlos« unzählige Male gesehen zu haben, wo der Satz »Sire, geben Sie Gedankenfreiheit« Anlaß zu Demonstrationen geboten und einen Sturm im Theater ausgelöst hat. Um 1934 war aber auch damit für mich Schluß, da ich dann in der illegalen Partei gearbeitet habe und nur noch sehr selten Zeit fürs Theater hatte; hie und da ist man gegangen, wenn ein Stück besonders interessant war. Eine Kunstart, die uns sehr fasziniert

Premierenfeier mit Dietmar Schönherr, Vivi Bach und Vera Kreisky im Hotel Imperial

hat und die es fast überall gab, war das Kabarett. Das war natürlich ein Riesenspaß – ja, wir haben solche Surrogate gehabt.

Kino war also sicher nicht mein Lebensinhalt, konnte es auch gar nicht sein, weil ich ja sehr bald eingesperrt worden bin. Aber es war natürlich der Ort, wo man hingegangen ist, wenn man mit einem Mädchen ausgehen wollte, weil es dort dunkel war. Ach Gott, es hat in meinem Leben einige sogenannte Jugendlieben gegeben, unglückliche und glückliche, wenn man so will, aber im großen und ganzen ist die Zeit eigentlich relativ problemlos verlaufen. Ich selber war ja ein unverläßlicher Partner, schon deshalb, weil ich neben sonstigen Eigenschaften meinen Freundinnen durch häufige Gefängnisaufenthalte abhanden gekommen bin und sich manche gedacht hat, »mit so an is vielleicht besser, nix zu tun zu habn.«

Das hat natürlich zu einer von vornherein eher, sagen wir, lockeren Beziehung geführt, weil man ja selber für sich keine Haftung übernehmen konnte. Aber es war eine frohe, eine heitere Zeit, es waren nicht sehr unglückliche Ereignisse. Trotzdem gab es natürlich schon recht interessante Probleme. Wenn man zum Beispiel mit einem Mädchen befreundet war, das die politischen Ansichten, die man selbst hatte, überhaupt nicht teilte. Einmal habe ich ein Mädchen kennengelernt, das mir sehr gut gefallen hat; sie war von Haus aus nazistisch beeinflußt und war sehr entsetzt, als sie Näheres über mich und von mir erfahren hat. Das war vielleicht so etwas wie ein tragisches Ereignis, weil uns beiden die Trennung leid tat. Ein anderes Mal war ich mit einem Mädchen befreundet, das eine Kommunistin war – es war ja alles so politisiert damals. Auch das war schwierig, denn es war die Zeit der großen Reinigung in den kommunistischen Parteien, und die Vorstellung, daß dieses Mädchen in einen Gewissenskonflikt kommen könnte, ob sie mich vor der GPU bewahren soll oder nicht, war jedenfalls Gegenstand ernster und heiterer Betrachtungen.

Also, jung und verliebt zu sein in dieser Zeit war auch etwas ganz Besonderes, anders als sich das heute vielfach junge Menschen vorstellen. Es war aber trotzdem eine sehr frohe Zeit; wir waren alle jung und eigentlich rechtschaffene Menschen, die unter diesen Beziehungen sehr gelitten haben. Und alle diese berühmten Romane aus dieser Zeit, welche die Katastrophen der Jugend schildern, haben sicher ihre Wurzeln in der Realität gehabt, ich selber habe aber auch hier nicht ähnliche Erfahrungen aufzuweisen.

Wie gesagt, man ist ganz gerne ins Kino gegangen, denn es war der beste Platz, um mit einem Mädchen im Dunkeln zusammensein zu können. Die Möglichkeiten, einander zu treffen, wie es die heutigen jungen Menschen haben, diese Möglichkeiten hat es ja kaum gegeben. Und so aufgeschlossen meine eigene Familie auch war, derartige Dinge konnten nicht auf ihre Zustimmung hoffen.

Stundenhotels waren, um es ganz offen zu sagen, sehr riskant, weil die Polizei häufig Razzien veranstaltet hat, und wenn sie einen erwischt hat – dem Mann ist nix passiert, aber für das Mädchen oder die Frau war das sehr unangenehm –, das konnte man niemandem zumuten. Und so gab es in Wien, damals jedenfalls, Absteigequartiere, die annonciert waren, es gab also Zimmer, die man für einige Stunden mieten konnte. Das war aber sündteuer, das konnten sich nur die leisten, die über ein sehr großes Taschengeld verfügten. Ich hatte ein relativ gut dotiertes Taschengeld, aber verglichen mit den Möglichkeiten, die heute die jungen Menschen haben, war das damals alles eher schwierig. Parks, Kinos, hie und da eine Kellerstiege, wenn man so will, al-

Zwei gute Freunde: Leonard Bernstein und Bruno Kreisky

les das waren Begegnungsplätze junger Leute – und es war schwer für junge Menschen.

In meiner Schulzeit habe ich auch Konzerte besucht, vor allem deshalb, weil wir eingeteilt waren und kontrolliert wurde, ob wir auch wirklich dort gewesen waren. Und Klavierspielen hab' ich müssen. Damit war aber bereits mit zirka 18 Jahren, als ich an der Universität inskribierte, Schluß. Dazu kam, daß meine Eltern leidenschaftliche Theater- und Opernbesucher waren. Die Oper habe ich nicht sehr gern gehabt, auch in frühester Jugend nicht. Ich habe immer frech die Meinung vertreten: Für mich braucht man keine Oper, außer daß man weiß, wo man sich in der Illegalität treffen kann. Operetten schaue ich mir gerne eine halbe Stunde an, aber dann möchte ich eigentlich am liebsten weggehen. Ich bin also kein rechter Opernfreund, war auch nie einer. Ich kann mich noch erinnern, wenn mein Vater weg war und meine Mutter in die Oper gehen wollte, dann hat sie mich aufgefordert, in einem etwas befehlenden Ton, sie zu begleiten. Ich habe das als Strafe betrachtet und bin, wann immer es möglich war, im zweiten oder dritten Akt abgepascht. Normalerweise bin ich dafür, daß bei Staatsbesuchen kurze Opern gezeigt werden, weil man ja nie genau weiß, ob es den Leuten wirklich gefällt. Diesbezüglich schätze ich Strauss-Opern sehr, darunter »Salome«, weil das eine Oper ist, von der ich behaupte, sie fängt mit dem letzten Akt an und hört mit dem letzten Akt auf, sie hat nämlich nur einen Akt. Einmal gab es eine Wagner-Oper, die hat sich ein Gast aus einem arabischen Land ausgesucht; sie war unendlich lang, und am Anfang war ich noch dabei, dann bin ich zu einem Studententheater gegangen, das die »Westside Story« aufgeführt hat, und war dann immer noch rechtzeitig zurück.

Ich bin zwar auf den Opernball gegangen, weil das ja der Ball des Staates ist und weil man nicht einfach nur den Herrn Bundespräsidenten mit dieser Repräsentationsaufgabe belasten konnte. Da mußte eben auch der Bundeskanzler dabei sein. Aber ich scheue mich nicht zu sagen – so sehr ich auch weiß, wie vielen Leuten der Besuch des Opernballs Freude macht –, mir bereitete er keine Freude. Ich erfüllte dort nur eine Pflicht und war froh, wenn er wieder vorbei war.

Aber Konzerte habe ich mir später immer wieder gegönnt. Konzerte hatten für mich immer eine passive, geistig erholende Funktion, bei einem Konzert kann ich mich am besten entspannen und von den Gedanken befreien, die mich in schwierigen Zeiten gequält haben. Dirigenten faszinieren mich, so vor allem mein Freund Leonard Bernstein durch seine unfaßbare Hingabe an die Musik. Wenn er dirigiert, hat man das Gefühl der ungehemmten Hingabe, bei Herbert von Karajan hingegen imponiert mir die Kontrolle, die er sozusagen über sich selbst hat. Er ist natürlich einer der Größten. Mit zunehmendem Alter habe ich Verständnis für Musik bekommen, mir gefallen vor allem Mozart, Bruckner und Bach. Solange ich jung war, gefiel mir natürlich Beethoven. Ich habe aber gleichzeitig viel Verständnis und Interesse für moderne Komponisten wie Alban Berg und Anton Webern. Musik zu hören betrachte ich nicht als verlorene Zeit. Ich kann sehr lange zuhören, weil es mich vollkommen ablenkt, diese Art von Musik läßt ja gar nichts anderes übrig. Rhythmusgefühl, das ich eigentlich nicht in besonders hohem Maße besitze, halte ich für einen Urtrieb der Menschen, der nicht ein irgendwie sublimierter Sexualtrieb ist, sondern meiner Meinung nach ein Trieb für sich. Ich weiß schon, die Gelehrten werden das nicht anerkennen, aber ich spüre das, wenn ich Schwarzen zusehe oder Tänzern eines afrikanischen Stammes. Das ist nicht sublimierte Sexualität, sondern die Befriedigung eines Triebes an sich.

Ich bekenne, daß mich Gustav Mahler am stärksten erfaßt, und da gibt es eine besondere Richtung, eine besondere Zeit, die mich am meisten fasziniert: In der Malerei Klimt und Schiele, die Zeit des Jugendstils, nicht, weil er modern ist, sondern weil ich ihn gerne habe, Musil, der in diese Zeit hineinreicht, und Schnitzler. Ich habe aber überhaupt kein Verständnis für Hofmannsthal, der sagt mir nichts.

Ich habe mich eigentlich für alles interessiert und wundere mich immer wieder, woher ich dafür in den wenigen Jahren, die mir hier gegeben waren, die Zeit genommen habe. So fallen mir immer wieder Beispiele dafür ein, wie umfassend, sogar gierig ein junger Mensch wissenschaftliche oder geistige Bewegungen, mit denen er konfrontiert wird, in sich aufzunehmen in der Lage ist. Und das Sonderbare dabei ist, daß all das, was man in sich aufsaugt und das so im Untergrund verschwindet, bei späteren Gelegenheiten wie ein Karstsee wieder auftaucht und das Denken auf einer höheren Stufe befruchten kann. So ging es mir mit der Psychologie und ihren Schulen. So ging es mir auch, als ich mich später mit der Philosophie des Existentialismus beschäftigte. Alles war so viel leichter zu begreifen, weil man irgendwie geistige Hilfsquellen hatte, die einen speisten.

Die ersten zwanzig Jahre des 20. Jahrhunderts waren ja eine der stärksten Epochen der österreichischen Kunst überhaupt. Das entsprang aus dem ungeheuren Reichtum der Gesellschaft. Eine Zeit großer Armut der Gesellschaft produziert immer wenig Kunst. Die Kunst bedarf schließlich auch der Nachfrage. Und die Nachfrage für Kunst ist nicht etwas, das man loslösen kann von der materiellen Situation einer Epoche, in der die Oberklasse die Kunst gefördert hat. Es ist gar keine Frage, daß jetzt viel mehr Menschen in Museen gehen als vor etwa 50 Jahren. Und sehr viel mehr Menschen besuchen heute Konzerte, als es vor 50 Jahren der Fall war. Es ist aber nicht wahr, daß sie eine Verflachung erleben. Vielleicht gehen nicht sehr viele Menschen ins Theater, aber das hängt nicht so sehr vom Bedürfnis ab, sondern das Drama selbst erlebt gegenwärtig eine ungemein degenerative Entwicklung, und das geht vielfach darauf zurück, daß die Dialoge falsch sind. Die Menschen gehen deshalb nicht ins Theater, weil sie sich bessere Dialoge vorstellen können. Daher die Flucht zu historischen Stücken, wo es Dialoge gibt, die nicht den Alltag berühren oder die Beziehungen der Menschen.

In der Malerei faszinieren mich am meisten Künstler mit gu-

Der Maler Friedensreich Hundertwasser vor seinem Gemälde im Büro des Bundeskanzlers; Dezember 1976

ten Farben. Hundertwasser ist mir lieber als viele der phantastischen Realisten. Ich kann damit relativ wenig anfangen. Mir ist das Ganze ein bißchen zu figural. Hausner gefällt mir noch am ehesten, weil er die ganze Angst der Epoche ausstrahlt. Es erscheint mir sehr typisch für unser Kunstempfinden, daß wir in der Lage sind, Stile zu entwickeln, die eine ungeheure Reichhaltigkeit der Formen, der Erscheinungen, der Farben besitzen. Daher mußte das Barock bei uns geradezu monumentale Formen annehmen, obwohl es auf einen ganz lächerlichen Baustil zurückgeht. Das Barock ist deshalb auch verwandt mit den phantastischen Realisten, deren Kunst ebenfalls barock ist. Man kann das Barock historisch plazieren, kann es begründen, kann es motivieren. Bei den phantastischen Realisten bin ich mir noch nicht klar, wie man das motivieren könnte, vielleicht als die extreme Reaktion auf die starke Bedeutung des Abstrakten in der modernen Kunst. Obwohl ich nicht originell bin, so halte ich Hundertwasser für einen der bedeutendsten Maler, den wir in Österreich

Dialog zwischen dem Multimedia-Künstler André Heller und dem »elder statesman« Bruno Kreisky; 1985)

in der modernen Zeit haben, weil er ganz einfach einen Farbensinn besitzt und den Farben einen Verlauf gibt, der mich sehr beeindruckt. Ich habe Wotruba gern, diese harten Skulpturen, das ist eindrucksvoll. Komischerweise mag ich auch Aquarelle. Ich sammle aber keine teure Kunst, ich sammle, was mir gefällt. Es sind absichtlich keine teuren Dinge, weil ich sie wieder wegstellen will; das kann man mit teuren Bildern nicht machen. Ich könnte es mir auch gar nicht leisten. Außerdem sollten teure, große Bilder allen zugänglich sein.

Möbel habe ich ganz gerne, nur bin ich manchmal ein bißchen unsicher, denn ich bin nach wie vor der Meinung, Möbelstücke sollen sehr funktional sein. Man soll sich in ihnen wohlfühlen. Ich würde daher nie eine Wohnung wollen, die aus antiken Möbeln besteht. Das mag ästhetisch sein, aber ich fühle mich dort nicht wohl. Ich bin mir immer vorgekommen wie ein Banause, weil ich das abgelehnt habe, auch dann, wenn ich Möbelstücke von Verwandten bekommen hätte. Bis ich einmal ein Gespräch Goethes mit Eckermann gelesen habe, in dem Goethe sagt, er verträgt es nicht, in alten Möbeln zu wohnen; er will seine Wohnung selbst gestalten und nicht in einem Museum leben.

Es gibt Ideen, die ihrer Zeit entsprechen, und es gibt solche, die ihrer Zeit vorauseilen. Und so ist es auch mit der Kunst. Es gibt Kunst, die aus der Zeit heraus gestaltet wird, die sofort verstanden oder zumindest leichter verstanden wird. Es gibt Kunstwerke, die ihrer Zeit weit vorauseilen. Und es ist grotesk, zu sehen, wie sehr große Maler, die heute uneingeschränkte Anerkennung finden, wie Klimt und Schiele zum Beispiel, wie selten die in ihrer Zeit, außer bei wenigen Menschen, Anklang gefunden haben. Die Kunst ist vielleicht auch die große Kontestation der Gesellschaft. Aber das alles führt viel zu weit. Für die konkrete Politik scheint es mir *eine* Aufgabe zu geben: Wenn die öffentliche Hand große Mittel für Kunst- und Kulturkonservierung verwendet, dann muß sie auch die moderne radikale Kunst sich entfalten lassen. Und das kann man nur mit materiellen Mitteln. Das ist unsere Aufgabe, denn ich bin überzeugt davon, die neue Kunst entwickelt und entfaltet sich ganz von allein. Sie braucht nur genug Luft unter den Flügeln zu haben. Das heißt, gerade in einem Land wie Österreich, in dem man der überkommenen Kultur, den Werken der Vergangenheit, eine solche liebevolle und kostspielige Pflege angedeihen läßt, entsteht sehr leicht der Verdacht, daß man das aus einer Gesinnung heraus tut, die alles Neue, heute Entstehende, für Morgen Bestimmte verhindern will. Gerade weil wir ein solches kulturelles Erbe zu verwalten haben, müssen wir alles tun, um der modernen Kunst einen Platz einzuräumen. Diese relative Heimatlosigkeit der modernen Kunst in Österreich, verglichen mit anderen Ländern, ist peinlich. Das kann sich ja nicht darin erschöpfen, daß wir ein altes Ausstellungsgebäude aus der Brüsseler Weltausstellung vis-à-vis vom Südbahnhof haben und glauben, damit ist alles getan. Hier müßte es sehr viel mehr geben. Ich bin da kein Fachmann, aber ich weiß, es müßte mehr geben. Die Demokratie muß nicht nur ihre Toleranz unter Beweis stellen, sondern sie auch immer wieder aufs neue gewährleisten. Und sie muß sich in den schwierigsten Situationen bewähren.

Ja, ich habe mich also immer für Bereiche interessiert, die weitab von der Politik sind, von dem, was als Politik verstanden wird. Sehr oft war damit auch ein gewisses utilitaristisches Interesse verbunden, daß ich nämlich in diesen Gebieten immer wieder neue Einsichten gewonnen habe, die mir halfen, mein politisches Persönlichkeitsbild zu formen, meine politischen Aspekte, oft ungewohnte Aspekte, zu formulieren. Und hier habe ich die Bedeutung der Literatur erkannt. Ich bin ein regelmäßiger Bücherleser gewesen, also ein ganz systematischer, und

Teil der Bibliothek in der Armbrustergasse

bin es bis heute. Das kann ich von mir im Unterschied zu vielen anderen Funktionären sagen, die immer wieder klagen, sie hätten keine Zeit, ein Buch zu lesen. Dann sage ich ihnen immer: »Aber du hast ja die Nacht.« Ich lese auch heute noch, so wie in allen Jahren meines Dienstes. Ich habe unerbittlich daran festgehalten, abends eine Stunde Zeit zum Lesen zu haben. Ich habe nie gern im Bett gelesen; das ist mir zu gefährlich, weil einen der Schlaf übermannt. Dabei weiß ich, daß Walter Benjamin von Büchern sagte, daß sie ihm deshalb so sympathisch sind, weil man sie mit ins Bett nehmen kann. Wenn es zwölf Uhr nachts war, habe ich bis ein Uhr gelesen, wenn es ein Uhr war, bis zwei Uhr, sogar nach dem Opernball, als es bereits fünf Uhr früh war, habe ich noch eine Stunde gelesen. Das muß man eben tun, wenn man ein politischer Mensch sein will und sich auf einer gewissen geistigen Höhe halten will. Ich habe immer eine Stunde Zeit zum Lesen gehabt.

Ich habe dann allerdings nie Sachen gelesen, die meinen Beruf betroffen haben, also Akten, sondern immer nur Bücher, je nachdem, was mir an diesem Tag gerade gefiel, Belletristik oder Lyrik, manchmal habe ich einen Roman weitergelesen. Auf meinem Lesetisch finden sich noch heute die merkwürdigsten Bücher. Oft lese ich moderne Literatur. Ich lese die modernen Autoren, soweit ich mit ihnen zurechtkomme, und ich lese auch Bücher, die ich kenne, immer wieder. Gerne lese ich Lyrik und bedauere es sehr, daß ihr so wenig Platz in den österreichischen Zeitungen eingeräumt wird. Der Leser will es offenbar nicht haben. Und ich lese oft ein Buch zweimal, weil ich merke, daß ich infolge meines raschen Lesens gewisse Feinheiten übersehen habe. Beim zweiten Durchlesen kommt es dann.

Was Prosaliteratur betrifft, mag ich Musil sehr gerne. Ich bin relativ früh auf Kafka gekommen, erst spät auf Broch. Von den Franzosen gefällt mir André Gide, und ich habe die De Gaulleschen Memoiren gelesen. Mir gefallen gutgeschriebene Biographien von interessanten Leuten. Sie haben den Vorteil, daß man sie wieder weglegen kann. Von den Engländern mag ich besonders Harold Nicolson, vor allem sein letztes Tagebuch, dann einige Memoiren, so von Harold Wilson. Von den deutschen Lyrikern mag ich, abgesehen von den modernen, besonders den sehr einfachen Joachim Ringelnatz. Für die bedeutendste amerikanische Literatur halte ich die von den Journalisten John Steinbeck und Ernest Hemingway kreierte Literaturgattung. Darin zeigen sie, wie schöpferisch der amerikanische Journalismus war. Das ist erschütternd, das hat es vor hundert Jahren auch bei uns gegeben, daß die großen Dichter gleichzeitig Journalisten waren. Heinrich Heine war einer der ersten Auslandskorrespondenten, seine Berichte aus Paris waren berühmt. Karl Marx war ebenfalls Journalist, er lebte ja eigentlich von seiner Journalistentätigkeit für eine New Yorker Zeitung. Seine Artikel über China und über führende englische Politiker seiner Zeit sind hervorragende Proben journalistischen Könnens. Ich lese natürlich auch ganz moderne Sachen, moderne Soziologie, moderne Nationalökonomie. Dabei ist mir mein Sohn Peter eine große Stütze, denn er bemüht sich sehr um meine Weiterbildung.

Karl Marx zum Beispiel kann man unter verschiedenen Gesichtspunkten lesen. Die große Leistung Marx' im politischen Bereich war, daß er der Arbeiterklasse, die es damals kaum gab, eine historische Aufgabe gestellt hat, nämlich die, ihre Befreiung selbst in Angriff zu nehmen. Dadurch hat er ihr ein politisches Ziel gesetzt. Das ist eine Leistung, die durch die hundertjährige Geschichte einfach bestätigt wurde. Ich halte die Marxschen ökonomischen Lehren für sehr interessant. Ich hatte ja dadurch, daß ich einige Zeit im Gefängnis war, Gelegenheit, Quellenstudium zu betreiben, was die meisten, die sich als Marxisten bezeichnen, heute nicht mehr tun. Seine ökonomischen Lehren haben zum Teil ebenfalls ihre Bestätigung gefunden, zum Beispiel die Konzentration des Kapitals, das erleben wir jetzt in unerhörtem Ausmaß, andere haben sich als falsch herausgestellt. Aber sie sind von Bedeutung, wenn man von einigen Schriften absieht. Marx als ökonomischer Schriftsteller hat dieselbe Bedeutung wie David Ricardo oder Adam Smith, jeder für sich, aber trotzdem kann man mit den Ergebnissen dieser Forschungsarbeiten heute keine praktische Politik machen. Es bewirkt jedoch eine interessante Aufhellung der Zusammenhänge, die man auch heute noch nicht ganz ausgelotet oder enthüllt hat. Marx als historischer Schriftsteller ist faszinierend. Man muß nicht unbedingt seine Auffassung teilen, aber es ist sehr interessant, daß viele bürgerliche Gelehrte, Ökonomen und Historiker, seine Leistung anerkennen. Ein Mann wie Schumpeter ist fasziniert von der geistigen Leistung Karl Marx', obwohl er selbst ein leidenschaftlicher Vertreter und Verfechter des Kapitalismus war. In Amerika gibt es eine ganze Reihe von großen und bedeutenden Ökonomen und Soziologen, die keine Marxisten sind, aber die Leistung von Marx nicht unberücksichtigt lassen. Vor allem war er einer der großen Gesellschaftstheoretiker, und als solcher hat er versucht, Bewegungsgesetze der Gesellschaft zu entdecken, die sich zu unserer Zeit verhalten wie die Newtonschen Axiome zu den Erkenntnissen, die wir heute haben.

Wenn ich lese, übernehme ich nicht, was mir ein Schriftsteller darbietet, sondern ich bevorzuge einen kritischen Schriftsteller, mit dem ich mich auseinandersetzen muß, den ich bekämpfen muß. Ich habe lange Zeit hindurch, aus unbegreiflichen Gründen, Georges Bernanos gelesen, und es gibt kaum einen Essay, einen Aufsatz, eine Rede von ihm, mit der ich mich hätte identifizieren können. Aber die Art, wie er Dinge, die ich nicht zu tolerieren geneigt bin, ausdrückt, hat mich oft fasziniert.

Ich habe in meinem Bücherkasten immer noch die erste Ausgabe der Vorlesungen Sigmund Freuds für ein Laienpublikum, auf ganz billigem Papier gedruckt. Ich bin zu den Vorlesungen Alfred Adlers im Verein für Individualpsychologie gegangen, jeden Montag abend im Histologischen Institut in der Schwarzspanierstraße. Die Individualpsychologie schien mir damals in meiner Eigenschaft als Jugendführer sehr brauchbar, außerdem war sie für mich einfach und für die Lehrer auch. In der Zwischenzeit glaube ich allerdings, daß die Psychoanalyse eine doch viel tiefergreifende und weiter ausholende psychologische Wissenschaft ist. Natürlich fehlt mir die Möglichkeit, die Weiterentwicklung entsprechend zu verfolgen. Aber zu Sigmund Freud habe ich eine Einstellung wie zu Karl Marx: Beide sind große Gelehrte, die vieles entdeckt haben, das aber nicht unbedingt unkritisch und unbesehen Geltung hat. Ihre Lehren wurden von Epigonen weiterentwickelt, und für Freud gilt sicher auch, was Marx von einem seiner Schwiegersöhne gesagt hat: »Wenn das Marxismus ist, bin ich kein Marxist.« Freud würde heute sicher sagen: »Wenn das Psychoanalyse ist, habe ich sie nicht entdeckt.« Die Weiterentwicklung sowohl der Marxschen als auch der Freudschen Erkenntnisse hat aber für das psychologische und das soziologische Denken eine ungeheure Bedeutung gehabt. Man kann diese Lehren ablehnen, aber man kann nicht bestreiten, daß sie befruchtend gewirkt haben. Wie ich bereits gesagt habe, verhält es sich bei diesen großen Männern wie bei Newton in Relation zur modernen Physik. Man kann darauf nicht verzichten; man muß, glaube ich, Newton und Einstein akzeptieren, dasselbe gilt aber auch für Marx und Freud und andere.

Gemütlicher Heurigenbesuch beim »Zimmermann« in der Armbrustergasse; April 1971 (v. l. n. r.): Ulla Jacobsohn, Olof Palme, Fritz Muliar, Rudolf Kirchschläger, Jean-Jacques Servan-Schreiber, Torston Nilsson, Protokollchef Lukas Beroldingen und Gastgeber Bruno Kreisky

Ich möchte auch noch einen anderen Gedanken darlegen, und zwar über Reden, die ein Politiker ja halten muß. Unter den modernen Politikern unserer Zeit, das heißt bei Menschen, die nicht mehr dem abgenützten Schema des Politikers entsprechen wollen, sondern sich eines neuen Stils befleißigen, gilt ein Grundsatz sowohl für die Reden, die man hält, als auch für die Artikel, die man schreibt: Man soll sich vor Überschwenglichkeit hüten, sie erscheint oft als billiges Pathos. Aber dennoch gab es, jedenfalls bei mir, immer wieder das echte Bedürfnis, etwas, was ich ausdrücken will, mit großen Worten zu tun. Und ich habe mich immer wieder, wenn ich dieses Bedürfnis hatte, der Worte der Dichter bedient. Ich habe einmal bei dem Schweizer Dichter Robert Walser einen Satz gefunden, den ich mich in dieser Überschwenglichkeit nie selbst zu prägen getraut hätte, selbst wenn ich es vermocht hätte. »Es öffnet sich ein Himmel, in dem Menschen freundlich miteinander sind.« Ich glaube, daß ich recht habe, daß das ein Satz ist, der nur unter Berufung auf den Dichter und Autor verwendet werden darf. Oder wenn der von mir sehr hochgeschätzte Stefan Zweig einmal das Wort prägte von der »Gleichzeitigkeit aller Kontraste«, das mir inhaltlich die beste Übersetzung des französischen »Les extrêmes se touchent« zu sein scheint.

Und jetzt im Alter erst merke ich, wie sehr ich mir durch mein Wirken die Freundschaft, die Zuneigung der Jungen erworben habe. Ich erkenne es daran, daß sie in hellen Scharen zu den Vorträgen und Reden kommen, die ich nach meiner Amtszeit auf den Universitäten in Amerika, Japan, in Norwegen, Schweden und in vielen anderen Ländern gehalten habe. Und dabei rede ich ihnen gar nicht nach dem Mund, sondern sage ihnen im vorhinein immer wieder, daß ich in gewissen Fragen, in denen sie stark engagiert sind, anderer Meinung bin.

Ich habe weiters immer die Ansicht vertreten, daß man sich vor allem im Radio bewußt sein muß, so zu reden, daß man verstanden wird. Und das ist eine der Ursachen, warum ich so langsam rede, weil ich weiß, wie viele Leute auf das Radio angewiesen sind und wie hastig das Wort vorbeifliegt. Deshalb habe ich den Menschen Zeit lassen wollen zum Nachdenken. Es gibt eben verschiedene Redner. Es gibt solche, die lassen einen Schwall auf die Leute los und glauben, es reicht, und es gibt auch Leute, denen das gefällt. Ich bin ein langsamer Redner und will haben, daß die Leute mich verstehen. Ich war mir auch stets der Problematik bewußt, die darin besteht, daß man auch etwas Falsches sagen kann. Man muß sich als Politiker mit dem Gedanken abfinden: Das gesprochene Wort ist wie eine Kugel aus dem Lauf – man kann es nicht mehr zurückholen.

Das ist auch der Grund, warum ich an meinen Reden oft lange gearbeitet habe. Diese Arbeit ist mir bei weitem nicht so leicht gefallen, wie es sich dann angehört hat. Ich habe an einer Rede oft lange herumgefeilt, einzelne Wendungen verbessert und andere Passagen weggelassen. Es ist für mich immer ein erschütterndes Erlebnis, zu sehen, wie so mancher Journalist jeden Tag über irgendwas anderes schreibt, über Sachen, bei denen man spürt, wenn man sie kennt, daß er davon nichts versteht – Klischees, Klischees, Klischees.

Im Fernsehen sollte man allerdings nicht so langsam reden. Ich habe mich vor Fernsehdiskussionen auch nie schminken lassen. Im Fernsehen gibt es eine zweite Regel, die sehr wichtig ist und die es zu beachten gilt: Man darf nicht dorthin schauen, wo die Kamera steht, und man muß sich so verhalten, als ob keine

Zu Gast in der Fernsehsendung »Ihr Lieblingsprogramm« mit Senta Berger und Niki Lauda

Kamera im Raum ist. Der politische Mensch braucht das Medium, er kann darauf nicht verzichten, aber er sollte es für sich nicht zur Kenntnis nehmen, das heißt, je unbefangener er sich gegenüber diesen technischen Prozeduren verhält, desto besser. Es gibt Leute, die sich großartig im Radio präsentieren. Reagan war so ein Beispiel, aber im Fernsehen, wenn man genau hinschaute, merkte man das Unechte, das Einstudierte des Schauspielers. Dazu eine kleine Anekdote: Als Sinowatz Unterrichtsminister wurde, was er ja sehr erfolgreich war, habe ich ihm gesagt: »So, jetzt mußt Du ins Fernsehen gehen.« Er hat mir darauf entgegnet: »Du schau' mich amoil an, bin i was fürs Fernsehen?« Und ich habe ihm erwidert: »Paß auf, Politik is' ka Schönheitskonkurrenz!«

Ja, der politische Mensch braucht die Medien. Aber gleichzeitig müssen wir zur Kenntnis nehmen, daß es heute eine starke Manipulation der Medien gibt. Ich glaube daher, daß wir in vielen Fragen zur Selbstbestimmung kommen müssen und nicht immer nur daran denken dürfen, ob uns das bei den nächsten Wahlen nützt. So sehe ich das jedenfalls, auf einen sehr nüchternen, einfachen Nenner gebracht.

4. Kapitel

Aus der Opposition (1966–1970) in die Regierungen Kreisky I–IV (1970–1983)

Ab dem Augenblick meiner Wahl zum Parteivorsitzenden habe ich den Versuch unternommen, eine neue Politik zu inaugurieren. Ich habe die Schwierigkeiten der Sozialistischen Partei bei der Wählerschaft erkannt, weil die Meinung bestand, daß die SPÖ eine gute Partei nur für schlechte Zeiten sei. Daher müßte, so sagte ich bei einer Frauenkundgebung, schon vor den nächsten Wahlen der Beweis dafür erbracht werden, daß die Sozialistische Partei auch die beste Partei für gute Zeiten sei. Und vor allem müßte sie gute Zeiten gewährleisten. Ich erklärte auch, daß viele Österreicherinnen und Österreicher die Auffassung vertreten würden, die Sozialistische Partei wäre zwar eine hervorragende und die beste Partei für die Opposition, aber regieren, das könnte sie möglicherweise nicht. Auch hier gälte es, den Gegenbeweis zu erbringen.

Wir machten uns also an die Arbeit und versuchten in acht Arbeitskreisen, Fachleute, nicht nur österreichische und nicht nur sozialistische, zu versammeln, um durch konkrete, verständliche Programme zu zeigen, daß es sich um eine neue Partei handelte, die mit sehr konstruktiven Vorstellungen um die Mehrheit warb und die so stark werden müßte, daß sie diese Ziele auch ungehindert verwirklichen konnte.

All diese Programme liefen unter dem Übertitel »Für ein modernes Österreich«, was wir später ergänzten zu dem Slogan »Ein modernes und menschliches Österreich«, weil sie ein ganz modernes Humanprogramm beinhalteten. Das war stark beeinflußt vom Club of Rome, den die Menschen ja damals noch nicht kannten, und aus dessen Erkenntnissen entwickelten sich dann das Gesundheits- und Umweltministerium sowie das Wissenschaftsministerium, also ganz neue Ressorts.

Die zweite Erneuerung damals war, daß wir, wie gesagt, diese neuen Aufgaben wie Umweltschutz usw. erkannt haben. Unser Programm konzentrierte sich um die Bereiche Besser wohnen, Länger leben, Besser leben etc.

Ernst Eugen Veselsky war der erklärte Sekretär des Wirtschaftsprogramms und auch der verläßlichste, denn es war ja in Wirklichkeit sehr riskant, da ÖGB-Präsident Anton Benya und seine Leute dieses Programm für überflüssig hielten und meinten, man möge das den Gewerkschaften überlassen. Das lag ganz auf der Linie der Politik der Großen Koalition, der Sozialpartner, während wir als Partei zum ersten Mal wieder Wirtschaftskompetenz signalisieren wollten. Veselsky mußte dafür büßen, daß er loyal geblieben ist, während andere sich immer wieder mit einem Seitenblick, einem ängstlichen, zur Hohenstaufengasse und zur Arbeiterkammer wandten. Wir erzielten mit unserem Programm natürlich einen Riesendurchbruch, und der Gewerkschaftsbund verzichtete auf seinen Alleinvertretungsanspruch im wirtschaftspolitischen Bereich. Die Arbeiterkammer unter Kammeramtsdirektor Josef Staribacher behinderte diese Arbeit nicht, sondern hat sie eher gefördert. Karl Waldbrunner hingegen hat Hannes Androsch furchtbar gebeutelt, obwohl das sein »Lieblingsziehsohn« war und er von Androsch als sein »politischer Ziehvater« bezeichnet wurde. Androsch hatte sich bereit gefunden, an der Arbeitsgruppe über die Finanzierung des Wirtschaftsprogramms teilzunehmen. Er war damals ein kleiner Fachberater im Klub, neben Heinz Fischer; er war nicht in dauernder Anstellung, doch als ökonomischer Berater des Klubs hatte er ein Büro. Ich kann mich noch ganz genau erinnern – er kam vom ersten Stock die Stiegen herunter, das war vor dem Parteitag 1967, kam zu mir und sagte, er wolle mir nur mitteilen, daß ich mit ihm voll rechnen könnte. Was angesichts der damaligen Opposition, der Haltung Waldbrunners und Benyas, von mir sehr geschätzt wurde, und es stimmte dann ja auch. Androsch hatte zu einer Gruppe von jungen sozialistischen Studenten gehört, den Realos, die einen »materiell eingestellten« Schutzpatron, nämlich Waldbrunner, hatte. Als ich Waldbrunner einmal darauf aufmerksam machte, daß einer der Verbund-Direktoren drei oder vier verschiedene Einkommen beziehen würde, meinte er, naja, jetzt sind halt einmal unsere Leute dran. Das war eine sehr versöhnliche Haltung und Einstellung. Androsch hat Waldbrunner dann aber hängenlassen, als dieser meinte, er gehe täglich in die Nationalbank, leiste dieselbe Arbeit wie Hans Kloss und später Stephan Koren. Ich mußte mich darum kümmern, daß er auch ein Honorar bekam. Androsch hat es ihm als Finanzminister glatt verweigert. Warum, das weiß ich eigentlich nicht. Es ist mir eigentlich ganz unerklärlich, warum Androsch das tat, es sei denn, daß er der Meinung war, daß Waldbrunner um diese Zeit bereits nicht mehr nützlich für ihn sein könnte. Sonst wäre es unverständlich. Wenn ich schon dem Präsidenten eine großzügige Entschädigung anbiete, was der Fall war, dann muß ich das auch für unseren Vertrauensmann, nämlich den Vizepräsidenten, akzeptieren. Natürlich hatte der zweite Vizepräsident, Kunata Kottulinsky, dann auch dasselbe Recht.

Ich habe den Experten der verschiedenen Arbeitskreise aber nicht meine Ansichten inputiert, sondern ihnen gesagt, sie sollten ihre Meinungen frei aussprechen, die Zielsetzung wäre ein modernes Österreich. Und dieses umfassende Programm wurde in verschiedenen Gruppen erarbeitet. An diesen Sitzungen konnte ich immer nur sporadisch teilnehmen, weil ich ja die anderen Programme auch überblicken mußte.

Was immer man über die Regierung Klaus sagt oder über die in ihr maßgebenden Persönlichkeiten, es handelte sich um untadelige Politiker. Dazu kam, daß der Regierung ein Mann wie Stephan Koren als Staatssekretär und später als Finanzminister angehörte, der aber damals noch keine ausgeprägte Politikererscheinung war. Wahrscheinlich war es der größte Fehler der Volkspartei, daß sie sich nach 1970 nicht eines Mannes wie Koren in einer stärkeren politischen Position bediente. Aber er war nicht nach dem Zuschnitt konservativer Politiker, außerdem gab es in dieser Zeit den sogenannten Korenschen Paukenschlag mit diversen Steuererhöhungen.

Einer der Gründe dafür, daß die Jahre 1966 bis 1970 politisch so korrekt verlaufen sind, war der Umstand, daß die österreichischen Gewerkschaften eine ungeheure Machtstellung erlangten und in der Zwischenzeit die Bedeutung der sogenannten Sozialpartner stark zunahm. Ich habe einmal die Sozialpartnerschaft als eine Sublimierung – im psychoanalytischen Sinn – des Klassenkampfes bezeichnet. Das schien vielen österreichischen Beobachtern, wie immer beim Wort »Revolution« oder »Klassenkampf«, ein Rückfall in die Vergangenheit. Es ist interessant, daß ihnen dabei nicht auffiel, daß der neue Begriff, der von den Ökonomen in der ganzen Welt verwendet wurde, dasselbe zum Ausdruck bringt. Er lautete: »Die Verteilungskämpfe der Sozialpartner.« Das ist nur ein semantisches Manöver, das hier vor sich ging. In Österreich kommt dazu, daß zwischen den Sozialpartnern ein Mechanismus gefunden wurde, der gut funktionierte, weil es Verteilungsmöglichkeiten gab und man sich in der schon damals in einem gewissen Aufwärtstrend befindlichen österreichischen Wirtschaft sehr kostspielige, harte soziale Auseinandersetzungen ersparen konnte. Aber das alles hätte vielleicht nicht so zu Buche geschlagen, wenn sich nicht gezeigt hätte, daß durch die außerordentliche Geschicklichkeit der Gewerkschaftsführer – Anton Benya, Johann Böhm, Anton Proksch, Franz Olah, Karl Maisel und zahlreicher anderer –, die in überlegener Weise ihre Auseinandersetzungen führten, unterm Strich für die österreichische Arbeiter- und Angestelltenschaft mehr herauskam als durch traditionelle Kämpfe, wie sie etwa in Italien und Frankreich geführt wurden.

Alles das hat mich schon in diesen Jahren immer wieder beschäftigt, und so habe ich die Meinung vertreten, daß die Aufgaben der Politik im Staat ganz andere geworden sind. Will man der Abwertung des Staates gegensteuern, muß man ihm Aufgaben geben, für die man sehr viele neue Menschen braucht, mit neuen Herausforderungen, aber eben echten neuen Aufgaben. Dem versuchte ich in zahlreichen Arbeitsgruppen gerecht zu werden. Normalerweise verfügen ja Oppositionsparteien nicht über ein derartiges Personal; es steht ihnen nur eine begrenzte Zahl von geliehenen intellektuellen Kräften zur Verfügung, die bei weitem nicht diese gewaltigen neuen Aufgabengebiete abdecken können. Das war das Neue am Wahlkampf 1970, und zwar sowohl in der Technik als auch in der Werbung, die ja in dieser Zeit der wachsenden Medienbedeutung notwendig war. Es war irgendwie typisch, daß wir die modernsten Kurzfilme herstellen konnten. Unser erster Vorspannfilm zeigte ein sich in die Lüfte erhebendes AUA-Flugzeug, was gleichzeitig auch einen gewissen, unbewußt patriotischen Effekt auslöste, ein hervorragender kurzer Vorspannfilm, der Rücksicht nahm auf jenes Publikum, das eben noch Kinos besuchte. Man sagte mir damals immer wieder, daß die Zahl derer, die ins Kino gehen, ständig abnehmen würde, doch ich war überzeugt, daß sich das bald ändern würde, weil das Kino ja auch ein Sicherheitsventil ist gegen den Zwang, in der Familie zu bleiben. Vor allem junge Leute konnten damals aus der Familie flüchten, und die Umstände, unter denen man einen Kinobesuch auch nebenbei gestalten kann, kamen jungen Menschen und dem Bedürfnis, beisammen zu sein, stark entgegen. Das war ja seinerzeit schon einer der Gründe für den Durchbruch des Films, wie ich es selbst erlebt habe.

Nun, die Wahl brachte der Sozialistischen Partei, den österreichischen Sozialdemokraten, einen bis dahin nie erzielten Erfolg

Wahlnacht vom 1. März 1970 (v. l. n. r.): Bruno Kreisky, Anton Benya und Hertha Firnberg

Fackelzug in der Wahlnacht 1970

und stärkte das Selbstbewußtsein der SPÖ in einem solchen Maße, daß auch die vorsichtigsten Parteiführer, jene, die sich der Sozialpartnerschaft auch im politischen Bereich verpflichtet fühlten, das Experiment der Minderheitsregierung eingehen wollten. Nichts war in Österreich – mit Recht – so gefürchtet wie eine Minderheitsregierung. Es wurde ihr keine echte Bedeutung verliehen, sie trug den Charakter der Zufälligkeit, der Abhängigkeit von anderen politischen Kräften, und viele meinten, eine solche Regierung wäre doch eigentlich nicht der Sinn dieses erfolgreichen Wahlkampfes. Es müsse wieder die Große Koalition versucht werden, womit also 1966 bis 1970 nur eine Episode gewesen wäre. Die ideale Regierungsform Österreichs wäre die Große Koalition, nun allerdings zum ersten Mal mit den Sozialdemokraten als dominierender Kraft. Dabei vergißt man aber eine politische Erkenntnis – oder hat sie nie verstanden, weil man sich nicht tief genug mit politischen Fragen beschäftigt hat –, nämlich daß es ja nicht richtig ist, daß eine größere Partei in einer Koalition der dominierende Faktor ist, schon deshalb nicht, weil ja der größere Partner in höchstem Maße abhängig ist von dem kleineren, der seine Stellung leicht mißbrauchen kann.

Nun, ich schlug also eine Minderheitsregierung vor, weil ich meinte, daß man einen anderen Weg gehen müßte. Es war wichtig, zu sagen, daß die Wahlen einen so eindeutigen Entscheid gebracht hatten, daß die Wähler die Sozialisten regieren lassen wollten. Wenn das durch gewisse Abstimmungen, zu denen man im Parlament ja jederzeit in der Lage war, verhindert würde, dann müßte man den Parteien erklären, daß man das dann eben nicht als eine kurze Episode betrachten, sondern daß eine Nachentscheidung des Volkes angestrebt würde. Hier müßte man die Frage stellen, ob man nun den nächsten Schritt wünsche, nämlich die Sozialdemokraten in Österreich so stark zu machen, daß sie zum ersten Mal in ihrer langen Geschichte in die Lage versetzt würden, ihre Politik auf den Prüfstand zu bringen. Aber auch dafür benötigte man einen Partner, denn es müßte ja ein Parlament mit Mehrheit eine solche Entscheidung billigen. Und da kam uns ein Umstand zu Hilfe, der uns zu Gesprächen mit der Freiheitlichen Partei führte.

Die FPÖ hatte das dringende Bedürfnis, in Österreich ein Wahlsystem zu schaffen, das sie davor bewahrte, ständig »in der Luft zu hängen«. Alle diese Klauseln und Einschränkungen schienen mir auch undemokratisch zu sein, denn es soll ja nicht das Prinzip einer Wahl sein, kleine Wählergruppen zu nullifizieren. Das Ziel ist vielmehr eine aufgefächerte politische Skala, ein aufgefächertes politisches Spektrum.

Bei diesen Wahlen sind wir von zirka 42% auf 48% gestiegen, die Volkspartei ist von 48% auf 44% gefallen. Es war also ein Erdrutschsieg für uns. Es hat uns aber, da wir ein Wahlsystem hatten, in dem gewisse Wahlkreise so eingeteilt waren, daß die ÖVP im Jahr 1966 auch mit diesen 48% eine starke Mehrheit von fünf Mandaten hatte, keine absolute Mehrheit gebracht. Wir haben dann das Wahlrecht den Freiheitlichen zuliebe geändert. Hätten wir es nicht getan, hätten wir zum Beispiel 1983 immer noch diese Mehrheit gehabt; wir haben es aber geändert, weil wir es seinerzeit den Freiheitlichen versprochen hatten. Es ist ja so, daß ich den Freiheitlichen in dieser kurzen Zeit der Minderheitsregierung nur konzediert habe, was wir ihnen schon früher in der Habsburgfrage versprochen hatten, nämlich einen Botschafter in Bonn, Wilfried Gredler, den Präsidenten des Rechnungshofes, das war Jörg Kandutsch, und als drittes ein Wahlrecht, das möglichst nahe an die Wahlgerechtigkeit kommt. Derjenige übrigens, der immer gegen ein solches System aufgetreten ist, glühend und in der zynischsten Weise, das war Helmut Schmidt. Ich erinnere mich, wie ich als Außenminister in den deutschen Bundestag kam, hat Helmut Schmidt mit großer Leidenschaft dieses britische Wahlrecht vertreten, weil es Majoritäten schafft. Ich habe damals gesagt, daß das erstens nicht stimmt, weil es schon zweimal ganz knappe Mehrheiten gegeben hatte, die nicht regierungsfähig waren, obwohl natürlich in der Stimmenzahl Ungerechtigkeiten herrschten. Mein zweites Argument war, daß man eine große Zahl der besten Leute in England, nämlich die liberalen Wähler, dadurch einfach ignoriert – und das kann sich ein Staat wie Österreich nicht leisten.

Das damals herrschende Wahlrecht war also kein den kleinen Parteien freundlich gesinntes. Man mußte in einem der Wahlkreise, die nicht sehr groß gehalten waren, ein Grundmandat erlangen, das war eine Hürde, die auch mir persönlich immer als zu hoch schien, denn ich hielt diese alte Idee des Zwei-Parteien-Parlaments für eine Gefahr für die Demokratie. Wenn man nämlich die Zahl der Parteien auf zwei reduziert, besteht immer wieder die Gefahr, daß die für links oder für die Mitte aufgeschlossenen Gruppen und Persönlichkeiten mit den gleichermaßen für

Im Gespräch mit FPÖ-Obmann Friedrich Peter, Landeshauptmann des Burgenlandes Theodor Kery und Klubobmann Heinz Fischer (v. l. n. r.)

die Mitte aufgeschlossenen Sozialdemokraten einander zu ähnlich sind in ihrer Argumentation. Es werden also die Unterscheidungsmerkmale der Parteien verwischt. Außerdem muß bei einem Zwei-Parteien-System immer eine Partei die absolute Mehrheit haben, und das für längere Zeit, jedenfalls für vier Jahre. Ein politischer Wechsel, das heißt »time for a change«, wird dadurch hinausgeschoben, die Fronten erstarren zwischen Regierung und Opposition. Wir sehen das sehr deutlich im englischen Parlament, im britischen Unterhaus. Es ist meine demokratische Überzeugung, daß es den Wählern möglich sein sollte, ihrer differenzierten Auffassung durch die Erleichterung parlamentarischer Vertretungen dritter und vierter Parteien Ausdruck zu geben. Insofern ist das gegenwärtige österreichische Parlament, sofern es so bleibt, eine gute Ausprägung. Und es ist auch gar keine Frage, daß die Debatten im österreichischen Parlament, soweit es die Oppositionsparteien betrifft, eine starke Belebung erfahren haben. Allmählich werden auch die großen Parteien verstehen müssen, daß sie den qualifizierten Parlamentariern in ihrer Fraktion sehr viel mehr Spielraum geben, sehr viel mehr Möglichkeiten der Bewährung bieten müssen. Ich habe dem geschäftsführenden Klubobmann Heinz Fischer sehr oft nahegelegt, doch immer wieder neue Menschen zum parlamentarischen Einsatz zu veranlassen.

Die Frage des Hinterbänklertums sollte im österreichischen Parlament keine allzu starke Ausprägung finden. Das war auch der Grund, warum ich den sehr schwer herbeizuführenden Beschluß durchsetzte, daß Mitglieder der Bundesregierung in der Sozialistischen Partei auf ihr Mandat verzichten müssen. Dadurch war nämlich die Möglichkeit gegeben, daß begabte jüngere Kräfte ins Parlament kamen. Inwieweit das heute oder morgen noch Geltung haben wird, weiß ich nicht. Es wurde also Platz gemacht für zehn, zwölf Parlamentarier, was bei einer Fraktion von um die 90 herum schon Bedeutung hatte. Ob man das Optimum aus dieser personellen Veränderung herausholte, entzieht sich meiner Kenntnis.

Ab 1971 bedurfte es nicht mehr der Freiheitlichen Partei, die Sozialistische Partei gewann die absolute Mehrheit der Stimmen im neuen Parlament. Das Wahlgesetz hatte also auch für uns positive Konsequenzen, wenngleich uns nach dem alten Wahlrecht auch im Jahre 1983 fast 48% der Stimmen, somit die absolute Mehrheit der Mandate, sicher gewesen wäre. Das neue Wahlsystem war sicher ein Opfer unsererseits. Ich bin also, wenn man so will, ein Opfer der eigenen Wahlrechtsreform geworden, aber bis heute bereue ich dieses gerechtere Wahlsystem nicht. Ich halte nichts davon, daß man die Politik im nachhinein mit allen möglichen Mehrheitssurrogaten gestaltet, sondern man sollte es mit echten Mehrheiten probieren. Die Entwicklung gab mir auch recht, und bei einer Nachwahl am 4. Oktober 1970 in drei Wiener Wahlkreisen konnten die Freiheitlichen sogar ein weiteres Mandat dazugewinnen.

Meine ersten Regierungsdeklarationen nach den Wahlen 1970 und 1971 wurden nicht schweigend angehört, sondern waren unterbrochen von stürmischen Zwischenrufen, um mich daran zu hindern, sie zu Ende zu sprechen. So sehr ich mit den Menschen in der anderen Partei, der ÖVP, persönlich gut ausgekommen bin, so sehr haben sie mich auf diese Art unter Druck setzen wollen. Es war 1975 eine Spur besser, aber es war immer ein Riesengeschrei, jeder Satz, der irgendwie eine Angriffsfläche bot, wurde von der Volkspartei mit Zwischenrufen bedacht. Erst 1979 konnte ich meine Regierungserklärung relativ ruhig zu Ende führen. Das hat der ÖVP selbst am meisten geschadet, weil ja diese Ablehnung meiner Regierungserklärung und auch meiner Person in krassem Gegensatz zur Meinung des Volkes stand. Ich habe schließlich 1971 50,04% der Stimmen bekommen, 1975 50,41% und 1979 51,03%. Eine kluge ÖVP-Parteiführung hätte also erkennen müssen, daß sie nur von den Kreisky-Wählern her gewinnen kann. Mit heftigen Attacken auf Kreisky schadete sie sich selbst.

Apropos Kreisky-Wähler: An dieser Stelle sollen die Legenden über die Inseraten-Kampagne »G'schichten vom Dr. Kreisky« entkräftet werden. Der Hergang ist folgender: Der mir bekannte Rechtsanwalt Dr. Damian erschien bei mir mit Herrn Udo Proksch, um mir eine Liste von bekannten Schauspielern und im Ausland lebenden Österreichern zu übergeben, die meinen Verbleib als Bundeskanzler wünschten. Um nur einige von ihnen zu nennen: Achim Benning, Senta Berger, Adrienne Geßner, André Heller, Christiane Hörbiger, Friedensreich Hundertwasser, Curd Jürgens, Kurt Kalb, Erika Pluhar, Teddy Podgorsky, Marcel Prawy, Erich Sokol, Krista Stadler, Friedrich Torberg und Wilfried Zeller-Zellenberg.

Ich machte die Herren darauf aufmerksam, daß sich alle diese bekannten Künstler selber keinen guten Dienst erweisen, öffentlich als Testimonials aufzutreten. Sie würden es bitter zu bereuen haben. Ich bat sie, das den Betreffenden mit aller gebotenen Klarheit mitzuteilen. Ich sagte auch, daß eine derartige Wahlhilfe überschätzt würde, zudem kostete eine solche Annoncen-Kampagne Geld und ich müßte von der Voraussetzung ausgehen, daß dieses nur – das mußte mir Dr. Damian als Rechtsanwalt eindeutig bestätigen – aus Quellen kommen könnte, die in keiner Weise anrüchig waren. Bei einem späteren Zusammentreffen teilte er mir mit, daß sich alle Beteiligten der von mir dargestellten Gefahr bewußt waren, aber dennoch dieses Risiko auf sich zu nehmen bereit wären. Sie wollten auch von sich aus für die Finanzierung aufkommen, wobei sich unter ihnen einige Künstler und andere Persönlichkeiten befanden, die ihren dauernden Aufenthalt im Ausland hatten. Unter diesen Umständen erklärte ich mich bereit, dieses Angebot anzunehmen und konnte mitteilen, daß aus dem Wahlfonds der Sozialistischen Partei ein Betrag von einer Million Schilling – auf Grund unserer Berechnungen die Hälfte der erforderlichen Kosten – zur Verfügung stünden. Dr. Damian versicherte mir, daß sich unter den Geldgebern niemand befände, der auf diesen Betrag jemals zurückkommen oder damit persönliche Interessen verbinden würde, was

Anläßlich der Eröffnung des Arlberg-Straßentunnels mit Landeshauptmann Eduard Wallnöfer (rechts) und Vera Kreisky

schon daraus ersichtlich sei, daß sie anonym bleiben wollten. Der Wunsch nach Anonymität ergäbe sich daraus, daß es sich zum Teil um Leute handelte, die man als nicht der SPÖ nahestehend betrachten könnte, darunter auch einige Adelige, die man allgemein für konservativ halte und die durch diesen Schritt in keiner Weise mit der Sozialistischen Partei identifiziert werden wollten. Erst sehr viel später erfuhr ich – gegen die Verpflichtung, die Namen geheimzuhalten – einige der wichtigsten Spender. Es waren in der Tat einige »historische« Namen unter ihnen, aber kein Bauunternehmer. Wäre die betreffende Person heute nicht tot, so gäbe ich sogar einen Namen bekannt, der Erstaunen hervorrufen würde.

Aber um wieder auf das Thema zurückzukommen: Es war so, daß man mit Attacken auf meine Person sich selbst am meisten schadete. Die ÖVP-Landeshauptleute in Österreich hatten das schon länger erkannt. Sie wußten nämlich, daß wir in sechs Ländern entweder stärkste Partei waren oder Majoritäten hatten. Die ÖVP-Landeshauptleute erkannten also, daß sie ihr Wählerpotential nur steigern konnten, wenn sie die typischen Kreisky-Wähler gewinnen würden, also nicht die deklarierten Sozialdemokraten, sondern die Kreisky-Wähler. Und das war bei nationalen Wahlen immer ein Prozentsatz zwischen 5% und 8%. Es ist aber eine sehr heikle Frage, die zu beantworten ich persönlich am wenigsten geeignet bin, nämlich zu sagen, ob die Stimmen, die eine Partei bekommt, auf das Konto der Partei oder auf das Konto ihrer führenden Persönlichkeit gehen. Ich für meinen Teil glaube, daß die Sozialistische Partei in Österreich in guten Zeiten über einen sicheren Bestand von 45% der Wähler verfügte, in schlechteren Zeiten über zirka 42% bis 43%. Was darüber hinaus gewonnen wird, geht auf das Konto des Vertrauens, das die Menschen, ohne einer Partei besonders zugetan zu sein, den führenden Persönlichkeiten gewähren. Voraussetzung jedoch war, daß wir – wie ich es am Villacher Parteitag 1972 formuliert habe – »die Partei nach allen Seiten hin offenhalten. Der Komplex der sozialdemokratischen Zielvorstellungen ist nicht unteilbar. Denn es gibt viele, die mit uns ein großes Stück des Weges gemeinsam gehen wollen, die mit uns an der Lösung so mancher Fragen arbeiten wollen, ohne daß sie sich vorerst deshalb zur Gänze unseren Zielvorstellungen zu verschreiben wünschen.« Und wenn es wahr ist, daß es ein so hohes Maß an Vertrauen für mich gab, dann freute mich das natürlich, veranlaßte mich aber nie dazu, dieses Verhältnis zwischen Parteistimmen und persönlich gewonnenen Stimmen in irgendeiner Form zu benutzen. Dieses Vertrauen in eine Person gibt es aber nicht nur bei uns, das hat es auch anderswo immer wieder gegeben. Das war so in Deutschland zur Zeit Konrad Adenauers ebenso wie zur Zeit Helmut Schmidts, das traf auf François Mitterrand in Frankreich zu und stimmt auch für viele kleinere Länder. Es gibt eben neben der politischen Entscheidung des Staatsbürgers für eine Partei noch eine psychologische Entscheidung, die daraus entsteht, daß man zu gewissen Menschen mehr, zu anderen weniger Vertrauen hat. Das wird in die Waagschale geworfen und zählt.

1971 trat dann das ein, was ich immer angekündigt hatte, auch in meinem ersten Regierungsprogramm 1970: »Sollte jedoch eine solche umfassende Wahlreform nicht möglich sein, dann hat die Bundesregierung die Absicht, Maßnahmen vorzuschlagen, die im Rahmen des Artikels 26 der Bundesverfassung ein gerechteres Ermittlungsverfahren zum Ziele haben und die Zustimmung des Nationalrates finden«, das heißt, wir würden die Wähler auffordern, klare Verhältnisse zu schaffen. Und so kam es am 10. Oktober 1971 zu einer absoluten Mehrheit der

Sozialistischen Partei im österreichischen Parlament, ein Jahrhundertereignis in der österreichischen Demokratie, aber auch für viele Parteien in anderen europäischen Ländern, vor allem, wenn man berücksichtigt, daß es eine Wahlbeteiligung von 92,7% gab, was wirklich einzigartig war. Das war 1971, ich war genau 60 Jahre alt und mir darüber im klaren, daß ich, wenn ich meine Gesundheit einigermaßen erhalten konnte und meine Partei damit einverstanden war, diese Aufgabe bis zu meinem 68. Lebensjahr, also bis 1979, übernehmen wollte. Das war die damals ausgedehnte Altersgrenze, länger wollte ich jedenfalls nicht regieren und konnte mir auch nicht vorstellen, daß die Partei eine solche Ausnahme bestätigen würde.

Damit aber ist auch jenes Argument ad absurdum geführt, das da lautete, ich hätte mich von der Macht nicht trennen können, wodurch der Gegensatz zum nachdrängenden Androsch entstanden wäre. Das ist auch deshalb falsch, weil ich schon sehr bald, um 1975 herum, sehr deutlich zu verstehen gab, daß ich eben Androsch als meinen Nachfolger betrachtete, der auch am 1. Oktober 1976 zum Vizekanzler bestellt wurde. Das trug mir großen Verdruß bei den älteren Mitgliedern der Regierung ein. Androsch war damals 38 Jahre alt. Es schienen sich zu dieser Zeit bereits gewisse Gegensätze anzudeuten, weil er trotz meiner Entscheidung, ihn zum Vizekanzler zu nominieren, seinen 40. Geburtstag mit Freunden verbrachte, die zum Großteil in der Partei unbekannt waren, und die Festrede von Gerd Bacher gehalten wurde. Ich selber habe mich, da ich eingeladen war, zu Wort gemeldet und gemeint, so schlecht wäre er nicht behandelt worden. Ich führte einige Beispiele an, wie ich ihn im Gegensatz zu anderen für das freigewordene Mandat eines stellvertretenden Parteiobmanns vorgeschlagen hatte, jüngst für den Vizekanzler. Was ich allerdings nicht anführte, war, daß Androsch selbst zu mir gekommen war und mich gebeten hatte, ihm den Weg zum Präsidentenposten der Nationalbank frei zu machen. Das konnte ich nicht akzeptieren. Letztlich entschloß ich mich, mit Stephan Koren zu sprechen und ihm mitzuteilen, daß ich mich bemühen würde, die Sozialistische Partei zu einem Sprung über den eigenen Schatten zu überreden, um Koren zum Präsidenten der Nationalbank zu machen.

Meine Frau sagte immer, ich wäre viel zu leichtgläubig. Ich habe tatsächlich kaum Mißtrauen. Es ist nicht so sehr dumme Leichtgläubigkeit, sondern ich bin ganz einfach überzeugt, daß

Das erste Kabinett Bruno Kreiskys (stehend v. l. n. r.): Dr. Ernst Eugen Veselsky, Staatssekretär im Bundeskanzleramt; Brigadier Hans Freihsler, Verteidigungsminister; Dr. Josef Staribacher, Handelsminister; Josef Moser, Minister für Bauten, Technik und Wohnbauförderung; Otto Rösch, Innenminister; Dr. Rudolf Kirchschläger, Außenminister; Erwin Frühbauer, Verkehrsminister; Leopold Gratz, Unterrichtsminister; Dr. Hannes Androsch, Finanzminister; Dr. Johann Öllinger, Landwirtschaftsminister; (sitzend v. l. n. r.) Dr. Christian Broda, Justizminister; Gertrude Wondrack, Staatssekretärin im Sozialministerium; Bundeskanzler Dr. Bruno Kreisky; Dr. Hertha Firnberg, Wissenschaftsministerin; Ing. Rudolf Häuser, Vizekanzler und Sozialminister

man jedem Menschen eine echte Chance geben muß. Ich behaupte, daß ich eine ganz gute Menschenkenntnis habe, daß ich aber dennoch da und dort, wissend um das Risiko, ein Risiko eingehe. Ehe ich einem Menschen Unrecht tue, indem ich seine Fähigkeiten abwerte, bin ich bereit, ihm größere Fähigkeiten zuzugestehen. Ich habe mich geirrt bei einem Menschen, aber ich habe mich auch sehr viel häufiger nicht geirrt – und das zählt, die Bilanz, der Saldo. Per Saldo habe ich in der Regel gute Leute gefunden, auch deshalb, weil ich ihnen eine Entwicklungsmöglichkeit geboten habe. Viele haben geglaubt, der Androsch sei ein Risiko, ich war aber überzeugt, daß er keines ist. Viele haben gemeint, der Gratz sei sehr fähig, aber ist er ein Minister? Er war ein guter Unterrichtsminister. Und es gibt Leute, bei denen man nicht verstanden hat, warum ich sie genommen habe, doch sie haben sich bewährt. Es gibt natürlich auch einige, wo ich fehlgeurteilt habe. Aber eines kann ich sagen: Die Fehlgriffe, die ich gemacht habe, waren immer bei Leuten, die mir andere eingeredet haben, wo ich mich auf das Urteil von anderen ein bißchen zu sehr verlassen habe. Zum Beispiel bei dem Kurzzeitlandwirtschaftsminister Johann Öllinger. Er wurde mir empfohlen von Leuten, auf deren Urteil ich viel gegeben habe. Auch bei Ingrid Leodolter – sie machte einen glänzenden Eindruck und soll trotz bescheidener Mittel eine glänzende Organisatorin im Spital gewesen sein. Sie wurde mir also sehr ans Herz gelegt. Ich kann auch nicht nur die Leute aussuchen, die ich für richtig halte. Hier muß ich gerecht sein, und ich suche mir keine bequemen Mitarbeiter aus, sonst hätte ich mir nicht Rudolf Häuser als Vizekanzler genommen, das ist ja meine Idee gewesen. Die Gewerkschaften haben ihn zum Sozialminister vorgeschlagen, aber ihn zum Vizekanzler zu nehmen, das war die große Überraschung für meine Freunde, besonders, weil ich von den Problemen wußte, die manche mit der Gewerkschaft hatten. Deshalb also nahm ich einen Mann, der das maximale Vertrauen des Gewerkschaftsbundes genießt. Jeder weiß, daß sehr viele Entscheidungen von Benya heftig bekämpft wurden, die Altersgrenze, meine eigene Wahl und noch manches andere. Ich war nicht unbeteiligt, daß der eine Präsident des Nationalrates (Benya) und der andere Vizekanzler (Häuser) geworden ist.

Noch ein Wort zu den Gewerkschaften: Ich bin zwar kein Mann aus der Gewerkschaft, aber ich wurde von Johann Böhm und Anton Proksch Vizekanzler Schärf als Staatssekretär vorgeschlagen. Alle Funktionen, die man mir unmittelbar nach dem Krieg anbot, wurden mir von den Gewerkschaften offeriert. Es wäre eine riesige Erleichterung für Böhm gewesen, wenn ich Arbeiterkammer-Direktor geworden wäre, weil er sich mit dem damaligen Präsidenten der Wiener Arbeiterkammer, Karl Mantler, schwertat. Und die BAWAG machte mir das Angebot, in der Arbeiterbank anzufangen, mit der »Anhoffnung«, wie es so schön heißt, dann einmal dort Direktor zu werden. Ich bin auch sehr befreundet mit den Eisenbahnern, die die ersten waren, die mir gratulierten und die auch geschlossen für mich waren; ich verstehe mich gut mit einem großen Teil der Metallarbeiter, die die Versöhnung zwischen Benya und mir verlangten, was dann auch in aller Form draußen in der Metallarbeiterschule geschehen ist. Ich bin sehr gut mit den Bauarbeitern, war es immer und bin es bis heute, ich bin sehr gut mit einem Großteil der wichtigen Angestellten-Vertrauensleute, sehr gut mit der Postgewerkschaft, sehr gut mit dem Handelsarbeiterverband. Ich bin eigentlich mit allen Gewerkschaftern sehr gut. Viele von ihnen konnte ich auch als Abgeordnete durchsetzen.

1974, als die Metallarbeiter in Österreich tatsächlich einmal für den kommenden Montag einen Streik ankündigten, erfuhr ich zwei Tage vorher davon, am Samstag. Am Sonntag abend sollte ich nach Amerika fliegen, um Präsident Ford am 12. November zu besuchen. Dieser erste große Streik in Österreich wurde übrigens von Benya, dem sagenumwobenen Benya mit seiner Sozialpartnerschaft, der ja auch der Vorsitzende der Metallarbeitergewerkschaft war, ausgerufen. Ich habe damals Benya ganz vorsichtig gefragt: »Ja, glaubt's ihr denn nicht, daß ich jetzt eigentlich dableiben sollte, denn schließlich bin ich der Repräsentant der Bundesregierung und kann doch nicht fahren, wenn ihr da einen Riesenstreik anfangt's am Montag. Vielleicht sollt' ich doch am Samstag und Sonntag einen Vermittlungsversuch machen.« Es ist ganz bezeichnend, daß beim englischen Bergarbeiterstreik und beim deutschen Metallarbeiterstreik die Regierungen nicht versucht haben, zu vermitteln. Ich war aber dazu bereit, und ich habe gespürt, daß Benya zugestimmt hat. Ich habe also den Unternehmervertreter Rudolf Sallinger angerufen und gesagt: »Du, Herr Kammerpräsident, ich glaube, wir müssen uns beide bemühen, daß die wieder miteinander reden, die Verhandlungsgruppe der Unternehmer und die der Metallindustrie. Mach ma' des miteinander, dann schaut das besser aus. Benya kann nicht, weil er involviert ist, und Du kannst Dich da als Kammerpräsident etwas freier bewegen.« Sallinger hat das natürlich sehr imponiert, hier dabeisein zu können.

Wir haben dann auch den Streik verhindert, und ich habe allen Beteiligten dasselbe gesagt, was ich seinerzeit den Südtirolern gesagt habe: »Ihr geht also vom Verhandlungstisch weg und wißt doch ganz genau, daß ihr wieder zurückkehren müßt. Wozu geht's ihr dann weg; bleibt's halt noch beinand.« Das ist etwas, was ich aus dieser österreichischen Welt heraus erlebt habe. Und wenn es genügend Bereitschaft gegeben hätte, miteinander zu reden, so hätte es in vielen Fragen eine andere Lösung gegeben, das könnte ich an einer ganzen Reihe von konkreten Problemen

Sozialpartnerschaft der siebziger Jahre: Rudolf Sallinger, Präsident der Bundeskammer der gewerblichen Wirtschaft, und Bruno Kreisky

in der alten Monarchie zeigen. Es ist so einleuchtend, daß Leute, die an den Verhandlungstisch gewöhnt sind, wissen, daß sie, wenn sie weggehen, wieder zurückkehren müssen. Denn in dem Moment, wo die Menschen am Tisch sitzen, wird es furchtbar schwer für sie, einfach wegzugehen. Da gibt es eine geteilte Meinung, und nichts ist wichtiger, als in bestimmten Situationen geteilte Meinungen zu provozieren. Denn einheitliche Meinungen sind immer gefährlich. In starren Fronten muß es geteilte Meinungen geben. Das ist eine Strategie, die man herbeiführen muß, so wenig sie manchen Leuten sympathisch ist. Man muß, wenn man überzeugt ist, daß das der richtige Weg ist, verhindern, daß es starre Fronten gibt, weil das die Verhandlungsbereitschaft von innen stört.

In unseren Breitengraden versteht man unter sozialer Demokratie ein Synonym für menschlich; das ist aber nicht richtig, sozial ist die Gesellschaft. Die Gesellschaft, in der wir leben, besteht nicht nur aus der Sphäre der Politik, sie besteht aus vielen Sphären, die sich übereinanderschieben, die nebeneinander bestehen, so wie die Sphäre der Wirtschaft und die der Kultur. Das Geheimnis ist, daß sie immer wieder die Tendenz haben, sich ineinander zu integrieren, das macht die Sache so kompliziert.

Gleichzeitig aber motiviert dies auch unsere politische Grundhaltung, das heißt, wir wollen die gesellschaftliche Demokratie verwirklichen, weil wir immer deutlicher erkennen, daß die politische Demokratie ja gar nicht mehr ausreicht. Ich habe mich seinerzeit gegen den Kelsenschen Satz von der Dominanz des Parlaments, der Exklusivität des Parlamentarismus, gewandt und gemeint: Das Parlament ist längst nicht mehr *die* Instanz, sondern *eine* Instanz. Was wir jetzt in den nächsten Jahren tun müssen, zugleich auch die Aufgabe, die ich mir selber stelle, ist, neue demokratische Elemente in unser gesellschaftliches Leben einzuführen.

Dazu ein Beispiel: Wir haben vier große Eisen- und Stahlwerke vereinigt, zirka 70.000 Menschen arbeiten in einem gigantischen Konzern. Ich gebe zu, ich hatte große Angst vor diesem Gedanken. Ich habe sogar dagegen Stellung bezogen. Letztlich bin ich zu einer anderen Auffassung gelangt, auch geleitet durch Expertenmeinungen, daß »die organisatorische Struktur der vier Gesellschaften von Grund auf neu gegliedert werden muß, um die notwendigen Änderungen durchzuführen und das gesunde Wachstum der gesamten Stahlindustrie sicherstellen zu können. (. . .) Die derzeitige Gliederung in vier Gesellschaften und die sich daraus ergebenden kleinen Einheiten der einzelnen Gesellschaften sind ein klarer Nachteil, verglichen mit dem Konsolidierungstrend in Westeuropa.« Ich weiß, daß wir, wollen wir die Arbeitsplätze dieser 70.000 Menschen gewährleisten, wollen wir eine expandierende Wirtschaft haben, diesen Weg gehen müssen, weil er überall gegangen wird. Er ist logisch und wirtschaftlich leicht zu argumentieren. Aber dabei entstehen auch ungeheure Fragen, mit denen sich bis jetzt niemand beschäftigt hat. Eine Frage ist zum Beispiel: Reicht die Kontrolle aus, die denjenigen gegenüber wirksam werden soll, die diesen gigantischen Konzern leiten? Reicht das Aktiengesetz aus, um zu prüfen, ob die Menschen, die ungeheure Kommandogewalt besitzen, auch ihre gesellschaftliche Verpflichtung kennen? Die gesellschaftliche Verpflichtung lernt man meines Erachtens am ehesten kennen, wenn einen die gesetzlichen Bestimmungen sicherheitshalber dazu veranlassen. Es gibt ja auch Leute, die nicht stehlen, nicht deshalb, weil es in den zehn Geboten steht, sondern weil sie einfach a priori keine Diebe sind, und es gibt Leute, die nicht stehlen, weil es verboten ist. Es gibt also sehr verschiedene Gründe, warum sich Menschen menschlich verhalten. Sie können es tun, weil sie einem Moralgesetz oder weil sie einem papierenen Gesetz verpflichtet sind.

Ich komme jetzt also zum Problem: Wenn ich als Sozialdemokrat eine solche Konstruktion zu schaffen entschlossen bin, muß ich mir gleichzeitig Gedanken darüber machen, wie die gesellschaftsrechtlichen (im Sinne von Aktiengesellschaft) Voraussetzungen neugestaltet werden müssen, damit die gesellschaftliche Verpflichtung von den Managern dieses gigantischen Unternehmens erkannt und anerkannt wird, was viele nicht tun. Sie tun das nicht deshalb, weil sie schlechte Menschen sind, sondern sie sind der Meinung, daß, wenn wir gut wirtschaften, soundso viele Hochöfen in einem anderen Landesteil stillgelegt werden müssen. Was dann aber mit den Arbeitern geschieht, das ist nicht ihre Sache.

Wir müssen uns weiters die Frage vorlegen: Genügt das Betriebsrätegesetz, daß Vertreter der Belegschaft im Aufsichtsrat sind? Bedarf es nicht einer neuen Einrichtung, einer neuen Institution, die den dort beschäftigten Menschen zumindest ein Minimum an Mitbestimmung sichert, auf dem sich dann aufbauen läßt? Warum sage ich Minimum? Weil ich fürchte, daß man, wenn man nach dem Maximum strebt, scheitern wird. Warum also nicht experimentieren, das haben wir ja auch oft praktiziert; man fängt mit einem Minimum an Mitbestimmung an und baut diese Mitbestimmung entweder durch Gesetze oder de facto aus.

Das schwedische System, wie es im Myrdal-Report vorgezeichnet ist, orientiert sich ausschließlich an der schwedischen Entwicklung, so daß offen bleibt, inwieweit man sich den Konklusionen anschließen muß oder nicht. Für Österreich scheint mir das alles deshalb nicht so ohne weiteres akzeptabel zu sein, weil wir, um unsere Ziele zu verwirklichen, eine viel reichere Gesellschaft brauchen. Österreich muß viel reicher werden, um mehr tun zu können. Die Vorstellung, daß man nur den Reichen etwas wegnehmen und es unter den Armen verteilen muß, hat sich in der Wirklichkeit als Illusion entlarvt. Zum einen ist die Zahl der Reicheren nicht klein, zum anderen gibt es bei uns aber nicht mehr so reiche Leute, daß die ausreichen würden, hier echte gesellschaftliche Formen zu finanzieren. Es bleibt eine alte Wahrheit, daß die Quelle des Reichtums der Menschen die menschliche Arbeit ist, und ohne sie kann auch Österreich nicht reicher werden. Es muß also eine Maximierung des Arbeitseinsatzes geben.

Bruno Kreisky, Felipe González und Willy Brandt

Ich komme daher zurück zum Ausgangspunkt: Wir tun uns jetzt viel leichter, Antworten zu geben, und es ist richtig, diese Antworten zu verlangen. Ich will aber nicht leugnen, daß man auch falsche Antworten geben kann. Aber ob diese Antworten falsch sind, wird sich erst herausstellen. Denn das, was mich in der Sozialdemokratie immer wieder zum Zweifler gemacht hat, war das Apodiktische der Antwort. Und je weiter man von der Verwirklichung entfernt war, desto apodiktischer war die Antwort. Das und das ist das Problem, es wird so und so überwunden. Ob es nun eine echte Überwindung des Zustandes brachte, dieser Beweisführung war man entbunden, weil man keine Gelegenheit hatte zu regieren.

Ich bin aber nicht abgerückt von der theoretischen Politik oder von der Politik, die von der sozialdemokratischen Theorie ausgeht, doch ich betrachte diese Katalogisierung als falsch. Ich bin der Meinung, daß eine gute Praxis, eine gute pragmatische Politik ohne theoretische Grundeinsichten einfach nicht denkbar ist. Der theoretische Unterbau besteht dabei darin, daß wir nach wie vor in einer Gesellschaftsordnung leben, die in höchstem Maße labil ist, in der das Schicksal der Menschen labil ist, in der sie sehr stark Mächten ausgeliefert sind, auf die sie selber keinen Einfluß haben, und in der es ein solches Maß an Ungleichheit gibt, daß das Streben nach einem Mehr an Gleichheit eine durchaus brauchbare Arbeitshypothese ist. Ich bin der Meinung, daß wir in unserer Erziehungspolitik die Idee der Solidarität verwirklichen müssen. Die alten Grundauffassungen »Jeder ist sich selbst am nächsten« oder »Jeder ist seines Glückes Schmied« – alle diese vulgären Auffassungen entspringen einer kapitalistischen Gesellschaftsmentalität und hören sich manchmal sehr heroisch an. Der Mensch ist nun einmal ein vergesellschaftetes Wesen, was nicht bedeuten muß, daß er gleichzeitig ein geselliges Wesen ist, und diesem Umstand muß unsere Erziehung Rechnung tragen. Auf das Moralische übertragen heißt das: Der Mensch muß erzogen werden, daß er für den Nebenmenschen da ist. Das soll sich aber nicht in irgendeiner weltfremden Heilsarmeementalität ausdrücken, dazu sind die Menschen weder da noch vorbereitet, sondern in einer sehr handfesten, intellektuell möglichst einsehbaren Form. Der Einwand, daß das nicht sozialistisch gedacht ist, stimmt nicht. Das ist für mich eben die Summe aller dieser Ansichten, und daraus ergeben sich sehr konkrete Fragen: Wie kontrolliere ich die moderne Industriegesellschaft? Wie kontrolliere ich die moderne Bürokratie? Das alles sind Fragen mit dem Ziel, die Menschen freier zu machen.

Wir wissen wenig um die Unfreiheit, die wir haben werden. Aus Angst vor der Unfreiheit von morgen die Unfreiheit von heute nicht zu bekämpfen, scheint mir ähnlich zu sein wie das Beispiel eines Menschen, der aus Angst vor dem Tod Selbstmord begeht. Denn das ist Selbstmord an der Individualität. Auch hierfür gibt es ein Beispiel: Die kommunistischen Staaten verfügten über eine Art Industriegesellschaft. Das kann man nicht bestreiten. Sie hatten industrielle Einrichtungen, vielfach sogar sehr moderne, sie konnten auf den Mond fliegen. Es zeigt sich also, daß es für einen sehr weiten Gedankenflug nicht unbedingt der Freiheit bedarf. Die Vorstellung, daß nur in einer freien Gesellschaft großartige Erfindungen oder Entdeckungen gemacht werden, hat sich als Illusion erwiesen. Der Sputnik ist zuerst im kommunistischen Rußland erfunden worden und seine Nachfahren erst viel später im kapitalistischen Amerika. Trotzdem kann man sagen, daß es in den kommunistischen Staaten – und dort ist es am deutlichsten, weil sie postulierten, daß es das gibt – keine Kontrolle derjenigen gab, die den Wirtschaftsapparat lenkten, außer von der Spitze her. Es gab nicht die geringste Kontrolle derer, die im politischen Leben wirkten, weil es nicht das geringste Maß an Mitbestimmung gab. Und es gab auch keine Voraussetzungen, eine solche zu entwickeln. Wie schlecht unsere Gesellschaftsordnung auch sein mag, wie mächtig auch Pressure-groups, Lobbys und andere sein können, es gibt jedenfalls die Voraussetzungen für eine solche Kontrolle, und sie müssen wahrgenommen werden. Das ist eine Politik, die ununterbrochen versucht, die Demokratie auszuweiten – und man hält die Demokratie nur am Leben, indem man sie in Bewegung hält. Das alles kennzeichnet eben unsere politischen Ansichten. Es ist vollkommen falsch, einen modernen demokratischen Sozialisten heutiger Prägung danach zu beurteilen, wie er es mit gewissen Marxschen Grundsätzen hält. Das ist keine soziale liberale Haltung meinerseits, es hat mit Liberalismus überhaupt nichts zu tun. Der Liberalismus ist ausgezogen, die Freiheit des Menschen zu postulieren. Er ist gescheitert, weil er das primär im wirtschaftlichen Bereich nicht erreichen konnte, und davon leitet sich so vieles ab. Und der Kommunismus ist ausgezogen, die Freiheit des Menschen durch die Diktatur des Proletariats zu verwirklichen. Er ist gescheitert, weil aus der Diktatur des Proletariats die Diktatur *über* das Proletariat geworden ist. Die Diktatur kann diese Freiheit nicht gewährleisten, weil sich der Diktaturapparat immer weiter verfestigt und nicht abstirbt. Das alles sind Erkenntnisse. Nur die Demokratie ist mehr oder weniger ewig, weil sie in sich Werte enthält, die eine Entwicklung erlauben. Weder der starre wirtschaftliche Liberalismus vom Starken, der den Schwachen besiegt, hat Elemente der Pazifizierung der Gesellschaft in sich noch der Kommunismus. Nur die Demokratie hat Entwicklungsmöglichkeiten unabsehbarer Art. Ich maße mir nicht an, daß ich sie bis zum Ende der Tage prognostizieren kann, doch ich erachte es für richtig, daß ich mich in meiner Politik viel stärker von diesen Grundsätzen leiten lasse. Wenn ich »meine Politik« sage, dann meine ich, daß das die Politik der Sozialdemokratie in dieser Phase ist. Denn nicht ich erfinde die Politik, sondern sie ist das Ergebnis einer inneren Auseinandersetzung, einer Diskussion.

Es gibt noch heute in gewissen Bevölkerungsschichten Angst vor der Sozialdemokratie, die sich vor allem auf die Negierung des Eigentumsbegriffs gründet. Dazu möchte ich folgendes festhalten: Der größte Enteigner in der modernen Geschichte ist die kapitalistische Gesellschaftsordnung, in der ununterbrochen enteignet wird. Es wird enteignet im Konkurrenzkampf. Der Unterlegene, der gezwungen ist, zuzusperren, wird enteignet. Er hat Kapital investiert, kann nicht mit, weil die anderen größer sind. Er verliert das, was er eingesetzt hat, und muß froh sein, wenn er seine Schäfchen ins trockene bringt, sonst muß er sich selbst verdingen. Das erleben wir ununterbrochen. Dauernd gehen Leute zugrunde, weil sie im Konkurrenzkampf nicht bestehen. Das gilt sogar als eine höhere Moral. Innerhalb meiner Partei gibt es Ökonomen, die auch der Meinung sind, dieses Prinzip wäre verstärkt zu verwirklichen. Darüber möchte ich jetzt aber nicht sprechen. Enteignet wird durch die Spekulation ununterbrochen auch derjenige, der Aktien kauft. Denn niemand kann mir einreden, daß, wenn es einen riesigen Börsenkrach an der New Yorker Börse oder anderswo gibt, von einem Tag auf den anderen die Aktien großer Unternehmungen weniger wert sind. Die Börse lebt geradezu von der Enteignung der einen Gruppe, und die Spekulation besteht in der Enteignung.

Es geht also ein permanenter Enteignungsprozeß vor sich. Es werden Werte wertlos gemacht, dann eignet man sie sich billig an; es werden Gründe wertlos gemacht, genauso, wie sie andererseits ungeheuer aufgewertet werden. Ich behaupte nun, für die moderne Sozialdemokratie ist gar nicht ihre Haltung zum Eigentum entscheidend, sondern grundsätzlich ist wichtig, wie Eigentum, das Macht verleiht, kontrolliert, wie es pazifiziert wird. Wenn zum Beispiel aus einer besonderen Monopolsituation heraus ungeheure Spekulationsgewinne an Grund und Boden entstehen, die den Wohnungsbau beeinflussen, muß die Gesellschaft in der Lage sein, zu sagen: »Du hast das als Eigentum gehabt, das respektieren wir, aber das bedeutet nicht, daß du einen Spekulationsgewinn daraus ableitest, was viele Leute für selbstverständlich halten.« Es muß durch ein geordnetes, rechtlich wohlbegründetes und approbiertes System der Wert fixiert werden, der natürlich ein theoretischer ist, sich aber im Wirtschaftsleben festschreiben läßt. Jeder Richter muß Dinge bewerten. Und so, wie der Richter in der Lage ist, einen Schadensersatz zu fixieren – denn er muß ihn ja schließlich feststellen, nicht der Anwalt desjenigen, der ihn fordert –, so sollen auch andere Gremien das Recht haben, zu sagen, das ist der wahre Wert der Sache, dieser Wert wird vergütet. Das Spiel von Angebot und Nachfrage ist auf dem Markt längst ad absurdum geführt, denn die großen Gesellschaften haben Konventionalpreise, und es zeigt sich, daß praktisch alle Automobile der gleichen Gattung gleich teuer sind. Warum? Weil das ausgemacht wurde.

Ja, die Angst vor der Verstaatlichung, vor der Vergesellschaftung ist real, aber die Enteignung uns anzuhängen, ist nicht richtig. Ich halte dagegen, daß wir umlernen müssen. Enteignung als Prinzip ist meiner Meinung nach auch nicht mehr begründet, und ich leugne nicht, daß ein gewisses Maß an Eigentum auch ein gewisses Maß an Unabhängigkeit bringen kann. Wer also zum Beispiel spart und so hohe Ersparnisse hat, daß er sich in einer bestimmten Krisensituation ein bißchen helfen kann, der verfügt über ein gewisses Maß an Unabhängigkeit. Ein Haus zu besitzen, das schuldenfrei ist, macht einen unabhängiger von den Bewegungen auf dem Wohnungsmarkt, bedeutet aber nicht, daß man frei ist. Denn in Kärnten hat sich gezeigt, daß durch das Zusperren eines Bergwerkes die Wohnhäuser ihren Wert verloren haben, weil dort eben niemand hinziehen will. Das ist alles relativ. Aber trotzdem bekenne ich gerne, daß ein gewisses Maß an Eigentum eine mehr oder weniger relative Freiheit erlaubt. Ich glaube auch, daß dieser Eigentumsbegriff innerhalb des Sozialismus nie so eine Abwertung erfahren hätte, hätte man es für möglich gehalten, daß auch Lohnarbeiter mehr als ihre Arbeitskraft besitzen. Auch das hat sich gezeigt. Das ist aber ein Prozeß, an dem die Sozialdemokratie maßgeblich beteiligt war, denn ohne die hundert Jahre sozialdemokratischer Gewerkschaften hätte man diesen Enteignungsprozeß nicht aufhalten können. Wir sehen ja, daß es ihn heute noch in ungeheurem Maß in Lateinamerika gibt.

Nun zur Frage, ob ein gewisses Bekenntnis zum Eigentum auch die Einsicht bedingt, daß die Verstaatlichung, die Vergesellschaftung ihre Grenzen haben muß. Hier kommt es darauf an, was man darunter versteht. Ich selber bin zum Beispiel der Meinung, daß die Planwirtschaft, soweit sie von der Sozialdemokratie vertreten wird, ihrer Substanz nach eine ganz andere ist als die, die die Kommunisten vertreten. Es ist auch so, daß man das Wort »Plan« heute akzeptiert. Wir wenden uns ab von der Verachtung diesem Begriff gegenüber und sprechen von Raumplanung, Umweltplanung usw. Wir anerkennen, daß es eine Planung geben muß. Ich bin der Meinung, daß wir Sozialdemokraten nicht aus einem billigen Opportunismus heraus in dem Augenblick die Planungsidee aufgeben dürfen, in dem die bürgerliche Welt diese Idee aufgreift. Wir haben nur diese Planungsidee mit unserem Inhalt zu füllen, zum Beispiel: Wir planen eine Industrieregion und zeigen, wie wir uns das vorstellen. Wir lassen der freien Initiative innerhalb der Planungsgrenzen einen größeren Spielraum, als sie ihn dort hätte, wo es eine schlechtere Infrastruktur gibt, und wir werden die Industrialisierung des Donauraumes planen, wir werden die Grenzgebiete planen. Ich bekenne mich also zur Planungsidee, nenne das aber nicht Planwirtschaft, weil das ein falscher Ausdruck ist. So wie ich mich auch zu dem Prinzip bekenne, daß die großen Eisen- und Stahlwerke vergesellschaftet sein sollen, Gott sei Dank sind sie es in Österreich ja schon. Ich bin glücklich, daß ich nicht vor dieser schweren Aufgabe stehe, weil das schon meine Vorgänger besorgt haben. Ich bin auch fest davon überzeugt, daß sich niemand bei Rheinstahl oder anderen Werken in Deutschland und Frankreich die Gedanken macht, die ich mir bezüglich der Fusionierung der Eisen- und Stahlindustrie in Österreich gemacht habe. Jedenfalls der Eigentümer nicht. Aber der Eigentümer Staat, in diesem Fall die Sozialdemokratie, macht sie sich. Ich bin sogar fest davon überzeugt, daß, würde der Eigentümer nicht sozusagen die Exekution über das Eigentum einer sozialdemokratischen Regierung übertragen, es auch die ÖVP nicht machen würde, außer sie wäre von den Gewerkschaften und der Sozialdemokratischen Partei unter einen eisernen Zwang gestellt.

Um nun auf die Wahlen zurückzukommen: Wir haben im Jahr 1979 den größten Wahlerfolg gehabt, den jemals eine Partei in Österreich errungen hat. Wir haben über 51% der Wählerstimmen bekommen. Und das, obwohl es in der Partei damals schon eine starke, für viele sichtbare Spannung zwischen dem damaligen Finanzminister und mir gab. Diese Spannung war so deutlich, daß nicht nur Androsch hoffte, sondern sogar manche Minister, naja, fast möchte ich sagen, wünschten, daß die 79er Wahl nicht so erfolgreich sein sollte. Vor allem einer wünschte sich das, weil er in der Presse vielfach als der nächste Kanzler einer Großen Koalition annonciert wurde, was seinen Ehrgeiz jedenfalls beflügelte. Er gab sich der Hoffnung hin, daß Taus in dieser Wahlauseinandersetzung der Stärkere sein würde, was aber nicht der Fall war. Es kam zu einer schweren Niederlage von Dr. Josef Taus, der ja bereits 1975 – nach dem tragischen Tod von Karl Schleinzer – gemeinsam mit Dr. Erhard Busek als ÖVP-Generalsekretär eine Wahl verloren hatte.

Vor der Fernsehdiskussion mit Josef Taus; 28. April 1979

Die Nationalratswahlen von 1983 brachten 3,5% Verluste, aber es gab so viele Erklärungen dafür, daß sie – wie ich gerne sage – einen 10%igen Verlust hätten rechtfertigen können. Erstens einmal: Mehr als mein Alter war meine Krankheit das Gesprächsthema. Ich war in der Tat schwer krank und habe dennoch meine Aufgaben, manchmal mühevoll, aber ohne Schonung erfüllt. Die letzte große Massenversammlung hielt ich in Zeltweg ab, einen oder zwei Tage vor den Wahlen und direkt von der Dialysemaschine weg. Der Widerhall, den ich dort bekommen habe, hat jedenfalls gezeigt, daß es gelungen war, zu dissimulieren, das heißt, mich als gesunden Menschen darzustellen, was sicher nicht den realen physischen Verhältnissen entsprochen hat. Der erste Grund dafür, daß wir verloren haben, ging also auf meinen Krankheitszustand zurück. Manche meinten wahrscheinlich, daß ich, würden sie mich wählen, nur für kurze Zeit im Amt bliebe und mich dann zurückziehen müßte.

Zum zweiten haben wir einige Wählerstimmen verloren, weil es den Medien gelungen war, den Österreichern und Österreicherinnen eine gigantische Wahllüge zu verkaufen, nämlich, daß ich, wenn ich gewählt würde, die Absicht hätte, 20% der ersparten Gelder für den Staat in Anspruch zu nehmen, während es in Wirklichkeit 20% des Zinsertrags waren, der damals weit über der Inflationsrate lag. Die Durchschnittsverzinsung auf Sparkonten lag 1983 bei 5,26% (1982: 6,59%), die Inflationsrate betrug 3,3% (1982: 5,4%). Die geplante »Quellensteuer«, oder besser »Zinsertragssteuer«, wurde deshalb in Aussicht genommen, weil Zinserträge in Österreich eigentlich schon bisher steuerpflichtig waren, aber tatsächlich zum überwiegenden Teil nicht versteuert wurden. Schon aus Gründen der Steuergerechtigkeit war es daher notwendig, eine neue Lösung zu suchen.

Die vorgeschlagene Lösung war so gestaltet, daß soziale Härten soweit als möglich vermieden wurden. Es konnten nämlich bis zu öS 100.000,- pro Person zum Eckzinssatz steuerfrei angelegt werden. Die Zinsertragssteuer wäre außerdem eine Vorauszahlung auf die Einkommenssteuer. Bei Zinseinkünften von Privaten bis zu öS 30.000,- jährlich war aus Gründen der Verwaltungsvereinfachung die Einkommenssteuerschuld mit der Zinsertragssteuer abgegolten. Dadurch könnte die Zahl der neuen Steuererklärungen möglichst gering gehalten werden. Diese Belastung hätte insgesamt sieben Milliarden gebracht. Um diesen Betrag zusammenzubringen, mußte man später, nach der Wahlniederlage, Steuern erhöhen, was zu einer Indexsteigerung von 3,3% im Jahr 1983 auf 5,6% 1984 führte.

Der dritte Grund war ein gewisser politischer Verschleiß. Die wirtschaftliche Lage konnte es nicht sein, denn die Krise hatte Österreich nie in dem Ausmaß erreicht, wie das etwa in dem so bewunderten Deutschland und der Schweiz der Fall war, obwohl die Schweiz gewiß eine Arbeitslosigkeit hatte, die niedriger war als unsere.

Es ist der vollkommen falsche Eindruck entstanden, daß ich allein in meiner Regierungszeit alles erdacht und die anderen bestenfalls nur nachgedacht hätten. Ganz im Gegenteil. In meiner Zeit sind einige der wichtigsten Leistungen auf dem Gebiet der geistigen Partizipation geschehen. Zuerst einmal haben wir, solange wir in der Opposition waren, die Programme erarbeitet, und es kann ja niemand bestreiten, daß das Wirtschaftsprogramm überall dort, wo es sich als richtig erwiesen hat, verwirklicht wurde. Wie hat denn das Motto immer gelautet? Österreich europareif machen. Die alten Funktionäre haben ein bißchen gespottet, weil man im Alter immer zu einer leichten Ironie neigt, und haben gesagt, der Kreisky gibt da Ziele vor, die werden wir in dem Jahrhundert nicht erreichen. Und wer will heute bestreiten, daß wir europareif geworden sind? Wir sind weit mehr als das, wir sind heute geradezu ein ökonomisches Vorbild. Natürlich sind wir verschuldet, wir mußten uns ja verschulden, und zwar weil die Banken nicht wußten, was sie mit den gewaltigen Sparguthaben tun sollten. Sie mußten den Staat und die öffentliche Hand dringend auffordern, sie von diesem Ballast zu befreien, da sie sonst nicht in der Lage gewesen wären, den Sparern Zinsen zu zahlen. Es kann außerdem auch niemand bestreiten, daß wir einen ungeheuren Nachholbedarf in der Infrastruktur hatten. Den haben wir überwunden, und zwar in einer Rekordzeit, das war ja auch ein Grund für die gute Beschäftigungssituation.

Wir haben auch den »Ombudsmann« in Österreich geschaffen. Der Ombudsmann hat, wie aus einer Definition hervorgeht, die ich im »International Handbook of the Ombudsman« gefunden habe, die Aufgabe, lange bevor die Menschenrechte zu einem politischen Axiom in den Demokratien wurden, diese Menschenrechte im nationalen Rahmen wahrzunehmen. Konkret sollte er gegen den Mißbrauch der öffentlichen Gewalt und gegen die sorglose Ausübung von Autorität vorgehen. Er sollte, und ich zitiere wörtlich, ein »bureaucratic watchdog for areas of chronic maladministration« sein. Wesentlich für seine Tätigkeit ist, daß er sich darauf berufen kann, daß er von den höchsten Organen des Staates als ein unparteiischer Funktionär ernannt wird und sich mit den speziellen Klagen der Bürger und Bürgerinnen zu befassen hat, daß er also in der Lage ist, Vorfälle zu untersuchen und sie zu veröffentlichen und sogar Empfehlungen zu geben. Lösungen sind durch Konsultation und, wo notwendig, durch »exposure of wrong doing« bekanntzumachen. Der Ombudsmann hat kein Recht, Entscheidungen der Administration zu verändern oder für ungültig zu erklären, er kann der Verwaltung keine Weisungen erteilen, aber er hat effektive Möglichkeiten der Untersuchung und Beeinflussung.

Das erste Mal, daß diese Einrichtung irgendwo geschaffen wurde, war 1809 in Schweden, in Finnland entstand sie 1919. 1984 waren es 90 Büros in 30 Ländern. Natürlich hat diese Einrichtung große Veränderungen erfahren, eben mit der Entwicklung in den Demokratien und der Demokratie als solcher, wobei der Ombudsmann als eine Ergänzung zu den existierenden Einrichtungen der Jurisdiktion und Legislative, wie sie zu einem Rechtsstaat gehören, gesehen werden muß.

Es hat in den letzten Jahren eine große Zunahme an Ombudsmännern gegeben, und ich bin glücklich, daß ich diese Einrichtung, die ich in Schweden schätzengelernt hatte, während meiner Zeit als Bundeskanzler auch in Österreich verwirklichen konnte. Es war das eine Einrichtung, die direkt von meinem Ressort ausging. Wir nennen diese Einrichtung die Volksanwaltschaft und haben eine Lösung gefunden, die in höchstem Maße den österreichischen Verhältnissen angepaßt ist. Wir haben drei Volksanwälte, wobei jeder Volksanwalt, ganz unabhängig von der Größe der Partei, die ihn vorgeschlagen hat, jeweils den Vorsitz für eine bestimmte Zeit innehat. Die Volksanwaltschaft soll – so lese ich es im Handbuch, und das ist auch identisch mit dem Motivenbericht im österreichischen Gesetz – eine Institution sein, welche die Beziehungen zwischen Regierung und Bürger humanisiert und die persönliche Sicherheit im Umgang mit den Ämtern erhöht. Und zurecht wird im Handbuch festgestellt, daß die persönliche Sicherheit eine Conditio sine qua non der gesunden Demokratie und einer toleranten Gesellschaft ist. Ich will nicht mehr darüber sagen, weil der Inhalt dieses Handbuches bekannt ist. Und wenn ich diese Definitionen dennoch hier vorgebracht habe, so deshalb, weil ich mich mit ihnen voll identifiziere. Ich habe natürlich mit großer Aufmerksamkeit auch das Summary über das Kapitel »The Evolution of the Role of the Ombudsman, Comparisons and Perspectives«, verfaßt von Baronesse Serota, gelesen. Ich fühle mich aber deshalb, nur weil ich dieses Summary gelesen habe, nicht als Fachmann.

Ich möchte nun einige Gedanken äußern, von denen ich glaube, daß sie das Ergebnis eines seit 30 Jahren in der Politik tätigen und eines seit seiner frühesten Jugend politisch interessierten Menschen sind. Es kommt noch hinzu, daß ich alle denkbaren Phasen der politischen Entwicklung der letzten 50 Jahre aus eigener Erfahrung kenne. Ich habe das Absterben einer Demokratie in den dreißiger Jahren erlebt, ich habe einen großen Teil der österreichischen Diktatur im Gefängnis verbracht – als einer, der gegen diese Diktatur gekämpft hat. Und ich war in den ersten Monaten nach dem Einmarsch Hitlers ein Gefangener der GESTAPO. Ich habe also alle Formen von denkbaren Diktaturregierungen persönlich erlebt und habe danach die schwedische Demokratie durch zwölf Jahre hindurch kennengelernt. Auf Grund meiner persönlichen Erfahrung war sie für mich wie ein Wunder, an das ich nur mit tiefer innerer Bewegung zurückdenken kann.

Später habe ich dann auch einige wenige negative Entwicklungen erlebt, vor allem im Zusammenhang mit dem Flüchtlingsproblem. Aber immer wieder konnte ich feststellen, daß die demokratischen Einrichtungen in Schweden so stark und lebensfähig waren, daß auch diese relativ begrenzten Mißbräuche bald eine öffentliche Verurteilung gefunden haben, entweder durch Berichte spezieller Kommissionen oder durch die Verwaltung selber. Inwieweit hier die Einrichtung des Ombudsmanns mitgewirkt hat, kann ich im Augenblick aus der Erinnerung nicht sagen. Als einer, der vor 30 Jahren, 1953, in ein Regierungsamt – vier Jahre ausgeklammert, in denen ich in meinem Land zur Opposition gehörte – kam, besitze ich beträchtliche Erfahrung. Und ich weiß, daß das, was wir den Ermessensspielraum der Behörden nennen, oftmals von den Staatsbürgern als ungerecht empfunden wird. Ebenso weiß ich, daß Gesetzeslücken, wie sie von unseren Volksanwälten in unseren Medien regelmäßig zur Sprache gebracht werden, katastrophale Folgen für den einzelnen Bürger haben können. Diese Probleme werden durch die Volksanwälte regelmäßig behandelt und führen zu einer Überprüfung der Gesetze.

Der Begründer der österreichischen Sozialdemokratie, Victor Adler, hat die alte Monarchie als »Despotismus, gemildert durch Schlamperei« bezeichnet, wobei ich nicht weiß, wie unsere tüchtigen Übersetzer diesen Ausdruck in andere Sprachen übertragen können. Ich würde in Abwandlung des Churchill-Wortes, wonach die Demokratie die schlechteste Regierungsform überhaupt wäre – mit Ausnahme aller anderen, mit denen man es von Zeit zu Zeit versucht hat –, sagen: Die Demokratie ist offenbar die beste aller denkbaren Regierungsformen, nur bedarf sie einer ununterbrochenen rigorosen Kontrolle, und die Quantität an wirksamer Kontrolle ist es, die erst ihre Qualität gewährleistet.

Zu den etablierten Parteien gesellen sich neue Parteien, wobei ich natürlich nicht übersehe, daß sich Parteien auch am äußersten rechten Rand des politischen Spektrums angesiedelt haben. Das ist nicht das entscheidende Phänomen, das hat es immer gegeben, und eine starke Demokratie wird derartige Erscheinungen überwinden. Das Phänomen, von dem ich spreche, möchte ich unter dem Sammelnamen »die Grünen«, die in den letzten Jahren entstanden sind, behandeln.

Die Existenz dieser Parteien ist mehr als eine vorübergehende Erscheinung, wie sich 1984 bei den Europawahlen gezeigt hat. Die tragenden Ideen dieser Bewegung sind auf der einen Seite die besondere und oft unrealistische Behandlung der Umweltproblematik und auf der anderen Seite die starken Abrüstungsbestrebungen. Die Aufrüstung war in den siebziger Jahren ja ein die Weltlage charakterisierendes Phänomen. Diese Bewegung der Grünen, die es überall gibt und die sich auch irgendwie in der amerikanischen Kampagne durch die erfolgreiche Präsentation eines Außenseiters erkennbar macht, hat jedenfalls dazu geführt, die großen traditionellen Parteien für die Fragen des Umweltschutzes und der Abrüstung stärker zu sensibilisieren. In viel stärkerem Ausmaß, als das früher der Fall war. Die großen Parteien operieren nun mit der Formel, daß Ökonomie und Ökologie sozusagen in Einklang gebracht werden müssen. Eine schöne Formel, nur entbehrt sie jeder notwendigen Popularisierung, damit sie auch überzeugend wirkt. Das heißt, dieser Slogan muß zu einem wichtigen praktischen Teil der Tagespolitik werden, zu einer Politik, die durch ihre Faktizität als glaubwürdig empfunden wird. Insofern stellen die Grünen trotz ihrer geringen Stärke eine neue politische Kraft dar. Charakteristisch für sie ist, daß ihr Wählerpotential weit über ihre numerisches Potential hinausgeht. Diesem Umstand werden die großen Parteien, wollen sie sich ihre dominierende Stellung bewahren, in größerem Maße Rechnung tragen müssen, als es heute der Fall ist.

Der Schutz der Umwelt ist eine neue politische Kategorie. Sie ist eigentlich im Club of Rome ans Licht befördert worden und soll dem Unbehagen der Menschen mit der Gesellschaft und ihrem Zukunftspessimismus entgegenwirken. Man sollte dem Schöpfer des Club of Rome, meinem 1984 verstorbenen Freund Aurelio Peccei, die ihm gebührende Ehrenbezeugung leisten.

Ich muß der Versuchung widerstehen, über diese Fragen noch ausführlicher zu schreiben, aber es handelt sich dabei um Existenzfragen der Demokratie. So wie ich der Auffassung bin, daß die Einrichtung der Ombudsmänner ununterbrochen eine neue Aufwertung erfahren muß, weil sie geradezu ein Antitoxin ist gegen die Gefahren, die der Demokratie von innen her durch eine gewiß notwendige, aber manchmal übertriebene Bürokratie drohen.

Ich fürchte, daß manches, was sich in den letzten Jahren in großen alten Demokratien, auch in jenen jüngeren Datums, in der sozialen Auseinandersetzung abgespielt hat, sehr gefährlich werden könnte, weil an die Stelle des geduldigen Miteinander, an die Stelle des Verhandelns gewisse Machtbedürfnisse getreten sind. Das heißt, daß das Bedürfnis zum autoritären Handeln neuerdings auch in manchen Demokratien stärker ausgeprägt ist. Darum wird die Einrichtung des Ombudsmanns eine neue Dimension erhalten.

Ich kann mir sehr gut vorstellen, daß ein über Gebühr geprüfter britischer Bergarbeiter einen Weg suchen wird, die entsprechende Einrichtung zu konsultieren. Und ich kann mir durchaus vorstellen, daß ähnliches auch in anderen Staaten passiert. Das wesentliche aber für die Einrichtung des Ombudsmanns scheint mir zu sein, daß es ihn gibt. In den demokratischen Staaten Europas gibt es ihn, es gab ihn nicht in den kommunistischen Staaten Europas.

Ich habe ein paar Betrachtungen zur *Lage* der Demokratie angestellt. Ich könnte einiges über die *Probleme* der Demokratie sagen. Wenn der Prozeß der Demokratisierung oder, besser gesagt, die Ideen der Demokratie, wie ich es einmal formuliert habe, alle Bereiche der Gesellschaft durchfluten, es also ein höheres Maß an Mitbestimmung der Mitglieder unserer Gesellschaft geben wird, dann wird es immer wieder neue Aufgaben für eine Einrichtung, wie es die Volksanwaltschaft darstellt, geben.

Wir waren die ersten, die ein eigenes Programm für den Umweltschutz entwickelten. Ich erinnere mich daran, daß der Wiener Parteivorstand ein Plakat ablehnen wollte, auf dem ein junges Ehepaar gezeigt wurde, das in einem bungalowähnlichen Eigenheim wohnt. Wer heute in die österreichischen Bundesländer fährt, wird sehen, daß das hierzulande zur Normalität geworden ist. Die Wiener Partei konnte sich das damals nicht vorstellen, sie dachte immer noch in den alten Formen von gewaltigen Massensiedlungen. Und als ich das Umweltministerium verwirklicht habe, war die Volkspartei dagegen; ich mußte Gesundheitspolitik und Umweltschutz zusammenlegen, weil die Gesundheitspolitik bei einem Sektionschef konzentriert war. Ich habe die politische Verantwortung für die Gesundheitspolitik eingeführt, das kann ich wohl von mir behaupten. Wir haben eine Kulturrevolution, im wahrsten Sinne des Wortes, durchgeführt, indem wir die Tore zu den Mittel- und Hochschulen geöffnet und die materiellen Hindernisse für die jungen Leute beseitigt haben. Daß das letzten Endes auch zu einem Überschuß an jungen Akademikern geführt hat, will ich nicht bestreiten, halte dieses Problem aber für lösbar, wenn man nur den Mut hat, neue Wege zu gehen. Außerdem haben wir dem Begriff Lebensqualität einen neuen Inhalt gegeben. Es ist nämlich ein Teil der Lebensqualität, wenn man Zugang zu höherem Wissen erlangt, wenn ein Mensch adäquat seiner Intelligenz auch in der Lage ist, zu lernen, das heißt, dem Leben einen besseren Sinn zu geben. Die Unterbringung des Überschusses an Akademikern kann bei einiger Flexibilität kein Problem sein. Ich selbst bin fest davon überzeugt, wenn man das mit moralischen Werten verbindet, zum Beispiel Ärzte in die Gebiete schickt, wo man Ärzte braucht, dann kann man für ein paar hundert Ärzte, die es wollen und sich moralisch herausgefordert fühlen, Möglichkeiten für eine sehr befriedigende Arbeit in den Ländern der Dritten Welt finden. Wir haben diese Programme erstellt, in denen wir uns als eine Partei auswiesen, die zu regieren in der Lage ist. Wir haben regiert und immer wieder die Bestätigung durch das österreichische Volk gefunden, in immer höherem Maße. Wir sind letzten Endes 1983 mit einem Wählerprozentsatz in die Niederlage gegangen, der für Herrn Kohl in Deutschland die politische Wende bedeutete – mit 48%.

Ich denke doch, daß wir die Strukturen dieses Landes von Grund auf verändert haben. Es wurde ein höheres Maß an Gleichheit geschaffen, die Lebensqualität verbesserte sich, und jeder Österreicher bekam Zugang zur Bildung. Es gilt die simple These: Wo es eine starke Sozialdemokratie gibt, gibt es keine pauperisierten Arbeiter mehr. Das ist wechselwirkend, das heißt: Wo es heute keine starke Sozialdemokratie gibt, gibt es die Pau-

Arbeitssitzung im Renner-Institut mit Vizekanzler Hannes Androsch, Bundesminister Karl Lausecker rechts, stehend Zentralsekretär Fritz Marsch, dahinter der Pressesprecher Bruno Kreiskys, Johannes Kunz

perisierung. Man kann also sagen, gut, das eine bedingt das andere, aber ich behaupte: Wo es heute eine starke Sozialdemokratie gibt, gibt es sie seit hundert Jahren; sie kommt nicht wie ein Homunkulus, sie wird nicht in der Eprouvette geschaffen. Schweden ist hier kein Negativbeispiel. Die schwedische Sozialdemokratie befindet sich in einer Phase, in der sie eine Antwort geben muß auf die Frage: Was kommt nach dem Wohlfahrtsstaat?, und die momentane Krise ist eine Krise, die sich aus dem Wohlstand heraus entwickelt. Worin besteht diese Krise? Sie besteht darin, daß mit den Mitteln des Wohlfahrtsstaates ein unglaublicher Wohlstand erzielt wurde. Daraus ergibt sich, daß der wachsende Wohlstand wachsende Anforderungen an den Wohlfahrtsstaat richtet. Wer hat den Mut zu sagen: »Wir machen alles richtig.« Wir müssen immer wieder mit der Realität konfrontiert werden, daher muß es auch bei uns das Recht auf Fehler geben, so wie ich auch das Recht postuliere, Unvollendetes zu schaffen. Den Mut zum Unvollendeten muß man haben.

5. Kapitel

Zum Wesen der Aufgabe, Politiker zu sein

Ein junger Freund hat mir einmal von einer Diskussion unter seinen Altersgenossen erzählt, in der sie sich fragten, wozu man eigentlich die Politiker brauche; es gäbe doch die Beamten, die ohnedies die Angelegenheiten des Staates oder der öffentlichen Institutionen regelten. Er stellte mir also die Frage: Wozu braucht man die Politik? Meine Antwort darauf konnte sehr kurz sein: Wenn es die Politik nicht gäbe, dann gäbe es nur die Herrschaft der Bürokratie, denn das wäre die Machtausübung der Beamten in ihrer Gesamtheit und natürlich das Ende der Demokratie und der Mitsprache der Menschen.

Viele Menschen beklagen sich ohnehin schon darüber, daß der Bürger, ganz gleich bei welcher öffentlichen Körperschaft – ob Staat, Land oder Gemeinde –, mit zuviel Bürokratie konfrontiert werde und daß seine Entfaltungsmöglichkeiten, seine Möglichkeiten mitzubestimmen und mitzuentscheiden, in einem Übermaß eingeschränkt seien. Es ist gar keine Frage, daß eine deutliche Aversion gegen Politik und Politiker entstanden ist. Man spricht daher von Politikmüdigkeit. Aber wo sonst sollen in einer Demokratie Entscheidungen für die Gesamtheit der Bürger fallen als im Bereich der Politik, dort, wo sich die Meinungen der einzelnen durch ihr Zusammenwirken nicht nur summieren, sondern oft sogar potenzieren.

Es gibt mehr oder weniger große Differenzen zwischen den politischen Richtungen, auch darüber, wo überall in unserer gesellschaftlichen Ordnung das Gleichheits- und Mitbestimmungsprinzip gelten soll. Gerade um diese Meinungsverschiedenheiten gruppieren sich die politischen Parteien.

Es ist richtig, daß in den letzten Jahren neben den Parteien und Interessenverbänden neue Zentren der Meinungsbildung entstanden sind, so zum Beispiel die Bürgerinitiativen. Wenn man es genau nimmt, so ergreifen auch diejenigen, die an einer Bürgerinitiative teilnehmen, mindestens in einer bestimmten Angelegenheit Partei. Sie tun es offenbar deshalb, weil sie das Gefühl haben, daß sie nicht genug vertreten werden. Aus diesen neuen Entwicklungen sind überall in den Demokratien neue Parteien entstanden. Zu Beginn erklären sie immer wieder, daß sie keine Partei im eigentlichen Sinne sein wollen, aber sie werden es unentrinnbar dadurch, daß sie in dem Moment, in dem sie gewählt und Mandatare sind, dauernd Partei ergreifen müssen.

Wir sollten heute, um die Probleme der Zukunft bewältigen zu können, ein höheres Maß an Zusammenarbeit entwickeln. Es gibt Fragen, die so wichtig sind, daß man immer wieder prüfen muß, wo man den besseren Partner für die Zusammenarbeit finden kann. Das führt zur prinzipiellen Frage, mit wem man am besten eine Koalition auf längere oder kürzere Dauer schließen kann. Das gibt es heute in allen Demokratien, außer in jenen, in denen das Wahlsystem so geartet ist, daß man auch mit einer Minderheit der Stimmen die Mehrheit der Mandate erreicht. Das gilt unter anderem für Großbritannien.

Nun möchte ich versuchen – abseits von demokratiepolitischen Fragen –, mich einem Problem zuzuwenden, das jeden Politiker betrifft, nämlich dem des Privatlebens. Immer wieder werde ich gefragt, ob ein Politiker überhaupt ein Privatleben habe, und da muß ich in aller Offenheit sagen, daß er eigentlich keines oder nur ein sehr bescheidenes hat. Das gehört eben zum Wesen der Aufgabe, Politiker zu sein. Hat man sich dieser Aufgabe verschrieben, dann muß man zu den Menschen hinausgehen und zu ihnen reden; das muß man tun, wenn sie nicht in der Arbeit sind, sondern wenn sie frei haben. Dies ist auch die Zeit, in welcher der Politiker am meisten beschäftigt ist. Das führt unweigerlich dazu, daß die Familien der Politiker, der Menschen, die in der Gesellschaft, im politischen Leben wirken, mit alldem sehr unzufrieden sind. Und ich empfinde es daher als ein großes Unrecht, wenn ich höre, wie Politiker in der Öffentlichkeit behandelt werden. Ich persönlich werde da ja oft ausgenommen und erfahre eine andere Behandlung, aber ich sehe es als eine moralische Verpflichtung, hier und heute zu sagen, daß die große Mehrheit der in der Politik wirkenden Menschen ehrenhafte Männer und Frauen sind, die zudem ihr ganzes Leben politischen Aufgaben widmen. Man kann nicht all das, was aus einem Politiker gemacht wird, sozusagen als seine persönliche Schuld abtun und sagen, er hätte sich eben nicht diesen Beruf aussuchen sollen. Es gibt Menschen, die sich berufen fühlen, in der Politik zu wirken, und die meisten von ihnen würden es im sogenannten bürgerlichen Leben sehr weit bringen, würden sie sich mit der gleichen Hingabe diesen Aufgaben widmen.

Die Geringschätzung der Männer und Frauen, die politisch wirken, ist das Krebsübel der Demokratie. Die allermeisten von ihnen gestalten ihr Leben unvergleichlich strenger als andere Menschen, und es ist erstaunlich, daß an all den Korruptionswellen der letzten Jahre, die, mit Ausnahme der jüngeren Vergangenheit, in Österreich ja Gott sei Dank nicht sehr zahlreich sind, im Vergleich zu anderen Ländern nur ganz wenige Politiker beteiligt waren. Ich möchte ihre Namen nicht nennen, denn dieser persönliche Bericht soll keine Anklage werden. Nur eines möchte ich sagen: In Österreich gibt es ein geradezu überraschend geringes Maß an politischer Korruption, die überwältigende Mehrheit der österreichischen Politiker sind saubere Menschen, die große persönliche Opfer für ihre Überzeugung bringen.

So sehr man aber verstehen muß, daß auch Politiker Schwächen, vielleicht auch Laster haben, so sehr muß man an sie die höchsten Ansprüche stellen, denn sie werden in der Öffentlichkeit beurteilt und müssen *das* Maß halten, das vorgeschrieben ist. Das gilt vor allem für ihre persönliche Integrität.

Ich bin im Prinzip für eine harte Auslese, habe aber auch gleichzeitig sehr viel Verständnis für die Schwächen der Menschen. Es klingt sicher sehr überheblich, wenn ich sage, daß ich vollkommen verständnislos war, wenn Leute ihre politische Funktion dazu verwendeten, sich persönlich zu bereichern. In diesem Fall war ich auch zu ungeheurer Härte bereit. Wenn ich jemandem draufkam, dann machte ich Schluß damit. Das tolerierte ich nicht. Ich hielt dafür, daß ihn die Tätigkeit in der Politik zu einem gewissen Maßhalten verpflichtete. Wer in der Politik wirkte und wirkt, muß ein gewisses Maß halten und muß einen gewissen Sinn für die Proportionen haben.

In der Politik ist oft auch das schlechte Gewissen der Menschen ein Faktor, der eine Besserung der politischen Umstände verhindert. So etwa die Neigung, den Steuerbetrug nicht nur bei sich, sondern auch bei anderen als ein Kavaliersdelikt zu betrachten und zu entschuldigen, und alle jene als lächerliche Patrone anzusehen, die ein solches Vergehen nicht billigen. Ich habe das ja in einem bekannten Fall selbst erlebt. Aber eine solche Einstellung zu ändern, fällt nicht immer leicht. Wir machen ja nicht Politik in der moralisch besten aller Welten.

Es herrscht hier ein sonderbarer Gegensatz: Einerseits vertreten wir im Wirtschaftsleben eine fast protestantische Philosophie, indem wir Reichtum und Geldverdienen als gottgefällig ansehen, während andererseits unser moralischer Maßstab im politischen

Leben nahezu eine Vereinigung von Engeln erfordern würde. Wenn ich am Ende meines Lebens alles, was ich diesbezüglich so erlebt habe, Revue passieren lasse, dann erscheint mir dieser Gegensatz als einer der unauflösbaren Widersprüche in unserer Demokratie. Allerdings gibt es den Ruf nach Veränderungen, die zuweilen auch in die falsche Richtung weisen, aber wenn wir den Aufschwung betrachten, den die »grünen Bewegungen« in vielen demokratischen Staaten erlebt haben, so erscheint mir das eine gar nicht so schlechte Korrektur zu sein, weil die etablierten Parteien in ihrer Selbstgefälligkeit und Selbstherrlichkeit die Zeichen der Zeit nicht früh genug erkannt haben. Ich selbst habe meine Partei oft vor gewissen Entwicklungen gewarnt. Nun haben wir dieses neue Element in der Politik und müssen trachten, damit fertig zu werden. Hierzu zählt für mich die Notwendigkeit von Reformen in allen Bereichen der Partei. Wir haben heute noch Organisationsstrukturen, die längst nicht mehr sinnvoll erscheinen; zum Beispiel die Ausrichtung der Organisation auf die Wohneinheiten, indem die Parteimitglieder nach ihren Wohnorten erfaßt werden. Das hat seinen Sinn gehabt in den Jahren, in denen es hohe Arbeitslosigkeit gab und man die Menschen dort leichter als in den Betrieben erreichen konnte. Heute hingegen stehen die Menschen in Arbeit, und wir haben vielfach das Problem – das wir nicht so leicht zu lösen imstande sind –, daß wir sie nämlich in den Betrieben nicht erreichen.

Die Parteien stecken also in einer Krise. Hinzu kommt, daß wir in vielerlei Hinsicht administrative Verantwortung tragen, und dies führt angesichts der Kritik bei den betroffenen Menschen zuweilen zu Frustration, die nach außen hin dem Ansehen der Parteien abträglich ist. Es ist ein Teil der Krise der großen Parteien, daß das alte demokratische Prinzip der Gewaltenteilung heute nicht nur nicht beachtet wird, sondern auf manchen Gebieten gar nicht mehr gelten kann. Die Parteien sind zuweilen stärker als die Institutionen, weil sie sowohl in- als auch außerhalb dieser verankert sind, und das erzeugt ihren Einfluß. Wenn sie heute zum Beispiel im Parlament sozialpolitische Materien behandeln, brauchen sie den sozialpolitischen Experten. Dieser berät das Gesetz mit und beeinflußt damit seinen Inhalt entsprechend; er ist darüber hinaus in der Folge aber auch der Exekutor des Gesetzes. Wie wir dieses Problem befriedigend lösen können, darauf vermag ich freilich keine Antwort zu geben. Entweder reformieren wir die Funktionsprinzipien unseres politischen

Systems oder wir müssen die Grundsätze der politischen Moral neu diskutieren. Es kann aber auch, wie Marx einmal gesagt hat, eine Farce in dem Sinne sein, daß manches, was am Beginn der parlamentarischen Demokratie als festes Prinzip gegolten hat, später zu einer nicht mehr exekutierbaren Leerformel wird und der sozialen Wirklichkeit nicht mehr entspricht.

Man müßte sich heute mehr Gedanken darüber machen, wie man diese Probleme in den Griff bekommen könnte, und ich gestehe, daß ich mir selbst darüber nicht genügend den Kopf zerbrochen habe, denn einige Probleme waren nicht die meiner Generation. Allerdings habe ich da und dort einige Adaptierungen vorgenommen. Eine dieser Reformen war, ein Gesetz initiiert zu haben, wonach Spenden an politische Parteien öffentlich sein müssen, und zwar durch eine entsprechende Veröffentlichung in der »Wiener Zeitung«. Spenden müssen so verbucht sein, daß man sie als Parteispenden erkennen kann, wodurch sie nur in einem begrenzten Umfang absetzbar sind. Ich wurde deshalb später von allen drei Parteien bekniet, die entsprechenden Bestimmungen im Gesetz zu ändern, weil es, wie mir alle Seiten beteuerten, die Finanzierung der Parteien behindere, denn man könne und wolle Spenden ja nicht deklarieren. Und ich habe darauf, nachweisbar, geantwortet: Nur über meine Leiche.

Es gab also gewisse Möglichkeiten zu Reformen am System, aber es wäre nicht richtig zu behaupten, daß ich damit schon eine wirkliche Demokratiereform erreicht oder eingeleitet hätte. Sehr viel mehr erreicht habe ich mit der Gründung der politischen Akademien in den drei etablierten Parteien, die uns sehr nützlich sind, vor allem in der politischen Erziehung junger Menschen. Denn in der Politik gibt es nicht nur eine, sondern verschiedene Wahrheiten, und jede der Parteien will, einseitig, die ihre verkünden. Das ist ein soziologisches Problem. Aber in dem Maße, in dem wir die Talente und die Bildung unter Jugendlichen fördern, schaffen wir auch Hoffnung auf jene Reformen, die von ihnen hoffentlich verwirklicht werden. Es gibt vieles, was man nicht von innen heraus in Gang setzen kann, aber Parteireformen können immer nur von innen heraus erfolgen, denn Parteien sind wie Muscheln, die sich gegenüber dem Einfluß von außen am liebsten verschließen und ihrer Struktur nach dazu neigen, sich nach außen hin abzukapseln. Das ist wie die Geschichte des Freiherrn von Münchhausen, der sich selbst am eigenen Zopf aus dem Sumpf gezogen hat.

Bundespräsident Rudolf Kirchschläger und Bruno Kreisky, 23. Jänner 1976

Insgesamt beurteilt, wurden große Reformen verwirklicht, aber neben diesen Reformen gab es auch immer wieder die Aufgabe, neue Menschen für diese schwierige politische Arbeit zu finden. Das gehört vielleicht zu den kompliziertesten Dingen in der Politik, die richtigen Menschen zu finden. Aber zuerst ging es für mich darum, eine Regierung zusammenzustellen, und ich bin sehr froh, daß ich heute sagen kann, daß die Frauen und Männer in den Regierungen, die ich in den Jahren zwischen 1970 und 1983 geleitet habe, ihre Aufgaben in hervorragender Weise ausübten. Ich war immer der Meinung, daß einer solchen Regierung nicht nur Mitglieder der Sozialistischen Partei angehören sollten. Es hat daher in allen Regierungen, die ich gebildet habe, auch Männer gegeben, die zwar keine ausgesprochenen Gegner der Sozialistischen Partei waren, aber mit ihr eigentlich direkt nichts zu tun hatten.

Der hervorragendste unter diesen Männern war der ehemalige Bundespräsident Rudolf Kirchschläger, der sich seinerzeit, als ich die Minderheitsregierung bildete, als Außenminister zur Verfügung stellte, und das, obwohl ich ihm sagen mußte – am Telefon, denn er war Botschafter in Prag –, daß ich nicht sicher wäre, wie lange diese Minderheitsregierung im Amt bleiben würde. Dr. Kirchschläger, der im Juni 1974 zum Bundespräsidenten gewählt wurde, erfreut sich bis heute des Vertrauens der Österreicher. Keines der gewählten Staatsoberhäupter der Zweiten Republik hatte ein derartiges Maß an Vertrauen zu verzeichnen wie er.

Zu diesen Regierungen gehörten auch eine Reihe ganz hervorragender Begabungen, wie ich es überhaupt als meine Aufgabe betrachtete, den jüngeren Menschen gute Möglichkeiten zu bieten, sich in der politischen Öffentlichkeit zu profilieren.

Meine engsten Mitarbeiter suchte ich mir immer nach einer gründlichen längeren Prüfung aus, und in der Regel hatte ich Glück bei der Auswahl. Im Außenministerium war zum Beispiel der Chef meines Kabinetts der Gesandte Dr. Rudolf Kirchschläger, ein weiterer Chef meines Kabinetts war der spätere Generalsekretär des Außenministeriums, Dr. Alois Reitbauer, wieder ein anderer der gegenwärtige Botschafter Dr. Peter Jankowitsch, nach ihm kam der heute als Bankdirektor tätige Dkfm. Alfred Reiter, danach der Gesandte Dr. Friedrich Gehart, Dkfm. Ferdinand Lacina, der spätere Finanzminister, und schließlich Dr. Herbert Amry, später Botschafter in Athen. Man wird also verstehen, daß die Auswahl des Chefs meines Sekretariats immer mit besonderer Sorgfalt erfolgte und daß ich diesen Mitarbeitern ein hohes Maß an Dankbarkeit schulde.

Ich habe hier einige unerwähnt gelassen, aber auch sie würden es verdienen, erwähnt zu werden. Allgemein muß ich sagen, daß meine Mitarbeiter kein leichtes Leben hatten, sie wurden von mir in einer Weise eingespannt, daß ich manchmal Gewissensbisse bekam. Auf der anderen Seite war es aber für sie später relativ leicht, eine sehr hochqualifizierte Beschäftigung zu finden, denn jeder, der in meinem Büro gearbeitet hatte, bekam unendlich viel Gelegenheit, zu lernen. Es gab ein Prinzip, das jeder von ihnen beachten mußte: Innerhalb des Arbeitsbereiches meines Büros gab es keine Tätigkeit, für die er sich zu gut sein durfte. Schrieb ein Bürger oder eine Bürgerin einen Brief und verlangte dieser Brief eine Intervention bei einer Behörde oder Sozialversicherung, so durfte keiner meiner Mitarbeiter diese Aufgabe delegieren, sondern mußte sie selbst ausführen.

USA-Besuch 1983 (v. l. n. r.): Peter Jankowitsch, Herbert Amry, Ferdinand Lacina, Wolfgang Petritsch, Margit Schmidt, Mona und Ali Mofty (ägyptischer Augenarzt und seine Frau)

Auf Arbeitsbesuch in den USA mit Botschafter Thomas Klestil; 1983

Erster Arbeitstag im Bundeskanzleramt 1970 (v. l. n. r.): Kabinettschef Peter Jankowitsch, Margit Schmidt, Bruno Kreisky und Pressesekretär Ingo Mussi

Mir schrieben viele Menschen von ihrer Not, ihren Sorgen und Mühen, und so wurden auch meine Mitarbeiter mit Jammer und Not und dem, was den einzelnen betraf, konfrontiert. Sie mußten sich aber davor hüten, daraus eine Routine-Erledigung zu machen. Ich habe ihnen damit gedroht, daß ein Blitzschlag sie treffen würde, sollte ich merken, daß sie bei der Erledigung dieser Anliegen gefühlskalt vorgehen würden. Jeder Fall, auch wenn wir nicht helfen konnten, mußte für sich selbst geprüft und behandelt werden. Ich war stets dagegen, daß die Verwaltung Dinge in einer Weise erledigt, die beim Staatsbürger das Gefühl hinterläßt, er wäre nur eine Nebensache, ein Mittel zum Zweck.

Es gab einige grundsätzliche Dinge, auf die ich großen Wert legte. Zum einen mußte jeder die Möglichkeit haben, mit mir wenigstens telefonisch zu sprechen. Telefonisch erledigte ich sehr viele Dinge. Ich führte in der Früh im Durchschnitt zehn bis zwölf Telefongespräche, die in der Regel zwischen drei bis fünf Minuten dauerten, mit mir persönlich unbekannten Menschen. Meistens riefen mich Leute an, die irgend etwas wollten oder fragten, wie sie es anstellen sollten, zu ihrem Recht zu kommen. Zum anderen las ich täglich die Post, entweder am Abend des gleichen Tages, im schlechtesten Fall am nächsten Tag. Da ich die gesamte Post vorgelegt bekam, dauerte das manchmal oft sehr lang und führte dazu, daß mein Arbeitstag spät endete. Meistens waren mehrere Mitarbeiter und Mitarbeiterinnen gleichzeitig mit der Erledigung der Korrespondenz beschäftigt. Ich schaute die Briefe ziemlich genau an, korrigierte sie auch und schickte sie dann zurück.

Ich würde sagen, daß ich kein angenehmer Chef war. Ich verlangte sehr, sehr viel. Wer in meiner Umgebung arbeitete, hatte praktisch keine Arbeitszeitregelung, sondern mußte sich das irgendwie einteilen beziehungsweise mußten sich das meine Sekretäre untereinander aufteilen. Meine Mitarbeiter waren oft bis neun, zehn Uhr abends im Büro, und auch an Feiertagen, am Samstag und Sonntag mußte der eine oder andere »einrücken«. Am Wochenende nahm ich mir selbst die Sachen, die länger waren, mit nach Hause, zum Beispiel Gesetze, Untersuchungen oder Berichte, alles, wozu ich also Zeit brauchte. Wenn es irgendwie ging, fuhr ich mit der Eisenbahn, um arbeiten zu können, aber ich arbeitete auch im Auto, sogar in der Nacht. Ich bemühte mich, für die leitenden Beamten des Hauses in kürzester Zeit erreichbar zu sein. Das galt auch für Leute, die mich dringend sprechen wollten, irgendwie mußte es gehen. Deshalb mußte der eine oder andere manchmal ein bisserl warten, aber es war wichtig, daß man wußte, daß man sofort zu mir kommen konnte.

Ich bin der Auffassung, daß meine Bezüge einen gewissen Betrag enthielten, der für Repräsentationsverpflichtungen vorgesehen ist, die mit einem öffentlichen Amt nun einmal verbunden sind. Es gab ja hier sehr verschiedene Auffassungen; in anderen Ländern hatte der Regierungschef ein eigenes Haus zur Verfügung und das Personal dazu; die Spesen, die entstanden, wurden vergütet, das galt auch für unsere Botschaften, das galt aber nicht für den österreichischen Regierungschef. Er bekam für seine Dienstwohnung eine Abgeltung, die in meinem Fall deshalb nicht ausreichte, weil ich, wenn ich alles zusammenrechnete, wesentlich mehr für Personal- und andere Kosten benötigte. Ich selber mahnte mich immer wieder zur Bescheidenheit bei der Repräsentation, weil ich wußte, wie schwer die Menschen oft ihre Steuerabzüge treffen. Man hat, wenn man das Geld des Staates verwaltet, an die Steuerzahler zu denken. Und das zwang uns zu gewissen Sparmaßnahmen, was natürlich auch für das Reisen galt. Wir führten deshalb ein, daß Regierungsmitglieder und auch hohe Beamte Touristenklasse fliegen. Auch andere Einsparungen wurden vorgenommen, von denen ich sagen möchte, daß sie zwar im einzelnen wenig bedeuteten, in der Summe jedoch relativ viel erbrachten. Ich war also ein überzeugter Anhänger einer sparsamen Verwaltung, wenngleich es Ausgaben gab, die man einfach von Österreich erwartete. Ich wollte nicht haben, daß man am falschen Platz spart, aber ich wollte wissen, mit welchem Geld man das alles bezahlte.

Ich bekam sehr viele Briefe. Wenn es nicht wirklich eine ganz verfahrene Geschichte war und etwas Rechtswidriges verlangt wurde, konnte man sehr oft helfen. Bei Versteigerungen konnte man eingreifen, den Leuten beistehen, die ihr Pfand verloren hatten, man konnte Leuten helfen, die in eine schwierige Situation gekommen waren. Von meinen Mitarbeitern verlangte ich, wie gesagt, sehr viel. An oberster Stelle stand, daß sie sich um die Menschen, die zu uns kamen, auch wirklich kümmerten und sich für ihre Anliegen einsetzten. Ich konnte auch ungeduldig sein mit meinen Mitarbeitern, aber ich glaube nicht, daß ich je einen fallengelassen habe. Auch wenn er mich enttäuscht hatte, so versuchte ich doch, eine positive Qualifikation zu finden, und immer gab ich ihn irgendwo hin, wo er sich weiterentwickeln konnte.

Ich bin kein Choleriker. Die Dinge regen mich nicht sehr auf, ich kann auch vollkommen abschalten. So hörte ich im Parlament die heftigsten Angriffe gegen mich, doch es regte mich nicht auf. Natürlich bin ich von Feindschaften, wie es sie auch in der Politik gibt, nicht völlig unberührt geblieben, aber ich habe das nie so dramatisch empfunden und war immer eher darauf aus, sie zu überwinden. Im Parlament konnte ich sehr hart sein und manchmal auch zubeißen, aber ich war nie sehr gut in der Polemik im Parlament, die Polemik war nicht Lebenselement in meiner Politik. Mir lag mehr daran, Polemik mit einer positiven Politik zu beantworten.

Was mich wirklich ungeduldig machte, war ein gewisses Maß an unerlaubter Dummheit im öffentlichen Leben. Das vertrug ich nicht. Ich ließ mir die dümmsten Reden in einer Versammlung gefallen, aber ich ließ sie mir nicht von einem avancierten Politiker gefallen, weil ich mich dann fragte: »Wie kommt man eigentlich dazu? Wie können so dumme Leute die Wortführer der Menschen sein? Und das vor vielen anderen, die weniger dumm sind.« Ich bin aber stets der Ansicht gewesen, daß es notwendig ist, auch mit ihnen den Gesprächskontakt zu halten, um den Augenblick zu erfassen, in dem sich etwas Positives aus dieser Situation ergeben kann. Denn es gibt in der Politik nichts

Schlimmeres als das Faulbett des Hasses, weil es bequem sein kann, wenn man sich ihm hingibt, woraus sich dann aber eine verzerrte Sichtweise auf gewisse Dinge ergeben kann. Ich habe immer versucht – ob das jetzt das System des Austrofaschismus betroffen hat oder jenes des Nationalsozialismus –, mich von diesem Haß fernzuhalten, weil ich ihn als sehr unproduktiv empfunden habe. Auch wenn der von mir sehr verehrte frühere Wiener Bürgermeister und Vorsitzende der Sozialdemokratischen Partei, Karl Seitz, in einer Rede vor dem Internationalen Jugendkongreß 1929 einmal meinte, »Hütet den Haß – gegen das Unrecht«, so bin ich der Meinung, daß der Haß keine schöpferische Funktion in der Politik hat. Er widerspricht meinem ganzen politischen Wesen.

Ich habe im Leben sehr viel Selbstbeherrschung lernen müssen, aber ich konnte auch leicht explodieren. Ich konnte sehr gut jemandem sagen, daß er ein Dummkopf sei, und in der inneren Diskussion im Parteivorstand war ich in der Regel sehr offenherzig, vor allem gegen die sogenannten Mächtigen. Ich ließ mir nicht imponieren, ich sagte meine Meinung. Eine wichtige Lehre, die ich aus der Geschichte ziehen konnte, war, daß wir, bei allen Auseinandersetzungen, die wir im politischen Leben nun einmal miteinander führen, dabei nie so weit gehen dürfen, daß wir es uns durch persönliche Beschimpfungen unmöglich machen, wieder miteinander zu reden. Umgekehrt kann ein Politiker, der sich die Selbstachtung bewahren will, eine vulgäre Beschimpfung durch einen politischen Gegner nicht einfach übergehen. Ich habe auch meinen Freunden, wenn sie mir gesagt haben, »Du, in der Politik muß man das alles einstecken können«, erwidert: »Ich nicht.« Wenn jemand sich zu niveaulosen politischen Beleidigungen versteigt, so habe ich keinen Anlaß, mit ihm anders umzugehen als mit jemandem, der mir auf diese Art im bürgerlichen Leben begegnet. Da gab es diesen berühmten Zwischenfall mit Alexander Götz, dem damaligen Führer der kleinen Oppositionspartei, der mir gegenüber auf meine Feststellung, daß es grotesk wäre, wenn der Führer der kleinsten Partei in Graz Bürgermeister würde, mit der Beschimpfung antwortete: »Der Bundeskanzler agiert so, als sei ihm der Papp ins Hirn gestiegen.« Solange er bei dieser Behauptung blieb, kam er als Bürgermeister der zweitgrößten Stadt Österreichs bei mir nicht mehr über die Schwelle; er hat also nicht mehr zum Bundeskanzler gehen können. Und bald darauf verschwand Götz dann wirklich aus der Politik. Ja, man darf sich in der Politik vom politischen Gegner nicht alles gefallen lassen, vor allem dann nicht, wenn es um persönliche Beleidigungen geht. Kritik ja – aber persönliche Beleidigungen muß man zurückweisen. Und das habe ich getan, auch im Parlament, wenn es zu exzessiven Beschimpfungen persönlicher Art gekommen ist. Ich habe dann eine sogenannte Eiszeit eintreten lassen, also keine Beziehungen mehr unterhalten, zumindest solange, bis die Betreffenden selbst erkannten, daß sie die Grenzen des Anstands überschritten hatten, die es auch in der Politik gibt. So habe ich eben doch eine gewisse Erziehungsarbeit geleistet. Denn entweder gibt es auch in der Politik einen Moralkodex oder ich eigne mich nicht für die Politik.

Aber wenn ich alles zusammenfasse, muß ich sagen, ich hatte und habe das Leben gerne, habe die Leute gerne. Ich habe eigentlich die Menschen wirklich gerne. Ich lasse mich nie enttäuschen. Ich werde nie über die Schlechtigkeit der Menschen jammern. Was soll das für einen Sinn haben? Es gibt gewisse Dinge, für die ich sie verantwortlich mache, aber ich mache sie nicht für ihre Schlechtigkeiten verantwortlich. Ich gehöre zu jenen Leuten, die der Meinung sind, daß ein Mensch ab einem gewissen Alter für seinen Habitus verantwortlich ist. Allerdings glaube ich nicht, daß er allein über seinen Charakter entscheidet.

Es gibt über mich und von mir viele Witze und Karikaturen, aber ich fühle mich dadurch nicht verletzt. Die Karikatur ist eine Art der Auseinandersetzung, die ich als politisches Kampfmittel hundertprozentig akzeptiere. Sie ist eine besonders populäre Art der intelligenten Auseinandersetzung, denn sie muß ja etwas aussagen. Ist sie plump, hat sie ihre Funktion nicht erfüllt. Bei Witzen ist es so, daß die meisten Witze über mich eigentlich adaptiert sind und nicht neu. Das einzige, was mich also irritiert, ist, daß ich alle schon gehört habe. Das zeigt, daß es so wenig produktiven Humor gibt. Aber sich über Witze ärgern? Es gibt antisemitische Witze, die sind für mich als politisches Phänomen interessant, sie beweisen eine gewisse Grundhaltung, aber ich fühle mich nicht persönlich beleidigt. Soll ich mich beleidigt fühlen über den folgenden Witz: Da steht einer vor einem Bild von mir und sagt: »A Pol'«, und ich sage: »Nein, so schön bin ich auch wieder nicht.« Darauf er: »Lassen'S mich ausreden, a polnischer Jud.« Das zeigt nur, daß man glaubt, mit dieser Art

Ministerratssitzung in den siebziger Jahren

von Witzen noch Politik machen zu können. Gibt es nun viele dieser Art, so müssen sie von einer ganz bestimmten Quelle ausgehen, die ein politisches Interesse verfolgt. Und das ist für mich eben symptomatisch. Ich bin nicht böse auf diejenigen, die diese Witze wiedergeben, weil sie ihnen anscheinend komisch vorkommen, denn sie denken nicht nach. Das sind auch Leute, die keine Antisemiten sind. Ich erzähle selber gerne einen guten Witz mit einem Hinweis auf meine jüdische Herkunft. Ich verheimliche das nicht. Wenn es ein guter Witz ist, erzähle ich auch einen über einen Bischof oder den Papst. Der Mut zur Selbstpersiflage, sich nicht zu ernst nehmen, das ist wichtig – und es ist ein Fehler vieler Politiker, daß sie sich selber so furchtbar ernst nehmen.

Das Allerschrecklichste ist die Selbstgefälligkeit. Ich habe immer versucht, die Regierungsmitglieder zur Kritik gegen das, was sie selber taten, zu erziehen, versuchte ihnen zu sagen, daß auch wir Fehler machen, auch ich. Ich halte es für vollkommen unvertretbar für Leute in diesen Positionen, in denen wir waren, sich auf andere auszureden. Aber ich beklage mich nicht, ich sage ja, regieren mußten wir. Man schimpfte über uns, den Leuten waren die Preise zuwider. Die Preise mußten ihnen auf die Nerven gehen.

Klausurtagung der Bundesregierung 1975

Ich war mein ganzes Leben lang ein engagierter Mensch, der nicht einfach so leben wollte, sich nicht seinen kleinen Schrebergarten, wie wir das nennen, als Reserve halten oder sich in irgendein Hobby verkriechen mochte, sondern ich wollte immer dort sein, wo etwas geschah, von dem ich glaubte, daß es unrechtmäßig war und daher bekämpft werden und Recht verteidigt werden mußte. Ich anerkenne bis heute nicht den Grundsatz, daß es eine Zeit geben soll, in der man, um es auf wienerisch auszudrücken, »halt nichts machen kann«. Dieses Sich-in-sein-Schicksal-Ergeben, sich ausliefern, sich abfinden, das ist eine mir ganz fremde Vorstellung, was aber nicht ausschließt, daß ich manchmal sehr besorgt bin über die Zukunft der Sozialdemokratie. Ich will damit sagen, daß ich niemals, auch nicht in der Zeit der Ersten Republik, von einer Hoffnungslosigkeit erfaßt wurde, wie sie viele meiner Freunde erfaßte. Das ist meine Lebensauffassung, die ich mir durch alle Zeiten hindurch bewahrt habe. Und es ist auch etwas, das ich bei den Urmarxisten ablehne, die sogenannten objektiven Umstände – Umstände sind stets von Menschen geschaffen und daher nicht objektiv, sondern subjektiv. Sie wurden von den Menschen geschaffen, haben sich vielleicht durch menschliche Schwächen gleich einem Krebsgeschwür weiterentwickelt, und dagegen muß man etwas tun. Wenn man zum Beispiel heute noch nicht weiß, wie man den Krebs bekämpft, so darf die medizinische Forschung doch auch nicht aufhören, nachzudenken und zu experimentieren. Und in derselben Situation sind auch wir Politiker. Sicher können wir zur Kenntnis nehmen, daß gewisse Umstände so und nicht anders sind, aber das bedeutet keineswegs, daß wir bereit sein dürfen, sie hinzunehmen.

Ich habe nie etwas als eine unumstößliche Tatsache hingenommen, sondern bin als ein Mann der Politik immer für eine Änderung der Verhältnisse eingetreten und halte daran bis heute fest. Was mich dabei befriedigt, ist auch der Umstand, daß ich dadurch in der Lage bin, Antworten zu geben. Diese Maxime für Politiker hat Shakespeare in »Julius Cäsar« Brutus treffend formulieren lassen: »Der Strom der menschlichen Geschäfte wechselt: Nimmt man die Flut wahr, führet sie zum Glück; versäumt man sie, so muß die ganze Reise des Lebens sich durch Not und Klippen winden.«

6. Kapitel

Aktive Wirtschaftspolitik gegen Arbeitslosigkeit

Ich glaube, daß man, wenn man rückblickend die Vorbereitung für die Regierungstätigkeit betrachtet, erkennen wird, daß nicht nur die dort vorgelegten Programme, sondern vieles mehr auf zahlreichen Gebieten verwirklicht wurde.

Rede vor dem Parteirat; Februar 1968

Es besteht auch heute bei späten Kritikern das unabweisbare Gefühl, daß Österreich in diesen Jahren mehr als Europareife erreicht hat, und das Wort vom »österreichischen Weg« war keineswegs eine propagandistische Erfindung meinerseits oder eines meiner Mitarbeiter, sondern wurde im Ausland verwendet.

Ich will dieses breite Band meiner Erinnerung nicht zur Rehabilitierung der von mir vertretenen Regierungspolitik verwenden, aber ein paar Daten sollen doch angemerkt werden. Einmal schrieb ein Kommentator, ich hätte alles für machbar gehalten; das ist nicht richtig, ich habe nur sehr viel früher als so manch anderer gewisse Probleme erkannt.

Damit komme ich auch zum Problem der Krise und der Arbeitslosigkeit. Hier ist der Platz, wo ich einer Legende entgegentreten muß, die von gehässiger bürgerlicher Seite immer wieder gegen mich vorgebracht wurde. Ich folge dabei manchen Ausführungen in meinem zweiten Memoirenband, doch scheint mir diese Wiederholung notwendig zu sein. Ich erklärte einmal in einer Pressekonferenz, daß ich von rein buchhalterischen Fragen im Zusammenhang mit dem Budget nicht viel verstehen würde. Daraus wurde das Argument geschmiedet, daß ich gesagt hätte, ich verstünde nichts von Wirtschaft. Das ist deshalb grotesk, weil ich mich seit frühester Jugend mit diesen Fragen beschäftigt habe und bereits zu einer Zeit Standardwerke der Volkswirtschaft las, als noch nicht von meiner künftigen Tätigkeit die Rede war. Lange vor meiner Emigration kannte ich die Handbücher der Nationalökonomie, darunter nicht nur die marxistischen Werke, wie Hilferdings »Finanzkapital«, sondern auch die ökonomischen und wirtschaftsgeographischen Bücher.

In Schweden besuchte ich in regelmäßiger Folge Vorlesungen der »Stockholmer Schule«, die damals auf ihrem Höhepunkt stand. Hier schrieb ich auch eine Abhandlung zu der Frage, inwieweit professionelle Ökonomen die große Krise vor ihrem Ausbruch erkannt hatten. Ich habe Alva und Gunnar Myrdals Werke und andere Beiträge zur Arbeitslosenproblematik durchgearbeitet sowie das in der damals modern werdenden Ökonometrie als Standardwerk geltende »Mathematics for Economists«. Von den in Wien lehrenden Ökonomen las ich natürlich der Kuriosität halber die »Haupttheorien der Volkswirtschaftslehre« von Othmar Spann, das blaue Traumbüchl, wie Professor Hans Mayer es nannte; ich kannte auch den, wie ich glaube, einzigen gedruckten Beitrag Professor Mayers im Handwörterbuch der Staatswissenschaft »Über die Zurechnung«, der mir in der Tat unverständlich schien, und Mayer selbst, dem gegenüber ich das einmal bemerkte, meinte, in seinen roten Vollbart hineinschmunzelnd, das würde ihm heute auch so ergehen.

Ich betrieb also umfangreiche Studien der Nationalökonomie, die ja mein Hobby war, mehr noch als die politische Geschichte. Diese Fragen beschäftigten mich, und ich wußte natürlich auch in Stockholm von John Maynard Keynes und seinen wissenschaftlichen Theorien, von der wachsenden Bedeutung Schumpeters und anderer österreichischer Ökonomen. Und es machte mich sehr glücklich, daß sich in der Zweiten Republik nach einiger Zeit wieder richtige Wirtschaftswissenschaftler, frei von romantischen Vorstellungen und Ordnungsdenken, entfalten konnten. Unter den jungen Ökonomen beeindruckte mich besonders Professor Erich Streissler, Ordinarius für Nationalökonomie, den ich als ganz jungen Professor bei einem Vortrag in Freiburg kennengelernt hatte. Dazu kam, daß ja mein Studium der Rechts- und Staatswissenschaften die Möglichkeit bot, sich mit Ökonomie und vor allem Finanzwissenschaft zu beschäftigen. Ich hatte diesbezüglich einen besonderen Lehrer in Schweden gefunden, einen deutschen sozialdemokratischen Emigranten namens Kurt Heinig, der ein grundlegendes und umfangreiches Werk über das Budget geschrieben hat. Heinig war ein eigenwilliger Mann, der mit der Emigration nichts zu tun haben wollte, aber bei den schwedischen Intellektuellen trotz mangelnder Sprachkenntnisse große Anerkennung fand. Die Bücher des amerikanisch-kanadischen Nationalökonomen John Kenneth Galbraith, der mir seit vielen Jahren ein enger Freund ist, wurden ebenfalls in Schweden veröffentlicht.

Daneben gab es besondere Beziehungen mit Ralf Dahrendorf, dem langjährigen Rektor der »London School of Economics«, an der auch der Labour-Politiker Harold Laski gelehrt und seine Theorie des pluralistischen Staates entwickelt hatte. Tief beeindruckt war ich auch von einigen amerikanischen Ökonomen, vor allem deshalb, weil sie sich vollkommen unvoreingenommen mit den Lehren von Marx beschäftigten und deren Studium für unumgänglich hielten, während in Europa die Erwähnung von Karl Marx noch immer ein ironisches Lächeln hervorrief. Bei dieser Gelegenheit sei auch erwähnt, daß mir, als ich in der austrofaschistischen Zeit von allen Hochschulen ausgeschlossen war, der damalige Leiter des sogenannten Konjunkturforschungsinstituts,

Oskar Morgenstern, die Gelegenheit bot, die Bibliothek seiner Einrichtung zu benützen. Diejenigen, die ihn nur dem Namen nach kannten, hielten ihn für einen jüdischen Emigranten, der schon frühzeitig des Hitlerismus gewahr wurde und bereits 1937 in die Vereinigten Staaten ging. In den USA bot sich ihm eine akademische Laufbahn, die ihm, wie auch Joseph A. Schumpeter und Gottfried Haberler, in Österreich verwehrt blieb.

Gerhard Tintner, einer meiner Freunde aus der sozialistischen Jugendbewegung, der vor einiger Zeit verstorben ist, bewunderte ich wegen seiner akademischen Meriten, und in der Tat wurde er zu einem der bedeutendsten Ökonometriker. Er veranlaßte mich auch, Bezieher der in Pittsburgh erscheinenden »Econometrica« zu werden. Ich muß aber zugeben, daß alle meine Versuche, mit den darin enthaltenen Aufsätzen zurechtzukommen, gescheitert sind, denn »Mathematics for Economists« war längst veraltet. Ich erinnere mich noch sehr gut, daß ich dem Großmeister der Ökonometrie, Sir Henry Harrod, bei einem Abendessen in der österreichischen Botschaft in London sagte, ich hätte sein Buch »The Trade Cycle« gelesen, aber viel zuwenig davon verstanden. Außerdem hielte ich das Bestreben der Nationalökonomie, sich als eine Wissenschaft zu etablieren, indem sie sich immer näher an die Mathematik angleiche, für sehr gefährlich, denn schließlich sollten ja auch Gewerkschaftsvertreter, die wichtige wirtschaftliche Verhandlungen zu führen hätten, die Nationalökonomie nicht als eine Geheimwissenschaft empfinden, sondern mit ihren Problemen und Erkenntnissen vertraut sein. Harrod nahm mir meine Feststellung durchaus nicht übel, sondern gab mir völlig recht und war sich bewußt, welche Gefahren hier für die Ökonomie bestehen. Diese Tendenz, alles zu mathematisieren, schien mir sehr gefährlich zu sein, weil man damit vielen Menschen, auch akademisch Gebildeten, die Lust nimmt, sich mit Problemen der Mathematik und Statistik zu beschäftigen.

Diese Fragen interessierten mich also sehr viel mehr als andere, gar nicht zu reden von protokollarischen, die ja die Diplomatie der Welt immer noch sehr beschäftigen.

Als in den Koalitionsverhandlungen 1959 in unserer Fraktion das Angebot Julius Raabs diskutiert wurde, mich als Finanzminister vorzuschlagen, war ich zwar nicht sehr begeistert davon, fand mich aber auf Zureden meiner Freunde doch dazu bereit, was innerhalb des Parteivorstandes begeistert aufgenommen wurde. Ich habe sogar eine Rede entworfen, aus der ich kurz zitieren möchte:

»Ich werde unter der Voraussetzung, daß der Herr Bundespräsident mich ernennt, nicht der Finanzminister einer Partei, sondern der des Staates sein. Als solcher wird meine Sorge vor allem drei Fragen gelten:

1. Die finanzielle Gebarung des Staates korrekt zu führen und dafür zu sorgen, daß die Mittel da sein werden, daß die gesetzlichen materiellen Verpflichtungen, die der Staat auf sich genommen hat, auch pünktlich erfüllt werden;
2. daß das Arbeitseinkommen aller Staatsbürger keinerlei Verschlechterung seiner Kaufkraft erfährt;
3. daß der Staat der Gesamtwirtschaft jene Förderung angedeihen läßt, die eine ständige Produktivitätssteigerung ermöglicht und so die Voraussetzungen geschaffen werden für eine kontinuierliche Steigerung des Lebensstandards.

In den letzten Tagen wurde von mancher Seite die Besorgnis geäußert, ob nicht der Umstand, daß einem Vertreter der Sozialistischen Partei die Verwaltung des Finanzressorts übergeben wird, ein Risiko in sich schließt und für die Staatsfinanzen gefährlich wäre. Hierzu möchte ich nur sagen, daß ich mich in meiner zukünftigen Tätigkeit von dem gleichen Verantwortungsgefühl für die gesamte Volkswirtschaft leiten lassen werde, wie es die der Sozialistischen Partei angehörenden Landesfinanzreferenten von Wien, Steiermark, Kärnten, Burgenland und wie es die sozialistischen Finanzverwalter aller großen Städte Österreichs tun.

Lassen Sie mich also zum Schluß noch eine persönliche Bemerkung machen: Ich habe mich um das Amt nicht beworben und zu diesem Amt nicht gedrängt. Es ist in meiner Partei überhaupt nicht üblich, daß man sich selbst politische Funktionen aussucht, sondern man wird zu ihnen berufen, wenn die Vertrauensmänner und -frauen der Sozialistischen Partei eine solche Entscheidung treffen. Dieses Vertrauen ist mir im Parteivorstand einstimmig ausgesprochen worden, was ich ganz besonders betonen möchte, von einer Körperschaft, der auch die führenden Männer der größten Gewerkschaften Österreichs angehören.«

Von Jugend an sah ich mich als Lernenden, der ich eigentlich zeitlebens geblieben bin, weil ich an die Einheit von Lehrenden und Lernenden – als Voraussetzung des einen für das andere – immer geglaubt habe. Ich beschäftigte mich auch schon früh mit Fragen der Wirtschaftsgeographie; den Ausdruck »Geopolitik« halte ich für einen sehr adäquaten, wäre er nicht durch die kryptonazistische Schule der Haushoferschen Geopolitik diskreditiert worden. Doch die Verbindung von Geographie und Politik gehört sicher zu den faszinierendsten und ältesten Zusammenhängen der menschlichen Geschichte. Man könnte so wahrscheinlich, und hat es sogar am Beispiel der Germanen getan, die Entstehung von Weltreichen erklären. Es ist also keine neue Erfindung, keine Erfindung der Neuzeit. Es gab ein kleines Lehrbuch für Sozialisten, das sich mit diesen Fragen in einer sehr einfachen, aber doch ausführlichen und vorausschauenden Art und Weise beschäftigte, das ist das Werk »Grundriß der Wirtschaftsgeographie« des englischen marxistischen Wissenschaftlers J. F. Horrabin. Mit diesem Büchlein tat man seine ersten Schritte in der Geographie, zusammen mit dem, was man in der Schule in der Regel an bloß deskriptiver Schilderung gelernt hatte. Mich interessierten die Zusammenhänge viel mehr als die Schraffierungen, mit denen man bis zum Überdruß beschäftigt wurde, die in einer von Marx und seinen Epigonen beeinflußten Art und Weise dargestellt waren.

In diesem Zusammenhang wurde mir auch, lange bevor Erdöl eine politische Rolle spielte, bewußt, daß es ein besonderer Saft zu sein schien. Dieser Rohstoff erlangte natürlich eine rasch wachsende Bedeutung, primär durch die schnelle Verbreitung des Automobils, was wiederum eng verknüpft ist mit dem sogenannten »Fordismus«, dieser besonderen Art der Rationalisierung. Die Vereinigten Staaten verfügten über diesen Rohstoff in ausreichender Menge, aber es gehört zum Wesen des Kapitalismus, vor allem in seiner imperialistischen Phase, sich die Rohstoffvorkommen anzueignen. Da England das rohstoffimperialistische Land schlechthin war, wurden die ersten großen Ölgesellschaften von England und später von Holland monopolisiert. Ich begann mich also mit Öl zu beschäftigen und damit auch mit den Ölgebieten der Welt, zu denen sehr bald auch die Golfstaaten gehörten. Öl ist ein Rohstoff, der – um eine Redewendung zu gebrauchen – fast nichts kostet außer den Kosten seiner Hervorbringung; der wachsende Ölbedarf jedoch bedeutete für die arabische Welt oftmals den hastigen Übergang vom Beduinentum zum Ölscheichtum. Auch wir in Österreich hatten Öl, doch wurde diesen Erdölvorräten allgemein keine Beachtung geschenkt. Das findet eine interessante Erklärung. Von seiten der ausländischen Ölgesellschaften, die sich sehr bald die Ölrechte in Österreich sicherten, dachte man vorerst nicht an eine Ausbeutung des Öls und war daher auch nicht an einer entsprechenden publizistischen Bekanntgabe dieses Rohstoffvorkommens interessiert. Es war eigentlich so, daß man sich über die Ölfunde in Österreich eher lustig machte. Wie wenig das berechtigt war, hat man in der Zeit gesehen, als sich der Nazismus Österreichs bemächtigte und Öl bald eine andere Bedeutung erlangte.

Weder diese noch andere ökonomische Entwicklungen ließen, so behaupte ich, eine gesellschaftliche Ordnung vergleichbar jener in Deutschland entstehen, denn es gab diese Konzern-Giganten nicht – Flick, Krupp und wie sie alle geheißen haben, personifizierte »Kapitalisten«; es gab sie bei uns einfach nicht, heute schon gar nicht, und Manager haben ihre Funktion übernommen. Aber nun kommen die Probleme mit den Managern, und gerade jetzt erleben wir diese exzessive Entwicklung sehr deutlich. Innerhalb der Demokratien stieg das Vertrauen in die Manager zu sehr; sie hatten keine Kontrolle zu befürchten und mißbrauchten dieses Vertrauen.

Wir erleben eine ungeheure Demoralisierung der Wirtschaftsordnung – das ist keine Aversion meinerseits, sondern das ist ein Faktum –, eine Demoralisierung, einen permanenten Verfaulungsprozeß, ähnlich wie Marx das Lumpenproletariat beschrieb, also eine passive Verfaulung der Klasse und daher einen Prozeß, der beachtet werden muß. Das alles ist auch deshalb interessant, weil es inzwischen zu einem internationalen Phänomen wurde und sicher in Zusammenhang mit der Entwicklung des Geldes steht. Dazu ein Beispiel aus Wien: Auf einmal gab es hier eine Gruppe von Financiers, die merkten, daß das österreichische Bankgeheimnis für ihre Betätigung wie geschaffen war. Nun möchte ich – um der Wahrheit die Ehre zu geben – sagen, daß ich damals Finanzminister Androsch nicht widersprochen habe, als wir diese Dinge beredeten, da ich der Meinung war, daß Wien ein Finanzplatz sui generis werden sollte, und zwar ohne die nervösen spekulativen Finanztransaktionen, die in der Schweiz vorkommen. Wir hatten zwar keinen Speck zu bieten, wollten aber die wirtschaftliche Bedeutung Österreichs dadurch heben, daß wir den Leuten, vor allem den eigenen Leuten, das Vertrauen in das österreichische Bankwesen wiedergaben – und dazu muß man ein Bankgeheimnis haben, auch wenn sich die Schweizer Sozialdemokraten bitter darüber beklagten. Sie waren der Meinung, daß ihr eigenes Bankgeheimnis zu streng wäre, und nun hatten wir ein noch besseres.

Ich habe in einer alten Ausgabe der »Arbeiter-Zeitung« die

Überschrift gelesen: »Die Österreicher sparen wieder und mehr.« Das ist wahrscheinlich ein Unsinn, denn die Österreicher, die in Betracht kommen, legen nur weniger im Ausland an. Sie gingen Mitte der achtziger Jahre lieber mit ihrem Geld in die Banken, weil es relativ gut verzinst wurde. Zwar heißt es, daß es mit 4,5% und 5% verzinst wurde, wer aber ein paar Millionen anzulegen hatte – bei all der Freiheit, die man heute mit dem Zurückführen des Geldes usw. hat –, der kriegte mehr. Das ist der berühmte Witz: Man legt sein Geld an und kriegt mehr Zinsen, als man im ersten Stock für das Geld bezahlen muß, das man sich ausborgt. Lange Zeit war es ein Geschäft, sich Geld auszuborgen und es hochverzinst in Amerika anzulegen, was ja wiederum den Spekulanten unter den Managern einen Vorwand lieferte.

Es wird auch die klassische Mehrwerttheorie obsolet, da eben der Roboter und nicht mehr der Produktionsfaktor Arbeit die entscheidende Rolle spielt. Das heißt, der Produktionsfaktor Arbeit, der früher einmal einem Drittel oder der Hälfte des Gesamtwerts eines Produkts entsprochen hat – und in dem auch wieder Arbeit, »geronnene Arbeit« steckt, wie es bei Marx so schön heißt –, ist heute kein entscheidender Produktionsfaktor mehr. Man rationalisiert ja auch die Menschen weg, ganz systematisch, daher haben wir eine Sockelarbeitslosigkeit, die nicht beseitigt werden kann und die zahlenmäßig größer ist als zur Zeit der großen Krise.

Sozialminister Alfred Dallinger hatte also recht, als er meinte, daß man auf die Entwicklung reagieren müsse, daß nämlich zur menschenleeren Fabrik nunmehr auch das menschenleere Büro kommt. Und man mußte natürlich, da es sich um Dienstleistungsaktivitäten handelte, ganz gleich, ob innerhalb der Industrie oder in anderen Tätigkeitsbereichen, die Arbeit auf mehr Leute verteilen. Daher sind auch bei den Angestellten die entschlossensten Anhänger der Arbeitszeitverkürzung zu finden, während die Industriearbeiter gar nicht so drängen.

Es heißt, daß die schwersten Lohnkämpfe dort sind, wo früher die leichtesten waren, zum Beispiel im graphischen Gewerbe, wo die Arbeiter am besten organisiert waren. Das bedeutet aber auch, daß die Kommission für Beschäftigungsfragen in Europa, deren Vorsitzender ich war, meinen Überlegungen bezüglich der Idee der zwei Berufe, die der Mensch in seiner Lebens-Arbeitszeit ausüben muß, mehr Aufmerksamkeit schenkt.

Politische Entwicklungen müssen Platz greifen, damit die

Mit einer Fabrikarbeiterin bei Philips; Juli 1975

Kosten für die Ökologie, in welchem Budget auch immer sie untergebracht werden, bis zum Ende dieses Jahrtausends die Kosten für die Rüstungen übersteigen. Da die Länder und Städte das tun werden und tun müssen – das kann man aus ihren Budgets ersehen –, muß man die Rüstung vermindern, ja sie auf ein Minimum herabdrücken. Für die Sowjetunion galt das früher oder später natürlich in gleichem Maße, aber vorerst ging es um die Reparatur der Ökonomie, das ist der einzige Weg, das einzige Mittel, das sie haben. Denn es bringt ja nichts, die Menschen zu größerer Effizienz aufzufordern, wenn sie an ineffizienten Maschinen stehen.

Ich habe Freunde in Süddeutschland, die gegen das Argument der Arbeitslosigkeit immer wieder einwenden, daß es sie gar nicht geben würde. Suchen sie nämlich Aushilfskräfte, so finden sie sie nicht, weil diese es vorziehen, sich auf den Schattenmärkten zu betätigen, was ihnen die Vorteile der Sozialversicherung des Wohlfahrtsstaates beschert, ohne daß sie dazu beitragen müssen. Das mag da und dort der Fall sein und diskreditiert sicher den Wohlfahrtsstaat für manche Sensationszeitungen; die entscheidende Arbeitslosigkeit ist aber eine andere, die Jugendarbeitslosigkeit. Das ist eine große Gruppe, die vom Wohlfahrtsstaat noch nicht erfaßt wird, weil die Jugendlichen noch nie in Arbeit gestanden sind. Das ist das soziale, kulturelle und gesellschaftliche Problem schlechthin. Auf der anderen Seite gibt es die rasch wachsenden Arbeitslosenzahlen in den Industriegebieten, bei uns in Österreich in der Obersteiermark und im Linzer Raum, in Deutschland im Ruhrgebiet und im Rheinland, also alles klassische Industriegebiete. Vor allem bei den Jugendlichen treten Ersatzhandlungen ein, die dieses Problem der Arbeitslosigkeit verhüllen. Die psychologischen oder politischen Folgen zu verhüllen oder überhaupt zu verdrängen, das ist eine Massenerscheinung. Hierzu das Beispiel Liverpool: Wenn an einem Wochentag Tausende Schlachtenbummler des Sportklubs Liverpool, eines Klubs, der längst ein gewinnträchtiges Geschäftsunternehmen ist und großen englischen Finanzmagnaten gehört, zu einem Spiel in Brüssel anreisen, so sind das in der Regel keine Liverpooler Arbeiter, sondern Tausende arbeitslose junge Leute. Sie haben offenbar die Mittel und werden, wenn auch temporär, durch das reich gewordene Großbritannien, das ja auch in einem See von Öl schwimmt, finanziert. Wenn es bei diesen Fußballspielen zu furchtbaren Gewalthandlungen kommt, dann ist das eine kriminelle Folgeerscheinung der Arbeitslosigkeit und der Rastlosigkeit vieler junger Menschen.

Bei einem Mittagessen habe ich den damaligen Führer der Labour Party, Neil Kinnock, auf dieses Thema angesprochen. Natürlich mußte er eine gewisse Solidarität mit seinen Liverpooler Wählern bekunden, ein Argument, das ich nicht anerkennen wollte. Da es aber immer wieder zu Gewalttätigkeiten kommt und sich dort und andernorts immer wieder dasselbe Schauspiel bietet, Fußballplätze manchmal wie belagerte Festungen aussehen und natürlich die großen Sammelpunkte vor allem der jungen Generation sind, also ein Massenschauspiel darstellen, dann muß das in einem gewissen Zusammenhang mit dem Phänomen der Beschäftigungslosigkeit und der damit verbundenen gesellschaftlichen Nutzlosigkeit dieser jungen Menschen stehen. Daß sich die Politiker, wenn sie ihre schönen Reden über die Segnungen der Demokratie halten, nicht darüber den Kopf zerbrechen, was für einen echten Sinn die Demokratie für Millionen junger Leute in Europa darstellt, ist eine andere Sache. Ich habe auf diese Probleme, die für Ökonomen den Charakter von »side effects« haben, sehr deutlich in der von mir ge-

Bei einem Werksbesuch im Vorwärts-Verlag; Februar 1967

leiteten Beschäftigungs-Kommission aufmerksam gemacht und hoffe, daß sie trotz des mangelnden Engagements vieler Ökonomen ernst genommen werden.

An diesem Punkt gibt es wieder die bekannte Schnittlinie zwischen zwei gesellschaftlichen Erscheinungen, nämlich zwischen der Ökonomie und der politischen Psychologie. Wenn heute eine Papierfabrik zusperrt oder morgen ein Kohlebergwerk, dann bleibt – neben vielen anderen – ein Mann übrig, dessen Arbeitskraft niemand kaufen will. Er ist durch die Sozialgesetzgebung nur notdürftig geschützt. Er kann seine Raten nicht mehr bezahlen, kann nicht mehr als Vollwertiger an der Konsumgesellschaft teilnehmen, kann zum Beispiel sein Haus nicht mehr behalten, wenn er darauf noch Schulden hat. Ich behaupte – und das wird viele in Erstaunen versetzen –, daß es in der heutigen Gesellschaft sehr viel größere Klassenunterschiede gibt, als die Menschen wahrhaben wollen. Von einem Tag auf den anderen kann aus einem selbstbewußten Facharbeiter eines großen Betriebes ein um seine Existenz zitternder Mann werden. Ich habe das erlebt, als der »Expreß« eingestellt wurde, die Drucker plötzlich überflüssig waren und nur sehr schwer wieder Arbeit

Eröffnung des BMW-Werkes in Steyr, 10. März 1983

gefunden haben. Wenn die Zeitungskrise weitergeht, wird es eine Krise im graphischen Gewerbe geben, die viel härter sein wird als je zuvor. Ich erlebe, wie zum Beispiel Bergarbeiter in Fohnsdorf um ihre Existenz zittern, wie Arbeiter im Lavanttal ihr Ränzel packen und in fremde Landstriche abwandern müssen. Das sind nur dann Randerscheinungen, wenn eine Wirtschaftspolitik gemacht wird, die sich dieser Umstände bewußt ist. Diejenigen, die um ihre Arbeit gebracht werden, bleiben nach wie vor die Schwächsten der Gesellschaft. In den achtziger Jahren gab es viele Beispiele, wo Betriebe durch persönliche Unzulänglichkeit des Unternehmers, teilweise durch allgemeine Krisenerscheinungen gefährdet wurden; das alles passierte in ganz kurzer Zeit und wird so weitergehen. Es gibt also in Wirklichkeit keine Sicherheit.

Diese Umstände rechtfertigen eine Wirtschaftspolitik, die diesen Zustand der Unsicherheit dadurch zu beseitigen versucht, daß man die Vollbeschäftigung im wahrsten Sinne des Wortes wünscht und dafür auch in Kauf nimmt, daß ihr gewisse preissteigernde Tendenzen innewohnen. Das ist aber eine Gesinnungsfrage, eine Weltanschauungsfrage. Meiner Ansicht nach muß man sich loslösen von der Vorstellung des »Alles oder Nichts«, denn sonst zerbrechen wir. Es gibt eben Hunderte Wege, die man gehen muß und die der allgemeinen Gesellschaftsauffassung subordiniert sind, die man vertritt, also auch in der Vollbeschäftigung oder in der Schulpolitik.

Aus diesem Grund haben wir aktiv Betriebe – ich nenne zwei große – ins Land geholt. Das waren General Motors und BMW, weil wir der Meinung waren, daß das Unternehmen sind, die uns sehr nützen, denn die Zulieferung erfolgt ja von österreichischer Seite. Vom Staat wurden sie jeweils mit ein paar Milliarden unterstützt und waren seit 1985 in voller Tätigkeit mit optimaler Beschäftigung, das hieß damals 3.000 Arbeitsplätze bei General Motors in Wien und mehr als 1.700 in Steyr. Diese Betriebe erzeugen Motoren, Getriebe und Einspritzpumpen. In dem Moment, in dem wir diese Subventionen gewährten, vergrößerte sich natürlich unser Defizit und damit unsere Schulden. Inzwischen tragen diese Unternehmen jedoch sehr maßgeblich zu unserem Export bei. Dabei handelt es sich um Milliardenbeträge, wobei ein besonderer Aspekt hinzukommt: Diese Motoren von General Motors, also Opel, werden in großer Menge auch nach Spanien geliefert, dort assembliert, und gehen dann in ungeheuren Mengen nach Südamerika, auf einen Exportmarkt, der uns ja vollkommen verschlossen geblieben wäre. Daraus ist ersichtlich, wie weitreichend diese Politik gewesen ist – das ist die eine Seite.

Die andere Seite ist, daß wir in diesen Jahren ja auch gespart

Spatenstich für das General Motors Werk in Wien (v. l. n. r.): Alex A. Cunningham, Nationalratspräsident Anton Benya, Bundeskanzler Dr. Bruno Kreisky und Stadtrat Hans Mayr

haben. Das Nettodefizit des Bundes gemessen am Bruttoinlandsprodukt stieg von 1973 bis 1975 in Österreich um 2,34 Prozentpunkte, im Durchschnitt der Industriestaaten hingegen um 3,21 Prozentpunkte. Erst in den achtziger Jahren wurden in Österreich Nettodefizite über 5% erreicht. Mehr als die Hälfte der Ende 1986 aufgelaufenen Finanzschuld ist durch die Neuverschuldung seit 1980 verursacht. Damals wurde das Wachstum der Schulden von den Menschen nicht wahrgenommen, da es ja sozusagen nicht auf ihre Kosten ging, während jetzt im Budget stärker eingespart werden muß und es die Leute daher stärker spüren. Wenn das allgemeine Wachstum zunimmt, ist das Sparen sicher leichter. 1982 hatten wir einen Schuldenstand von 341,5 Milliarden, und das für den gesamten Zeitraum der Zweiten Republik. 1987 waren es 675,4 Milliarden Schilling, und viele sagen, daß diese Schulden durch die frühere Wirtschaftspolitik verursacht wurden. Das stimmt nicht, wie sich nachweisen läßt. Das Prinzip unserer Politik war, daß die Schulden, die für gewisse Investitionen gemacht wurden, abgedeckt sein mußten durch jene Werte, um die das Land reicher geworden ist, und zwar unmittelbar und nicht mittelbar. Mittelbar wäre es ja viel mehr, denn wie will man die Ausbildung von Tausenden jungen Leuten messen; was ist ein Elektroexperte wert oder was ein junger Techniker? Denn wenn wir unqualifizierte Leute zu Tausenden angesammelt hätten, wie das in anderen Ländern geschieht, so blieben sie arbeitslos; als qualifizierte Kräfte konnten wir sie aber im Laufe der Zeit alle unterbringen.

Der Steigerung der Gesamtschuld des Bundes standen aber immer auch Eigeninvestitionen des Bundes gegenüber – so zum Beispiel rund 403,1 Milliarden Schilling im Zeitraum 1975–1985. Die größten Investitionen wurden im Straßenbau (96,5 Milliarden Schilling) und bei der Errichtung von Gebäuden (90,7 Milliarden Schilling) getätigt. 80% der Neuverschuldung des Bundes standen Investitionen des Bundes direkt gegenüber. Darüber hinaus wurden beachtliche Summen direkt durch Zuschüsse beziehungsweise durch Steuerbegünstigungen für Investitionen im privaten Sektor aufgewendet.

Die Politik des Reaganismus und Thatcherismus, nach der schließlich die Marktkräfte die Arbeitslosigkeit überwinden sollten, was sie aber nicht getan haben, gilt bereits wieder als überwunden. Auch die monetaristische Politik, die ja in Wirklichkeit zu diesen ganzen Katastrophen wie dem Sturz der Börse und des amerikanischen Dollar führte, gilt heute nicht mehr als die erfolgversprechende, im Gegenteil. Es dreht sich also wieder einmal das Rad weiter, und das, was noch vor zehn Jahren als der Weisheit letzter Schluß galt, ist heute passé.

Nun zur Währungspolitik: Unsere Hartwährungspolitik orientiert sich am Wert der Mark, und dieser war eine Folge der deutsch-amerikanischen Wirtschaftsbeziehungen. Die Amerikaner haben die Deutschen immer wieder gezwungen, aufzuwerten. Das geschah in regelmäßigen Abständen, und unser Mitziehen war meiner Ansicht nach überflüssig, und zwar auch in Hinblick auf den großen Import aus Deutschland überflüssig. Wir paßten uns um einige Prozente zu sehr an, was zur Folge hatte, daß wir jetzt große Schwierigkeiten im Export haben, weil wir zu teuer sind. Ich habe diese Politik für falsch gehalten, das war auch einer der Gegensätze zum damaligen Finanzminister Androsch. Ich möchte das an einem Beispiel aufzeigen: Die VEW konkurrierte mit schwedischen und italienischen Stahlfirmen, mit Firmen aus Ländern, die abwerteten, also wurde bei uns de facto aufgewertet. Damit haben wir die VEW in einer Weise geschädigt, daß ein Teil ihrer momentanen Probleme darauf zurückzuführen ist. Ja, das ist in Wirklichkeit eine Doktor Eisenbart-Theorie, und die Nationalbank hat ja diese Politik vertreten.

Bei den Steyr-Werken waren wir sehr großzügig – zurecht, wie sich zeigte, denn wären wir es nicht gewesen, wäre die Lage dort hoffnungslos. Ich hatte auch die Hoffnung, daß wir in St. Valentin, wenn der Rhein-Main-Donau-Kanal gebaut sein wird, ein »assembling« machen könnten, also eine Autofabrik. Das wäre möglich gewesen, weil wir an Förderungen für Betriebsansiedlungen mehr boten als die Deutschen. Dazu kam noch, daß unsere zur Verfügung stehenden Arbeiter unvergleichlich besser waren als die in Deutschland verfügbaren, denn dort gab es vor allem Fremdarbeiter, die weder Mechaniker noch Facharbeiter waren. Das alles hätte uns also sehr geholfen, aber ich wurde stark sabotiert von Androsch, später auch von Salcher. Als ich dann zurücktrat, wurde die Entscheidung von Franz Josef Strauß mit Gewalt herbeigeführt, das heißt, es gab keine weiteren Verhandlungen in dieser Sache.

Noch besser wäre es allerdings gewesen, man hätte ein Auto produziert. Ursprünglich haben die Amerikaner das verhindert, danach der Generaldirektor der Steyr-Werke. Wir hätten dieses Automodell dort herstellen können, aber dazu waren die Steyr-Werke nicht fähig, die haben sich auf die Militärproduktion gestürzt, auf Tanks und Panzer, die nur für den Straßenkampf taugten. Ihre Lastautos waren gut, aber zu teuer, und Steyr ist von der MAN, vor allem aber von Mercedes niederkonkurrenziert worden. Die Steyr-Werke wären zu retten gewesen, doch hätte man zu der Zeit, als Volvo auf den Weltmarkt ging, die wichtigsten Ingenieure nach Österreich holen müssen, Herrn Fiala von den Volkswagenwerken und die Direktoren, die bei Mercedes arbeiteten. Ich kann mich erinnern, daß sich Edzard Reuter, als ich ihn zu einem Mittagessen hier in Wien im Hotel Astoria traf, bitter beklagte. Wir standen damals vor der Auflösung des Vertrags mit Mercedes, an dem ich maßgeblich beteiligt gewesen war, und ich bat ihn, das Ganze noch einmal zu überdenken. Das geschah dann auch, und jetzt scheint es ganz gut zu gehen. Aber wir wollten in Österreich einen Mittelklassewagen von Daimler-Benz machen, eine Type à la Audi, also einen relativ hochwertigen Mittelklassewagen. Es war dafür auch schon alles in die Wege geleitet. Der Generaldirektor und der Aufsichtsratsvorsitzende von Porsche waren Feuer und Flamme für diesen Austro-

Porsche, doch wurde das Vorhaben von Herrn Piech vereitelt, der erklärte, er würde es nur machen, wenn Volkswagen nicht den Vertrieb hätte. Das war natürlich das Ende, denn im Vertrieb konnten wir es nicht mit dem Weltmaßstab aufnehmen. Doch es bedeutete immerhin soviel, daß wir diese Zusatzlieferungen von General Motors und Daimler-Benz bekamen.

Aber unsere österreichische Wirtschaftsgeschichte wurde nicht mehr durch nationale Wirtschaftspolitik allein gestaltet. Vor allem die europäische Integration war längst kein Traum mehr. Man hat die Verwirklichung der europäischen Integration geringschätzig das »Europe des affaires« genannt, und die Begeisterung der Jugend nahm natürlich ab in dem Maße, in dem diese Idee wirtschaftlich ihre Realisierung erfuhr. Was aber die Realisierung möglich machte, war vor allem eines: Die Produktion nahm neue Formen an, vor allem durch die rasch wachsenden multilateralen Firmen. Und in dem Maße, in dem sich die Produktionsweise veränderte, bedurfte es der entsprechend großen und freien Märkte. Es war sehr bald auch den Industriellen und Unternehmern in Europa klar, daß man nicht mit den nationalen Märkten sein Auslangen finden konnte, weshalb auch der große europäische Markt entstehen mußte, weil es ja auch den großen amerikanischen oder den großen russischen Markt gab, von dem man natürlich nicht entsprechend Gebrauch machen konnte.

Nun, der gemeinsame Markt mußte Realität werden, und sehr bald mußten auch Währungsprobleme auf eine neue Art in Angriff genommen werden, denn die alten Währungsübereinkommen zerbrachen. Der Dollar war, um es kurz zu sagen, die Währung par excellence, er stand hoch, solange man dringend amerikanischer Waren bedurfte. Das war vor allem für Investitionen in Europa förderlich; es entstand der bekannte »Dollar-gap«, das heißt, den Europäern fehlten die Dollars, die sie dringend brauchten. Allmählich fiel aber der Dollar auf eine geradezu sensationelle Art und Weise; Anfang der siebziger Jahre hat die Talfahrt begonnen, und der US-Dollar sank, verglichen mit der österreichischen Währung, von 26 auf zirka 12 Schilling. Der Dollar war also schlecht, die Mark hingegen stabil; so fiel auch die Entscheidung, daß der österreichische Schilling an die Mark gebunden wurde.

Wir Sozialdemokraten waren damals in der Regierung, und bei der »wirtschaftspolitischen Aussprache« vertrat der spätere Nationalbankpräsident Koren als Vertreter der Österreichischen

Volkspartei und ehemaliger Finanzminister intensiv die Forderung, die er später weit von sich wies, daß der Schilling die Aufwertung der DM nicht mitzumachen hätte. Ich selber trat Koren in dieser Sache nicht sehr energisch entgegen, weil ich verstand, daß unsere Zukunft im Export liegt und wir uns im Interesse unseres Exports eine so harte Währung gar nicht leisten können. Ich fand damals auch Verständnis bei Leuten, die heute keinerlei Verständnis mehr für diese Haltung haben. Ich war der Meinung, daß man immer ein bißchen hinter der Mark bleiben müsse, denn wir hatten ja nicht die gleichen politischen Verpflichtungen wie die Deutschen. Diese Politik wurde auch von einem Teil der Gewerkschaften akzeptiert. An einem heiklen Beispiel, jenem der VEW, kann man diese Situation zeigen: Die Vereinigten Edelstahlwerke waren ein im höchsten Maße exportorientiertes Unternehmen, 80% gingen in den Export, und Fachleute schätzten den Währungsnachteil der VEW im Vergleich zu schwedischen und italienischen Konkurrenten auf ungefähr 300 Millionen Schilling. Sie mußten also diesen Währungsnachteil selber tragen, was sie schließlich nicht mehr konnten. Mir wurde entgegengehalten, daß die VÖEST nicht unter diesem Währungsnachteil leiden würde, und zwar, weil sie Dollarkäufe tätigen mußte, weiters Einnahmen aus Hartwährungsländern hätte, vor allem aber, weil sie unter der Führung Apfalters als Kassachef praktisch wie eine Bank fungieren würde und sich daher Währungsnachteile für sie vermeiden ließen.

Es ist gar keine Frage, daß die starke Entwicklung der schwedischen Industrie, vor allem in den letzten Jahren, und ihre Modernisierung trotz ungünstiger Entwicklung, wie bei den Erzvorkommen usw., auf die starke Abwertungspolitik Schwedens zurückzuführen ist. Natürlich hatte das auch Nachteile. Ich erinnere mich noch an die Zeit, in der die Schwedenkrone 5 Schilling kostete, während ihr Schillingwert zum Beispiel 1986 nur noch 2 Schilling betrug. Ich weiß auch, daß es über einen längeren Zeitraum keine beträchtliche Reallohnsteigerung geben konnte, aber damit ersparte sich Schweden die Arbeitslosigkeit. Inwieweit hier auch eine gewisse Renommiersucht eine Rolle spielte, kann ich nicht sagen; die Eitelkeit, an der Seite der Mark zu wandeln, hat aber sicher eine gewisse Rolle gespielt. Trotzdem glaube ich, daß wir ein wirtschaftliches Ansehen erreicht hatten, das es uns erlaubt hätte, eine eigenständigere Währungspolitik zu machen, als sie tatsächlich gemacht wurde.

7. Kapitel

Von der Zwentendorf-Niederlage zum Wahltriumph 1979

Ich war bei der 25-Jahr-Feier des Staatsvertrages 1980 schon ziemlich krank, blind war ich jedenfalls schon auf einem Auge. Die Wahlen von 1979 – ein ungeheurer Triumph für uns – hatten wir hinter uns. Die Sozialistische Partei konnte die absolute Mehrheit erreichen, obwohl wir die Volksabstimmung verloren hatten. Diese Wahl, die Stimmung gegen die Atomenergie, wie sie später herrschte, das war – wie es so manchmal in Österreich gewesen ist – eine kafkaeske Ausgangslage, die in Herzmanovskyscher Ausprägung das Licht der Öffentlichkeit erblickte. Wieder einmal war es so, daß das, was eigentlich die Mehrheit der österreichischen Parteien nicht wollte, eintrat. Initiiert von Josef Taus, der als der große Realist in der Politik galt, sollte die Meinungsbildung über Atomkraft zur Parteienfrage gemacht werden, mit dem Ziel, die ununterbrochene Kette sozialistischer Erfolge zum Reißen zu bringen. Daran – so dachten die Konservativen – würden die Sozialisten scheitern. Ich bin überzeugt, daß Taus gar kein Gegner der Atomenergie war, sondern dieses Thema einfach als politischen Schlagstock verwenden wollte. Diese durchaus unrealistische Einstellung, diese ausschließlich von Fragen der politischen Taktik diktierte Haltung hatte später weitreichende Konsequenzen.

Ich selber nahm von allem Anfang an als Bundeskanzler eine warnende Haltung im Ministerrat ein und stellte zu meinem Erstaunen fest, daß meine warnende Stimme nicht zu Protokoll genommen wurde. Das schien mir damals aber nicht so wichtig zu sein, sondern ich war der Meinung, man möge dem Minister, der für Energiefragen verantwortlich war, also dem Handelsminister, die Möglichkeit geben, weitere Vorbereitungen durchzuführen. Beschlossen wurde die Atomkraft ja – und das ist die geradezu unglaubwürdige Demonstration, die seitens der Volkspartei hier zutage trat – in der Zeit der ÖVP-Alleinregierung. Von ihr wurde die Entscheidung getroffen, daß es in Österreich ein Atomkraftwerk geben sollte; auch der Standort Zwentendorf wurde damals bestimmt. Zwentendorf war übrigens heiß umstritten innerhalb der damaligen Regierungspartei, und als es schließlich als Standort festgelegt wurde, verkündete der Landeshauptmann von Niederösterreich das als großen Triumph. Das Kraftwerk sollte also in diesem relativ stark agrarischen Gebiet, das in der Monarchie zur Ansiedlung der neuen chemischen Industrie ausgewählt worden war, stehen, und Landeshauptmann Maurer war sehr stolz darauf. Inwieweit dieser Punkt zu Maurers vorzeitigem Ausscheiden aus der Politik geführt hat, kann ich nicht beurteilen, aber er dürfte doch eine bestimmte Rolle gespielt haben. Maurer wäre jedenfalls nicht wohl zumute gewesen, hätte er gegen die Atomkraft agieren sollen.

Die Volkspartei unter Josef Klaus ist also für diese neue Art der Energiegewinnung eingetreten. Klaus hat das auch gegenüber dem Gewerkschaftsführer Anton Benya geäußert, als dieser bei ihm erschien, um den beschleunigten Ausbau der Wasserkraftwerke zu verlangen. Klaus meinte damals, man solle gleich den Sprung ins nächste Jahrtausend nehmen. Dann kam es zu dieser triumphalen Mitteilung, daß Zwentendorf der Standort wäre, was ja mitten im Kerngebiet der ÖVP-Wählerschaft liegt. Wir haben das Ganze als Erbe übernommen und uns schließlich entschlossen, die Idee zu verwirklichen und das Kraftwerk zu bauen. Um dieses Zwentendorf gab es die heftigsten politischen Auseinandersetzungen, und zwar, wie gesagt, mit der Volkspartei, die stolz darauf war, daß es durch ihre Initiative die Atomkraft geben würde. Es haben sich ja fast alle ÖVP-Landeselektrizitätsgesellschaften, die unter dem Einfluß ihrer Landeshauptleute standen, an dieser Gesellschaft beteiligt (nicht beteiligt waren Wien und Kärnten), es war das also eine ÖVP-Einrichtung geworden.

Ich glaube, die Überlegung war, uns zur Großen Koalition zu zwingen. Eine Auffassung, die durchaus abwegig war, da man eine Partei, die über 93 Mandate verfügte, doch nicht in eine Koalition zwingen konnte. Die Stimmung im Lande war aber wirklich sehr ernst. Ich lag nach einer Gallenblasenoperation noch im Spital, als mich Heinz Fischer, der Klubobmann, besuchte und wir über dieses Problem sprachen. Wir kamen überein, im Parteivorstand die Frage einer Volksabstimmung zu prüfen. Das geschah auch, aber ich warnte den Parteivorstand vor allzu großem Optimismus und meinte, den Befürwortern einer Volksabstimmung müsse auch klar sein, daß man eine solche verlieren kann.

Und so gingen wir in die Auseinandersetzung über Zwentendorf. Es gab damals verschiedene Meinungen, nicht nur jene der

Volkspartei, sondern auch die Meinungen gewisser Randgruppen. Es fanden die ersten Demonstrationen der Umweltschützer statt, und auch innerhalb der Jugend der Sozialistischen Partei gab es eine stark ablehnende Haltung. Wir hätten uns natürlich denken können – um mich der Lieblingsworte des Gewerkschaftspräsidenten Benya zu bedienen: »Das ziehen wir durch«. Aber wir hätten bei den bevorstehenden bundesweiten Wahlen nach Meinung aller Experten 3% bis 4% verloren. Es war übrigens die allgemeine Meinung, daß bei einer verlorenen Volksabstimmung die Wahlen 1979 verloren wären. Ich war nicht dieser Meinung, denn ich schloß für meinen Teil schon damals die Große Koalition aus. Ich war der Ansicht, daß man sie als solche nicht ausschließen könnte, ich aber an ihr nicht beteiligt sein würde.

Es wird mir der Vorwurf gemacht, ich hätte im Zusammenhang mit der Vorbereitung der Volksabstimmung über Zwentendorf geäußert, daß ich im Fall der Niederlage zurücktreten würde. Das ist eine sehr ungenaue Darstellung; ja, ich hatte auf die Frage eines Journalisten, ob ich auch eine Demission ins Auge fassen würde, erklärt, es wäre alles denkbar bei einem so unbestimmten Ausgang. Das trug mir die Kritik ein, dadurch die Mobilisierung der Volkspartei-Wähler hervorgerufen zu haben. Ich will das jetzt nicht diskutieren, aber Tatsache war, daß ich mich zu diesem relativ massiven Einsatz deshalb entschlossen habe, weil die Nachrichten, die wir von den Meinungsbefragungsinstituten erhielten, in höchstem Maße alarmierend waren. Es zeigte sich nämlich, daß unsere Kerngebiete diese Angelegenheit nicht als die ihre betrachteten, das heißt, die Mobilisierung der sozialdemokratischen Wähler nicht geglückt war. Die Niederlage wäre in diesem Fall also eine sehr viel empfindlichere gewesen, als sie es dann wirklich geworden ist. Es war eine knappe Niederlage, aber sie wäre ohne diese Politisierung der Entscheidung wahrscheinlich verheerend, katastrophal ausgefallen. Das erst hat die Menschen im entfernten Kärnten und in anderen entfernten Gegenden aufgerüttelt, zur Wahl zu gehen.

Besonders merkwürdig war in diesem Zusammenhang die Haltung jenes Unternehmens, das zu den stromabhängigsten gehört, nämlich der Ranshofener Aluminiumwerke. Hier hätte man annehmen müssen, daß die Menschen wüßten, wie sehr ihr Werk in seiner Existenz auf billige Stromlieferungen angewiesen ist und sie deshalb eine besonders positive Einstellung zur

Atomenergie einnehmen würden. Aber das war ein Irrtum. Dieses Beispiel zeigt auch, daß es sich bei der Entscheidung um Zwentendorf in der österreichischen Wählerschaft um eine ganz irrationale Frage handelte.

In der Wahlbewegung 1979 wurde ich vom damaligen ÖVP-Parteiobmann Taus beschuldigt, ich hätte, sofern wir wieder die Mehrheit gewinnen sollten, die Absicht, die Atomkraft doch einzuführen und das zu diesem Zeitpunkt fast fertiggestellte Zwentendorf zu eröffnen. Ich mußte also in dieser Diskussion die Erklärung abgeben, daß ich das Ergebnis der Volksabstimmung, das ja zeitlich unlimitiert ist, akzeptieren und danach handeln würde. Das glaubten die Wähler mir – und, wie sich zeigte, zurecht. So kam es zu den Wahlen 1979. Nach der Niederlage bei der Zwentendorf-Abstimmung erklärte ich dem Parteipräsidium, daß ich die Partei schlecht beraten hätte und daher bereit wäre, die Konsequenzen zu ziehen. Aber es ist irgendwie merkwürdig, daß einem Politiker das Eingestehen wichtiger Fehlentscheidungen nicht abgenommen wird. Ich hatte immer das Gefühl, daß die Feststellung solcher Fehlentscheidungen für einen mit Verantwortungsgefühl ausgestatteten Politiker sehr verhängnisvoll werden könnte. Das Parteipräsidium war aber nicht dieser Meinung, mit einer Ausnahme – ich wurde damals von Finanzminister und Vizekanzler Androsch, den ich als meinen Nachfolger vorgesehen hatte, kritisiert. Es gab gewisse Meinungsverschiedenheiten zwischen dem Finanzminister und mir, die ich, sofern sie von politischer Bedeutung sind, noch ausführlicher erklären werde.

Wir gingen also in die Wahlbewegung. Die Chancen standen schlecht für mich, ich selbst war aber innerlich überzeugt, daß man mir diese, wie ich glaube, durch und durch demokratische Haltung – das heißt, die Frage einerseits der Volksabstimmung zu unterwerfen und andererseits das Resultat der Abstimmung ohne Einschränkung zu akzeptieren – vor allem von seiten der Jungen zugute halten würde. Es kam noch hinzu, daß wir uns in unserer Regierungspolitik in höchstem Maße der Weltkrise und ihrer Konsequenzen bewußt waren, wenngleich die Jüngeren – und nicht einmal nur die Jüngeren – sich gar nicht der Realität der Weltkrise bewußt wurden, weil sie glaubten, die moderne Ökonomie wäre so stark, daß es nicht zu einer Krise, wie wir sie in der Vergangenheit erlebt hatten, kommen würde. Mir war von Anfang an klar, daß wir auf eine Krise zusteuerten, denn wenn ich auch an vielen ökonomisch-marxistischen Grundsätzen meine Zweifel habe, von der Krisenanfälligkeit der Wirtschaft war ich von Anfang an überzeugt, das war geradezu eines der Axiome meiner Politik. Bereits auf dem Parteitag 1976, also zu einem Zeitpunkt extremer Vollbeschäftigung, habe ich davor gewarnt, zu glauben, daß wir in einer krisenfreien Wirtschaft leben würden beziehungsweise alles gegen sie machbar wäre. Ich erinnere mich noch sehr gut, daß ich mir auch im Fall einer sehr begrenzten Arbeitslosigkeit der psychologischen Folgen bewußt war und meine Warnungen vor einer möglichen Krise, die ich ja einige Male auch im Parlament aussprach, nicht jene Wirkung erzielten, die sie verdient hätten.

Jedenfalls – wir gingen in die Wahlen. Die Resultate trafen ein und waren in jeder Beziehung überraschend, in jeder Beziehung erfreulich. Zum ersten ergab sich, daß der Vormarsch der Sozialistischen Partei ins Dorf nicht eine Eintagsfliege gewesen war, sondern offenbar eine Dauererscheinung. Die hauptsächlichen Träger dieser Erfolge waren, wie ich glaube, die Frauen, für die wir sehr viel getan haben, was vor allem von den Frauen armer Bauern und Kleinbauern sehr geschätzt wurde. Dazu kam, daß die Beschäftigungsrate sehr hoch war und die Erscheinung der Nebenerwerbsbauern zu einer Massenerscheinung wurde. Im nahegelegenen Betrieb, vor allem in der Verstaatlichten Industrie in Oberösterreich und in der Steiermark, waren sie Schwerarbeiter und radikale Vertreter ihrer Interessen. Ich besuchte Arbeiter in der Nachtschicht und sah sie nach Ende ihrer Schicht in ihren Autos in die heimatlichen Dörfer wegfahren; nach wenigen Ruhestunden waren sie nicht mehr Schwerarbeiter, sondern besitzende Bauern. Das führte einerseits dazu, daß sie durch eine Art Ambivalenz gekennzeichnet waren, andererseits auch dazu, daß die Frauen dieser Nebenerwerbsbauern sehr viel mehr männlich-bäuerliche Arbeit leisteten, was durch die Technisierung der Landwirtschaft ermöglicht wurde. Drittens aber, und das soll nicht vergessen werden, verfügten die Frauen der kleineren Bauern meistens nur über das sogenannte Milchgeld, mit dem sie alles bestreiten mußten, worüber ich in meinem einleitenden Kapitel bereits geschrieben habe. Seitdem es aber eine sozialistische Regierung gab, bekamen sie eine Fülle von Transferleistungen, die sich als sehr hilfreich erwiesen. Diese doch an Bargeld armen bäuerlichen Haushalte schätzten natürlich die Geburtenbeihilfe außerordentlich, und auch die Heiratsbeihilfe bedeutete eine große Hilfe.

Im Bundeskanzleramt vor dem Bild Kaiser Franz Josephs I.

Wir konnten uns aber nicht nur am Land halten und sogar Gewinne verbuchen, wir hatten auch in den Kerngebieten zugelegt und weitere Erfolge erzielt, so daß am Ende dieses Wahltages, dieses politisch glücklichen Tages, ein großer Sieg stand, und die beiden jungen Exponenten der Volkspartei – Josef Taus, der Wunderknabe, wie es allgemein hieß, und Erhard Busek – als totale Verlierer dastanden. Oder besser gesagt dasaßen, wenn ich an das berühmte Bild denke, wo sie nebeneinander sitzen und sehr betroffen aussehen.

Nun, dieser Tag war sicher ein erfreulicher für mich, obwohl er gleichzeitig ein sehr trauriger war, denn ich erhielt damals endgültige Gewißheit über den Verlust meines rechten Augenlichts. Ich hatte den Wahlkampf nur mehr mit einem sehenden Auge geführt, was deshalb sehr schwierig war, da ich es ja noch nicht gewöhnt war, so auf provisorische Rednerpulte zu steigen, daß diese Invalidität nicht sofort erkennbar wurde. Aber trotz aller Hemmnisse war diese Wahl gut gegangen, und der »österreichische Weg«, der damals eine große Rolle spielte, konnte weitergegangen werden.

Um auf die Atomfrage zurückzukommen: Ich bekenne diesbezüglich einen totalen Sinneswandel, der bereits vor Tschernobyl erfolgte. Ich erinnere mich noch gut daran, wie ich damals, im Jahr 1970, als ich Bundeskanzler wurde, sagte, daß ein Umweltschutzministerium geschaffen würde. Es war aber so schwer, das den Österreichern begreiflich zu machen, daß ich Zuflucht nehmen mußte zu der Bezeichnung »Bundesministerium für Gesundheit und Umweltschutz«. Der Vorschlag stieß auf großen Widerstand, aber mir war klar, daß dort die entscheidenden Fragen unserer Lebensqualität behandelt werden müßten. Die Frage, wie eigentlich die Umweltproblematik politische Relevanz erlangt hat, richtig zu beantworten, ist gar nicht so leicht. In solchen Fällen tritt man am liebsten den Fluchtweg in eine geschichtliche Darstellung an, der aber gar nichts bringt außer neue Unklarheiten. Tatsache ist, daß wir in einer Zeit leben, in der das Tempo der technischen Entwicklung sich nicht mehr unterscheidet oder in keinem Gegensatz zum Tempo der Bewußtseinswandlung der Menschen steht. Wir erleben mit eindrucksvoller Deutlichkeit, wie rasch sich innerhalb der letzten Jahre und Jahrzehnte das politische Bewußtsein der Menschen und das Bewußtsein überhaupt verändert und modifiziert hat. Bis vor ganz kurzer Zeit gab es für die große Zahl der Menschen neben ihren persönlichen Sorgen zwei große allgemeine Quellen der Angst: den Krieg und die wirtschaftliche Krise. Das waren Dinge, denen sich die Menschen ausgeliefert sahen und die sie fürchteten. Heute kommt – vor allem im letzten Jahrzehnt ist dieser Prozeß vor sich gegangen – die Angst um die Umwelt hinzu. Hier zeigt sich also, wie rasch ein Problem ins Bewußtsein gerückt wurde – nicht zuletzt durch die Massenmedien. Aber auch, und das möchte ich doch gerne leicht polemisch anmerken, dadurch, daß die Politik, und zwar eine ganz bestimmte Politik, die Menschen motiviert hat. Es ist nämlich nicht richtig – das läßt sich bei uns in Österreich historisch nachweisen –, daß die Massenmedien die ersten waren. Am Anfang stand die Frage der Humanpolitik, und erst ein bis zwei Jahre später haben sich große Zeitungen und die übrigen Massenmedien dieser Frage bemächtigt. Ich sage das deshalb, weil es ein recht interessantes kleines Büchlein eines Baseler Professors über Umweltökonomie gibt, in dem sehr viel Kluges und Richtiges gesagt wird. Die Grundlage dieses Buches ist aber eine geradezu grenzenlose Verachtung für alles, was sich im Bereich der Politik abspielt, und es wird sozusagen postuliert, daß Umweltpolitik überhaupt nur gemacht wird, wenn man vor Wahlen steht und mehr oder weniger dazu gezwungen wird. Es wird vollkommen davon abstrahiert, daß es auch Grundsätze in der Politik gibt. Bei aller Anerkennung für das, was dieses kleine Büchlein wissenschaftlich bedeutet und was in ihm zusammengefaßt wird – so ist das doch nicht.

Ein anderes Beispiel: Noch vor ganz kurzer Zeit war das Automobil das unbestrittene Statussymbol großer Massen von Menschen, und es gab überhaupt für die allermeisten nur diese Sehnsucht. Wir haben uns beklagt, daß die Leute nicht bereit waren, für eine gute Wohnung Geld zu sparen und auszugeben, sondern daß sie es für das Selbstverständlichste gehalten haben, daß sie eine Wohnung zur Verfügung gestellt bekommen, möglichst gratis. Für das Auto hingegen gab man mit schöner Regelmäßigkeit Geld aus. Heute zeigt sich hier ein Wandel, wobei ich ausdrücklich sagen möchte, daß ich nicht zu denen gehöre, die extreme Lösungen befürworten; nicht nur, weil sie unpraktisch sind und weil sie die meisten Menschen verärgern würden, sondern auch deshalb, weil diejenigen, die solche Vorschläge machen, selber in der Regel das Automobil nicht als Gemeinschaftseinrichtung benützen, sondern als höchst persönliche Angelegenheit betrachten. Sicher ist aber, daß man nun bereit ist, den sogenannten Massenverkehrsmitteln eine ganz andere Bedeutung einzuräumen und sie neu zu beurteilen. Noch vor wenigen Jahren hat man mir gesagt, wie rückständig wäre doch die Gemeinde Wien, weil sie immer noch Straßenbahnen in Betrieb hält statt Autobussen. Jetzt ist man glücklich und froh darüber, daß es noch so viele Straßenbahnen gibt, weil man festgestellt hat, daß die Straßenbahn eines der umweltfreundlichsten städtischen Verkehrsmittel ist.

Dieser Bewußtseinswandel ist äußerst wichtig, denn in der Demokratie können wir Politiker den Menschen oder den Unternehmungen große Belastungen letztlich nur dann auferlegen, wenn dafür in der Bevölkerung auch entsprechendes Verständnis besteht. Ich bin viel in Volksdemokratien gewesen – ich habe keine Absicht, mich jetzt hier als undankbarer Gast zu erweisen und zuviel Negatives zu sagen –, aber eines habe ich feststellen können auf meinen Fahrten, nämlich daß die Fragen des Umweltschutzes dort eine sehr theoretische Rolle spielten. Große Anlagen, die wir im Bereich der verstaatlichten oder der privaten Industrie gar nicht mehr ins Auge fassen können, weil sie zu umweltgefährdend sind, wurden dort ohne große Hemmungen errichtet, mit allen Folgen, die das für die Umwelt hat und von denen ich mich überzeugen konnte.

Ich glaube überhaupt, daß es hier einen großen politischen Unterschied zwischen Demokratie und Diktatur gibt. In einem kurzen Einleitungsreferat vor der Humankonferenz der Sozialistischen Partei habe ich gesagt, daß im Staat der sozialen Demokratie die Budgets immer zu klein sind, gemessen an den Ansprüchen, die an den Staat gestellt werden. Das ist ein Problem, das in einer Diktatur – da es keine öffentliche Meinung gibt, die derartiges artikulieren kann – jedenfalls nicht sichtbar ist.

Einen zweiten kleinen Exkurs möchte ich noch machen, ehe ich mich konkreten Fragen zuwende. Es gibt Leute, die meinen, daß es Umweltprobleme nur in der hochindustrialisierten und postindustriellen Gesellschaft gibt und nicht in den Entwicklungsländern, also nicht dort, wo es das gibt, was Karl Marx einmal die ursprüngliche Akkumulation genannt hat. Das ist falsch. Es zeigt sich heute, daß es diese Probleme auch in solchen Ländern gibt, und zwar deshalb, weil mit der Errichtung von Betrieben auch sofort Gewässerverschmutzung, Luftverunreinigung usw. einhergehen. Und es kann sich dies dort sogar – man denke etwa an den Fischfang (von dem in solchen Gebieten sehr viel mehr Menschen leben als in Europa) – noch drastischer auswirken.

Ich bin der Meinung, daß Umweltpolitik nicht nur nationale Politik sein kann, sondern sie muß vielmehr eine kontinentale und darüber hinaus globale sein, wenngleich sich dann die regionalen Unterschiede noch deutlicher bemerkbar machen. Ein Beispiel aus der österreichischen Erfahrung: Vor wenigen Jahren sollte in der Nähe einer Landeshauptstadt eine Raffinerie errichtet werden. Die Gegend ist landschaftlich schön, die Luft ist gut, und es haben sich daher eine ganze Reihe von städtischen Bewohnern, die motorisiert waren, dort angesiedelt. Sehr bald entwickelten sich zweierlei Arten von Bürgerinitiativen, und die Regierung stand wie das Waisenkind in der Mitte. Auf der einen Seite waren angesehene Professoren, die sehr begründet verlangt haben, die Raffinerie dürfe aus Umweltschutzgründen nicht gebaut werden. Die Bürgerinitiative des die Arbeiter vertretenden Gewerkschaftsbundes zielte in die entgegengesetzte Richtung. Diese Gruppe argumentierte, eine gewisse Luftverschmutzung müsse man in Kauf nehmen, wenn man berücksichtigt, wie wenig Industrie und, daraus folgend, wie wenig Arbeitsplätze es in der Gegend gäbe. Wenn ich mich richtig erinnere, hat sich die Frage so gelöst: Da die unternehmende Gesellschaft fürchten mußte, daß letzten Endes doch Auflagen erteilt würden, die das Ganze sehr verteuerten, ist dieses Projekt irgendwie versickert.

Nun möchte ich noch etwas zur politischen Relevanz des Problems sagen: Wir haben in Österreich nicht nur, wie in anderen Staaten auch, das Bedürfnis nach reiner Luft, reinem Wasser usw., sondern wir haben auch ein sehr handfestes wirtschaftliches Interesse an umweltschützenden Maßnahmen.

Ich bin einmal mit einem Hubschrauber von Lech ins Kleine Walsertal geflogen. Der Arlberg und das Kleine Walsertal boten sich als herrliche sonnenbestrahlte Winterlandschaft dar, und wenige Kilometer davon entfernt sah man nur eine gigantische Dunstglocke, eine Nebelwolke über dem Allgäu. Das war, wie man mir sagte, keineswegs witterungsbedingt, sondern die Folge der starken Industrialisierung in diesen Gebieten. Da wurde mir erst richtig klar, welchen Erholungswert unsere Landschaft und welche Bedeutung das für unseren Fremdenverkehr und damit für unseren wirtschaftlichen Wohlstand hat. Der Umweltschutz bietet sich also nicht nur aus humanpolitischen, sondern auch aus sehr handfesten, volkswirtschaftlichen Gründen an. Und wenn wir hier etwas vernachlässigen, wobei ich fürchte, daß wir nur mehr sehr wenig Zeit zur Verfügung haben, dann können die Folgen für den Fremdenverkehr noch gefährlicher sein als etwa eine Aufwertung des Schillings. Wir müssen daher mit diesem Problem fertigwerden, und zwar rasch. Tatsächlich haben wir auf diesem Gebiet auch schon mehr getan, als den meisten von uns bewußt ist, und vielleicht auch mehr als viele andere Länder Europas.

Wichtig erscheint für mich in diesem Zusammenhang die Einsicht, daß die Umweltaufgaben, so wie viele andere – aber diese vor allem –, nicht bewältigt werden können ohne das Zusammenwirken von Politik und Wissenschaft. Dabei beschäftigt mich immer wieder die Frage, in welcher Weise das Zusammenwirken optimal gestaltet werden kann. Jedenfalls nicht, so bin ich überzeugt, durch die Verwissenschaftlichung der Politik. Das führt zu nichts, das bringt keine Lösung. Ich glaube nämlich, daß damit ein Entdemokratisierungsprozeß Hand in Hand ginge. Wir erleben das ja eindringlich in der Nationalökonomie. Gewerkschaftssekretäre, die sehr wichtige Verhandlungen über Löhne zu führen haben, brauchen, um das in verantwortungsbewußter Weise der Wirtschaft, aber auch ihren Kollegen gegenüber tun zu können, beträchtliche Einsichten in die Zusammenhänge der Wirtschaft. Wenn das alles aber so kompliziert dargestellt wird, daß man, um die wissenschaftlichen Aussagen zu verstehen, wieder Mathematik lernen müßte, dann ist das nicht der richtige Weg. Die Wissenschaft wird zu einer Geheimlehre und ist ohne Nutzen für die Demokratie. Ich glaube, daß die wissenschaftlichen Ergebnisse auf den Gebieten der Ökologie und Ökonomie doch nur von der Politik realisiert werden können, daß sie über die politische Umsetzung ihre praktischen Konsequenzen für die Gesellschaft erhalten können. Aber will man diese Zusammenarbeit von Wissenschaft und Politik herbeiführen, dann muß man sich an einige Spielregeln halten. Und diese Aussage beschränkt sich nicht auf unser Problem. Man muß dieses Verhältnis jenes falschen Pathos entkleiden, das sich bei feierlichen Gelegenheiten – wie Universitätsjubiläen und ähnlichem – immer wieder leicht einschleicht. Das war einmal begreiflich, dieses Pathos, damals, als Ferdinand Lassalle 1863 seine berühmte Rede über die Wissenschaft und die Arbeiter gehalten hat, denn damals war das Pathos ein unentbehrliches Element der neu entstandenen Arbeiterbewegung. Heute wirkt es peinlich und sollte vermieden werden. Wenn ich so auf der einen Seite gern den Wissenschaftlern das Pathos der Politiker ersparen möchte, so muß ich auf der anderen Seite doch auch bitten, daß man gegenüber der Politik jene Überheblichkeit und Geringschätzigkeit vermeidet, die sich unter anderem darin manifestiert, daß man den in der Politik Wirkenden gerne a priori unehrenhafte, ausschließlich auf die Festigung der eigenen Machtstellung bedachte Motive unterstellt. Sicher, diese Motive sind vorhanden, spielen ihre Rolle, aber sie sind ebenso vorhanden wie Motive der persönlichen Ambitionen unter den Wissenschaftlern.

Als zweite subjektive Voraussetzung für die heute unentbehrliche Beziehung zwischen Wissenschaft und Politik sehe ich die Notwendigkeit, daß jeder Anspruch auf Subordination des einen Bereiches gegenüber dem anderen von vornherein aufgegeben wird. Aus einer langjährigen Praxis erscheint mir daher als schwierigstes Element im Verhältnis von Wissenschaft und Politik die Stellung und die Funktion der Beamtenschaft. In der Vergangenheit hat die Beamtenschaft nämlich für sich – wohl mit Recht – in Anspruch genommen, die Sachkenntnisse in der Verwaltung zu repräsentieren, und nun gerät sie immer häufiger in eine Zwischenposition, die sie fürchten läßt, ihre dominierende Stellung im Staat zu verlieren. Dazu kommt noch, daß manche Mitglieder von Regierungen ihr Naheverhältnis zur Wissenschaft durch unmittelbare Kontakte zu etablieren wünschen. Und so wird den Politikern, wenn sie zurückkommen von den Beratungen mit den Wissenschaftlern, seitens der Beamtenschaft gesagt, daß das alles zwar sehr schön, aber viel zu theoretisch sei. So gibt es bei uns in Österreich im Verhältnis von Politik und Wissenschaft zwei korrelierende Negationen: Die des »was brauch' ich das« und auf der anderen Seite die des allzu Theoretischen. Durch dieses kaudinische Joch will man nun häufig die Wissenschaftler treiben, so erscheint es jenen im Verhältnis zur Politik. Als Arbeitshypothese für das Verhältnis von Wissenschaft und Politik erscheint mir das Primäre zu sein, daß die Politik erkennt, ohne welche Wissenschaften es nicht geht, vielleicht sogar erkennt, ohne welche traditionellen »Quasi-Wissenschaften« es sehr wohl geht. Und daß die Wissenschaft erkennt, daß die Menschen ihre Zukunft nur mit den Mitteln der

Besichtigung des Atomkraftwerkbaus in Zwentendorf mit 600 Bürgermeistern im Oktober 1978

Politik zu gestalten vermögen, und daß die Politik wieder erkennen muß, daß alles, was sie anstrebt, ohne die Mitwirkung der Wissenschaft utopisch zu bleiben verurteilt ist. So möchte ich meine feste Überzeugung ausdrücken, daß letztlich für die Lösung der Umweltproblematik, dieses so dominierenden Anliegens der Gegenwartspolitik, das Verhältnis von Politik und Wissenschaft von entscheidendster Bedeutung sein wird.

In der Frage Zwentendorf versuchte ich also immer wieder, die österreichische Regierung zu überzeugen, sich von Fachleuten beraten zu lassen. Ich unterstützte alles, was Licht in diese Frage hätte bringen können. Das ging so weit, daß ich 1974 eine große Zahl von Gelehrten, fast möchte ich sagen, Vorahnern der Umweltschutzpolitik, zu Gesprächen auf Schloß Wartenstein einlud. Der alte Professor Konrad Lorenz, der junge Bernd Lötsch und viele andere, sie alle waren eigentlich auf gutem Gesprächsfuß mit mir, denn ich schien die Bedeutung des Umweltschutzes für die Politik anzuerkennen. Die letzte entscheidende Sitzung fand mit drei Wissenschaftlern am 6. Juni 1977 auf Schloß Hernstein statt, mit Professor Victor Weisskopf, dem Direktor des CERN, Miterfinder der Atomwaffe und heutigem großen Friedensfreund, mit einem Mitglied der päpstlichen Akademie, nämlich Professor Carl Friedrich Freiherr von Weizsäker, dem Bruder des späteren deutschen Bundespräsidenten, der eine großartige wissenschaftliche, aber auch moralische Persönlichkeit ist, die hohes Ansehen genießt, und der dritte war ein Energiefachmann aus der IIASA (International Institute for Applied Systems Analysis in Laxenburg), Dr. Wolf Häfele. Ich bat die drei Herren, dem versammelten Ministerrat zu referieren.

Victor Weisskopf meinte im wesentlichen, daß er die Gefahren nicht ausschließen wolle, die durch Atomenergie entstehen könnten; es gäbe diese Risiken, aber im Vergleich zu den ungeheuren Gefahren, welche die zu Tausenden lagernden Atombomben darstellten, müßte man diese einigermaßen realistisch beurteilen. Doch er schloß sie nicht aus. Professor Weizsäcker meinte, angesichts der dauernden Schäden, die Kohlekraftwerke und ähnliche Anlagen der Atmosphäre zufügten, müßte man die Atomenergie doch als eine der saubersten Arten der Energiegewinnung betrachten. Auch er leugnete nicht die potentiellen Gefahren, die jedes Atomkraftwerk mit sich bringen würde. Dabei spielte nicht die Endlagerung die große Rolle, sondern der GAU. Das heißt, die Experten vermittelten uns eigentlich das Gefühl, daß man mit einem Optimum an Sicherheitsmaßnahmen um das Ärgste herumkommen könnte.

Wir hatten uns also sehr gründlich mit dieser Frage beschäftigt, und doch mußte sie schließlich der Volksabstimmung unterbreitet werden. Dabei vertraten wahrscheinlich viele Leute die

Auffassung, daß wir in der Regierung es doch am besten wissen müßten, da uns die Sachkenntnisse optimal zur Verfügung standen, wir sie aber zur Entscheidung rufen würden. Ein an sich richtiger Gedanke, der aber die Demokratie ad absurdum führt, denn das würde ja bedeuten, daß die Demokratie darauf verzichtet, andere außer Fachleute mit diesen Fragen zu beschäftigen, was aber wieder – bei meinem natürlichen Skeptizismus – zur Aktion führen müßte, wobei mir der Streit der Spezialisten um die Wahrheit immer bewußt war. Es gab fast keine Frage, auch nicht innerhalb der Wissenschaft, die nicht umstritten gewesen wäre, und es ist das Schicksal verantwortungsbewußter Politiker, daß sie diesen Streit, dem sie aufmerksam zuhören müssen, eines Tages nach den ihnen auferlegten Maßstäben zu entscheiden haben. Ich selber habe mich, soweit das ein Laie tun kann, schon seit der Entstehung der Pugwash-Bewegung – eine 1957 in Kanada gegründete gemeinnützige Vereinigung zur Förderung der Verantwortung der Wissenschaft und Forschung – vor allem mit den Fragen zur Eindämmung des nuklearen Rüstungswettlaufs und der globalen Probleme beschäftigt. Ich bin sicher auch einer der Verantwortung tragenden Politiker, das, was Harry S. Truman einmal einen »working politician« genannt hat, der in dieser Sache nicht leichtfertig gewesen ist.

Nach 1983 kam ich zu der Auffassung, daß, wenn überall in der Welt eine wachsende Zahl von Menschen Zukunftsangst erfaßt, man sich darüber klar sein soll, daß wir in der nächsten Zukunft nicht nur *ein* Tschernobyl erleben werden, sondern wahrscheinlich auch andere, denn die Atomkraftwerke werden alt, die ältesten werden die schlechtesten sein, und es kann sehr leicht passieren, daß im Zusammenhang damit doch einige sehr böse Nachrichten in die Welt dringen. Gute Nachrichten sind auf diesem Gebiet jedenfalls nicht zu erwarten, nicht in absehbarer Zukunft, weil diese neuen, anderen Energieerzeugungsmethoden wie zum Beispiel Wasserstoff-Fusion noch für lange Zeit keine praktische Bedeutung besitzen. Im besten Fall brauchen diese Werke, wie ich unlängst gelesen habe, so viel Energie zur Energieherstellung, daß ihre Inbetriebnahme sinnlos wäre. Nun meine ich, daß die sozialdemokratische Bewegung nicht zuletzt dadurch stark geworden ist, daß sie den Menschen viele Ängste genommen hat. Die Angst als solche ist aber ein psychologisches Phänomen, die kann die Politik den Menschen wahrscheinlich nicht nehmen. Hier ist auch die Armut unserer Ausdrucksfähigkeit, unserer Sprache zu berücksichtigen. Im Französischen gibt es das Wort »peur« für Angst und »angoisse« für die andere Art von Angst; im Deutschen gibt es nur den Begriff »Angst«, die »Furcht« ist nicht ganz adäquat für den Zustand, den ich meine.

Das heißt, die Sozialdemokratie mit ihrem Wohlfahrtsstaat und seinen Einrichtungen hat den Menschen die Angst vor dem Alter, vor der Armut im Alter genommen; die Gesundheitsvorsorge und Fürsorge, wie sie der Wohlfahrtsstaat bietet, hat die doch sehr allgemeine Angst vor Krankheit geschmälert, weil man sicher sein kann, nicht allein gelassen zu werden, hilflos und materiell schwach der Krankheit ausgesetzt zu sein. Die Angst um die Zukunft der Kinder wurde durch die Möglichkeit der fast unentgeltlichen Schulbildung und der Öffnung aller Bildungsinstitutionen ebenfalls stark gemildert; kurz und gut, die ständige Anreicherung des Wohlfahrtsstaates mit neuen Aufgaben, über die man sich heute so leicht hinwegzusetzen glaubt, war eigentlich die große Leistung der Sozialdemokratie in den 100 Jahren ihrer Existenz. Und so glaube ich, wenn aus der Herstellung einer Energie, die ja durchaus etwas Materielles ist und doch die Wirtschaft effektiver gestalten sollte, wenn daraus eine große Angst, sogar Zukunftsangst entsteht, dann sollte man diese weder aus materiellen Gründen noch aus Gründen des technischen Fortschritts ignorieren. Das kann einer sozialdemokratischen Partei nicht guttun. Ich habe mich allerdings ganz bewußt nicht zu einem rabiaten Gegner der Atomenergie entwickelt, sondern mich mit dem Ausstieg aus der Atomenergie in höchstem Maße angefreundet. Das Leben muß vielen Leuten sowieso sehr schwer erscheinen, warum es noch schwerer machen? Die Lebensangst hat gegenwärtig die Menschen ja relativ stark erfaßt; vor 20 Jahren war sie weniger stark verbreitet, das hängt damit zusammen, daß die Gefährlichkeit der neuen Waffen ins Bewußtsein der Menschen gedrungen ist und die Friedenspolitik zu einem Massenphänomen gemacht hat. Viele Menschen betrachten den Kampf um den Frieden übrigens nicht als eine Politik, sondern als etwas ganz anderes. In Wirklichkeit bleibt es natürlich in den realen Ausformungen geradezu Politik an sich. Alles andere verliert an Bedeutung, denn wenn man den Krieg von morgen nicht verhindern kann, dann bleibt nichts mehr übrig, über das man sich Sorgen machen müßte. Das bedeutet dann Arbeitslosigkeit und viele Katastrophen, die es ohnedies für die

Menschen gibt, die aber dem Einfluß der Menschen dadurch nicht entzogen sind, daß sie von ihren politischen Möglichkeiten der Demokratie Gebrauch machen können, was sie allerdings – zu ihrem Nachteil – nicht immer tun. Aber das ist eben die andere Seite der Verantwortung, die ihnen auferlegt ist.

Und so schöpfe ich aus der Entwicklung dieser Frage die Gewißheit, daß für eine sozialdemokratische Bewegung auch in Zukunft permanente Aufgaben zur Lösung anstehen. Ich glaube also, daß sich auch hier zeigen wird, wie sehr die Politik unser Schicksal ist, ob wir das wollen oder nicht, und wie wichtig es ist, daß die Menschen diesen Fragen sehr viel Aufmerksamkeit widmen. Ich will aber nicht bestreiten, daß die heutige Situation eine ganz andere ist. Allenthalben merkt man die Unwilligkeit vieler, sich mit diesem Thema zu beschäftigen, und die geistlose Behauptung, die im Auerbachschen Keller aufgestellt wurde, wonach »Ein garstig Lied, pfui, ein politisch Lied« sei, die Menschen jedenfalls von den garstigen Folgen nicht absentiert.

8. Kapitel

Gesamteuropäische Integration

Ein weithin sichtbares Beispiel dafür, wie rasch es zu Klimaverschlechterungen in der Weltpolitik kommen kann, haben wir 1979 in Wien erlebt. Wer so wie ich damals unmittelbarer Zeuge einer fast an Verbrüderung grenzenden Szene zwischen dem Präsidenten der Vereinigten Staaten von Amerika und dem höchstrangigen Funktionär der Sowjetunion gewesen ist – dank der elektronischen Medien ist diese Szene der ganzen Welt vermittelt worden –, und wer später einerseits die Haßgesänge hörte, die gegen den amerikanischen Präsidenten in Moskau angestimmt wurden, und andererseits das Jubelgeschrei mancher im Westen vernahm, die von allem Anfang an gegen die Politik der Entspannung waren, der muß diese Wandlung mit besonderer Intensität spüren.

Wahrlich, die weltpolitische Szene bedürfte der dramatischen Gabe eines Shakespeare, um sie in ihrer ganzen monumentalen Tragik darzustellen, wobei gewisse Elemente eines Satyrspiels gewiß nicht fehlen dürfen. Wenn man beauftragt ist, politische Verantwortung zu tragen, kann man sich nie und nimmer auf die Rolle eines interessierten Beobachters zurückziehen.

Man darf die Dinge auch nicht laufenlassen, weil man angesichts ihrer Dimensionen ohnedies, wie man so häufig hört, nichts zu tun vermag, sondern man muß immer wieder aufs neue den Versuch unternehmen, die Ereignisse, sofern es möglich ist, zu analysieren und gewisse Schlüsse aus ihnen zu ziehen. Dabei weiß ich als gelernter Österreicher sehr gut, daß dieses »Die-Dinge-Laufenlassen« während vieler und langer Geschichtsepochen eine Grundhaltung war, die am Wiener Ballhausplatz in souveräner Weise gehandhabt wurde. So souverän, daß man beinahe aus dem Nichtregieren und dem Nichtpolitikmachen eine Tugend ableitete, die gelegentlich sogar als die Finesse der Diplomatie des Ballhausplatzes deklariert wurde. Wir wissen heute, daß dieses Nichtpolitikmachen das sichere Ende bedeutete.

Das ist aber nicht die Politik des Österreich der Zweiten Republik. Sie war es von Anfang an nicht und ist es auch heute nicht. Hätten wir uns 1945 in unser Schicksal gefügt und gemeint, gegen die vier Mächte, die uns damals besetzt hatten, vor allem gegen zwei von ihnen, wäre ohnedies nichts zu erreichen, ihre Interessen wären so diametral, daß wir uns eben mit unserem Schicksal und ihren Gegensätzen abzufinden hätten – wenn wir damals nicht versucht hätten, das Beste daraus zu machen, dann wäre es niemals zum Abschluß des Staatsvertrages gekommen. So haben wir immer wieder aufs neue den Vertrag urgiert. Und 1990 konnten wir sein 35jähriges Jubiläum feiern.

Wir haben damals alle Gelegenheiten wahrzunehmen versucht, Situationen getestet und auch kleine oder größere Einbrüche gegenüber dem Okkupationsregime erreichen können, bis schließlich eine allgemeine politische Konstellation eingetreten ist, für die wir natürlich nichts konnten. Durch eine Fülle von kaum voraussehbaren Ereignissen, die vielfach außerhalb unseres Wirkungskreises lagen, wurde der Abschluß des Staatsvertrages erst möglich gemacht. Es wird gelegentlich die Auffassung vertreten, daß wir ihn unserem politischen und diplomatischen Geschick zu verdanken haben. Ich muß dem aber entgegentreten, und ich fühle mich dazu berechtigt, um so mehr, als ich ja eine der vier beteiligten Personen war.

Wir haben eine gegebene politische Konstellation auszunützen gewußt und das Beste für uns herausgeholt. Als uns das gelungen war, machten wir uns an die Arbeit des wirtschaftlichen Aufbaus unseres Staates, und auch das schien damals eine schier unlösbare Aufgabe zu sein. Es gab erfahrene Männer, die uns damals sagten: »Ihr könnt euch noch so sehr um wirtschaftliche Probleme bemühen, es wird euch und uns ja doch nichts anderes übrig bleiben, als – um es deutlich zu sagen – zu wirtschaftlichen Hintersassen Deutschlands zu werden. Und je früher ihr das zu erkennen vermögt, um so geringer werden die Enttäuschungen sein, die wir alle miteinander erleben werden.«

Ich erinnere mich noch sehr gut: Der Staatsvertrag war unterschrieben und die Unterschriften kaum trocken, als mir ein englischer Spitzendiplomat aus der Schule des berühmten Historikers Seaton-Watson, der seinerzeit die Nichtlebensfähigkeit Österreichs vertreten hatte, die Frage stellte, wie lange wir das alles aushalten würden. So gering war das Zutrauen in die Möglichkeiten Österreichs, sein eigenes Schicksal, seine eigenen wirtschaftlichen Geschicke zu gestalten. Man hat uns damals geraten, all die kühnen Vorstellungen, die wir hatten, nämlich, daß Österreich ein moderner Industriestaat werden sollte, fallenzulassen. Man hat uns empfohlen, die Eisen- und Stahlindustrie zu drosseln. Man hat uns empfohlen, keine neuen Industrien zu errichten. Ja, es gab sogar manche, die meinten, das beste, was wir tun könnten, wäre, aus Österreich eine Art Naturschutzreservat für den europäischen, vor allem für den deutschen Tourismus zu machen. Aber wir ließen uns nicht irre machen, und heute ist Österreich in der Tat ein moderner Industriestaat.

Doch das ist nichts Definitives, sondern es muß sich jeden Tag aufs neue beweisen, und unsere Unternehmungen, große und kleine, konkurrieren mit steigendem, mit wachsendem Erfolg auf den Märkten Europas und in der Welt. Und so sehr wir unsere eigenen Exportmöglichkeiten immer wieder kritisch beurteilen, so läßt sich doch sagen, daß wir mit jedem Jahr einen steigenden Marktanteil auf den schwierigsten Märkten Europas erringen.

Ich habe vor vielen Jahren in einem Interview mit der BBC, als ich von einem sehr gebildeten Reporter nach der Lebensfähigkeit Österreichs gefragt wurde, gesagt: »Wissen Sie, man kann sich auch Rohstoffe erfinden«, und habe damit gemeint, daß wir aus dem Schnee einen Rohstoff gemacht haben. Heute gibt es einen florierenden Wintertourismus, der natürlich vom Schnee abhängig ist. Schnee ist für uns eines der kostbarsten Güter. Unsere Kraftwerke im Hochgebirge sind ein Beweis für diese Energiequelle, und zudem haben wir, wofür uns viele Menschen beneiden, das sauberste und beste Wasser, das man in Europa finden kann.

Wir haben uns 1955 auch zur immerwährenden Neutralität entschlossen, und da muß ich ein Mißverständnis, das auch unter sehr gebildeten Österreichern grassiert, richtigstellen. Die immerwährende Neutralität Österreichs ist nicht im Staatsvertrag enthalten. Sie hat zwar bei den Moskauer Vorverhandlungen eine Rolle gespielt und in einem Memorandum ihren Niederschlag gefunden, aber beschlossen wurde sie in einem Bundesverfassungsgesetz, und zwar an dem Tag, an dem der letzte fremde Soldat Österreich verlassen mußte. Wir wollten uns nicht dem Vorwurf aussetzen, daß wir die Neutralität unter militärischem Druck einer oder aller Okkupationsmächte angenommen hätten. Deshalb haben wir sie zum Gegenstand eines Verfassungsgesetzes gemacht und am 26. Oktober 1955 beschlossen. Seit 1965 ist dieser Tag der österreichische Nationalfeiertag, und jedesmal, wenn dieser Tag kommt, erklären wir den österreichischen Bürgern die Ursache dieses Datums und versuchen, ihnen die näheren Umstände in Erinnerung zu rufen.

Handelsminister Josef Staribacher, Bundeskanzler Bruno Kreisky und Botschafter Alois Marquet bei der Unterzeichnung des bilateralen Freihandelsabkommens mit der EWG (v. l. n. r.); 22. Juli 1972

Wir haben die Neutralität am Beispiel der Schweiz definiert, denn ohne diese Definition wäre es wahrscheinlich schwer zu einer Verständigung zwischen den beiden Regierungsparteien gekommen. Wir haben deshalb das Beispiel Schweiz genommen, weil wir verhindern wollten, daß die Völkerrechtsexperten fremder Außenministerien – die auf alles Mögliche kommen, wenn man sie nur läßt, um das Wort eines österreichischen Dichters zu zitieren – unsere Neutralität definieren. Auf diese Art haben wir das von vornherein klargestellt. In der Zwischenzeit konnten wir eine österreichische Neutralitätsvariante entwickeln, die irgendwo zwischen der immerwährenden Neutralität der Schweiz und der Allianzfreiheit Schwedens zu suchen ist. Das ist die Grundlage unserer Außenpolitik.

Ausgehend von unserer geographischen und historischen Situation, haben wir sehr bald die Beziehungen zu den osteuropäischen Staaten zu normalisieren versucht. Diese Politik wurde heftigst kritisiert. Sie galt als unvorsichtig. Ja, man hat mir sogar damals vorgeworfen, ich führe Österreich auf den jugoslawischen Weg. Aber heute kann man sagen, daß diese Politik im großen und ganzen erfolgreich war, und alle anderen demokratischen Staaten Europas haben sie schließlich akzeptiert. Diese Normalisierungspolitik mit dem europäischen Osten war die Voraussetzung der Entspannungspolitik.

Wir haben weiters versucht, in irgendeiner Weise zu einem Brückenschlag mit der Europäischen Gemeinschaft zu kommen. Wir konnten uns als immerwährend neutraler Staat die Unterordnung unter die Supranationalität der Gemeinschaft und damit die Preisgabe unserer Souveränität nicht leisten, so gerne wir das getan hätten, aber man kann halt im Leben nicht alles haben. Und wir haben den Brückenschlag vertreten, die Idee eines Brückenschlags zwischen den EFTA-Staaten, also den Staaten der europäischen Freihandelsassoziation, und der EWG. Man hat auch das lange Zeit für eine Illusion gehalten, aber es ist schließlich doch gelungen, diesen Brückenschlag zu verwirklichen, und bereits Anfang der achtziger Jahre verfügt das demokratische Europa de facto über einen Markt von 300 Millionen Konsumenten. Ich glaube, daß man, bei allem Ärger, den man manchmal in Brüssel hat, und bei all den Krisen, die es dort gibt – die europäische Integration ist die Geschichte ihrer Krisen –, doch nicht bestreiten kann, daß etwas Gewaltiges geschehen ist, denn wir haben diesen Markt, und das scheint mir das sicherste Unterpfand der europäischen wirtschaftlichen Prosperität zu sein, vor allem im Vergleich mit den wirtschaftlichen Verhältnissen in anderen Staaten.

Immer wieder habe ich mir seit dem Ende des Zweiten Weltkrieges die Frage gestellt: Was gibt uns Europa? Es scheint mir notwendig, zunächst die Antwort auf eine Vorfrage zu geben: Was meinen wir, wenn wir Europa sagen? Hier könnte ich mich nun all der gängigen Definitionen und Interpretationen bedienen. Probieren wir es aber anders: Die »Encyclopaedia Britannica« sagt: »Europa ist, ausgenommen Australien, die kleinste jener hauptsächlichen Unterteilungen der Landoberfläche der Erde, welche gewöhnlich mit der konventionellen Bezeichnung Kontinente unterschieden werden.«

Der große General des Zweiten Weltkrieges und spätere Präsident der französischen Republik, Charles de Gaulle, schreibt in seinen »Mémoires de la guerre«: »Europa wird nach der furchtbaren Zerrissenheit, die es während 30 Jahren zu erleiden hatte, und den großen Veränderungen, die in der Welt eingetreten sind, sein Gleichgewicht und seinen Frieden nur durch die Assoziierung zwischen Slawen, Germanen, Galliern und Romanen finden können (. . .) in Form einer organisierten Assoziation seiner Völker von Island bis Istanbul und von Gibraltar bis zum Ural.«

Warum ich diese beiden Zitate wähle? Weil mir die eine Aussage ein Prototyp des britischen Understatement und die andere ein Prototyp des romanischen Pathos zu sein scheint, die eine den Unterton des Globalen enthaltend, die andere die Überbetonung des Kontinentalen. Und über das, was zwischen beiden liegt, möchte ich nun als Mitteleuropäer sprechen, als Bürger eines kleinen Landes, das »übriggeblieben ist« nach dem Zerfall eines großen Reiches, worunter ein anderer Franzose, weniger pathetisch, den Schlußstrich so gezogen hat: »L'Autriche, c'est ce qui reste.«

Aber ich spreche auch für ein Land, dem immer wieder eine besondere Rolle in Europa zugeteilt wurde, das eine Mal Herzstück oder Drehscheibe des Kontinents, das andere Mal Brücke zwischen Ost und West zu sein, und von dem Rainer Maria Rilke schreibt: »Da sind sie alle einander nah, diese Herren, die aus Frankreich kommen und aus Burgund, aus den Niederlanden, aus Kärntens Tälern, von den böhmischen Burgen und vom Kaiser Leopold.«

Es ist ein Land, von dem Erzherzog Karl in seinem Armeebefehl vom 6. April 1809 sagte, daß sich »die Freiheit Europas unter unsere Fahnen geflüchtet hat«. Auf nichts von alledem möchte ich mich hier berufen, lediglich eines beanspruchen: Daß Österreich am weitesten in den Osten Europas hineinreicht, aber gleichzeitig die Bedeutung seiner Bindungen an den Westen am stärksten während einer vierfachen zehnjährigen Besatzung erkannt hat. Daraus hat sich vielleicht ein gewisser Sinn für Beharrlichkeit, ein gewisses Verständnis für den Ausgleich und ein Instinkt für das, was möglich ist, entwickelt. Ich sage »vielleicht«, weil doch darüber das Urteil der Geschichte noch aussteht.

Nach diesem etwas verwirrend anmutenden Versuch einer Standortbestimmung und seiner gleichzeitigen Relativierung scheint es mir nun notwendig, konkret zu werden: Wenn wir von Deutschland reden, meinen wir das ganze Deutschland – auch wir, die wir nicht aus Deutschland sind, konnten und wollten uns mit der Teilung nicht abfinden. Aber ebenso richtig ist es, daß wir, so sehr wir uns heute mit der Organisation und Integration des demokratischen Europas befassen, deshalb nicht einfach das andere Europa abschreiben dürfen. Niemand von uns hat das Recht, diese beiden Postulate zu ignorieren, und dennoch, wenn wir heute von Europa mit politischem Sinn für das, was ist, reden, bleibt uns nichts anderes übrig, als zur Kenntnis zu nehmen, daß es vor 1989 zwei Europa gab: das demokratische und das kommunistische.

Hier möchte ich nun einige Betrachtungen zur politischen Integration Europas anstellen: Es ist keine Frage, daß die bisherigen Resultate der politischen Integration nicht sehr imponierend sind. Weder der Europarat – der ein Clearinghouse europäischer Ansichten ist – noch das Parlament der Europäischen Gemeinschaften sind wirkliche und echte Parlamente; sie sind es weder ihrer Verfassung noch ihrer Struktur nach und schon gar nicht, was die Aufgaben betrifft, welche die europäische Integration als solche diesen Parlamenten stellt. Ganz abgesehen davon, daß hier echte konstitutionelle Reformen notwendig wären, wage ich, was einen kommenden europäischen Parlamentarismus betrifft, die Behauptung, daß wir zu einer Überprüfung der Grundsätze Montesquieus über die Gewaltentrennung kommen müßten. Montesquieu sagt in seinem »De l'esprit des lois«: »Die politische Freiheit des Bürgers ist jene Ruhe des Gemüts, die aus dem Vertrauen erwächst, das ein jeder zu seiner Sicherheit hat. Damit man diese Freiheit hat, muß die Regierung so eingerichtet sein, daß ein Bürger den anderen nicht zu fürchten braucht. Wenn in derselben Person oder in der gleichen öffentlichen Körperschaft die gesetzgebende Gewalt mit der vollziehenden vereinigt ist, gibt es keine Freiheit. (...) Es gibt weiters keine Freiheit, wenn die richterliche Gewalt nicht von der gesetzgebenden und vollziehenden getrennt ist. (...) Alles wäre verloren, wenn derselbe Mensch oder die gleiche Körperschaft der Großen des Adels oder des Volkes diese drei Gewalten ausübt: die Macht, Gesetze zu geben, die öffentlichen Beschlüsse zu vollstrecken und die Verbrechen oder die Streitsachen der einzelnen zu richten.«

Das sind große Wahrheiten, aber leider haben sie für den modernen Parlamentarismus nur mehr mit beträchtlichen Modifikationen Geltung. An eine Lösung dieser Fragen kann man deshalb nur mit dem größten Ernst herangehen. Denn was ist diese Macht über Leben und Freiheit der Bürger? Sie ist heute kombiniert mit ungeheurer wirtschaftlicher Macht, über die der Staat in seiner Omnipotenz verfügt; dieser Macht steht, wie ein österreichischer Staatsrechtler gesagt hat, die Nullifizierung des Individuums gegenüber. Der immer größeren Machtentfaltung des Staates entspricht eine immer lähmendere Ohnmacht des einzelnen.

Aber Macht auf der einen Seite und Ohnmacht auf der anderen Seite kann auch entstehen, wenn einer Bürokratie – und mag es eine sein, die über das beste Personal verfügt und sogar über ein sehr menschenfreundliches – allein die Kenntnis der Zusammenhänge vorbehalten, wenn sie im alleinigen Besitz der komplizierten Geheimnisse der modernen Verwaltung ist. Sie verfügt so über eine Macht, die sich zwar nicht mit Brutalität entfaltet, aber sie versetzt den einzelnen und sogar die politischen Vertreter vieler einzelner angesichts der immer weniger durchschaubaren Zusammenhänge in einen Zustand wachsender Hilflosigkeit. Die Demokratie wird liquidiert durch die Diktatur, aber sie kann inhibiert werden durch den Einfluß der Bürokratie.

Es wird also notwendig sein, daß wir uns immer mehr um neue Formen der Demokratie bemühen, vielleicht sogar um die Formulierung neuer Grundsätze, und das schon heute, weil wir sonst dem Phänomen der sich rasch entwickelnden und intellektuell hochqualifizierten Bürokratie vollkommen ratlos gegenüberstehen. Zwischen dem Gefühl der Bewunderung ihrer geistigen Potenz und dem der Vergeblichkeit, mit ihr zurechtzukommen, schwanken wir Politiker wie Rohr im Wind. Wenn uns Europa etwas gelten soll, dann müssen wir auch diese Zusammenhänge und die neuen Aufgaben der europäischen Demokratien rechtzeitig erkennen. Wir nehmen das alles viel zu leicht; wir müßten diese Fragen viel intensiver durchdenken. Und es ist gerade jetzt die richtige Zeit, das zu tun, da wir mit den ersten Erscheinungsformen dieses neuen Phänomens der europäischen Bürokratie konfrontiert werden.

Über die Art, wie dieses Europa gestaltet werden soll, hat der Schweizer Zbinden einige schöne und gültige Formulierungen gefunden, die ich hier gerne zitieren möchte: »Europa ist groß und stark geworden durch die Vielfalt seiner Kräfte, durch seine reichen regionalen Traditionen der Kultur wie der Arbeit, denen es auch seinen hohen Stand der Qualitätsleistung und der feinsten Differenzierung verdankt, die jedem Großraumplaner von vornherein Grenzen setzen. Nur wenn diese Kräfte, die auch weiterhin und fortan erst recht die Eigenart und Stärke seiner Wirtschaft werden bestimmen müssen, erhalten bleiben, nur wenn zugleich auch alle überholten nationalen Hegemonietriebe daraus endgültig verbannt sind, kann die Einigung Europas auch eine Stärkung Europas, kulturell wie wirtschaftlich, bringen.«

Bei der Beurteilung dessen, was uns Europa gilt, stellt sich die Frage nach dem letzten Sinn der europäischen Einigung, denn die Einheit an sich muß noch nichts wirklich Großes und Bedeutungsvolles sein. Wir wollen ein hohes Maß an europäischer Integration im Wirtschaftlichen, im Kulturellen und im Politischen, weil wir – und das ist doch das erste – endgültig die kriegerischen Auseinandersetzungen verhindern wollen, die zweitausend Jahre lang diesen Kontinent durchtobten und zweimal Ursache globaler Kriege waren. Wir wollen die wirtschaftliche Integration Europas, weil durch sie in Wirklichkeit die politischen Klammern geschaffen werden, die dieses Europa zusammenhalten und darüber hinaus die Voraussetzung dafür sind, daß dieses Europa, das gegenwärtig einen wirtschaftlichen Aufschwung erlebt wie nie zuvor in seiner Geschichte, immer reicher wird, immer besser seine gewaltigen personellen und materiellen Ressourcen auszunützen in der Lage ist. Wir brauchen diesen Reichtum Europas, um ein immer höheres Maß an sozialer Gerechtigkeit für seine Menschen zu verwirklichen.

Aber das scheint nun allmählich den Nachdenklicheren unter uns eine zu wenig weitgesteckte Zielsetzung zu sein. In Wirklichkeit brauchen wir doch den Reichtum Europas, um die große friedliche Aufgabe der letzten Jahre dieses Jahrhunderts zu erfüllen, nämlich die der Überwindung der grenzenlosen Armut auf anderen Kontinenten unseres Planeten. Allerdings: Auch diese Aufgabe werden wir nur in der engen Zusammenarbeit mit Amerika erfüllen können.

Wenn einmal die Geschichte des Vierteljahrhunderts nach dem Zweiten Weltkrieg aus einer gewissen Distanz geschrieben wird, so wird derjenige, der sie schreibt, der europäischen Integration ein besonderes Kapitel widmen müssen. Denn in der Tat, niemals vorher hat die europäische Idee ein solches Maß an gewiß relativer Verwirklichung gefunden wie in dieser Zeit. Diese Feststellung wird viele Zweifler finden, viele Skeptiker und viele, die das, was gelungen ist zu verwirklichen, bestenfalls ein »Europe des affaires« nennen. Gewiß, die europäische Integration ist durch viele Krisen gegangen. Viele schwierige Fragen warten auf Antwort, aber, wie ich bereits gesagt habe, die Geschichte der Integration ist eine Geschichte ihrer Krisen.

Wichtige Entscheidungsträger der Sozialistischen Internationale: François Mitterrand (zweiter von links), Olof Palme (rechts vorne neben Mitterrand), Anker Jørgensen (erster von rechts), neben ihm Bruno Kreisky

Es war schwierig, die Europäische Wirtschaftsgemeinschaft zustandezubringen, und Walter Hallstein, ihr erster Präsident, erklärte mir einmal, daß man, als man irgendwo in Italien, ich glaube, in Messina, zusammenkam, vor einem Berg von Problemen stand, welche die Fachleute herangetragen hatten – ein sehr skurriler österreichischer Dichter läßt einmal eine seiner durchaus sehr typischen Gestalten sagen: »Ja, die Fachleute, auf was die alles kommen, wenn man sie nur laßt.« Und da soll Paul-Henri Spaak erklärt haben: »Die Politiker haben ihre Entscheidung getroffen. Es ist nun an den Experten, sie in die Tat umzusetzen.«

So kam es zur Gründung der EWG. Das scheint mir überhaupt die Art zu sein, in der man schwierige politische Aufgaben meistert. Man muß sicher große Vorarbeit leisten. Ich bin der letzte, der so etwas ablehnen würde. Aber es muß eines Tages der Augenblick kommen, in dem man eine politische Entscheidung trifft und den Fachleuten dann die Aufgabe erteilt, sie technisch zu bewältigen.

Und so hat eine Vision Churchills, die er in einer bedeutenden Rede vor dem Münster in Zürich am 19. September 1946 dargestellt hat, Verwirklichung gefunden: »Wir alle müssen den

Schrecken der Vergangenheit den Rücken kehren. Wir müssen in die Zukunft blicken. Wir können es uns nicht leisten, den Haß und die Rachegefühle, die aus dem Unrecht der Vergangenheit entstanden sind, durch die kommenden Jahre mitzuschleppen. Der erste Schritt zur Neubildung der europäischen Familie muß eine Partnerschaft Frankreichs und Deutschlands sein. Nur so kann Frankreich die moralische Führung in Europa wiedererlangen. Es wird keine Erneuerung Europas geben ohne ein geistig großes Frankreich und ein geistig großes Deutschland. Wenn das Gebäude der Vereinigten Staaten von Europa gut und gewissenhaft errichtet wird, muß darin die materielle Stärke eines einzelnen Staates von untergeordneter Bedeutung sein. Kleine Nationen werden ebensoviel zählen wie große und sich durch ihren Beitrag zur gemeinsamen Sache Ehre erwerben.«

Ich glaube, gerade wir Neutralen, denen der Weg zur Europäischen Gemeinschaft aus den verschiedensten Gründen vorerst nicht gangbar erschien, sollten uns bewußt sein, daß hier eine große Aufgabe angepackt und doch in einer Weise gelöst wurde, die bei aller Kenntnis der noch zu erwartenden Probleme eine großartige ist.

Hier sei auch betont, daß für das Gelingen der europäischen Integration die Einheit in der Vielfalt von absolut globaler Bedeutung ist. Es besteht nämlich die begründete Hoffnung, daß ein Faktor immer stärker in die Weltwirtschaft und in die friedliche Weltpolitik eintritt, der nunmehr neben den Supermächten eine besondere Bedeutung erlangt und durchaus eine dritte Kraft – bevor die vierte, alles überschattende dazutritt – darstellen könnte: Wir stehen mitten in einem neuen und, wie ich hoffe, friedlichen Aufteilungsprozeß dieses Planeten, der wahrscheinlich das nächste Vierteljahrhundert beeinflussen wird. Das ist eine schwere Aufgabe. Sie findet sich an allen Ecken und Enden, und deshalb sollten wir nicht zögern, sie anzupacken.

Seinerzeit war von den Schöpfern der EWG gedacht, eine Verbindung der entwickeltsten Industriestaaten zu schaffen. Das ist nicht gelungen, man hat groteskerweise die größten Probleme mit der Landwirtschaft, man verwendet zwei Drittel des Budgets für die Landwirtschaft, obwohl von ihr bereits 1980 nur mehr 6% der Bevölkerung lebten. Wir haben uns also selbst ein Dilemma geschaffen, und zwar durch eine gewisse Feigheit gegenüber Berufen, die zwar gebraucht werden, denen man aber eine andere Funktion hätte geben müssen. Dabei hat man versagt, man hat sich an die alten liberalistischen Gedankengänge gehalten, denen ja vor allem der Sozialdemokrat Sicco Mansholt Ausdruck verliehen hat, als er sagte, daß sechs Millionen Bergbauern überflüssig sind. Man hätte damals schon ahnen müssen, weshalb man sie dringend braucht, nämlich weil sie unsere Landschaft, die sie ja kultivieren, in Ordnung halten. Und dafür muß man etwas zahlen, das ist gar keine Frage.

Jetzt hat man also diese Europäische Gemeinschaft geschaffen, und da muß ich sagen: So viele Krisen sie auch erschüttert hat, so konnte man doch auch in der schwersten Wirtschaftskrise diesen begrenzten Völkerbund zusammenhalten. Es wird immer wieder gewisse Bewegungen geben, die zwar manchmal den Eindruck einer »Springprozession« machen, aber im großen und ganzen doch einen Fortschritt darstellen. Das ist einer der Gründe, warum Europa wirtschaftlich nicht vor Amerika kapitulieren mußte und es hier während vieler Jahre eine Prosperitätsphase gegeben hat. Amerika war in dieser Zeit nach wie vor dem üblichen Zirkel von Depressionen und Prosperität ausgesetzt, wir haben in diesen 15 Jahren keine Schwankungen erlebt, die USA mindestens vier, wenn nicht sogar fünf. Daß uns die Amerikaner heute also auf vielen Gebieten voraus sind, was sofort zum prophezeiten Untergang Europas in der amerikanischen und europäischen Presse geführt hat, das hat seinen Grund in dem Umstand, daß sie das Glück der japanischen Konkurrenz hatten. Die japanische Konkurrenz drang in den amerikanischen Markt ein und hat die amerikanischen Produkte auf vielen Weltmärkten verdrängt, was zu einer Kraftanstrengung der USA geführt hat. Das wurde auch dadurch unterstützt, daß sich gewaltige Kapitalmassen nach Amerika ergossen und dort eine Investitionswelle ermöglicht haben, die in Konkurrenz steht zur »deficit spending policy« der amerikanischen Regierung für Rüstungszwecke, die zu einem großen Problem geworden ist.

Aber auch wenn Europa diese Zeiten der Krise überstanden hat, so soll man doch die europäische Wirtschaftskraft nicht überschätzen. Da war viel Zufall dabei, so zum Beispiel der Zufall des Nordseeöls, der es erlaubt hat, daß ein Land wie Großbritannien eine 10%ige Arbeitslosigkeit finanzieren konnte. Daß es aber einen Abschwung in dieser konservativen Phase gegeben hat, dafür ist ein typischer kapitalistischer Indikator der, daß das Pfund, man höre und staune, dem Dollar gleichwertig ist. Das ist ein Ereignis, das sich die Engländer nicht erklären können. Und man soll sich über die Bedeutung derartiger Imponderabilien, die sich am Dollarkurs abzeichnen, ja nicht täuschen.

Aber man soll auch das Positive sehen in Europa. Es hat eine Europäisierung gegeben, man kann sich gewisse Staaten nicht mehr als Feinde vorstellen, das ist sehr positiv. Und dann gab es zum ersten Mal ein echtes Rückfluten aus Amerika, intellektuell, im akademischen Bereich, weil der Nachholbedarf in der europäischen Wissenschaft so groß war. Die Inanspruchnahme des großen geistigen Potentials Europas hat schon während des Krieges durch die Emigranten begonnen. Die Atombombe ist ja ein Werk der Emigranten, wenn man es so drastisch ausdrücken will, angeführt von einigen amerikanischen Wissenschaftlern, die aber ihrerseits diese Personen nur gewinnen konnten, weil sie in Göttingen im Kreise Einsteins diese Leute kennengelernt hatten. Und dieses Hinüberbringen nach Amerika durch Oppenheimer erlangte kriegsentscheidende Bedeutung. Hier ist es zu einer echten Interferenz zwischen Europa und Amerika gekommen, die nach dem Krieg eine deutliche Fortsetzung gefunden hat. Niemals vorher war Europa Amerika so nahe, wie es in diesen Zeiten nach dem Krieg war, was nicht zuletzt auch ein Naheverhältnis war, das aus der langen militärischen Besetzung Europas resultierte. Es hat sich also alles um diesen Sieg herum zu entwickeln begonnen.

Ich glaube nicht an das Ende Europas, denn das würde ja auch das wirtschaftliche Ende Deutschlands bedeuten. Daß es im Augenblick nicht diese rasche Aufwärtsentwicklung gibt, hängt mit dem Kapitalmangel zusammen, der daraus entstanden ist, daß eben eine so viel bessere Verzinsung des Kapitals in den USA möglich war. Daraus wird eine neue Krise entstehen, das ist meine tiefe Überzeugung. Die gegenwärtige Prosperitätsphase muß zwangsläufig sehr kurz sein, wenn wir uns nicht zu einigen Dingen entschließen, die dieser Entwicklung entgegenwirken können. Wobei ich für mich immer in Anspruch nehme, daß ich, wenn ich so etwas sage, aus der praktischen Sicht einer 13jährigen Erfahrung als Bundeskanzler spreche, die sich ja irgendwo manifestieren muß und die sich meiner Meinung nach auch im sogenannten österreichischen Wirtschaftswunder manifestiert hat, das ja niemand erwartet hatte.

1989 fanden sich Hunderttausende – und das sagt sich jetzt so leicht – auf dem Wenzelsplatz zusammen, Hunderttausende; Zehntausende allein in Berlin in allen Teilen dieser einmal todwunden Stadt. Wir sehen, wie Deutschland wieder zu einem neuen, anderen Leben erwacht, und wenn man sich jetzt den Kopf darüber zerbricht, wie man am besten die zu erwartenden Probleme im Falle Deutschlands und der Länder Osteuropas wird lösen können, dann möchte ich folgendes sagen:

Deutschland und diese Länder dürfen sich nicht beirren lassen. Sie müssen sich immer wieder um die Legalität bemühen, müssen zuerst einen Friedensvertrag zwischen allen Völkern schließen, die Krieg geführt haben! Und wenn man auch meint, man brauche das ja alles nicht, dann sage ich: Man darf keinesfalls auf einen Friedensvertrag verzichten. Es darf keine Gelegenheit vorübergehen, sich um den Abschluß dieses Friedensvertrages zu bemühen, auch wenn er vielen selbstverständlich zu sein scheint.

Wir haben in Mitteleuropa wahnsinnig viel nachzuholen. Es gab lange Perioden in der Geschichte, in denen wir uns um alles gebracht haben. Man darf nicht vergessen, die Legalität ist »heilig«, und man muß sich um ihre Verwirklichung selbst dann bemühen, wenn sie einem überflüssig erscheint und jeder glaubt, wir haben doch schon alles erreicht.

Ich habe aus Anlaß der Feier der Französischen Revolution als Ergebnis meines Lebens folgende Erkenntnis vertreten: Nur die unblutigen Revolutionen haben große geschichtliche Bedeutung gehabt. Alles andere – möge man es deuten, wie man will – hatte keinen Bestand. Man konnte das 1989 deutlicher als je zuvor erleben. Gerade in diesem Jahr erfuhren wir von großen, hoffnungsvollen Plänen, die wir aber noch nicht verwirklicht haben. Das gilt für den Osten Europas ebenso wie für Europa im allgemeinen. Ich bin optimistisch, denn ich glaube, daß die Europäer, die großen Staaten und die kleinen, die klugen und die nicht so klugen, ihre Lektion gelernt haben und diese Erkenntnis auch weiter vermittelt haben. Nicht so sicher bin ich, ob in manchen Teilen Lateinamerikas das heute ebenso selbstverständlich ist, und vollends unsicher bin ich mir über die Rolle, die man in diesen Jahren den Völkern Afrikas zumutet.

Es gibt gewaltige Aufgaben, die sich vor uns auftürmen, und ich sage ganz offen: Es tut mir in der Seele weh, daß ich um zehn Jahre zu alt bin. Wäre ich zehn Jahre jünger, so würde ich gerne mittun, so wie ich es in der Vergangenheit getan habe, auch wenn ich um die Vergeblichkeit meiner Anstrengungen weiß.

Wir stehen vor einer Entwicklung ungeheurer Tragweite. Wenn wir jetzt in der Lage sind, den Menschen am Beispiel Europas zu zeigen, was wir zu leisten imstande sind, wie groß unsere Phantasie ist, wie groß unsere Bereitwilligkeit zu friedlichen Taten und Leistungen ist, dann werden wir nicht nur vieles für die Zeit, in der wir leben, getan haben, sondern auch für die Geschichte, die wir noch zu gestalten haben.

9. Kapitel

Terror und der Nahe Osten

»Ein Gespenst geht um in Europa – das Gespenst des Kommunismus. Alle Mächte des alten Europa haben sich zu einer heiligen Hetzjagd gegen dies Gespenst verbündet, der Papst und der Zar, Metternich und Guizot, französische Radikale und deutsche Polizisten.«

Ein Gespenst geht um in Europa – das Gespenst des Terrorismus. So könnte man heute den Anfang des Kommunistischen Manifests von Karl Marx und Friedrich Engels abwandeln. Daß es längst kein Gespenst mehr ist, sondern alltägliche Realität, die zur Gewißheit geworden ist und ständig wiederholt wird, liegt auf der Hand. Es ist erstaunlich, wie wenig Neugier die Staatsmänner über die Ursachen und Ursprünge des aktuellen Terrors aufbringen. Jeder, der sich die Mühe macht, mit ihnen darüber in einer gewissen Objektivität zu sprechen, wird sofort in die zugegebenermaßen sehr kleine Kategorie jener, die »mit Gaddafi reden«, eingeteilt und dementsprechend nicht ernst genommen. Sie meinen, daß doch alle Welt erkannt hat, daß es sich bei Gaddafi um einen Geisteskranken handelt. Woher haben sie das eigentlich? Sicher, die führenden Persönlichkeiten Ägyptens wissen es genau, er war doch einmal in einer psychiatrischen Klinik in Kairo. Als ob jeder, der einmal in seinem Leben einen »nervous breakdown« gehabt hat, deshalb für immer ein Irrer sein müßte. Wie sehr wir uns doch im Falle Gaddafis geirrt haben und wie folgenschwer dieser Irrtum ist.

Wäre ich nur auf Zeitungsmeldungen angewiesen und wüßte ich nicht durch jahrzehntelange Erfahrung, wie vorsichtig man damit sein muß, dann käme ich vielleicht zu der gleichen Auffassung. Ich erinnere mich noch, wie man im Ersten Weltkrieg die Meldung kommentierte, wonach Lemberg noch in »unserem« Besitz wäre. Ich habe mir in meinem langen Leben angewöhnt, wenn es irgendwie geht, nachzuschauen, wie die Wirklichkeit aussieht. Und so bin ich im Februar 1975 zu Gaddafi in die Wüste gefahren und habe ihn kennengelernt. Es war kein freundliches Gespräch. Es war nicht erfreulich, und es war zudem mühsam, und dennoch ist es die einzige Chance, mit diesem Mann zu argumentieren. Mit Drohungen kann man es nicht, und mit Bomben kann man die Probleme, die es gibt, auch nicht lösen.

Muhammar al Gaddafi während eines Besuchs auf Mallorca mit Bruno Kreisky und dem spanischen Ministerpräsidenten Felipe González; 1984

Und nun zum Terror, dessen Urheber und Förderer nach herrschender westlicher Auffassung Muhammar al Gaddafi ist. Zuerst ein paar historische Betrachtungen, ohne die ich jedenfalls nicht auskommen kann. Der Ausdruck Terror ist wahrlich kein Modewort. »La terreur« ist kennzeichnend für den »Thermidor« des französischen Revolutionskalenders. Damals, im Juni 1794, erreichte die Schreckensherrschaft Robespierres ihren Höhepunkt, aber auch ihr Ende. Er ließ seine eigenen Parteigänger hinrichten.

Ich erinnere mich noch sehr gut, als wir in den späten zwanziger und frühen dreißiger Jahren diskutierten, ob sich der Thermidor auch in Rußland ereignen würde, als Stalin systematisch die Kampfgefährten Lenins der Reihe nach hinrichten ließ. Aber schon früher hatten Trotzki und die führenden Männer der bolschewistischen Revolution vom revolutionären Terror gesprochen und seine Methoden angewendet. Stalin selber war als Bevollmächtigter nach Zarizyn, dem späteren Stalingrad und heutigen Wolgograd, geschickt worden, um die Lebensmittelversorgung zu sichern. Er glaubte aber, wichtigere Aufgaben erfüllen zu müssen und nahm sich ihrer an, ohne dazu ausersehen zu sein. Dadurch dürfte es auch zum persönlichen Konflikt gekommen sein. Trotzki war der aufbrausende, der emotionelle, Stalin der ruhige, der fast unterwürfige. Dennoch kam es zur Entmachtung Trotzkis. Der revolutionäre Terror der bolschewistischen Revolution wurde beherrscht von Dserschinskij, und Stalin war der Bevollmächtigte der Partei. Der große eigentliche Terror, der dem Thermidor vergleichbar ist, begann später, als Stalin beschloß, die Führer der Revolution – die Freunde Lenins – einen nach dem anderen umzubringen. Die Entwicklung während der neuen ökonomischen Politik (NEP) hatte zwar wirtschaftlich beträchtliche Resultate erbracht, doch für Stalin schien sie große Gefahren in sich zu bergen, und es begann eine Säuberung von unvorstellbarem Ausmaß. Millionen von Bauern wurden deportiert und verschwanden in den Weiten Rußlands. Man nannte sie die Kulaken. Ein gigantischer Massenterror setzte ein, um sie zu liquidieren, aber dabei blieb es nicht. Ein großer Teil der russischen Intelligenzija, der sich dem Kommunismus an der Macht anzunähern begann, wurde mit Mißtrauen beobachtet. Die ersten Prozesse begannen, auch gegen die Oppositionellen in der Partei. Alle kamen sie dran: Alexej Rykow und Nikolaj Bucharin, der Theoretiker der Kommunistischen Partei Rußlands. Es gab unter den alten Kommunisten plötzlich die sogenannte Rechts-Opposition. Trotzki war schon längst aus der Sowjetunion ausgewiesen. Einige der Diplomaten wurden im Ausland ermordet. Aber gleichzeitig mit dem Verschwinden der alten Revolutionäre kamen die Exponenten der neuen Klasse, die Nomenklatura, an die Macht. Man kann die Behauptung wagen, daß die Mitglieder dieser Nomenklatura, die eigentlich ihrem ganzen Gehabe nach dem Kleinbürgertum ähnlich waren, aber alle Privilegien besaßen, ihren Ursprung dem Stalinschen Terror verdankten – ähnlich wie die Männer des »Directoire«, die aus dem Terror der Französischen Revolution hervorgingen und ihn überlebten. Irgendwie gehört der Terror zum Grundwesen jeglicher Diktatur. Stalin soll das in klassischer Weise in einer Diskussion sehr deutlich zum Ausdruck gebracht haben, als er von einem französischen Kommunisten gefragt wurde, was ihm lieber wäre: Daß die Leute ihm anhängen aus Furcht oder aus Überzeugung. Er antwortete ohne zu zögern, daß er der Gewalt eigentlich den Vorzug gäbe, denn die Überzeugung könne sich ändern.

Das Prinzip des Terrors spielte aber nicht nur eine Rolle in den Revolutionen; es erfuhr seine theoretische Ausformung unter anderem auch im Streit zwischen Marx und Engels auf der einen Seite und Michail Bakunin auf der anderen Seite. Die erste Form des Terrors, die auf eine Zerstörung der Staatsordnung abzielt, findet ihre theoretische Begründung bei Bakunin. Er plädierte für die Zerstörung des Staates und seiner Institutionen durch permanente Anwendung des Terrors. Mit dieser Forderung setzte sich Bakunin bewußt in Gegensatz zu Marx und Engels, die den Staat zunächst erhalten wollten, um ihn als Instrument der Revolution zu gebrauchen. Erst nach dem Sieg des Proletariats, wenn die Produktionsmittel in Gemeineigentum überführt und die Klassengegensätze verschwunden wären, erst in diesem postrevolutionären Stadium könne man den Staat aufheben. Marx und Bakunin konnten sich nicht auf eine gemeinsame Strategie einigen, was zu erheblichen Spannungen in der (Ersten) Sozialistischen Internationale führte. Während Marx sich vor allem auf seine Anhänger in Deutschland stützte, gewann Bakunin die Sympathie der französischen, spanischen und vor allem der italienischen Sozialisten. Er gründete die »Allianz«, die ihm persönlich unterstand und die der Verwirklichung seiner Ziele dienen sollte. Auf der Haager Konferenz von 1872 erlitten seine Anhänger eine Abstimmungsniederlage, die schließlich dazu führte, daß Bakunin aus der Internationale ausgeschlossen wurde.

Damals unterlag Bakunin, seit den sechziger Jahren unseres Jahrhunderts aber lebt die anarchistische Tradition im westlichen Europa wieder auf. Terroristische Gruppen sind am Werk, in Deutschland als »Rote-Armee-Fraktion«, in Italien als »Brigate Rosse«, als »Action directe« in Belgien und Frankreich. Es läßt sich schwer erklären, wie es zu dieser Renaissance des Anarchismus gekommen ist. Vermutlich wird es die Überzeugung so mancher Menschen sein, daß die kommunistischen Parteien zu »Legalitikern« wurden und sich in den Demokratien einzurichten begonnen haben, was am deutlichsten an Italien sichtbar geworden ist. Daher befinden sich unter den Opfern der »Brigate Rosse« auch in großer Zahl Persönlichkeiten der Kommunistischen Partei Italiens, vor allem solche, die dem Revisionismus, dem europäischen Kommunismus, das Wort redeten. Die Aktivitäten, die man unter Terror versteht, sind aber sehr verschiedenartig und umfassen auch – je nachdem, wo man steht – die sogenannte Tätigkeit der Guerilleros. Vor allem in Lateinamerika hat diese Methode eine große Bedeutung erlangt.

Ein in der Zeitschrift »Third World Quarterly« im April 1985 erschienener Artikel hat sich in sehr ausführlicher Weise mit dem Problem »The Third World and International Terrorism« beschäftigt. Der Autor Ali A. Mazrui plädiert darin dafür, daß der Ausdruck Terrorismus in seiner Essenz in der gleichen Weise wertfrei sei wie der Terminus Krieg. Für ihn ist Terrorismus eine Form der Kriegsführung, die entweder durch Regierungen oder durch Individuen ausgeübt werden kann, die Verwendung von Gewalt also in der Absicht, politische Ziele zu erreichen. Mazrui unterscheidet zwischen endgültigen Zielen und unmittelbaren Absichten. Terror diene – und ich halte diese Art der Definition für richtig – dem Ziel, sich Gehör zu verschaffen, wenn man anderswo ungehört bleibt; er leistet einen gewissen Beitrag dazu, eine Sache zu fördern. Die unmittelbare Absicht des Terrors ist es, in Verbindung mit der Öffentlichkeit Angst zu verbreiten. Natürlich unterliegen auch die Waffen des Terrorismus wie die der Kriegsführung einer eigenen Entwicklung, wobei seit neuestem vor allem die Verwendung des Luftraumes als Schlachtfeld hervorzuheben ist. Die Initiative dazu kam in den siebziger Jahren von den palästinensischen Kommandos. Die Wirklichkeit ist so lebendig, daß es keiner näheren Schilderung bedarf. Es gibt bereits neue Fachausdrücke auf diesem Gebiet. Unter »hijacking« versteht man die Geiselnahme von Flugzeugen amerikanischer, Schweizer, israelischer, deutscher und ägyptischer Herkunft. Es gibt hier fast keine Ausnahme. Die Reaktionen der verschiedenen Regierungen darauf waren sehr unterschiedlich. Die moralische Entrüstung, die im Zusammenhang mit terroristischen Aktivitäten immer wieder mobilisiert wird, ist eine fast einhellige. Das hat auch dazu geführt, daß manche palästinensischen Organisationen beschlossen haben, ihre Terroraktionen in Europa einzustellen, weil sie nicht geeignet waren, ihrer Sache Sympathie zu bringen, sondern im Gegenteil Verständnislosigkeit in höchstem Maße hervorgerufen haben. Je hoffnungsloser die Situation wurde – besonders was die Anliegen der Palästinenser betrifft –, desto größer wurde die Basis für diese Art des Kampfes, weil diejenigen, die unter Umständen verhandlungsbereit gewesen wären, nicht den entsprechenden Response gefunden haben.

Es ist aber auch zu einer Renaissance einer anderen »alten« Methode der Gewalt gekommen – der Geiselnahme. Ob eine Regierung das Recht hat, das Leben von Geiseln zu gefährden, indem sie gegenüber Forderungen von Terroristen hart bleibt beziehungsweise gegen die Terroristen mit Gewalt vorgeht, ist eine Frage politischer Moral. Meiner Überzeugung nach hat *keine* Regierung dieses Recht.

Während die Geiseln, wie wir aus Augenzeugenberichten wissen, mit allen Fasern am Leben hängen, schreckt selbst die Aussicht auf den sicheren Tod religiös fanatisierte Terroristen nicht ab, im Gegenteil: Die Aussicht auf einen Tod, der sie ihrer Überzeugung nach zu Helden macht, ist eine der stärksten Motivationen für islamistische fundamentalistische Terroristen. Diesen völlig irrationalen Umstand muß man im Auge behalten, wenn man überlegt, wie dem Terror am effektivsten zu begegnen ist. Ich glaube, daß diese Art von Gewalt jedenfalls zeigt, daß die politische Vergangenheit am ehesten – wenn es dazu nicht schon zu spät ist – durch eine politische Lösung des dem Terror zugrundeliegenden Problems überwunden werden kann.

Eine völlig andere Art von Terror geht von den unterdrückten Völkern und Minoritäten aus. Auch hier ist nur durch eine politische Lösung der Ursachen dieser terroristischen Aktivitäten eine Veränderung möglich. Daß dadurch ein dauerhafter Friedenszustand erreicht werden kann, beweist die irische Frage. Der Gründung des Staates Irland ging ein langer, blutiger Unabhängigkeitskampf voraus. Die irische Freiheitsbewegung bediente sich dabei besonders heftiger Terrormethoden. Als jedoch das erste Ziel erreicht war, haben sich die Kämpfer von einst als durchaus fähig erwiesen, ein friedliches und freiheitliches Staatswesen zu leiten. Der blinde Präsident der irischen Republik, Eamon de Valera, war ein empfindsamer und gütiger Mensch. Niemand vermutete, daß er maßgeblich am Terror der IRA beteiligt war. Er war einer der Führer des Osteraufstandes von 1916, wurde zum Tode verurteilt und später begnadigt, nahm daraufhin seine Tätigkeit als irischer Freischärler wieder auf und wurde schließlich 1919 zum Präsidenten der irischen Republik gewählt.

Wenn die IRA bis heute aktiv ist, so liegt das an den noch unbewältigten Problemen in Nordirland. Dort läßt sich der Terror vor allem auf religiöse und kulturelle Gegensätze, auf die Auseinandersetzungen zwischen Katholiken und Protestanten zurückführen. Jeder Versuch, dieses Problem zu lösen, ist bislang gescheitert, ganz gleich, ob sich eine Labour-Regierung oder eine konservative um einen Ausgleich bemühte. An diesem Beispiel zeigt sich wieder einmal, daß ein nicht vollständig gelöstes politisches Problem den Terror weiter schwelen läßt. Allerdings kann man in diesem Fall die wichtige Einschränkung machen, daß das offizielle Irland diese Aktivitäten nicht unterstützt, wodurch die Rekrutierungsbasis sehr eingeschränkt wird.

Eine ähnliche Entwicklung gab es in Kenia. Dort übte eine schwarze Befreiungsorganisation, die sogenannte Mau-Mau-Bewegung, über Jahre hinweg einen systematischen, grausamen Terror gegen die Briten und Weißen überhaupt aus. Der Anführer der Bewegung, Jomo Kenyatta, wurde 1953 verhaftet und zu sieben Jahren Zuchthaus verurteilt. Nach seiner Freilassung wurde er zum Präsidenten Kenias gewählt, das er schließlich 1963 in die Unabhängigkeit führte. Trotz seiner gewalttätigen Vergangenheit entwickelte sich Kenyatta zu einem guten und gütigen Präsidenten.

Das Nahost-Problem

Um die Frage beantworten zu können, warum ich mich so intensiv mit dem Nahost-Problem beschäftigt habe, muß ich eine kleine Reminiszenz einschalten. Nach dem Krieg hat es in Wien sehr viele irakische Studenten gegeben, mit denen ich in meiner Eigenschaft als Staatssekretär im Außenamt zusammengekom-

Während einer Ägypten-Reise; 1964

men bin. Von ihnen habe ich erfahren, welche Probleme sie im Mittleren Osten sehen. Das war lange vor der Entwicklung, die wir jetzt erleben, und damals bin ich zu der Erkenntnis gekommen, daß sich in der arabischen Welt Prozesse anbahnen, die sehr interessant für uns in Europa sein werden. Ich begann immer mehr, mich mit diesem Problem zu beschäftigen und habe schließlich mehrere Gründe gehabt, um zu meiner politischen Auffassung zu kommen:

Erstens bin ich zu der Meinung gelangt, daß die Auseinandersetzung zwischen der arabischen Welt und Israel immer dramatischere Formen annehmen wird. Dadurch stellt dieser Teil der Welt eine neue Kriegsgefahr für uns alle dar, denn es war schon sehr früh sichtbar, daß sich hinter Israel die Vereinigten Staaten und hinter die revolutionären arabischen Staaten die Sowjetunion stellen werden. Das bedeutete aber, daß Kriege durch Stellvertretung in dieser Region entstehen würden und sich daraus alles mögliche entwickeln könnte.

Zweitens war ich der Meinung, daß sich die Sozialistische Internationale sehr einseitig verhält, wenn sie die arabische Welt ignoriert und ausschließlich Israel zu unterstützen bereit ist. Das hat sehr ernste Gründe gehabt, die man verstehen muß. Die europäischen Demokratien haben sich irgendwie verantwortlich gefühlt für das furchtbare Schicksal der europäischen Juden, denn sie alle hatten das Gefühl, sie wären schuld, Hitler nicht verhindert zu haben. Dieser Umstand hat diese Gewissensverpflichtung gegenüber Israel begründet. Mein Standpunkt war nun der, daß ich auf der einen Seite Verständnis dafür hatte, daß sich die Internationale gegenüber einem Staat, der sehr viele europäische Juden beherbergt, verantwortlich fühlte, daß ich aber auf der anderen Seite nicht verstehen konnte, warum die Sozialistische Internationale die arabischen Staaten dermaßen ignorierte. Und ganz entsetzt war ich, als Guy Mollet zusammen mit dem konservativen England den Marsch zum Suezkanal unternommen hat. Das war ein Akt des Imperialismus, der mir unverständlich war und den ich ablehnte. Und so bin ich immer tiefer in diese Fragen eingedrungen und habe mich immer stärker dafür eingesetzt, daß wir ein Fenster zur arabischen Welt öffnen. Damit bin ich lange Zeit ohne Unterstützung geblieben.

Ein dritter Grund war, daß ich sehr früh erkannt habe, daß ein großer Teil der Energiebasis der westeuropäischen Wirtschaft im Mittleren Osten liegt. Und da ich ja ein Mann bin, der in seiner Jugend eine gewisse marxistische Schulungsarbeit durchgemacht hat – natürlich mit den entsprechenden modernen Adaptierungen, wie sie im Austromarxismus ihren Niederschlag gefunden haben –, habe ich mir dieselbe dialektische Denkungsart angewöhnt und erkannt, daß, wenn eine so starke materielle Verpflichtung und wirtschaftliche Verflechtung zwischen den arabischen Staaten, die Öl haben, und den europäischen Industriestaaten besteht, es auch eine parallele politische Entwicklung geben muß. Und eine solche Entwicklung wollte ich herbeiführen.

Schließlich kommt noch ein ethischer Aspekt hinzu. Ich selber war ein politischer Flüchtling, ein, wenn man so will, Vertriebener, und ich habe ein spezielles Sensorium für das Problem der Vertriebenen, ob es sich nun um Vertriebene aus Europa handelt oder Vertriebene irgendwo in der Welt. Das ist auch der Grund dafür, daß ich schon sehr früh meine Sympathie für die vertriebenen Palästinenser zum Ausdruck gebracht habe. Ich interessiere mich aber auch für das Problem der Kurden, ich interessiere mich für jedes Problem, bei dem Vertriebene eine zentrale Bedeutung haben. Ich selbst habe meine Emigration nie als Folge meiner jüdischen Herkunft verstanden, ich wäre so oder so verfolgt worden, wie ich ja auch schon vier Jahre zuvor aus politischen Gründen verfolgt worden bin. Mir fehlen also viele Erlebnisinhalte, die den rassisch verfolgten Juden eigen sind. Dagegen verfüge ich über eine wissenschaftliche Erkenntnis, nämlich daß es eine jüdische Rasse gar nicht gibt. Ich betrachte auch die jüdische Religionsgemeinschaft nur insoweit als eine typenbildende Kraft, als die Außenwelt und eben auch die jüdische Religion so zentripetale Kräfte geweckt haben, daß eine eigene Gemeinschaft entstanden ist, die durch ihre Begrenztheit zur Herausbildung gewisser Typen geführt hat, eine Erscheinung, die man bei den Levantinern zum Beispiel nicht bemerken kann. Der jüdische Typ in der Levante ist dort durch nichts von irgendwelchen anderen Volksgruppen unterscheidbar. Das sind die Ursachen für meine besondere Haltung.

Was ist nun von meiner Beziehung zum Judentum übriggeblieben? Primär ein wichtiges Gefühl, nämlich daß man seine Herkunft nicht verleugnen soll, besonders dann nicht, wenn man aus einer Gemeinschaft stammt, die von anderen als inferior betrachtet wird oder derentwillen man in irgendeiner Weise Unannehmlichkeiten ausgesetzt sein könnte. Man soll also so wenig sein Judentum verleugnen, wie man etwa in Deutschland nach dem Zweiten Weltkrieg sein Deutschtum verleugnen sollte, oder wie man etwa leugnen sollte, katholisch zu sein in Ländern, in denen der Katholizismus Verfolgungen ausgesetzt ist, so wie man sich auch nicht scheuen sollte, einzuräumen, daß man der Sohn oder die Tochter einer Prostituierten ist, auch das dürfte kein Grund sein, sich zu schämen. Im besonderen will ich damit sagen, daß man nicht verleugnen soll, etwa aus einer sozial deklassierten Position zu stammen, vor allem dann, wenn man diese Position selbst gar nicht als deklassiert empfindet. So ist für mich der Umstand, daß ich aus dem Judentum komme, keineswegs mit einer Empfindung der Deklassierung gegenüber meinen christlichen Mitbürgern verbunden. Ich betrachte es vielmehr als eine historisch interessante Tatsache, die mich veranlaßt hat, viel zu lernen und zu studieren. Ich habe allerdings außer diesem Gefühl, daß man sich von seiner eigenen Herkunft nicht dispensieren kann, darf und soll, kein besonderes Zusammengehörigkeitsgefühl.

Ich bin natürlich ein Mann jüdischer Herkunft und bin auf meine Vorfahren eigentlich sehr stolz. Sie haben eine große Rolle gespielt – schon vor 100 Jahren war der Bruder meiner Großmutter im österreichischen Parlament, und das fast länger, als ich im Parlament gewesen bin. Es gab in meiner Familie Richter, Industrielle, Lehrer, also alles das, was man in der heutigen zionistischen Diktion Assimilanten nennt, mit dem Ziel, sie ein bißchen herabzusetzen. Es gab kaum einen einzigen mir bekannten Zionisten unter diesen vielen Hunderten Menschen, die zu meiner engeren und weiteren Verwandtschaft gehörten. Im wesentlichen war für sie die Frage des Zionismus kein Problem, wenngleich sie zwar nicht sehr bewußte Juden waren, aber ihrem Glauben zu einem großen Teil treu geblieben sind, ohne religiös zu sein. Ich bin also ein, wenn man so will, österreichischer Politiker jüdischer Herkunft, eine Erscheinung, die es ja einige Male in der Geschichte gegeben hat. Disraeli und, so glaube ich, auch Gambetta waren jüdischer Herkunft so wie andere Männer, die den Staaten, deren Bürger sie waren, in denen sie gelebt haben, im Höchstmaß verpflichtet waren und für sie große Nützlichkeit hatten. Ich habe daher einem israelischen Journalisten ganz freimütig geantwortet, daß ich die Pionierleistung, die Israel erbrachte, bewundere, daß ich auch mit all meinen Kräften dafür eintrete, daß eine solche Pioniertat der Zivilisation nicht untergehen darf, genauso wie auch andere Zivilisationstaten nicht untergehen dürfen, zum Beispiel die Kolonialisierung des amerikanischen Kontinents, nur daß bei Amerika, weil es so groß ist, niemandem einfällt, darüber zu diskutieren. Andererseits aber fühle ich mich Schweden, das durch zwölf Jahre hindurch meine zweite Heimat war, weit stärker verbunden als Israel. Ein solches Verhalten wird von den Zionisten als ein furchtbarer Verrat betrachtet, da bei mir angeblich die Stimme des Blutes unterdrückt wird. Aber die »Stimme des Blutes« ist wieder so eine Blut-und-Boden-These wie aus der Zeit Hitlers. Hier komme ich erneut zu einer sehr bösartigen Formulierung, wie ich sie schon einmal gebraucht habe, nämlich daß das, was der strenggläubige Zionismus vertritt, eigentlich Rassismus ist, und das kann ich nicht akzeptieren. Eine solche Ansicht führt natürlich zu tiefen Unstimmigkeiten mit vielen Menschen in Israel, die ich gar nicht kenne. Ich werde dort also a priori als Feind und Verräter betrachtet, als Abtrünniger. Das macht die Diskussion mit vielen israelischen Journalisten und Schriftstellern für mich sehr schwer. Es gibt aber auch jetzt sehr viele, wie Uri Avnery, die sagen: »Ich bin kein Zionist, ich bin Israeli. Ich bin ein israelischer Patriot, anerkenne Kreisky als österreichischen Patrioten und halte ihn für einen interessanten

Gesprächspartner.« Das sind die subjektiven Faktoren meines Verhältnisses zu Israel und auch der Grund, warum ich mich mit diesen Fragen beschäftige.

Es gibt Leute, die sagen: Irgendwo ist der Kreisky primär doch ein Jude, denn er will ja doch den Frieden und damit doch das beste für Israel. Das sagen wohlwollende Kritiker. Sie sagen: Auch wenn es für uns unverständlich ist, so ist er doch einer, der uns in Wirklichkeit nur Gutes tun will. Nun, das nehme ich wirklich an, soweit ich als Internationalist allen Völkern gegenüber vorurteilsfrei bin, also auch gegenüber den Arabern und den Palästinensern. Ich möchte durch mein Wirken in bescheidenster Weise Gutes tun, indem ich versuche, Möglichkeiten für einen Frieden geistig zu erfassen. Schaffen kann ich ihn natürlich nicht.

Damit bin ich bei der Situation, wie sie sich im Nahen Osten darstellt, angelangt. Es wird häufig behauptet, daß ich dort eine Vermittlerrolle spiele oder spielen wolle, und das ist völlig falsch. Ich kann niemals in einem solchen Konflikt ein Vermittler sein, denn die Erfahrung hat mich gelehrt, daß immer nur derjenige vermitteln kann, der auch dem Enttäuschten, falls es einen gibt, in irgendeiner Form eine Kompensation bieten kann. Daher könnte dort weder ein Deutscher noch ein Franzose noch ein Österreicher vermitteln, sondern immer nur ein Amerikaner, denn nur die USA sind in der Lage, einem enttäuschten Araber oder einem enttäuschten Israeli einen Ersatz anzubieten, also etwa ein militärisches Bündnis. All diese Bestrebungen der anderen Staaten, die keine Weltmächte sind, können bestenfalls kleine, schmale Brücken sein, über die es immer nur eine begrenzte Verbindung geben wird. Man kann im günstigsten Fall, wie das klassische Wort lautet, »wie ein Kärrner am Werke« sein, wie ein Karrenführer, der einen Karren Steine zu einem großen Bau bringt.

Man kann den Schlüssel zu meiner Haltung in der Frage des Nahen Ostens nur finden, wenn man weiß, daß ich, seit es Israel gibt, politisch den Standpunkt vertrete, daß diese Regierung eine der reichsten der Welt werden wird. Nur eines kann die Menschen dort daran hindern, aus ihrem Land eine der fortschrittlichsten Regionen der Welt zu machen, nämlich Krieg. Ich bin nicht ein Freund der Araber, wie es »Lawrence of Arabia« aus bestimmten seelischen Motiven gewesen ist, sondern ich bin vielmehr ein Freund jedes Volkes. Ich bin ein Freund aller Völker, die im Nahen Osten leben, ob das nun die Juden, die Israelis, die Palästinenser oder die Kurden sind. Ich bin dafür, daß dort, wo Völker aufeinanderstoßen, sie ihre Gegensätze in Frieden austragen sollen. Als sozialistischer Internationalist habe ich immer wieder den Standpunkt vertreten, daß wir uns der arabischen Welt nicht verschließen dürfen. Wir sind in der Tat durch Israel monopolisiert worden, durch die israelische Labour Party, die uns sozusagen den Weg zu den Arabern versperrt hat, und dagegen habe ich mich aufgelehnt. Ich habe der Sozialistischen Internationale also den Ratschlag gegeben, den Weg zur arabischen Welt zu öffnen.

Als ich das erste Mal 1969 an einer Party-Leader-Konferenz der Sozialistischen Internationale teilnahm, habe ich diese Anregung in Anwesenheit des ehemaligen israelischen Premiers Yigal Allon gemacht. Ich habe damals auch begründet, warum ich dafür eintrat. Es gäbe, so sagte ich, auch unter den Arabern eine sozialistische Strömung. Wir müßten sie ermuntern und ihnen zeigen, daß sie Freunde hätten. Die arabischen Länder wären wichtige Länder, nicht zuletzt wegen ihres Ölreichtums, aber man begriff das damals noch nicht so recht, weil man Öl nicht mit den Besitzern des Landes, sondern mit den Gesellschaften identifizierte, die es förderten und verkauften. Die Herrschaft der britischen und amerikanischen Ölgesellschaften schien zu der Zeit noch unangreifbar. Ich habe vorausgesagt, daß ein Prozeß der Entkolonialisierung kommen und die sozialistischen Kräfte in diesen Ländern die Forderung erheben würden, daß die Völker ihre Rohstoffe selbst besitzen und über sie verfügen sollten und nicht die reichen Ölgesellschaften. Daher, so meinte ich, sei es ein sozialistisches Gebot, für sie die Tore zu öffnen. Das hat man damals mit mildem Lächeln entgegengenommen und als eine Art »barocken Spleen« meinerseits betrachtet. Es ist jedenfalls eine interessante Bestätigung des historischen Materialismus beziehungsweise seiner Betrachtungsweise, der ich stark zuneige, daß man im Jahre 1969 bei der Tagung der Internationale in Wien dieser Frage ablehnend und verständnislos gegenüberstand, während man dann im Jahre 1973 in London, wenige Wochen nach dem Jom-Kippur-Krieg, sogar mit Zustimmung Golda Meirs, der damaligen Ministerpräsidentin Israels, doch meinen Vorschlag aufnahm und eine »Fact Finding Mission« in den Nahen Osten entsandte. Diese Mission hatte die Aufgabe, die feindselige Haltung der arabischen Staaten gegenüber der europäischen Sozialdemokratie zu durchbrechen, was schließlich auch gelang. Damals war die Zeit reif. Unter der

Der ägyptische Staatspräsident Hosni Mubarak und Bruno Kreisky

Drohung des Ölboykotts war das geradezu ein Schulbeispiel dafür, wie materielle Verhältnisse eine politisch-ideologische Haltung verändern können.

Ich habe damals die Führung dieser Mission übernommen. Ich war in fast allen arabischen Staaten, in Abu Dhabi, im Irak, in Syrien, Jordanien, Kuwait, Saudi Arabien und in Ägypten, ich habe mit den Palästinensern gesprochen, ich war in den vier nordafrikanischen Staaten Tunesien, Algerien, Libyen, Marokko und natürlich in Israel. Ich kann nicht sagen, daß ich ein Spezialist für den Nahen Osten bin. Aber in aller Bescheidenheit kann ich doch behaupten, daß ich mehr von den Problemen dieses Raumes weiß, als viele meiner Kollegen in Europa, denn sie haben sich begreiflicherweise mit dieser Frage nicht so ausführlich beschäftigt. Und nun kann ich sogar noch etwas sagen: Es ist ein großer Unterschied, ob man bei einem offiziellen Staatsbesuch zwei, drei Stunden über die eigenen Probleme spricht, oder ob man, wie ich es gemacht habe, zwei, sechs, zehn und sogar 15 Stunden dazu verwendet, um, wie etwa in Ägypten, über die Probleme des dortigen Landes zu sprechen. Wenn man zwei Tage lang ununterbrochen mit den Menschen redet, wenn man Stunde um Stunde Gespräche führt, wie ich es in Saudi Arabien und in Jordanien getan habe, dann lernt man die Menschen und die Probleme ganz anders kennen. Oder anders gesagt, habe ich mindestens einhundert Privatstunden Nachhilfeunterricht in Nahost- und Mittelostpolitik genommen.

In Saudi Arabien war damals nicht mehr König Feisal an der Macht. Seinerzeit hatte mir Feisal ja ausrichten lassen, daß ich als österreichischer Bundeskanzler sehr willkommen wäre, als Führer einer sozialistischen Delegation würde er mich aber nicht gerne sehen. Die neuen Herren Saudi Arabiens dagegen ließen mir sagen, ich wäre willkommen, in welcher Eigenschaft ich auch immer käme. Das deutet schon an, welche großen Veränderungen sich in Saudi Arabien ergeben haben. Von der feindseligen Haltung gegenüber jedem Sozialdemokraten sind die arabischen Staaten zu einer weitaus freundlicheren, objektiveren Position übergegangen. Man darf auch nicht vergessen, daß man, wenn man in diesen Ländern mit Leuten spricht, Kontakte herstellt. So habe ich etwa mit König Hussein von Jordanien stundenlang diskutiert und danach wieder stundenlang mit seinen Ministern hier in Wien, die mich besuchen kamen. Ich habe also eine lebendige Verbindung geschaffen, die sich besonders in wirtschaftlichen Dingen als hervorragend erweist. Natürlich hat das, das leugne ich nicht, auch zu sehr guten Beziehungen zwischen Österreich und den Staaten des Nahen und Mittleren Ostens geführt, obwohl dies keineswegs meine Absicht gewesen war. Heute gelten die Österreicher dort als Freunde. Es hat auch vielfach bei der UNO zu einer Zusammenarbeit geführt und auch dazu, daß ich mit dem algerischen Präsidenten Houari Boumedienne in einem guten Verhältnis stand, so daß ich bei schwierigen Problemen, wie etwa bei der sehr heiklen Geiselaffäre von Schwechat, auf seine Unterstützung rechnen konnte. Es hat sogar dazu geführt, daß mich mit manchen führenden Männern der arabischen Staaten eine sehr tiefe persönliche Freundschaft verbindet, die oft geradezu rührende Züge trägt. Wenn die Araber nämlich zu jemandem Vertrauen haben, so sind sie von einer außerordentlichen Offenheit, Güte und Opferbereitschaft, die verblüffend sein mag. Gerade dies war für mich ein großes Erlebnis, ein Erlebnis, das ich noch dazu in einem späten Teil meines Lebens gehabt habe und das vielleicht gerade deshalb zu den eindrucksvollsten gehört. Dieses Verhältnis ist so frei aller politischen oder sonstigen Schlauheit, plötzlich tritt einem eine sympathische Extrovertiertheit entgegen, die ich immer wieder mit einem Glücksgefühl empfangen habe. Es sind schon die äußeren Formen. Da kommt diese große Umarmung, man hat bei ihr wirklich das Gefühl, da hat niemand eine Waffe in der Hand. Ich könnte fast sagen, daß ich unter den Arabern sehr viel mehr persönliche Freunde habe als unter den Israelis. Aber das ist eben mein Schicksal. Wer sich in dieser Weise einschaltet, muß mit solchen Dingen rechnen. Auf der anderen Seite hatte ich ein ganz anderes, neues Erlebnis. Zwischen einigen israelischen Sozialisten, vor allem in der Mapam, und einigen sehr liberalen Israelis haben sich starke Sympathien und im Laufe der Zeit persönliche Bindungen entwickelt. Dazu gehören auch Militärs, die in vergangenen Kriegen Heerführer waren, aber da will ich keine Namen nennen, ich will niemandem schaden, denn ich weiß, daß Leute, die ich als Freunde bezeichne, von manchen in Israel als Feinde betrachtet werden. Einmal habe ich mich in einem arabischen Staat in einem Palast mitten in der Wüste befunden. Das war eine Situation, wie sie sonst nur in Filmen geschildert wird, und nach einem sehr offenen, umfangreichen Gespräch fragte mich der Scheich, ein sehr weiser Mann, beim Abschied: »Und was kann ich jetzt für Sie tun oder für Ihr Land?« Darauf habe ich geantwortet: »Dies ist keine Reise, die ich für mein Land mache, und ich will diese Gelegenheit nicht mißbrauchen. Es muß genügen, daß ich auch hier als Österreicher anerkannt und nicht nur als Vorsitzender der ›Fact Finding Mission‹ gesehen werde.« Da meinte der Scheich: »Ein Freund, der einem nichts Gutes tut, ist wie ein Feind, der einem nichts Böses tut.« Das zeigt nur, wie sehr man dort erwartet, daß mit einer solchen Mission auch eine Gegenleistung verbunden sein muß. Man war höchst erstaunt, daß eine solche weder verlangt noch erwartet wurde.

Nun, wie das Problem selber gemeistert werden kann, das will ich im einzelnen gar nicht ausführen. Es ist Gegenstand eines Berichts über die internationale Lage in meinem zweiten Memoirenband gewesen. Aber es gibt zwei Punkte, ohne deren Erfüllung man nichts lösen kann. Sicher ist die erste Notwendigkeit die Anerkennung Israels als selbständiger Staat, dessen Menschen auf diesem Territorium, das sie nun einmal haben, in Frieden leben sollen. Zweitens kann man die Frage nicht bewältigen, ohne anzuerkennen, daß es für die Palästinenser genau dasselbe Recht auf einen eigenen, unabhängigen Staat geben muß. Erst wenn sie selber aufzugeben bereit sind und eine Union mit einem anderen Staat schließen wollen, wäre die Frage ei-

Während eines Staatsbesuches bei Scheich Zayed in Abu Dhabi; rechts: Handelsminister Josef Staribacher; 1981

ner Nicht-Existenz eines Palästinenserstaates diskutierbar. Aber das ist ausschließlich eine Sache der Palästinenser und ihres Selbstbestimmungsrechts. Die Israelis haben ihren Staat geschaffen. Sie können jetzt die einzigartige Chance wahrnehmen und den Palästinensern durch eine vernünftige Haltung ermöglichen, einen Staat zu bilden. Es ist der Geschichte zu überlassen, ob sich Juden und Palästinenser in einem Staat finden werden oder ob sich Palästinenser und Jordanier zu einem Staat zusammenschließen. Wichtig ist, daß die Grenze zwischen den beiden Staaten, dem palästinensischen und dem israelischen, offen ist, damit die Menschen miteinander arbeiten können. Das ist gar nicht so illusionär, so utopisch, wie es klingen mag. Es bedarf allerdings eines Territoriums für die Palästinenser, und das kann nur durch den Verzicht Israels auf eroberte Gebiete geschaffen werden. Aber so wie in dem kleinen israelischen Staat nicht alle Juden der Welt Platz finden, so werden in dem kleinen palästinensischen Staat auch nicht alle Palästinenser Platz finden.

Doch es muß für beide die Möglichkeit bestehen, wenn sie es wollen, ihre Identität auf diese Art und Weise zu gewinnen, und zwar, indem sie sich zu diesem Staatswesen bekennen. Das scheint mir eine Lösung zu sein, die jetzt realisierbar ist. Heute gibt es hierfür eine starke Bereitschaft im arabischen Lager, und heute müßte es hierfür die Bereitschaft im Lager der westlichen Demokratien geben und wohl auch in Moskau. Das wichtigste aber dabei ist, daß Israel dies nur dann selbst tun kann, wenn es politisch außerordentlich stark ist. Stimmt es einer solchen Lösung auf die Dauer nicht zu, so wird Israel eines Tages eine belagerte Festung sein wie einst Massada, und es wäre furchtbar gefährlich, würde man heute schon in Israel einen Massada-Komplex entwickeln, also den Komplex, sich in irgendeiner Festung bis zum letzten Blutstropfen zu verteidigen. Und dabei gibt es, meiner Überzeugung nach, heute die große, historische Chance, in diesem Teil der Welt durch Zusammenarbeit das zu erfüllen, was meine Ausgangssituation war, nämlich diesen Teil zu dem entwickeltsten und wohlhabendsten unseres Planeten zu machen. Die ungeheuren Rohstoffquellen dieses Gebietes, die ja nicht nur aus Öl bestehen, denn auch das arabische Territorium birgt noch viele andere Rohstoffe, zusammen mit der hochentwickelten Zivilisation und Technologie und dem Ingenium des israelischen Volkes, das alles würde eine außerordentlich positive Symbiose ergeben.

Nun zurück zu meinen Ausführungen über die Ursachen und Ursprünge des politisch motivierten Terrors: Auch bei der Konstituierung des israelischen Staates kam es zu Terroranschlägen. Unter den damals in Palästina lebenden Zionisten gab es die unterschiedlichsten politischen Richtungen: Es gab demokratische, sozialistische und auch rechtsextreme Zionisten. Unter diesen Zionisten befanden sich einige, die besonders hingebungsvoll den Methoden des politischen Terrors huldigten. Yitzhak Shamir, schon unter Begin Außenminister, gehörte zu den Leuten, die Graf Bernadotte, der als Vermittler nach Israel kam, ermordet haben. (An dieser Stelle möchte ich daran erinnern, daß Graf Bernadotte während der nationalsozialistischen Herrschaft Zehntausende Juden aus dem Konzentrationslager gerettet hat.) Dieses Attentat, dem auch der französische Oberst André Sérot zum Opfer fiel, fand am 16. September 1948 statt. Graf Folke Bernadotte war als Entsandter der Vereinten Nationen damit beauftragt, auf die Durchführung der UN-Resolution von 1947 hinzuwirken. Diese Resolution sah vor, neben einem jüdischen auch einen arabischen Staat in Palästina zu schaffen.

Noch furchtbarer als das Attentat auf Graf Bernadotte war der Anschlag auf das King David Hotel, bei dem 91 Menschen ums Leben kamen, unter ihnen 41 Araber, 28 Briten und 17 Juden. Diese Aktion ging auf das Konto einer Terrorgruppe, die von Begin angeführt wurde. Es gab eine Unzahl solcher Terrorakte in Israel, und wenn sich heute die Israelis besonders häufig gegen mich äußern, weil ich die Palästinenser gewissermaßen in Schutz nehme, dann werfen sie mir die Förderung von Terrorismus vor. Dem muß ich entgegenhalten, daß es bisher keine nationale Befreiungsbewegung gegeben hat, die auf das Mittel des Terrors verzichtet hätte.

In unserer Zeit gibt es noch viele Völker, die um ihre Anerkennung kämpfen, zum Beispiel die Basken, die Kurden und die Armenier. Am wichtigsten scheint mir jedoch das Problem der Palästinenser zu sein. Die Araber Palästinas flohen nach der Gründung des Staates Israel 1948 aus ihrer Heimat. Als die Zionisten den ersten jüdischen Staat in der neueren Geschichte errichteten, ließen sie sich von dem entsetzlichen Schicksal leiten, das die Juden während des »Dritten Reiches« erlitten hatten. Dieser Staat ist ein Produkt der europäischen Verhältnisse, die von Hitler geschaffen wurden. Als man Israel gründete, ging man davon aus, daß dort die Urheimat der Juden zu finden sei und demnach die Vorfahren aller heutigen Juden aus Palästina stammen. In Wirklichkeit sind zahlreiche jüdische Gemeinden in der Welt durch Konversion entstanden, so daß man heute keine ethnische Homogenität unter den Bekennern des mosaischen Glaubens feststellen kann. Die jemenitischen Juden etwa sind den arabischen Jemeniten viel ähnlicher als den Juden Osteuropas. Die jüdische Glaubensgemeinschaft in Äthiopien besteht aus Schwarzen, die allein schon äußerlich zu den heutigen Einwohnern Israels in entschiedenem Gegensatz stehen. Es ist also wissenschaftlich unhaltbar, wenn man die Juden als eine Nation betrachtet. Sie sind ebenso wie die Christen und Moslems eine Gemeinschaft von Gläubigen, deren Vorfahren nicht alle aus dem Heiligen Land stammen, sondern die jüdische Religion vielfach erst angenommen haben. Die Juden haben also kein größeres Recht auf Palästina als die Araber. Diesem Grundsatz entspricht die schon erwähnte UN-Resolution, die einen jüdischen und einen arabischen Staat in Palästina vorsieht. Da Israel sich beharrlich gegen die Errichtung eines Palästinenserstaates ausspricht, wird es mit dem permanenten Terror der Vertriebenen konfrontiert. Solange man in Israel keine ernsthafte Bereitschaft zeigt, eine auch von der PLO akzeptierte Lösung zu suchen, wird der Terror weiter wüten. Und je mehr man dazu neigt, verhandlungsbereite palästinensische Kreise zurückzuweisen, desto härter wird der Kampf werden. Das Ergebnis ist die Fortsetzung des Terrorismus, also das, was die Palästinenser und viele Araber und natürlich auch Muhammar al Gaddafi als permanente Kriegsführung gegen Israel sehen.

Die Uneinigkeit der arabischen Staaten hat ihre Ursache in sehr tiefgehenden Differenzen, und eine volle Übereinstimmung zwischen diesen Ländern hat vor allem demonstrativen Charakter. Aber Demonstrationen sind für Lösungen kontraproduktiv. Natürlich hat diese Frage auch eine nicht unwesentliche ökonomische Seite. In diesem Teil der Welt gibt es eine Art von Arbeitslosigkeit, die sehr verschieden ist von jener, die wir in den Wohlfahrtsstaaten kennen, nämlich einen totalen Subsistenzmangel. Wer sich einer der zahlreichen Terrororganisationen oder einer militärischen Einheit anschließt, für den löst sich dieses Problem wenigstens temporär. In diesem Teil der Welt rollen gewaltige Geldströme in diese Bewegungen und sind eine Ursache dafür, daß man dort nicht zur Ruhe kommt. Dabei soll man aber nicht glauben, daß die radikalen arabischen Regime, zum Beispiel der Iran oder Libyen, die großen Geldgeber sind, sondern es kommen – als Folge von Erpressung und Loskauf – riesige Beträge aus den sogenannten gemäßigten und reichen Staaten. Natürlich gibt es auch hier Mächte, die sich die Kontrolle über die Verteilung dieser Mittel sichern. Anders würde man ja jegliche Kontrolle verlieren. Es ist daher eine große Illusion, zu glauben, daß irgendwo einige wenige sitzen und auf Knopfdruck Terrorwellen auslösen können.

Die Terrorgruppen sind immer unterwegs und bereit; viele nennen auch Abu Nidal, die vielleicht bekannteste Gruppe. Aber die Abu-Nidal-Gruppe nimmt für sich in Anspruch, eine Elite zu sein, der nur eine begrenzte Anzahl von Mitgliedern angehören. Es gibt auch für diese Bewegung Phasen besonderer Attraktivität, und da ist gerade diese Gruppe sehr darauf bedacht, daß die Zahl ihrer Angehörigen eine gewisse Grenze nicht überschreitet. Die in den Demokratien agierenden neo-anarchistischen Gruppen verschaffen sich meistens ihr Geld selbst, so zum Beispiel durch Überfälle auf Banken und Geldinstitute. Bemerkenswert ist in diesem Zusammenhang der OPEC-Überfall, der von einer kombinierten Mannschaft unter dem bekannten lateinamerikanischen Terroristen Carlos durchgeführt wurde. Dieser Überfall hatte, wie sich später herausstellte, überhaupt nichts mit Wien und Niederösterreich zu tun, sondern diente der Geldbeschaffung. Carlos und seine Gruppe verlangten nämlich für jede der zwei Hauptgeiseln – eine von ihnen war der bekannte saudiarabische Minister und führende OPEC-Mann Scheich Yamani, die andere der iranische Ölminister – ein extrem hohes Lösegeld. Das war aber, wie gesagt, ein Terrorakt besonderer Art, der nicht unter der Federführung islamischer Organisationen stattfand.

Viele der scheinbar unüberwindbaren Gegensätze im Nahen Osten könnten aber bei gutem Willen meiner Ansicht nach überwunden werden. Vor Jahren bereits hätten Fortschritte betreffend den berüchtigten Passus über »armed struggle« in der PLO-Charter gemacht werden können. Arafat wäre bereit gewesen, gegenüber einem internationalen Forum auf diesen Passus zu verzichten, wenn Israel gegenüber demselben internationalen Forum die PLO als Vertreterin der Palästinenser anerkannt hätte. Willy Brandt war Zeuge dieses Gesprächs in Wien, das leider keine Ergebnisse gezeitigt hat. Auch Premierminister Shimon Peres hat mir wiederholt Vorschläge zu einer Lösung des Nahostproblems zukommen lassen, die ich mit dem jordanischen Kronprinzen besprochen habe. Der Kronprinz hatte eine Villa in Wien, und ich sah ihn mehrmals im Jahr.

Ich habe auch ein Treffen zwischen Anwar al Sadat und dem damaligen israelischen Oppositionspolitiker Peres in Salzburg arrangiert, bei welchem Sadat erklärte, daß über eine in jede Richtung offene Übergangslösung verhandelt werden könnte. 1977 hat mir Peres vor den Parlamentswahlen in Israel mitteilen lassen, daß er, sollte er die Mehrheit erhalten, die Siedlungstätigkeit stoppen und eine Übergangslösung für die Westbank akzeptieren würde.

Der Status quo hat den syrischen Präsidenten Hafis al Assad so mächtig wie nie zuvor gemacht, und er ist bestrebt, diesen Zustand aufrechtzuerhalten. Assad kontrolliert den Libanon, soweit dieses Land derzeit überhaupt kontrollierbar ist. Er beherrscht einen Teil der palästinensischen Gruppierungen und hat beträchtlichen Einfluß auf Jordanien. Assad wünscht eine palästinensische Lösung. Auch die Rückgabe der Golanhöhen könnte ihn vermutlich nicht zu einer Änderung seines Standpunktes bewegen. Assads Antwort auf die Frage, was er von den Friedensbemühungen König Husseins und PLO-Chef Arafats halte, spricht eine klare Sprache: »Was mit Sadat geschah, wird auch ihnen geschehen.« Vorstellbar wäre, daß Assad allenfalls einer stillschweigenden Abgrenzung der Einflußzonen zustimmt und palästinensische Elemente nach Jordanien abdrängt. Dazu bedürfte es allerdings des richtigen Partners in Israel.

Aber alle Friedensbemühungen müssen die unterschiedliche Mentalität der arabischen Welt berücksichtigen. Der Nahost-Friedensplan des amerikanischen Präsidenten Ronald Reagan und der Fez-Plan sollten genau darauf geprüft werden, welche Bestimmungen einander ähneln, welche Unterschiede allenfalls in Verhandlungen überbrückbar wären und wo die Disparitäten so groß sind, daß neue alternative Wege gesucht werden müssen. Beide Pläne stimmen etwa darin überein, daß die Annektierung arabischen Landes durch Israel als unstatthaft angesehen wird. Unter der Formel »Sicherheit aller Grenzen in der Region« enthält der Fez-Plan außerdem eine eindeutige Anerkennung des Existenzrechtes Israels.

Der damalige Außenminister Leopold Gratz hat mir eine vom inzwischen verstorbenen Gesandten Heribert Tschofen ausgearbeitete Information zur Verfügung gestellt, die ich gerne wiedergeben möchte:

»Die Gegenüberstellung und Analyse der Texte des Fez-Planes einerseits und die Erklärung Reagans andererseits führt zu folgenden Überlegungen:

1. Während die Erklärungen Reagans sowohl inhaltlich als prozedural eine klare Linie mit einer verhältnismäßig geringen Bandbreite (der Interpretation) haben, ist der Plan von Fez in beiden Hinsichten undeutlicher, weil er allgemein und programmatisch formuliert ist. Die Bandbreite der Interpretation ist daher beim Fez-Plan bedeutend größer. Dementsprechend sind die Reagan-Erklärungen und insbesondere die der israelischen Regierung vorher übermittelten Informationen bis in die Einzelheiten artikuliert und ausformuliert, während der Fez-Plan der allgemeine, aber gesamtarabische Nenner ist.
2. Die Gegenüberstellung, die durch diese Ausgangssituation wesentlich erschwert wird, ergibt neben gemeinsamen Elementen oft sehr subtile graduelle Unterschiede, deren politi-

sche Gewichtung in Hinblick auf einen Verhandlungsvorgang große Schwierigkeiten aufwirft. Es ergeben sich auch offensichtliche Gegensätzlichkeiten, denen gegenüber eine nur geringe oder überhaupt nicht vorhandene Flexibilität seitens der Träger der beiden Pläne angenommen werden muß.

3. Berücksichtigt werden muß weiters, daß die beiden Pläne statistische beziehungsweise stabile Aussagen darstellen, die durch den Fluß der politischen Ereignisse modifiziert werden können, oder tatsächlich bereits modifiziert worden sind.
4. In den wichtigsten Teilfragen zeigt der Vergleich folgendes:
   a) Während die Erklärungen Reagans sich grundsätzlich innerhalb des umfassenden Rahmenabkommens von Camp David bewegen und dabei einen präzisen Hinweis enthalten, wie die amerikanische Seite sich den endgültigen Status von Westbank und Gaza vorstellt (und wofür die USA folglich politisch eintreten würden), enthält die Charter von Fez logischerweise keinerlei Hinweis auf Camp David.
   b) Während die Erklärungen Reagans den Rückzug Israels aus den 1967 besetzten Gebieten grundsätzlich als notwendig bezeichnen, das Ausmaß des Rückzuges aber in einen funktionellen Zusammenhang mit dem Sicherheitsbedürfnis Israels bringen und sich dafür aussprechen, daß das Ausmaß des Rückzuges Verhandlungen anheimgestellt werden muß, postuliert die Charter von Fez den vollständigen Rückzug Israels aus den 1967 besetzten Gebieten.
   c) Beide Lösungsvorschläge sehen eine Übergangsregelung vor, deren Natur jedoch sehr unterschiedlich ist. Reagan plädiert für eine volle Autonomie, die den Einwohnern von Westbank und Gaza eine effektive Hoheit über sich selbst und über das Territorium (also Personal- und Territorialautonomie) gibt und lediglich Einschränkungen hinsichtlich des Wasserrechts für notwendig hält, die Charter von Fez schlägt eine zeitlich begrenzte Übergangsverwaltung durch die Vereinten Nationen vor.
   d) Hinsichtlich des endgültigen Status von Westbank und Gaza verlangt Reagan Verhandlungen. Dennoch spricht Reagan eine Präferenz aus, nämlich eine Assoziierung von größeren Teilen der Westbank (Hinweis auf die amerikanischen Vorstellungen betreffend das Ausmaß des israelischen Rückzuges) mit Jordanien, sobald die Übergangsperiode beendet ist, sowie für eine Autonomie auf diesem Gebiet. Die Char-

ter von Fez hingegen verlangt einen unabhängigen palästinensischen Staat, dessen Grenzen nicht ausdrücklich definiert sind. Schlüsse auf die Positionen dieser Grenzen sind jedoch aus der Position ad a) der Charter von Fez möglich: nämlich gesamtes Gebiet von Westbank und Gaza.

e) Reagan spricht sich für ein ungeteiltes Jerusalem aus, hält aber Verhandlungen über den Status der Stadt für notwendig; des weiteren will Reagan der Bevölkerung Ost-Jerusalems (Hinweis auf den Umstand, daß Ost-Jerusalem grundsätzlich zu den 1967 besetzten Gebieten gehört) das Wahlrecht für den Autonomierat betreffend die Übergangsperiode zuerkennen. Die Charter von Fez verlangt die Rückgabe des ›arabischen Al Quds‹, worunter aller Annahme nach Ost-Jerusalem zu verstehen ist, an die arabische Seite. Ost-Jerusalem soll Hauptstadt des palästinensischen Staates werden.

f) Reagan hält einen sofortigen Siedlungsstop für notwendig und würde sich mit Nachdruck dafür einsetzen, allerdings im Gesamtzusammenhang mit seinem Plan. Die Charter von Fez besteht auf der Auflösung aller israelischen Siedlungen, die nach 1967 in den besetzten Gebieten errichtet worden sind.

g) Der Reagan-Plan sieht eine Reihe von nicht taxativ definierten Sicherheitsvorkehrungen vor, welche das Verhandlungsergebnis garantieren sollen. Diese Sicherheitsmaßnahmen sind nach Reagans Vorstellung in den Verhandlungen selbst festzulegen. Der Fez-Plan schlägt vor, daß der Sicherheitsrat Frieden unter allen Staaten der Region, inbegriffen den unabhängigen palästinensischen Staat, garantieren soll.

h) Der Reagan-Plan ändert die Bedingungen für die Anerkennung sowie für Verhandlungen mit der PLO seitens der USA nicht. Daher setzen Anerkennung und Verhandlungen mit der PLO nach wie vor die Akzeptierung der Sicherheitsresolution 242 der PLO voraus. Die Charter von Fez bestätigt das seit dem Gipfeltreffen von Rabat 1974 von arabischer Seite ausgesprochene alleinige und ausschließliche Vertretungsrecht der PLO für die palästinensischen Rechte und Interessen.

i) Vom Rückkehrrecht beziehungsweise dem Recht auf Entschädigung ist im Reagan-Plan nicht ausdrücklich die Rede. Es gilt grundsätzlich die Sicherheitsrats-Resolution 242, welche aber durch die Anerkennung legitimer Rechte des palästinensischen Volkes erweitert wird. Die diesbezügliche Formulierung könnte über Camp David hinausgehen (Camp David spricht zwar von legitimen Interessen der Palästinenser, schränkt aber das Selbstbestimmungsrecht auf eine Teilnahme der Palästinenser daran ein). Der Plan von Fez erwähnt das Rückkehrrecht nicht ausdrücklich, bekräftigt aber die unverjährbaren und unveräußerlichen Rechte des palästinensischen Volkes und das Recht auf Entschädigung für jene Palästinenser, die nicht in ihre ursprünglichen Heimatorte zurückkehren wollen. Daraus ergibt sich, daß ein uneingeschränktes Rückkehrrecht als implizite Forderung angenommen werden muß.«

Friedenspläne für Mittelost

Problem	**Fez-Plan 9. 9. 1982**	**Reagan-Plan 1. 9. 1982**	**Breschnew-Plan 15. 9. 1982**
Grenzen	Rückzug Israels aus allen 1967 besetzten Gebieten einschließlich Jerusalem	Gegenstand der Verhandlungen auf Basis der Resolution 242; keine israelischen Siedlungen als exterritoriale Vorposten	Rückzug Israels aus Westjordanland und dem Gaza-Streifen
Siedlungen	Beseitigung aller seit 1967 errichteten Siedlungen	Siedlungsstop während eines Übergangsprozesses	keine Erwähnung
Palästina-Araber	Selbstbestimmung unter PLO-Führung	Legitime Rechte; Selbstbestimmung über Land und Volk	Rückkehr in die Heimat und Entschädigung
Staat Palästina	Unabhängiger Staat mit der Hauptstadt Jerusalem; in der Übergangszeit UN-Kontrolle für einige Monate	Assoziation mit Jordanien, nicht genau definiert	unabhängiger Plan
PLO	Legitime Vertreterin des »palästinensischen Volkes«	keine Erwähnung	keine Erwähnung
Jerusalem	Hauptstadt des Staates Palästina	verhandlungsfähig; keine neue Teilung	keine Erwähnung
Sicherheit	Sicherheit für alle Staaten inkl. Palästina-Staat; Kontrolle durch den UN-Sicherheitsrat	Gewährleistung der Rechte Israels auf eine sichere Zukunft	Recht aller Staaten auf Sicherheit

Gespräch mit dem PLO-Vorsitzenden Jassir Arafat in Kreiskys Haus auf Mallorca

Ich habe bereits mehrfach vorgeschlagen, daß eine spezielle internationale Kommission, vielleicht eine UNO-Kommission, gebildet wird, die das Mandat haben sollte, einen Kompromißvorschlag auszuarbeiten. Wenn Israel sich anfänglich weigern wird, daran mitzuarbeiten, gilt auch hier: »Les absents ont toujours tort.« (»Die Abwesenden haben immer unrecht.«) Ich bin überzeugt, daß auch Israel dies schließlich einsehen wird. Teilerfolge, wie der Gefangenenaustausch, bei dem ich mitgeholfen habe, zeigen, daß Fortschritt auch im Nahen Osten möglich ist.

Hinsichtlich der Frage »Jerusalem« könnte für die »Hauptstadt Jerusalem« gelten, was für Rom gilt, denn Rom ist ja auch für jeden die Stadt des Katholizismus, wenn er Katholik ist, und es interessiert ihn dabei nicht, daß es die Hauptstadt Italiens ist. Die heiligen Stätten könnten eine Art »exemte« Region darstellen. Der Teil Jerusalems, in dem Palästinenser wohnen, wird unter palästinensische Verwaltung gestellt und von einem eigenen County-Council – etwa wie in London – verwaltet, und dasselbe System könnte auch auf die jüdischen Stadtteile zutreffen. Wenn man überdies den Arabern noch zugesteht, zwischen allen Stadtteilen Jerusalems auch mit arabischen Dokumenten verkehren zu können, würde dies vielleicht eine akzeptable Lösung darstellen.

Ohne Zweifel ist die Palästina-Frage 1988 in Bewegung geraten, aber eine Lösung ist nicht in Sicht. Noch lange nicht. Was sind denn nun die entscheidenden Phasen in diesem mühsamen Prozeß? Einige der kompliziertesten sollen genannt werden.

Am 19. Februar 1988 fand ein Gespräch zwischen Jassir Arafat und mir statt (und ein weiteres Gespräch am 28. Januar 1989 auf Mallorca), bei dem ich ihm die Idee – sie schien mir herangereift zu sein – näherbrachte, weltweit Leute in jüdischen Kreisen für einen Dialog mit der PLO zu suchen. Da es offenbar Schwierigkeiten bereitete, Gesprächspartner in Israel zu finden, müßten sie eben unter prominenten Persönlichkeiten jüdischer Herkunft außerhalb Israels gesucht werden. Es schien mir fast ein Credo zu sein, daß in Israel in weiten Kreisen fast niemand zu einem nüchternen Dialog mit der PLO gefunden werden konnte. Die Situation war festgefahren.

Arafat, den ich in Genf traf und dem ich des langen und breiten diese Idee vortrug, schien sie einzuleuchten. Er sah ein, daß, wenn man hier auf allen Seiten starr bliebe, ein unabsehbares Unglück über die Menschen der gesamten Region kommen würde. Er und seine Berater hörten mir aufmerksam zu, und schließlich gab er mir die Ermächtigung, diese Überlegungen mir befreundeten Kreisen des sogenannten Weltjudentums näherzubringen. Ich mußte die betreffenden Personen selbst ausfindig machen, was vor allem deshalb keine leichte Aufgabe war, weil ich gerade dort seit Jahrzehnten auf Widerstand stoße. Ich erklärte meinen Gesprächspartnern von vornherein, daß ich mich selber nicht für einen solchen Dialog geeignet hielte und es mir recht wäre, wenn es gelänge, alle subjektiven Faktoren auszuklammern.

Es begann eine Zeit fieberhafter Aktivität. Wie sollte man in diesen Zeiten mutige Männer und Frauen finden, die ein solches Risiko auf sich zu nehmen bereit waren? Französische und englische Juden und auch mein österreichischer Freund Karl Kahane konnten für diese Idee gewonnen werden. Einer von ihnen war der bekannte Journalist und Herausgeber des »Nouvel Observateur«, Jean Daniel, und einige sehr vernünftige, wegen ihrer maßvollen Haltung sehr geschätzte amerikanische Persönlichkeiten.

Was mich aber in besonderem Maße verblüffte, war das Phänomen der Dialogbereitschaft bei prominenten Juden außerhalb Israels. Eine nicht zu verkennende Verzweiflung bemächtigte

Karl Kahane und Bruno Kreisky während eines Winterurlaubs; 1981

sich vieler angesichts der Ausweglosigkeit der Lage. Bei manchen Israelis hatte man den Eindruck, daß sie sich in höchstem Maße in Angst und Schrecken versetzt fühlten, hier eine führende Rolle zu übernehmen. Verständlich: Die Fronten in Israel selbst waren erstarrt.

Bereits 1976 hatte ich ein ähnliches Vorhaben mit dem damaligen Präsidenten des Jüdischen Weltkongresses, Nahum Goldmann, besprochen, der mir unter strenger Vertraulichkeit folgendes Schreiben zukommen ließ:

»Paris, 4. April 1976
Sehr geehrter Herr Bundeskanzler!
Ich will Ihnen nochmals herzlich danken für die sehr interessante Unterhaltung und auch das vorzügliche Essen, das mir Ihre Frau Gemahlin geboten hat. (. . .) Ich habe seitdem noch über die Anregung, die Sie eventuell mit Präsident Sadat besprechen wollen, nachgedacht, und möchte Ihnen meine diesbezüglichen Gedanken kurz unterbreiten:

1) Die Einladung sollte an eine Delegation des Jüdischen Weltkongresses gehen oder, was weniger gut wäre, an eine ausgewählte Gruppe führender jüdischer Persönlichkeiten.

2) Ziel der Einladung wäre, die Beziehungen zwischen Arabern und Juden, im Lichte ihrer in vielen Jahrhunderten engen Kooperation und der Notwendigkeit ihres Zusammenlebens im Nahen Osten, in der Form des Staates Israel, zu betonen, und den beiderseitigen Wunsch zum Ausdruck zu bringen, möglichst schnell zu einer Friedensregelung und zum Beginn jüdisch-arabischer Zusammenarbeit zum Aufbau des Nahen Ostens zu gelangen.
3) (. . .)
4) Seitens Sadat müßte eine Erklärung kommen, wonach er seine schon öfters ausgedrückte Überzeugung bestätigt, der arabisch-israelische Konflikt sei auf friedlichem Wege zu lösen und daß, falls eine befriedigende Lösung der territorialen Fragen sowie des Palästina-Problems (. . .) gefunden würde, er bereit sein würde, Israel offiziell anzuerkennen und einen formellen Friedensvertrag zu unterschreiben (. . .).

Sollte das Ganze zustande kommen, so würde es einen Durchbruch darstellen und eine sehr große Wirkung haben, nicht nur in der weltöffentlichen Meinung, sondern vor allem auch in Israel (. . .).

Ich wäre Ihnen dankbar, wenn Sie die Gelegenheit finden würden, das Problem mit Sadat zu besprechen (. . .).

N.B.: Ich bitte Sie, die Angelegenheit streng vertraulich zu behandeln. Jede Mitteilung der Öffentlichkeit darüber würde das ganze Projekt sofort zum Scheitern bringen.«

In der zweiten Hälfte der achtziger Jahre sah es aber so aus, als ob die Absurdität, Terror mit Gegenterror zu beantworten, Schule macht, vor allem in den Vereinigten Staaten, obwohl es auf diese Weise noch nie gelungen ist, Terror aus der Welt zu schaffen. Im Gegenteil: Gegenterror hat immer nur zur Eskalation geführt. In den USA wird Gaddafi für alle Terroranschläge verantwortlich gemacht, so etwa für den Anschlag am Schwechater Flughafen vom 27. Dezember 1985. Wir wissen heute, daß die drei Täter, die den Anschlag verübt haben, bereits am 20. Dezember in Beirut zusammengetroffen waren. Von dort kamen sie über Athen und dann vermutlich über Budapest nach Wien. Ich habe sofort nach dem Anschlag erklärt, daß Gaddafi nach meinen Informationen nicht hinter dieser Aktion steht. Aus den USA wurde verlautbart, man würde Beweise dafür liefern. Diese Beweise ist man bis heute schuldig geblieben. Auch der italienische Außenminister gab damals zu verstehen, daß nichts Konkretes für eine libysche Beteiligung bei den Anschlägen auf die Flughäfen von Wien und Rom sprechen würde und es daher angebracht sei, wieder mit Gaddafi ins Gespräch zu kommen.

Ganz gleich, wie man zu Oberst Gaddafi stehen mag, ich glaube, daß sich in demokratischen Staaten keine Macht das Recht herausnehmen darf, Handlungen durchzuführen, ohne die Konsequenzen zu bedenken. Die Aktion der USA hat Gaddafis Prestige bei den großen Massen Afrikas und Asiens verstärkt, sie hat seiner Reputation genützt, wie mir unlängst in den Golfstaaten gesagt wurde, wo man kein Hehl daraus macht, daß man Gaddafi keineswegs besondere Sympathien entgegenbringt. Dieser Angriff hat bei den Mittelmeerverbündeten der USA Verstimmung hervorgerufen. Eine solche Art des Vorgehens sollte unter Verbündeten nicht Schule machen, weil das dem Bündnissystem der NATO keineswegs zuträglich ist.

Gaddafi selbst ist ein und gilt als Revolutionär. Ich würde ihn als eine Kombination von Robespierre und Saint-Just bezeichnen, zwei Gestalten, die in Amerika vor 200 Jahren ja äußerst populär waren. Außerdem ist er sein eigener Napoleon. Er ist sehr überzeugt von seinem theoretischen Werk, das sich freilich bei näherem Hinsehen als eine mittelmäßige Sammlung von eklektizistischen Versatzstücken erweist. Gaddafi ist kein Fundamentalist. Er hat keine Skrupel, vormalige Verbündete fallenzulassen, wenn ihm dies für seine momentanen Ziele förderlich erscheint. Das Beispiel der Polisario, die er der Union mit Marokko geopfert hat, beweist dies deutlich.

Die libysche Vorgangsweise im Tschad wiederum zeigt, daß Gaddafi bereit ist, kurzfristige Interessen längerfristigen Zielen unterzuordnen. Er äußerte mir gegenüber den Wunsch, sein »standing« bei westlichen Regierungen zu verbessern. Ich sagte zu, mich für ihn zu verwenden, und zwar im Rahmen der Sozialistischen Internationale, da damals bereits praktisch alle Mittelmeerländer unter sozialistischer Führung waren. Als Vorbedingung nannte ich jedoch eine Regelung der Tschadfrage, die eine ernste Belastung für Mitterrand darstellte. In der Folge konnte ich die Ausarbeitung eines Übereinkommens zwischen Frankreich und Libyen vermitteln. Es ist richtig, daß noch heute libysches Kriegsmaterial im Tschad steht. Wichtig in meinen Augen ist jedoch, daß auf Grund des genannten Übereinkommens das Blutvergießen im Tschad ein Ende gefunden hat. Kein französi-

Interview für die israelische Zeitung »Jedioth Ahronoth« (v. l. n. r.): Yitzhak Rabin, Georg Lennkh, der außenpolitische Sekretär des Bundeskanzlers, Eytan Haber und Bruno Kreisky; 27. Juni 1980

scher und kein libyscher Soldat haben seither ihr Leben verloren. Und mit den libyschen Panzern im Tschad wird die Wüste bald auf ihre Art fertig geworden sein.

Gaddafi weiß von mir aus vielen Gesprächen, daß ich ein Mann bin, der sich evolutionären Entwicklungen verschrieben hat, was bedeutet, daß sich Gegensätze zwischen uns nicht leicht überwinden lassen. Aber man braucht, um die Probleme der Weltpolitik wenigstens einigermaßen bewältigen zu wollen, die Erkenntnis, daß sich immer wieder das Phänomen der Gleichzeitigkeit ergeben wird. Zur Zeit, als es in Wien unter Kaiserin Maria Theresia »idyllische Verhältnisse« gab, wurde die Tochter der Kaiserin in Frankreich auf die Guillotine geschickt. Aber in den Vereinigten Staaten ist man voll von Sympathie für die damalige Revolution, weil man sich selbst in einem revolutionären Prozeß befunden hat.

Ich weiß nicht, ob es noch eine Lösung der Probleme im Mittleren Osten geben wird. Wenn man mich frägt, wie ich die Entwicklung des Palästina-Problems sehe, des Nahost-Problems bis zum Jahre 2000, dann glaube ich heute, daß man sich diesem

Ziel eines palästinensischen Staates nur in kleinen Schritten annähern kann. Mir persönlich scheint eine Lösung am gerechtesten, die etwa so aussieht: Daß es einen freien demokratischen israelischen Staat und einen freien palästinensischen Staat gibt, wobei sich beide Staaten in einem gewissen Prozeß einander annähern. Daß man auf diese Weise unter Umständen eine neue Staatsform bilden könnte, die es den Palästinensern erlaubt, aus ihrem Staat frei ins heutige Israel zu wandern und die Gräber ihrer Vorfahren zu besuchen, um es so auszudrücken, man andererseits aber auch den Israelis die Möglichkeit bietet, mit den Bürgern eines selbständigen Palästinas jene wirtschaftlichen Verhältnisse zu schaffen, die es beiden Völkern erlauben, sich anzunähern. Es wird immer wieder geltend gemacht, daß dieser Palästinenser-Staat infolge seiner Kleinheit nicht lebensfähig wäre und daher eine untaugliche Lösung darstelle. Erstens verfügt Israel selber über kein großes Territorium, und zweitens gibt es in vielen Teilen der Welt, nicht zuletzt in der arabischen, relativ kleine Länder. Man könnte einwenden, daß diese Territorien reich an Öl und Gas sind, das für einen Palästinenser-Staat zur Verfügung stehende Land jedoch arm und bar der Rohstoffe ist. Ich glaube nicht, daß das unbedingt ein Argument gegen die Schaffung eines solchen Staates wäre; Palästina würde sicher in hohem Maße die Unterstützung der reichen arabischen Länder finden. Übrigens, auch Israel bedarf der massiven jährlichen Unterstützung der Vereinigten Staaten. Das ergäbe in dieser Region eine phantasievolle Lösung, nach der es zu einer wirtschaftlichen Kooperation der drei in dieser Region dann bestehenden Staaten – Israels, des Palästinenser-Staates und Jordaniens – käme. Eine solche wirtschaftliche Gemeinschaft würde sehr bald aus dieser Region eine fruchtbare und wohlfunktionierende machen.

Für diese Vision habe ich eine konkrete Erfahrung vorzuweisen. Es gibt zwischen Palästinensern und Israelis keine große Kluft, was ihre jeweilige kulturelle Entwicklung betrifft. Die Palästinenser in der sogenannten Diaspora besitzen eine hochintellektuelle Führungsgruppe, die mit jener der Israelis durchaus vergleichbar ist. Das heißt, es gibt nicht jene großen kulturellen Gegensätze, wie es sie unter Umständen zwischen Israel und anderen arabischen Staaten gibt, die vielfach zu stark im Feudalismus verhaftet sind oder noch zu stark Strukturen aufweisen, wie sie eben sehr typisch für arabische Staaten sind. Aber die intellektuelle Reife des palästinensischen Volkes deckt sich fast zur Gänze und in allen Bereichen mit dem intellektuellen Standard, den es in Israel gibt. Ich glaube daher, daß es hier theoretische Voraussetzungen geben würde, aber zuerst müßte die Feindschaft zwischen den beiden überwunden werden. Daß das möglich ist, kann ich an einem europäischen Beispiel erklären. Wenn man in meiner Jugend von Krieg gesprochen hat, meinte man den ewigen Krieg zwischen Frankreich und Deutschland. Es ist heute vollkommen unvorstellbar für einen jungen Menschen, daß es jemals wieder einen Krieg zwischen Frankreich und Deutschland geben könnte. In der Jugend noch älterer Leute hat man, wenn man von Krieg gesprochen hat, den Krieg zwischen England und Amerika gemeint. So hat es mir jedenfalls Philip Noel-Baker, der große Mann der Labour Party, erzählt. Auch dieser Krieg ist undenkbar, und es gibt noch viele Beispiele: zwischen Norwegen und Schweden, zwischen Dänemark und Schweden. Das waren alles Länder, die sich in der Vergangenheit im Krieg befunden haben, oft jahrhundertelang, und heute sind sie Verbündete. Man kann in der Geschichte also Beispiele von Völkern finden, die, in einem unglaublichen Maß verfeindet, eines Tages, wenn sie die gleichen Entwicklungschancen bekommen, zueinander finden können. Aber das ist, wie gesagt, bislang eine Vision.

Diese Beobachtungen sollen nicht mißverstanden werden. Sie verfolgen nicht die Absicht, das Phänomen der terroristischen Aktivitäten zu bagatellisieren oder wegzubeschreiben, sondern sollen durch eine bestimmte Sicht der Zusammenhänge dazu beitragen, daß vielleicht doch eine Chance besteht, die Welt, in der wir leben, eine Spur friedlicher zu machen.

10. Kapitel

Migration, Xenophobie und die Dritte Welt

»Ein Gespenst geht um in Europa.« Diesmal ist es nicht, wie bei Karl Marx und Friedrich Engels, der Kommunismus, sondern die Xenophobie. Heute, im Jahr 1985, leben ungefähr 127.000 jugoslawische und zirka 60.000 türkische Staatsbürger in Österreich. Diese beiden dominierenden Gastarbeitergruppen machten zum Zeitpunkt der letzten Volkszählung im Mai 1981 zusammen 2,5% der Wohnbevölkerung aus. Österreich hat daher im internationalen Vergleich einen relativ geringen Gastarbeiteranteil. 1980 betrug der Ausländeranteil an der Wohnbevölkerung in der Schweiz 14,2%, in Belgien 9,2%, in Frankreich 7,8%, in der BRD 7,2% und in Schweden 5,1%.

Die einen nennen sie »Fremdarbeiter«, die anderen etwas freundlicher, aber das Provisorische dieser Arbeitsverhältnisse unterstreichend »Gastarbeiter«. Dieses Problem hat viele Aspekte; ich möchte mich hier auf einige allgemeine soziologische und psychologische Momente der »Xenophobia« beschränken. »Webster's Dictionary« definiert diesen Begriff als »fear and hatred of strangers or foreigners or anything that is strange or foreign«. In einer Studie des »Institute of Jewish Affairs« in London, die im November 1984 veröffentlicht wurde, wird festgestellt, daß in den letzten Jahren die Vorurteile in Frankreich in signifikanter Weise gestiegen sind. Es handelt sich dabei aber, wie der Bericht festhält, nicht um ein rein französisches Phänomen, sondern es tritt in unterschiedlichen Ausmaßen in den am stärksten entwickelten Ländern Westeuropas auf.

Die Opfer dieser Xenophobie in Frankreich sind Immigranten nordafrikanischer Herkunft und – merkwürdigerweise in einem geringen Ausmaß – die Schwarzafrikaner. Im Augenblick, so die Studie, ist die Proportion der Immigranten zur Bevölkerung nicht wesentlich höher als in den dreißiger Jahren. Gewöhnlich sind die eingewanderten Arbeiter hauptsächlich in weniger qualifizierten Berufen beschäftigt, was zur Folge hat, daß sie einen hohen Grad an Mobilität akzeptieren müssen. Daraus ergibt sich, daß die Immigranten vor allem in jenen Regionen ansässig sind, wo eine große Nachfrage nach manueller Arbeit besteht. Diese ungleiche geographische Verbreitung hat zu zusätzlichen

Spannungen geführt und nicht nur wirtschaftliche Probleme geschaffen, sondern vor allem Schulprobleme.

Für Frankreich gilt dasselbe, was für alle Länder gilt, die eine große Zahl von ausländischen Arbeitskräften beschäftigen, da sie ja de facto bewußt in den Jahren der lang dauernden Prosperität im wahrsten Sinne des Wortes importiert wurden. Es hat sich hier neben einem freien Markt ein – fast möchte ich sagen – freier Arbeitsmarkt entwickelt, ohne daß man sich der sozialen Konsequenzen dieses Problems klar geworden wäre. Die grundsätzlich feindselige Haltung gegenüber jeglicher Art von Planung in der Wirtschaft hat sich auch hier wieder bestätigt, und heute steht man diesem Problem praktisch ohne echtes Konzept gegenüber. Es gibt die heftigsten Debatten in der Öffentlichkeit.

Auf ein internationales Phänomen habe ich bei einer Tagung der »Association Islam and the West« hingewiesen, nämlich daß heute der Islam die drittgrößte Religion Westeuropas ist, was natürlich auch allmählich die islamische Welt, vor allem im Falle einer Weiterentwicklung des Fundamentalismus, zu interessieren beginnt. Auf der anderen Seite wird auch die Tendenz sowohl der Assimilation als auch der Ethnisierung, die es unter den Gastarbeitern geben wird, zu neuen Spannungen führen. Dazu kommt natürlich, was die Assimilation betrifft, das Mißtrauen vieler gegenüber ausländischen Arbeitern in den Industriestaaten, obwohl sie ja mit dem Erwerb der Staatsbürgerschaft eine ganze Reihe von Rechten erhalten.

Die Vorurteile gelten de facto jedenfalls sehr deutlich für die erste Generation. Aber bei der Zählebigkeit solcher Urteile kann das für die nächste Generation auch nicht ausgeschlossen werden. Es dauert lange, bis jene berühmte Gleichheit vor dem Gesetz entsteht, wie sie Anatole France für die Klassengesellschaft in grandios ironischer Weise folgendermaßen formuliert hat: »Das Gesetz in seiner majestätischen Gleichheit verbietet es Armen wie Reichen, unter Brücken zu schlafen, wenn sie obdachlos sind, und zu stehlen, wenn es sie hungert.« Erst die jungen Sozialisten in Frankreich haben echte Bemühungen gezeigt, hier ein Konzept zu entwickeln. Das gilt auch für andere europäische Länder, die fortschrittlich gesinnt sind. Einen schweren Rückschlag hat die Situation der ausländischen Arbeiter aber in jenen Ländern gefunden, die konservative Regierungen haben.

Nun haben sich des »Ausländer-Problems« jene politischen Parteien bemächtigt, die dazu eine negative Haltung haben, besonders deshalb, weil die Arbeitslosigkeit, die es heute in so ausgeprägtem Maße gibt, nicht zurückgeht, wie der »Employment-Report« der OECD 1984 beweist. Dieser Bericht hat eine Arbeitslosenzahl von 30,3 Millionen Menschen trotz beginnender Prosperität prognostiziert und wenig Hoffnung gelassen, daß diese Prosperität zu einer Drosselung der Arbeitslosigkeit führen wird. Unter Umständen wird die Arbeitslosigkeit sogar noch wachsen, wie sich das bereits in Europa gezeigt hat. Das führt zu einer deutlichen Verschlechterung der Lage der ausländischen Arbeiter und natürlich auch dazu, daß die Kriminalität als Folge dieser schweren Krisen wächst. Die Xenophobie hat bereits politische Konsequenzen gezeigt, als im Juni 1984 die kryptofaschistische Partei Jean-Marie Le Pens bei den Europawahlen nicht weniger als 11% der Stimmen erreichen konnte.

Ich möchte an dieser Stelle eine historische Betrachtung einschieben: Als der Faschismus – vor allem der Nazismus – in Deutschland und zum Teil auch in Österreich sichtbare Verbreitung gefunden hatte, war es der Antisemitismus, der neben dem rein Deutschnationalen besondere Bedeutung hatte. Übrigens, wie wenig national Adolf Hitler war, geht aus einem Gespräch hervor, das er einmal mit dem Senatspräsidenten der Freien Stadt Danzig, Hermann Rauschning, führte, der später in einem Buch, als er längst Dissident geworden war, darüber berichtete. Hitler meinte, man müsse ohne zu zögern die deutschsprachigen Südtiroler der Freundschaft mit Mussolini opfern, was später auch durch die Umsiedlung der Südtiroler in das sogenannte »Reich« geschah. Anders war es beim Antisemitismus. Er wurde in der konsequentesten Weise bis zur »Endlösung« weitergeführt. Die Gefahr, die es hier gab, wurde von vielen viel zu spät erkannt und nur als eine Abart jenes latenten Antisemitismus empfunden, den es halt mehr oder weniger überall gab, und man tröstete sich zunächst leicht damit, daß es gar nicht so arg werden würde.

Dieser Antisemitismus mit dieser Mentalität, wonach in der Diktion der Nazis jeder sogenannte Arier ein »Herrenmensch« und jeder Jude ein »Untermensch« war, hat zwangsläufig dazu geführt, daß praktisch alle europäischen Völker vom nazistischen Deutschland unter der Führung Hitlers unterjocht wurden, und es galt das berühmte Wort des italienischen Sozialisten Turati, der uns auf dem großen 2. Internationalen Sozialisten-Kongreß in Wien zurief: »Der Faschismus beginnt als Krieg innerhalb der Nation und führt zum Krieg zwischen den Nationen.«

Und er hat uns noch mehr gesagt: »Ihr, die Ihr hier sitzt im vollen Bewußtsein Eurer Kraft, Eurer Stärke, vergeßt nicht, daß es dieses Gift des Faschismus auch bei Euch gibt! Das sage ich Euch«, erklärte er damals, »als einer der Abgesandten der Niederlage!« Er hat recht behalten, und wir alle, die wir seine Erkenntnisse weitergaben, haben recht behalten. Worauf es mir hier ankommt, ist, daß das letzten Endes auch für die Xenophobie gilt.

Übrigens hat der Nazismus auch eine sehr diffizile Unterscheidung unter den Kapitalisten gemacht. Er sprach vom schaffenden und raffenden Kapitalisten, wobei er unter dem schaffenden denjenigen verstand, der ihm materielle Unterstützung, wie zum Beispiel die deutsche Schwerindustrie, angedeihen ließ.

Xenophobie ist also, wenn man so will, der Antisemitismus unserer Zeit, da ja die Zahl der Juden in vielen Ländern Europas durch die berüchtigte »Endlösung«, durch Vernichtung und Auswanderung allgemein stark gesunken ist. Eine rechtliche Diskriminierung der Juden, indem man sie als Juden kennzeichnet, gab es in Europa meines Wissens nach später nur in der Sowjetunion. Kennzeichnend dafür war der Umstand, daß ein jüdischer Staatsbürger in seinem Paß unter der Rubrik »Nationalität« die Eintragung »Jude« hatte. – In Parenthese möchte ich bemerken, daß keiner der Staaten, die uns seinerzeit so leichtfertig kritisiert haben, weil wir einen Terrorfall ohne Verlust von Menschen gelöst haben, bereit war, die Bürde dieses Transits jüdischer Auswanderer aus der Sowjetunion mit uns zu teilen.

Und nun ein paar Feststellungen zum Problem der Xenophobie, wie sie sich einem aufdrängen, der in die analytische Schule des Austromarxismus gegangen ist. An einem Beispiel läßt sich das verdeutlichen: Im Jänner 1984 wurden streikende nordafrikanische Arbeiter in den Talbot-Werken bei Poissy mit folgenden Worten attackiert: »Schickt sie in die Gaskammern!« Schon im Oktober 1983 wurde mit derselben Primitivität, die für die nazistische Argumentation kennzeichnend war, die Behauptung aufgestellt, daß in Frankreich vier Mächte das Land regieren würden: Marxisten, Protestanten, Freimaurer und Juden. Ich könnte mir durchaus vorstellen, daß diese Fremdenfeindlichkeit eine direkte und indirekte Förderung der bürgerlichen Gruppen findet, denn es muß doch das logische Interesse der Unternehmerschaft sein, die andere Seite so sehr durch Uneinigkeit zu schwächen, daß sie in den Klassenkämpfen der Gegenwart, die eine Normdeklaration gefunden haben und jetzt Verteilungskämpfe heißen, gespalten auftritt. Dafür gibt es heute zwei prägnante Methoden: Die eine ist die Spaltung, die hervorgerufen wird durch die Krise der arbeitenden und nichtarbeitenden Arbeiter, die natürlich das Klassenbewußtsein dieser beiden Gruppen stark beeinflußt, weil eben – um bei einem Wort von Karl Marx zu bleiben – ihr gesellschaftliches Sein ihr Bewußtsein bestimmt. Und neuerdings kommt eine zweite Methode hinzu, die es in der österreichisch-ungarischen Monarchie schon einmal gegeben hat, nämlich eine beträchtliche Xenophobie unter den Arbeitenden selbst. Mir erscheint Xenophobie als ein soziales Laster unserer Zeit, soweit es die Arbeiterschaft betrifft, und es würde eines Ferdinand Lassalle bedürfen, welcher der Arbeiterschaft zuruft: »Es ziemen Euch nicht die Laster der Unterdrücker.«

Hier ist also eine beträchtliche Erziehungsarbeit zu leisten, der sich zum Beispiel der deutsche Gewerkschaftsbund in vorbildlicher Weise, wenn auch in den Betrieben nicht immer voll beachtet, unterzogen hat. Er hat sich in dieser Frage mit den Kirchen zusammengetan, und es kam im Bereich der Ausländerpolitik zu einer weitgehenden Übereinstimmung zwischen den beiden Partnern. Es haben sich weitere Bündnispartner gefunden, sogar innerhalb der gegenwärtigen Regierungskoalition. Zwischen Christdemokraten und Freien Demokraten gibt es abweichende ausländerpolitische Optionen. Der deutsche Gewerkschaftsbund tritt also der gegenwärtigen konservativen Regierung mit großer Entschiedenheit entgegen und stellt sich in seiner Aufklärungsarbeit folgende Aufgaben: Information über die aktuelle ausländerpolitische Situation, wobei den deutschen Arbeitern die ungesicherte soziale und rechtliche Lage der ausländischen Arbeitnehmer zu erklären ist; Information über die Nachteile, die sich aus der Abwanderung ausländischer Arbeitnehmer für die deutschen Kollegen ergeben: Leistungsverdichtung, unerwünschte innerbetriebliche Umstrukturierungen und Umsetzungen, Stop der Frühverrentung und Eindämmung der gewerkschaftlichen Kampfkraft. Den ausländischen Kollegen, Männern und Frauen, ist Aufklärung darüber zu geben, wann sie die wenige Macht, die ihnen bisher zugestanden wurde, tatsächlich wahrnehmen können. Einzubeziehen sind hier wiederum die deutschen Betriebsfunktionäre, um sie in die Lage zu versetzen, als erster Ansprechpartner ausländischer Kollegen tätig zu werden. In dem Bericht des deutschen Gewerkschaftsbundes werden eine Reihe von konkreten Fragen behandelt, unter anderem die »Konstituierung auf Dauer angelegter deutsch-ausländischer Arbeitszusammenhänge.« Deutsch-ausländische Arbeitskreise wären zu schaffen, um große Multiplikatoren heranzuziehen, und zwar sowohl bei der inländischen Mehrheit als auch bei den ausländischen Minderheiten in den Betrieben, in den Arbeiterwohnbezirken, in der örtlichen Bildungsarbeit. Das Ziel dieser Arbeitskreise ist es, die Berührungsängste zu überwinden, die Kräfte der arbeitenden Menschen zu bündeln und konkrete Kontakte mit den Organisationen ausländischer Arbeiter herzustellen. Ich habe bisher nirgendwo sonst derartig konkrete Vorschläge gefunden.

In Österreich war 1985 die Entwicklung nicht hundertprozentig befriedigend, aber deutlich entgegengesetzt jenen Tendenzen, die es im konservativ regierten Deutschland gab. Xenophobie ist hier auch nicht so entwickelt wie in Frankreich. Vor allem gibt es ein doch sehr starkes Solidaritätsgefühl zwischen in- und ausländischen Arbeitern im Betrieb selbst. Der ausländische Kollege des österreichischen Arbeiters beschwert sich nicht über mangelnde Solidarität im Betrieb. Ich habe oft erlebt, daß sich Betriebsräte für ihre ausländischen Kollegen trotz Gefährdung aller Arbeitsplätze sehr heftig eingesetzt haben. Überhaupt haben wir die Erfahrung gemacht, daß ausländische Arbeitnehmer auch dann, wenn sie arbeitslos wurden, auf Grund der erfolgten Familienzusammenführung im Land blieben. Natürlich gibt es infolge des Umstandes, daß Österreich ebenfalls von der Weltwirtschaftskrise bedroht wurde – wenn auch in deutlich geringerem Maße –, auch hier Arbeitslosigkeit.

Zudem gab es in den siebziger und frühen achtziger Jahren in Österreich noch weniger religiöse Probleme, weil die Mehrheit der ausländischen Arbeiter Jugoslawen waren. Auch sonst gibt es eine Reihe von administrativen Bestimmungen, die das Leben der Ausländer in Österreich etwas leichter machen, als das in Deutschland der Fall ist. Dennoch wurden in einer Studie über die ausländischen Arbeitskräfte in Österreich, die im Auftrag des Bundesministeriums für soziale Verwaltung vom Institut für Höhere Studien in Wien im Dezember 1984 herausgegeben wurde, Forderungen erhoben, um die Lage der ausländischen Arbeitskräfte wesentlich zu verbessern, wobei es im nationalen österreichischen Interesse liegt, den Ausländern, die bereits Kinder haben, die hier in die Schule gehen, die Möglichkeit

Plakat der Bundesregierung gegen Ausländerfeindlichkeit und Fremdenhaß unter bewußter Anspielung auf den »Schmelztiegel« der österreichisch-ungarischen Monarchie

zur Integration zu geben. Österreich würde damit nur einen Integrationsprozeß erneuern, den es in der Monarchie vor allem bezüglich der tschechischen und slowakischen Einwanderer nach Wien und in die anderen österreichischen Bundesländer bereits gegeben hat. Dieser Staat war ja mit seinen vielen Nationalitäten ein echter »melting pot«. Die Großväter vieler, heute unbestrittenermaßen Österreicher waren Tschechen, Slowenen, Ungarn, Italiener, Südslawen und Polen. Ich will damit aber nicht den Eindruck erwecken, daß wir gegenüber den österreichischen Minderheiten immer jene Großzügigkeit aufgebracht hätten, auf die Minderheiten, nach fortschrittlichen völkerrechtlichen Vorstellungen, eben ein Recht haben. Der Umstand, daß vor allem Wien ein Schmelztiegel für die zur österreichischen Monarchie gehörenden Völker war, hat zum Beispiel nicht verhindert, daß einige geglaubt haben, besonders aktive Nazis sein zu müssen. Wir erleben auch heute noch in Kärnten und im Burgenland, wie die Trennungslinien zwischen verschiedenen Volksgruppen oftmals direkt durch die Familie gehen.

Ich selbst habe mich während meiner Zeit als Bundeskanzler bemüht, die Minderheitenverpflichtungen im österreichischen Staatsvertrag zu erfüllen. Noch zur Zeit der Großen Koalition wurde ich 1952 das erste Mal mit Schulproblemen in Kärnten konfrontiert, als ich Bundespräsident Theodor Körner in meiner Eigenschaft als Kabinettsvizedirektor begleitete. Kärnten besaß damals in der Person von Ferdinand Wedenig einen außerordentlich minderheitenfreundlichen Landeshauptmann. Wenn auch meiner Meinung nach nirgends die direkte Verpflichtung zur Errichtung eines slowenischen Gymnasiums bestand, so war es selbstverständlich, daß Österreich für ein solches Gymnasium eintrat. Der spätere Bau dieser Mittelschule hat damals dazu geführt, daß das slowenische Gymnasium, das ich viel später besuchte, zu einem der modernsten Schulbauten Kärntens gehörte. Die slowenische Minderheit war allerdings mit derartigen Zugeständnissen nicht zufrieden, deshalb wurden immer wieder in großer Zahl Besprechungen im Bundeskanzleramt einberufen, um sich mit den Minderheitenproblemen zu befassen. Es wurden auch verschiedene Fortschritte erzielt, wenngleich ich mir im klaren war, daß es illusionär wäre, von den Vertretern der Minderheit eine Endfertigungserklärung zu erhalten. Es ergab sich schließlich eine Drei-Parteien-Lösung, ohne daß damit aber eine Minderheiten-Feststellung in irgendeiner Form erfolgt wäre. Rückblickend verstehe ich heute, daß diese Minderheiten-Feststellung von der slowenischen Minderheit sehr negativ aufgenommen wurde, da man sich ja der Tatsache bewußt war, daß dadurch das Slowenenproblem emotionalisiert wurde. Mir persönlich hat immer eine Haltung vorgeschwebt, wie sie von großzügigen Nationen praktiziert wurde.

An dieser Stelle möchte ich zu einer weiteren Frage Stellung nehmen, die mit der Migrationsfrage, aber auch der Fremdenfeindlichkeit zusammenhängt und uns in Europa gleichermaßen beschäftigt wie jene Probleme, die aus anderen Kontinenten zu uns kommen. Wir sprechen vom Nord-Süd-Dialog. Zu glauben, daß es sich hier nur – wie oft der Eindruck entsteht – um eine Konfrontation zwischen den Industriestaaten und den in Entwicklung befindlichen Staaten handelt, wäre sehr vereinfachend. Auch innerhalb der Industrienationen gibt es für diesen Dialog verschiedene Auffassungen, je nach politischem Standort der Regierungen. Es mag schon sein, daß hier seitens der Industriestaaten allzusehr der Eindruck einer in allem und jedem entschlossenen Einheitlichkeit vermittelt wird, aber wir sehen die Probleme schon sehr verschieden, je nach unserem politischen Standort. Ich bin der Meinung, daß diesem Dialog etwas fehlt, nämlich das »Grand Design«, der große Entwurf, der ein stark ausgeprägtes Verantwortungsbewußtsein und ein Gefühl für internationale Solidarität als ideelle Grundlage hat. Daraus müßte sich das weitere ergeben.

In den Vereinten Nationen sind verschiedene Vorschläge über die wirtschaftliche Zusammenarbeit gemacht worden. Es kann kein Zweifel darüber bestehen, daß wirtschaftliche Fragen eben nicht losgelöst von grundsätzlichen politischen Ansichten gesehen werden können. Sie werden in jenem Maß Zustimmung finden, in dem sie mit der politischen Philosophie der Adressaten in Einklang stehen. Sicher, viele der hier gemachten Vorschläge haben etwas Bestechendes an sich und sind vom Standpunkt der in wirtschaftlicher Entwicklung befindlichen Staaten nicht nur nützlich, sondern dringend erforderlich. Auf der anderen Seite muß man aber auch auf die reale Situation Bedacht nehmen, mit der wir konfrontiert sind. Das wirtschaftliche Denken ist nur sehr selten durch Überlegungen beeinflußt, die sich aus der Verpflichtung zur internationalen Solidarität ergeben. Diese Feststellung mag vielen von uns keine Freude machen, auch mir nicht, aber so ist nun einmal der Lauf der Welt.

Einmal hat mein sehr vertrauter Freund, der Präsident von Mexiko, López Portillo, Vorschläge zu diesem Problem unterbreitet. In einer Rede vor den Vereinten Nationen hat der Präsident der Republik Kuba, Fidel Castro, ein globales Entwicklungsprogramm vorgeschlagen – ein sehr teures, wie ich höre. Noch viel früher sind Vorschläge, unter anderem vom verstorbenen Präsidenten Algeriens, Houari Boumedienne, für eine neue Weltwirtschaftsordnung gemacht worden. Zuletzt hat es eine Kommission außerhalb dieses Kreises gegeben, an deren Spitze der ehemalige deutsche Bundeskanzler Willy Brandt stand und der bedeutende Persönlichkeiten aus dem Bereich des Südens und des Nordens angehören, die ihre Arbeit nun beendet und eine Reihe von sehr wichtigen und beachtenswerten Vorschlägen gemacht hat. Am realistischsten wird man sich diesen Problemen nähern, wenn man versucht, eine Synthese aus allen Plänen und Ideen, die es hier gibt, unter Bedachtnahme auf das schon Bestehende herbeizuführen. Dabei soll nicht übersehen werden, daß seitens der Vereinigten Staaten und vieler Industriestaaten bereits sehr beachtliche Mittel für Entwicklungshilfe zur Verfügung gestellt wurden. In den sechziger und siebziger Jahren haben die im Rahmen der OECD organisierten Industriestaaten Ressourcen von mehr als 350 Milliarden Dollar in die Entwicklungsländer geleitet.

Es wird nicht leicht sein, die Kluft zwischen den verschiedenen, mehr oder weniger ideologisch motivierten Programmen zu überbrücken. Ich bin weit davon entfernt, einen Vorschlag für eine neue UN-Institution zu machen, denn ich glaube, daß diese Arbeit am besten von den schon bestehenden erfüllt werden könnte.

Ich möchte hier auf einige Ideen eingehen, die ich schon vor Jahrzehnten zu entwickeln begonnen habe, und zwar unter dem Eindruck des großartigen Beitrages, den das Volk der Vereinigten Staaten zum wirtschaftlichen Wiederaufbau des total zerstörten europäischen Kontinents geleistet hat. Es hat sich in Wirklichkeit damals um einen Akt großer Solidarität des amerikanischen Volkes mit den Völkern Europas gehandelt, wobei jedes Volk ohne Unterschied seines Gesellschaftssystems eingeladen war, daran teilzunehmen. Ich stehe hier als Kronzeuge dafür, daß diese Hilfe ohne jede Einschränkung politischer Art gegeben wurde. Natürlich läßt sich ein solches Modell nicht ohne Modifizierung auf einen ganz anders gearteten Bereich übertragen, aber einige der Ideen sind sicher auch heute noch gültig.

Als Beispiel sei die Gewährung von Hilfe in Form von Krediten genannt, deren Rückflüsse jedoch dem Lande, dem die Hilfe zuteil wird, zur Wiederverwendung verbleiben. Dies ist übrigens in Österreich geschehen, und es ist einer der Gründe, warum die österreichische Bundesregierung in den letzten Jahren und auch heute noch eine recht erfolgreiche Investitionspolitik betreiben konnte beziehungsweise kann.

Woran ich denke, ist das großartige historische Beispiel des Marshall-Plans, wodurch es die Vereinigten Staaten den europäischen Staaten nach dem Krieg ermöglicht haben, sich vom wirtschaftlichen Ruin zu erholen und neue Industrien aufzubauen. Ich vertrete den Standpunkt, daß die wirtschaftliche und politische Kooperation nur dann möglich ist, wenn die Industriestaaten helfen, durch eine große gemeinsame Aktion die Infrastruktur in den in Entwicklung begriffenen Staaten aufzubauen, wobei wir die Infrastruktur im weitesten Sinne meinen. Sie muß vom Aufbau eines subkontinentalen Eisenbahnwesens bis zum Ausbau des Fernmeldewesens reichen.

So klar ich mir darüber bin, daß die Finanzierung eines solchen Plans vor allem durch die Industriestaaten erfolgen sollte, so könnte ich mir doch vorstellen, daß hier auch eine finanzielle Beteiligung seitens jener Länder erfolgt, die über beträchtliche Einnahmen aus dem Verkauf von Erdöl verfügen. Ich möchte dabei ausdrücklich klarstellen, daß es sich hier um eine Beteiligung und nicht nur um eine Finanzierung handeln würde.

Ich sehe in einer großen multilateralen Aktion zwischen dem Norden und dem Süden eine Chance, und zwar dann, wenn man bereit ist, den seinerzeitigen österreichischen Vorschlag für ein Programm zur Verbesserung der Infrastruktur und der wirtschaftlichen Basis der Entwicklungsländer auf dem Nord-Süd-Gipfel in Cancún 1981 aufzugreifen. Die Finanzierung eines solchen Plans sollte durch Schenkungen in Höhe von etwa 100 Milliarden US-Dollar und Kredite zu weichen Bedingungen im selben Ausmaß, aufgeteilt auf 15 Jahre, erfolgen. Pro Jahr wären demnach etwa 14 Milliarden US-Dollar zum Einsatz gekommen. Dieser Betrag müßte aber heute erhöht werden und die Inflationsraten in den westlichen Industrieländern seither berücksichtigen. Dies wäre eine große Chance, die wirtschaftliche Umstrukturierung der modernen Industrieländer weniger schmerzhaft für Millionen, vor allem für junge Menschen, zu machen, als das heute der Fall ist.

Zu einem anderen Problem, das in den letzten Jahrzehnten wieder Bedeutung erlangt hat, jenem der Flüchtlinge, will ich nur so viel sagen: Ich war selbst während langer Zeit ein doppelter Flüchtling. Erstens wegen meiner politischen Tätigkeit in Österreich für die verbotene Sozialdemokratische Partei, und ich habe somit die seltene Ehre, einer der wenigen Regierungschefs Europas gewesen zu sein, die wegen Hochverrats rechtskräftig verurteilt wurden. Zweitens war ich in der Nazi-Diktatur eine Zeitlang Häftling der Gestapo und wurde später gezwungen, auf Grund meiner Abstammung das Land zu verlassen. Meine eigenen Erfahrungen waren sicher nicht allein ausschlaggebend für die sehr offene Flüchtlingspolitik Österreichs. Es waren vor allem die Ereignisse in Ungarn und der Tschechoslowakei, welche die gesamte Bundesregierung zu dieser Politik bewogen haben. Mir schwebte immer vor, daß Österreich für sich in der Flüchtlingsfrage eine Rolle beanspruchen soll, wie sie die Schweiz durch das Wirken des Roten Kreuzes erlangt hat.

Ich will als Zeitzeuge dafür auftreten, daß Xenophobie, ich wiederhole es, ein Laster dieser Zeit ist, das letzten Endes die nationalen Arbeiterklassen der europäischen Staaten sehr teuer zu bezahlen haben werden. Deshalb ist es vor allem die Aufgabe sozialdemokratischer Funktionäre, entsprechend den Grundprinzipien der internationalen Solidarität, gegen sie anzutreten. Sie müssen sich dazu Bundesgenossen suchen und sie dort finden, wo immer Menschen bereit sind, gegen Xenophobie aufzutreten und gegen sie zu kämpfen, aus welchen Motiven auch immer. Willy Brandt, Andreas Papandreou und ich, um nur einige zu nennen, haben unseren Gastländern gegenüber große Sympathien bewahrt, mit vielen praktischen Konsequenzen, weil wir in diesen Ländern eine freundliche und gute Aufnahme gefunden haben. Das Gleichheitsprinzip aber fordert, daß das, was uns zuteil wurde, auch jenen unter uns zuteil wird, die sich nicht auf lichten Höhen befinden.

11. Kapitel

Zur Vergangenheit Österreichs und zur Bewältigung der Zukunft

Wir Sozialisten können uns nicht nur mit den »schlechten Charaktereigenschaften« der Menschen der Jahre 1933/34–1938–1945 beschäftigen, wir müssen auch erkennen, wie und wodurch sie entstanden sind. Jahrelange Arbeitslosigkeit, furchtbare Not, unbeschreibliches Elend sind kein Nährboden für gute Charaktereigenschaften. Nur die wenigsten können da bestehen. Zu all dem kam der Zorn über das Regime einer privilegierten Minderheit und die Aussichtslosigkeit angesichts der faschistischen Mächte an unseren Grenzen. So gab es viele – ich kenne selber einige –, die eigentlich froh waren, daß sie ein paar Nachbarn loswurden, denn sie meinten: »Na, so wird's wenigstens Arbeit geben.« Die Menschen, die damals so dachten, wurden furchtbar enttäuscht.

Vielleicht sollte man eine weitere Lehre aus der Geschichte dieser Zeit, die wir »Alten« großteils selber miterlebt haben, ziehen: Als der Nazismus die Macht in Österreich ergriff, verkündete er die Vernichtung der österreichischen Juden. Es gab viele, die meinten, es gälte ja »nur« den Juden. Sie beteiligten sich nicht selber daran. Aber es begann mit den österreichischen Juden und endete mit Hunderttausenden toten Österreichern auf den Schlachtfeldern des Krieges. Bei jedem Regime, das die Vernichtung von Menschen auf seine Fahnen schreibt, ihre Diskriminierung, ihre Unterdrückung, ist das nur der Anfang. Das muß man wissen. Das muß heute eine Lehre sein.

Im alten Österreich wurden zahlreiche große Werke, Eisenwerke, Kohlenbergwerke, Werke im Bereich der Textilindustrie, von Männern jüdischer Herkunft erschlossen und ausgebaut. Auch die ersten Eisenbahnbauten wurden von ihnen errichtet, und so wurde der aufkommende Industrialismus, der aufkommende Kapitalismus mit ihnen identifiziert. Sie hat man vor allem gesehen und nicht die Hunderttausenden, entsetzlich armen Juden aus dem damals zu Österreich gehörenden Polen, nicht die kleinen Angestellten, die übrigens zu denen gehörten, die sich neben den Metall- und Bergarbeitern und Buchdruckern die ersten schlagkräftigen Gewerkschaften geschaffen haben.

Sehr radikale Töne wurden bereits von Dr. Karl Lueger angeschlagen, etwa Formulierungen wie: »Unentwegter Kampf gegen das mit Hilfe der Verbreitung des Judentums international organisierte Großkapital.« Der christlichsoziale Lueger und der deutschnationale Schönerer kämpften gegen die »Judenpartei«, wie sie damals die Sozialdemokratie unter Victor Adler nannten, obwohl sie sich alle drei in ihrer Jugend als überzeugte Demokraten sehr nahegestanden waren. Schönerer und Lueger trennte vor allem der Umstand, daß Lueger der Führer einer österreichisch-klerikalen Partei war, während Schönerer eine deutschnationale und antiklerikale Partei anführte. Und im Jahr 1894 war der Antisemitismus in Österreich bereits so stark, daß sich sogar die Kirchenfürsten entschlossen, einen Hirtenbrief dagegen zu erlassen.

1887 nahm Victor Adler zum Antisemitismus Stellung. Er versuchte, die sozialen und ökonomischen Wurzeln aufzudekken, zeigte, wie es dazu kam, und sagte wörtlich, »daß sich relativ große Reichtümer in den Händen eines selbstverständlich kleinen Bruchteils befinden«. Aber er hielt fest, »daß die große Masse der Juden bei allen Völkern (. . .) dem Proletariat an(gehört). Das jüdische Proletariat ist geistig und körperlich vielleicht das verelendste.« Er schilderte, wie sehr die gesellschaftlichen Zusammenhänge durch den Antisemitismus verdunkelt wurden, wie sehr schließlich von ihm der Kapitalismus als solcher profitierte, weil man einen Unterschied machte zwischen der relativ kleinen Zahl jüdischer Kapitalisten und der großen Zahl nichtjüdischer überall draußen in der Welt. Allerdings mußte er auf dem Parteitag 1898 traurig erkennen, »daß der letzte Antisemit erst mit dem letzten Juden aussterben werde«.

Übrigens: Charakteristisch für die Richtung, die damals die Partei Luegers einnahm, ist eine Episode, die Alexander Spitzmüller, ein hoher Beamter aus dem alten Österreich, in seinen Memoiren erzählt. Er schrieb ein Buch, dem er den Titel »Und hat auch Ursach', es zu lieben« gab und meinte damit Österreich. Lueger sagte also zu Spitzmüller: »Ja, wissen S', der Antisemitismus ist a sehr gutes Agitationsmittel, um in der Politik hinaufzukommen; wenn man aber amal oben ist, kann man ihn nimmer brauchen, denn dös is a Pöbelsport!«

Hitler selbst bekennt in »Mein Kampf« seine Bewunderung für Lueger und erwähnt auch, daß dieser sein Lehrmeister war. Und was seinerzeit als ein billiges politisches Lockmittel fungierte, wurde später und unter Hitler zu dem größten Massenmord der modernen Geschichte. Es wäre heute, da diese Frage eine starke Aktualisierung erfahren hat, eine sehr ungerechte Betrachtung unserer eigenen Geschichte gegenüber, würden wir nicht erkennen, daß es dieses Problem auch einmal innerhalb der Sozialdemokratie gegeben hat.

Und so möchte ich auch von mir aus einen Beitrag leisten, schon deshalb, weil ich zum einen nicht den Eindruck vermitteln will, daß ich aus Opportunismus schweige, und zum anderen, daß ich glauben würde, die Antisemiten wären schon wieder stark. Man muß historisch sehr wohl unterscheiden zwischen dem, was sinnloser und primitiver Haß war, und dem, was die Menschen durch die gesellschaftlichen Umstände zu dieser Haltung verführte. Will man das Problem des Antisemitismus wirklich erkennen, will man ihm wirklich beikommen, kann hier weder Nationalismus noch Chauvinismus helfen, auch nicht der jüdischer Provenienz; es bedarf vielmehr der nüchternen Erkenntnis seiner Ursachen und unserer Anstrengungen, sie zu überwinden.

Wer wie ich erlebt hat, wie für Hunderttausende in Österreich und für Millionen in Deutschland am Anfang dieser düsteren Entwicklung die Not und das Elend der Weltwirtschaftskrise standen, wer um die Verzweiflung der Menschen dieser Zeit und ihre Hilflosigkeit wußte, der weiß auch, wie es kam. Man vergißt immer wieder, daß es ein Jahrzehnt dauerte, bis es soweit war, daß sich die Menschen den falschen Führern zugesellten und ihnen blind folgten: Sie haben ihnen Arbeit und eine bessere Ordnung versprochen. Bei uns in Österreich kam noch dieses klägliche Zwischenspiel des Austrofaschismus hinzu, das die Menschen nur noch stärker dem Nationalsozialismus zutrieb. Der unmittelbare Gegner, der auf uns Sozialdemokraten schoß, der uns vernichtete, gegen den wir kämpften, das waren die Kleriko-Faschisten. Das erklärt auch, warum die Österreicher eine so zwiespältige Haltung eingenommen haben, bis in unsere Zeit.

Ich wurde sehr heftig angegriffen, weil ich mich – formal, wie ich glaube, richtig – 1975 hinter den Parteiführer der Freiheitlichen, Friedrich Peter, gestellt habe. Formal war meine Argumentation die, daß die Leute sagen können, was sie wollen; er hat einer Einheit angehört, die sicher einen furchtbaren Einsatz geleistet hat, aber ich muß mich auf den Rechtsstandpunkt stellen, daß, solange es niemanden gibt, der ihm konkret die Beteiligung an diesen Greueln nachweisen kann, für ihn die Unschuldsvermutung gilt. Ich will nicht von vornherein Personen freisprechen, aber ich will sie auch nicht von vornherein verurteilen, weil ich auf den Rechtsgrundsatz, daß eine Schuld erwiesen sein muß, nicht verzichten kann. Denn wenn man das nur ein Mal mißachtet, dann läuft man Gefahr, daß es das andere Mal auch mißachtet wird. Gewisse Rechtsprinzipien gehören einfach zur demokratischen Gesellschaft. Wir sind ja auch nicht deshalb für die Demokratie, weil wir sie als Motor der Entwicklung, als Grundlage der Entwicklung betrachten, sondern wir müssen die Demokratie auch als ein Maximum an Gerechtigkeit gewährleisten, als ein Maximum an Rechtsstaatlichkeit. Das ist zugleich eine Garantie für den einzelnen, die wirksamste, die es für den einzelnen gibt.

Und schließlich glaube ich auch sehr viel mehr an die überzeugende Kraft einer gewissen Versöhnlichkeit als daran, was man den alttestamentarischen Haß nennt. Ich glaube, daß ich durch mein Wirken mehr Menschen von der Schädlichkeit des Antisemitismus überzeugen konnte. Schließlich meinte ich, daß jetzt die beteiligten Leute aus dieser Einheit gesucht würden, daß es ununterbrochen Prozesse gäbe, aber es gab niemanden, der gegen Friedrich Peter Material hatte, das mehr bewiesen hätte, als daß er zu dieser Einheit gehört hatte. Es kamen ununterbrochen Zeugenaussagen, und der berühmte Staatsanwalt in Ludwigsburg, der alle diese Naziverbrecher registriert, erklärte, bei Peter würde das ein Kinderspiel sein, in 14 Tagen wäre alles Beweismaterial beisammen. Es gibt bis heute kein Beweismaterial, und das hat zum Streit geführt mit Wiesenthal. Simon Wiesenthal selbst ist mir persönlich ganz gleichgültig. Ich bin ihm, glaube ich, auch nie persönlich begegnet. Vielleicht im Wartezimmer eines Arztes einmal, ich weiß es gar nicht. Mir war aber nicht sympathisch, daß da jemand seine ganze persönliche Existenz und Reputation auf die Verfolgung der Kriegsverbrecher aufbaut, das wurde dann ja fast zu einem Beruf. Dazu kam noch, daß ihm der Ruhm zuteil wurde, er hätte Eichmann aufgestöbert. Das bestreitet der israelische Geheimdienst; in seinen Publikationen kommt Wiesenthal gar nicht oder fast nicht vor.

1970 hatte Simon Wiesenthal Informationen an Zeitungen übergeben – unter anderem an »Der Spiegel« –, die nachweisen sollten, daß vier Mitglieder der SPÖ-Minderheitsregierung ehemalige Angehörige der NSDAP waren. Besonders kritisiert wurde aber, daß Landwirtschaftsminister Dr. Johann Öllinger der SS angehört hatte. Zur historischen Dokumentation möchte ich an dieser Stelle aus einem Interview mit Franz Kreuzer zitieren:

Kreuzer: »Herr Bundeskanzler, die Angriffe gegen Landwirtschaftsminister Öllinger haben sich in den letzten Tagen kampagneartig verstärkt. Man wirft ihm vor, daß er vor 1940 bei der SS war. Glauben Sie, daß Sie auf Grund dieser Angriffe Ihr Kabinett überprüfen müssen, oder stehen Sie voll und ganz hinter Dr. Öllinger?«

Kreisky: »Ich stehe nicht nur voll und ganz hinter Dr. Öllinger, sondern stehe sogar in dieser Kampagne vor ihm, schützend vor ihm. Und ich möchte das begründen: Ich selber weiß allzu gut, wie es in Österreich in den dreißiger Jahren ausgesehen hat. Ich kann mich sehr gut an diese Zeit erinnern, denn in den Gefängnissen zwischen 1934 und 1938 waren Sozialdemokraten, waren Kommunisten und auch Nationalsozialisten. Der Umstand, daß es damals keine Demokratie in Österreich gegeben hat, hat zu dieser grenzenlosen politischen Verwirrung geführt. Dazu kam die Not in dieser Zeit und die Hoffnung, daß eine andere politische Ordnung die Arbeitslosigkeit überwinden wird, und so sind damals viele Menschen auf politische Irrwege gekommen. Und ich bin der Meinung, ich wiederhole das, was ich im Parlament gesagt habe: Es ist das unveräußerliche Recht jedes Menschen, seine politischen Ansichten im Lichte der Erfahrungen zu überprüfen und auch zu ändern.«

Kreuzer: »Öllinger war nur bis 1940 bei der SS. Ist Ihnen bekannt, warum er es nach 1940 nicht mehr war? Ist das eher ein belastendes oder ein entlastendes Motiv?«

Kreisky: »Ich habe folgende Informationen bekommen und habe keinen Grund, sie zu bezweifeln: Dr. Öllinger hat sich sozusagen von der SS abgemeldet und ist als einfacher Soldat in den Krieg gegangen. Er hat es also vorgezogen, an die Front zu gehen, statt irgendwo in einem Konzentrationslager oder andernorts seinen Dienst als SS-Mann zu versehen und hat die ganzen Jahre in der Armee verbracht. Und ich bin der Meinung, daß es schon ein Akt besonderer Anständigkeit ist, daß er diesen Schritt getan hat.«

Kreuzer: »Herr Dr. Kreisky, waren Sie über die Vergangenheit Dr. Öllingers informiert, als Sie ihn zum Landwirtschaftsminister nominiert haben?«

Kreisky: »Ich war über seine politische Vergangenheit nicht informiert, bin aber der Meinung, daß – wenn jemand etwas angestellt hat – man es erfährt, und dann kann er auch nicht Beamter einer Landesregierung sein. Das hat für mich genügt. Ich hätte sehr viel zu tun, wenn ich so weit zurückliegende Nachforschungen bei Leuten betreiben würde, gegen die nichts Belastendes vorliegt.«

Öllinger trat aus Gesundheitsgründen am 22. Mai 1970 (nach einem Monat Amtszeit) zurück.

Kurz und gut, wie dem auch sei: Wiesenthal ging also vor den Wahlen 1975 zu Bundespräsident Kirchschläger und zeigte ihm ein Verzeichnis der Angehörigen dieser berühmten SS-Staffel, und da war auch Friedrich Peter angegeben.

Aus der Befürchtung heraus, daß es bei diesen Wahlen zu einer Niederlage für mich kommen würde und ich unter Umständen bereit wäre, eine Kleine Koalition einzugehen, sollte der Bundespräsident im vorhinein schon wissen, was das für »Haderlumpen« sind, vor allem, was für ein »Halunke« der Parteiführer der Freiheitlichen Partei ist. Nun bekamen wir aber die Mehrheit, und es bedurfte gar keiner Kleinen Koalition. Die Frage ist also müßig, ob ich eine gebildet hätte oder nicht; ich kann mich nur darauf berufen, daß ich im Sommer zuvor ein Gespräch mit Peter hatte und ihm sagte, ich persönlich könnte eine solche Koalition sicher nicht machen, das heißt, unter Umständen einen Politiker wie Otto Scrinzi in die Regierung zu heben, der meiner Meinung nach noch heute ein Nazi ist. Für mich käme so ein Vorgehen nicht in Betracht. Das wußte Peter und könnte jederzeit bezeugen, daß ich keine Absicht hatte, unter meiner Führung eine solche Koalition zu bilden. Was dann in der Partei beschlossen worden wäre, weiß ich nicht. Zum Glück war das jedoch nicht aktuell.

Nach den Wahlen kam das auf und führte zu einer bösen Auseinandersetzung mit Wiesenthal. Das war eine grausliche Geschichte, in die auch mein Bruder Paul hineingezogen wurde. Er wurde aus Israel entführt und nach Deutschland gebracht, um sozusagen im Notfall gegen mich ausgenützt zu werden, was die Springer-Presse auch versucht hat. Aber das sind alles Dinge, die man nicht so genau schildern muß. Jedenfalls ist das der Urgrund der Auseinandersetzung mit Wiesenthal.

Der wirkliche Grund ist ein anderer. Wiesenthal hat es in seiner Intransigenz für ein Verbrechen am Judentum gehalten, daß ein Mann jüdischer Herkunft Regierungschef in diesem seiner

Meinung nach antisemitischen, neonazistischen Österreich ist. Bereits am 5. Juni 1970 wurde mir über eine Äußerungs Wiesenthals von einem gemeinsamen Bekannten berichtet:

»Er [Wiesenthal] habe sich bisher nicht mit der Person Dr. Kreisky beschäftigen wollen. Durch die politische Haltung Dr. Kreiskys in den letzten Wochen sei er aber dazu gezwungen. Es gäbe keinen denkbaren österreichischen Regierungschef, der den jüdischen Interessen und denen des Staates Israel abträglicher sei als Dr. Kreisky. Jetzt sehe man das auch langsam in Israel ein, wo man diese Tatsache lange nicht wahrhaben wollte. W[iesenthal] werde alles in seiner Möglichkeit Stehende tun, um die Welt über Dr. Kreisky aufzuklären, der sich dazu bekenne, daß seine Regierung mit ehemaligen Nationalsozialisten durchsetzt sei.

Im weiteren erwähnte W[iesenthal], daß es keinen Staatsmann eines demokratischen Landes gebe, der Israel durch demonstrative Freundlichkeit gegenüber den arabischen Staaten so brüskiert habe wie Dr. Kreisky. So sei Dr. Kreisky noch als Außenminister demonstrativ zu Nasser gereist und habe seinen eigenen Staatssekretär Dr. Ludwig Steiner wegen dessen offen zur Schau getragenen freundschaftlichen Haltung gegenüber Israel öffentlich desavouiert.«

Und dennoch, es wäre die unerhörteste Geschichtslüge, den heute Lebenden nichts von den Millionen zu berichten, die sich bei den Kundgebungen Hitlers *nicht* auf den Plätzen und Straßen gedrängt haben. Von den Hunderttausenden nicht zu reden, die Hitler Widerstand geleistet haben, und nicht an die Tausenden zu erinnern, die hingerichtet wurden. Heute die Menschen zu richten, ohne zu wissen, was ihnen damals alles widerfahren ist, wäre unbillig.

Ich habe mich auch immer um die Freilassung Walter Reders bemüht, weil mir dieser Mann leid getan hat. Ich habe darüber mit vielen Politikern gesprochen, sogar mit dem Führer der italienischen Kommunisten, Enrico Berlinguer, den ich bis dahin nicht persönlich kannte. Der damalige österreichische Botschafter in Paris, Erich Bielka, berichtete mir am 17. Mai 1973 persönlich über eine erste Reaktion Berlinguers, die über Vermittlung des späteren französischen Außenministers Roland Dumas zustande kam:

»Maître Roland Dumas, der über Ersuchen Mitterrands eine Aussprache in Rom mit Berlinguer gehabt und diesem Deinen Brief übergeben hatte (...) schilderte mir die Reaktion Berlinguers wie folgt:

1. Dieser habe größtes Verständnis für Dein Ersuchen gezeigt und versprach, die Angelegenheit umgehend zu prüfen.

2. Derzeit sei ihm ein ähnlicher, aber vielleicht schwerwiegenderer Fall, nämlich der des lebenslänglich verurteilten deutschen Staatsbürgers Kappler, geläufiger, für den in letzter Zeit von verschiedenen deutschen Stellen ›inoffizielle‹, aber doch eindringliche Begnadigungswünsche vorgebracht worden seien. Das Ergebnis sei infolge heftiger Widerstände lokaler Stellen und auch seitens von Parteifreunden negativ verlaufen. An die Angelegenheit Reder erinnere er sich nicht im Detail, weshalb er dessen Dossier vor einer Stellungnahme erst prüfen müsse.

3. Sobald er sich ein Urteil bilden könne, werde er seine Ansicht an Mitterrand schreiben und bitten, daß Du dann informiert werdest. Er habe hiebei allerdings betont, daß die Begnadigung letzten Endes vom Staatspräsidenten abhänge.

4. Einer Begegnung mit Dir in Triest habe er sich abgeneigt gezeigt, weil dies dort sofort publik werden würde. Er sei aber durchaus zu einer Aussprache mit Dir in einer unauffälligeren Weise bereit, wobei ihm etwa ein Treffen in Paris in der Wohnung Mitterrands oder Dumas' als erwägenswert erscheine (...).«

Tatsächlich habe ich dann Berlinguer in Wien bei mir zu Hause zum Frühstück getroffen. Er hat mich darauf aufmerksam gemacht, daß so eine Freilassung zwar einige Tage lang einen Wirbel auslösen, dann aber abklingen würde. Ich habe daraufhin zu ihm gesagt, daß ich mit ihm gar nicht über die ethischen Motive sprechen wollte, weil dieser Mann krank war. Und wenn dieser Mann wirklich so krank war, wie es mir sein Advokat gesagt hatte, dann würde er auf Gaeta sterben. Und das bedeutete, daß sich sämtliche Illustrierten darauf stürzen würden – mit Schlagzeilen wie »Der einsame Tote von Gaeta« oder so ähnlich. Es entstünde dann ein neuer Mythos, so wie es seinerzeit mit Horst Wessel geschehen ist, nur daß es diesmal ein Österreicher war. Man mußte also dafür sorgen, daß er nach Österreich zurückkehren dürfte, um hier irgendwo seinen Lebensabend in Ruhe zu verbringen. Berlinguer meinte daraufhin, was mir bemerkenswert erschien: »Glauben Sie mir, ich verstehe Ihren Gesichtspunkt. Ich sage Ihnen nochmals, es wird in Italien für einige Tage einen Wirbel geben, dann ist diese Sache vorbei. Ich werde Ihnen nicht sagen, machen Sie es oder machen Sie es nicht, ich nehme es so zur Kenntnis.«

Ich muß dazu noch sagen, daß mich der Fall Reder berührt hat. So ist zum Beispiel seine Mutter gestorben, ohne daß es ihm möglich gewesen wäre, sie vor ihrem Tod noch einmal zu sehen, auch seine Tante ist verstorben. Für den Fall Reder hat sich sogar Rosa Jochmann eingesetzt, indem sie bei mir vorgesprochen hat, und man kann sagen, daß Frau Jochmann sozusagen das »moralische Gewissen« in Österreich darstellte. Zum Fall Reder-Frischenschlager, das heißt zum Empfang Reders nach dessen Freilassung durch Verteidigungsminister Frischenschlager, möchte ich noch hinzufügen, daß ich den damaligen FPÖ-Verteidigungsminister als einen echten Liberalen sehr schätze, für fähig halte und er bis zu diesem Zeitpunkt immer richtig gehandelt hat. Man darf Friedhelm Frischenschlager nicht für sich herausnehmen, sondern muß auch an den Außenminister Gratz denken, der ja ein erfahrener Politiker und Sozialdemokrat war und der diese Aufgabe an Frischenschlager herangetragen hat. Meiner Meinung nach hätte man jeden zu dieser Aufgabe heranziehen können, nur keinen Mann der FPÖ. Man kann also hier von einem geteilten Verschulden sprechen.

Frischenschlager hat sich dann in der Öffentlichkeit entschuldigt, und es hat geheißen, daß dies eine »Meisterleistung« gewesen wäre. Ich selbst habe gefunden, daß das alles nicht so ein großes Malheur darstellt, wenn das ein junger Politiker wie Frischenschlager macht. Aber wenn man so eine Äußerung abgibt, wie sie Jörg Haider in dieser Situation abgegeben hat, nämlich daß die FPÖ, wenn sie Nachfolgepartei der nazistischen Partei wäre, die Stimmenmehrheit hätte, dann überkommt einen hingegen das Gefühl, eine »Sisyphusarbeit« geleistet zu haben.

Ein denkender und prüfender Sozialist weiß, wie sehr die ökonomischen Umstände den Menschen beeinflussen. Eines solchen Sozialisten wäre es unwürdig, einfach zu verurteilen, einfach in den Chor jener einzustimmen, die hier rasch mit dem Urteil zur Hand sind. Wir können auch heute nicht in jene geistlose Schwarz-Weiß-Malerei verfallen, die einfach alle schuldig werden läßt, die damals lebten, und sich zu Richtern über sie macht, ohne um die Pein zu wissen, die sie plagte.

Ich weiß wahrlich Bescheid um die Verbrechen, die damals

geschehen sind, denn mir unendlich liebe Menschen, nächste Verwandte, noble Persönlichkeiten, wurden Opfer des Holocaust. Und dennoch, ohne zu prüfen, wie es kommen konnte, werden wir, um es zu wiederholen, nicht klüger sein für ein anderes Mal. Nicht das, was war, darf man wegwischen, von ihm wegschauen, es auslöschen oder nicht davon reden, sondern ruhig und vernünftig muß man miteinander reden über alles das, was geschehen kann und geschehen muß, daß es nie wieder so wird.

Und noch eines: Bei all dem, was damals geschehen und heute für viele unfaßbar ist, bleibt eine unumstößliche Wahrheit bestehen, und wir demokratischen Sozialisten haben sie damals immer wieder verkündet – daß der Faschismus und der Nazismus der Krieg sind. Daß es beginnt, um noch einmal den greisen italienischen Sozialistenführer Turati zu zitieren, als Krieg innerhalb eines Volkes, um als Krieg unter den Völkern aufzuhören, doch darüber habe ich bereits geschrieben.

So sind Millionen Juden untergegangen, die Katastrophe hat damit begonnen und seinerzeit ihre unentrinnbare Fortsetzung in den 55 Millionen Toten des Zweiten Weltkrieges gefunden und in den Abermillionen verstümmelter Menschen, die aus ihm zurückkamen.

Und wieder ergibt sich daraus eine Erkenntnis. Sie ohne Selbstgefälligkeit und ohne Überheblichkeit auszusprechen, scheint mir gerade heute eine Pflicht zu sein: Nur der demokratische Sozialismus hat in seiner ganzen langen Geschichte kein einziges Mal Menschen wegen ihrer Religion, ihrer Gesinnung, ihrer Hautfarbe herabgewürdigt, gedemütigt oder gar verfolgt.

Im Jahre 1938 gingen diejenigen in die Gefängnisse und Konzentrationslager, die damals schon verfolgt wurden. Und mir sind in den Gefängnissen gar sonderbare Menschen begegnet, nämlich jene, die uns vorher eingesperrt hatten. Vielen von uns kam das alles sehr merkwürdig vor – die Ahnungslosigkeit, mit der sie uns entgegentraten, wie sehr sie der Meinung waren, alles doch so richtig gemacht zu haben. Es bedurfte langer Diskussionen und vor allem grausamster Erfahrungen, bis die Menschen erkannten, was sie dorthin gebracht hatte.

So furchtbar die Ereignisse des 13. März 1938 auch waren, so glaube ich sagen zu können, daß dieser Tag der Geburtstag eines neuen Österreich war. In den Konzentrationslagern und Gefängnissen erkannten die Menschen deutlich, welche Fehler damals gemacht worden waren und was fernerhin getan werden mußte, um sie zu vermeiden.

Sicher ist das Pathos der Niederlage etwas Gewaltiges. Es war gewaltig nach dem 12. Februar 1934. Aber wesentlicher als das muß doch die Verwirklichung unserer Ziele sein, unserer Ideen. Ich glaube, daß wir erkennen müssen, daß die Demokratie ein unendlich kostbares Gut ist. Manchmal hat man das Gefühl, daß sie nur *die* Völker zu schätzen wissen, die sie nicht besitzen oder die sie verloren haben. Deshalb ist sie so wichtig und deshalb müßte sie noch intensiver, noch tiefgreifender gestaltet werden. Wir müssen in unseren politischen Auseinandersetzungen stets wissen, daß wir jenen Boden nie verlassen dürfen – keine Partei in diesem Land –, der schließlich der gemeinsame Boden für unser Wirken ist.

Das Bewältigen der Vergangenheit, das ist genau so ein Wort wie die Gnade der späten Geburt. Das hört sich schön an, hat aber gar keinen Sinn. Wie will man das, was geschehen ist, bewältigen? Was eben zur Geschichte gehört, das ist geschehen. In einem Land, in dem ein Drittel der Bevölkerung unter Umständen pro-nazistisch und ein anderes Drittel jedenfalls für die vorhergehende Diktatur war – ja, mit wem hätten wir denn regieren sollen in dem Land? Man muß sich die Frage stellen: Will man Österreich, weil es die Menschen damals, 1945, wollten, dann muß man eben den geschichtlichen Tatsachen Rechnung tragen und den Menschen aufs neue eine Chance geben.

Wir dürfen bei aller Gegensätzlichkeit, die sich in der Demokratie deutlich profilieren muß, jenes Maß nicht erreichen, das die gemeinsamen Grundlagen unserer politischen Existenz in Frage stellt. Um der geschichtlichen Wahrheit endlich zum Durchbruch zu verhelfen, muß ich das sagen, was ich mir denke. Was ist für uns Österreich, und hier versuche ich mich frei zu halten von politischen Klischees. Für uns, die wir so vieles erlebt haben und wissen, wie schmerzlich wir, die wir in den Gefängnissen und Lagern, in der Emigration waren, den Verlust der Heimat empfunden haben, wir haben nicht einen Namen aus der Geographie verloren, sondern unsere Freiheit und das einzigartige kulturelle Leben, das Österreich prägte, und das – das möchte ich unterstreichen – schon fünf Jahre vor diesem Datum des März 1938. Und deshalb muß die erste Lehre sein: Nie wieder dürfen wir bereit sein, vom Geist der Demokratie auch nur ein kleines Stückchen aufzugeben. Es war die Erste Republik Österreich, deren Recht – wie es in der Verfassung hieß – vom Volke ausging. 1938 wurde Österreich Teil des nationalsozialistischen Deutschland. Wenn wir Österreich sagen, meinen wir das ganze Österreich, mit allen seinen großartigen, aber manchmal auch nichtswürdigen Erscheinungen. Wenn wir Österreich sagen, dann denken wir auch an das, was vor allem die Jungen zu gewinnen haben. Die Zukunft zu bewältigen gilt es. Und es sind gewaltige Aufgaben. Viele von ihnen können nur mit den Ländern Europas zusammen gelöst werden. Aber gleichzeitig dürfen wir nicht vergessen, was wir in unserem eigenen Land tun müssen, um aus ihm eine gute Heimat für sein Volk zu machen. Nicht, daß ich glaube, wir sollten uns zu Richtern und Rächern machen, aber wir sollten doch alles tun, damit unser Land von den Besten, die wir haben, vertreten wird, und daß nach diesem Grundsatz auch die Frauen und Männer in der Politik wirken sollen. So wie die Demokratie nicht nur Parlament heißt, so wie die Demokratie nicht nur die Pressefreiheit, die Freiheit der Medien, meint, so heißt Demokratie auch, daß sie im Staat die Wohlfahrt für alle anstrebt. Der große französische Demokrat Herriot hat einmal gesagt: »Man stabilisiert die Demokratie, indem man sie ununterbrochen in Bewegung hält.« In diesem Sinne haben die Jungen eine besondere Aufgabe, und das im Lichte der Geschichte unseres Landes, aus dem redlichen Bemühen heraus, nicht zu verdrängen und zu verschütten mit schwachem Erdreich, sondern die Geschichte muß ein sicherer Weg sein, der uns hilft, klüger zu sein für die Zukunft.

An diesem Punkt stehen wir jetzt. Ich mache deshalb einen konkreten Vorschlag: Laßt uns von heute an einen Katalog der 100 nationalen Fragen erstellen. Wir haben einen Nationalrat, wir haben eine Nationalmannschaft, wir haben eine Nationalbank, wir haben eine Nationalhymne und eine Nationalflagge, aber wir haben 100 bisher unbeantwortet gebliebene nationale Fragen. Wir haben keinen nationalen Katalog der 100 wichtigsten österreichischen Fragen; warum also nicht einen solchen aufstellen, dessen Fragen in den nächsten Wochen, Monaten und Jahren ihre Antwort finden müssen. Und diese Antworten müssen wahr sein und der Diskussion der Historiker standhalten. Es sollte keine Sammlung der vernichtenden Urteile sein, es sollte Verständliches, Einbekanntes und Versöhnliches enthalten. Dabei sollte aber ein Prinzip gelten: aussprechen, was wahr ist, nicht verwaschen, verwischen, übertünchen. Es ist nie zu spät;

erstellen wir diesen Katalog, die Wahrheit wird ihm Würde verleihen.

Ich sprach von der Bewältigung der Zukunft. Das, was ich bisher erwähnte, waren österreichische Aufgaben. Wovon ich jetzt sprechen will, geht weit über unsere Grenzen hinaus und ist doch zutiefst österreichisch. Wir dürfen den Frieden in der Welt nicht menschlichen Zufällen überlassen, etwa dem Intelligenzquotienten der Teilnehmer an einer Gipfelkonferenz. Er muß eine zentrale politische Aufgabe der Politik in der Demokratie sein. Der Weg zum Frieden ist nicht gepflastert mit den Trümmern der Raketen, diesen genialen technologischen Werkzeugen der Vernichtung; der Friede muß angestrebt werden durch Maßnahmen der internationalen Politik und kann nicht nur in stummen, schwachen Protesten der Menschlichkeit bestehen.

Wenn ein Land schwere Verbrechen gegen die Menschlichkeit begeht, dann müssen wir darauf antworten, nicht nur mit Protesten, sondern auch mit Taten. Und es gibt derer so viele, wie man sich denken kann. Wenn es uns nicht gelingt, den Frieden zu erhalten, und zwar überall in der Welt, dann haben alle unsere Bemühungen keinen Sinn, denn dieser rollende Planet, den wir zwar heute verlassen können, zu dem wir aber immer wieder zurückkehren müssen, er wird durch den Krieg zerstört sein.

Wenn wir von kontinentalen, ja globalen Aufgaben sprechen, sind es die, die uns jetzt die Ökologie stellt. Wir wissen heute, was alles unwiederbringlich verlorengehen kann, etwa die Ozonschicht. Wir müssen verstehen, daß – und das kann man leicht begreiflich machen – der Bestand unserer Wälder nicht mit nationalen, sondern mit internationalen Methoden gewährleistet werden muß.

Die Überwindung des Ost-West-Gegensatzes in Europa hat eine neue Dimension erhalten. In meiner Eigenschaft als Vorsitzender der Kommission für Beschäftigungsfragen in Europa, zu deren Mitgliedern einige der bekanntesten internationalen Gelehrten, Industriellen, Gewerkschafter und Journalisten zählen, habe ich mich mit dem Problem der Arbeitslosigkeit besonders intensiv beschäftigt. Allheilmittel, wie sie uns in den achtziger Jahren angepriesen wurden, haben nichts gebracht. Ganz im Gegenteil, die Arbeitslosigkeit ist immer mehr gewachsen und wird laut Employment Report der OECD weiter wachsen. Die politische und psychologische Bedeutung eines wachsenden und grenzüberschreitenden Problems entsteht nicht am Beginn, sondern erst, wenn es mehr oder weniger in unsere Gesellschaft hineinwuchert. Es wird, um einen medizinischen, etwas banal klingenden Vergleich zu wählen, zu einem Krebsgeschwür mit sich rasch entwickelnden Metastasen. Und waren noch vor einigen Monaten Wahlen in Demokratien denkbar, ohne daß das Problem Arbeitslosigkeit eine zentrale Bedeutung hatte, so habe ich den Eindruck, daß das jetzt nicht mehr der Fall ist. Es ist also höchste Zeit.

Bei den Arbeiten in dieser Kommission sind wir auch zu der Erkenntnis gelangt, daß eine systematische, ökologische Aktivität die größten beschäftigungspolitischen Konsequenzen hat. Ja, man kann zu dem Schluß kommen, daß Ökologie und Ökonomie zwei Seiten ein und derselben Medaille sind. Ich habe mir die Frage gestellt, welche Mittel eine repräsentative und vorausschauende Ökologie benötigt, handelt es sich doch um so gigantische Summen, daß sie am Ende des Jahrhunderts wahrscheinlich unsere Rüstungsausgaben bei weitem übersteigen. Nur, daß die einen dem Tod der Menschen und die anderen seinem gesicherten Leben dienen – die einen also entbehrlich und die anderen unentbehrlich sind.

Eine andere Frage, mit der wir konfrontiert sein werden – überall in der industrialisierten Welt und natürlich auch bei uns –, die ebenfalls im Zusammenhang mit dem Problem der Rüstung und der Arbeitslosigkeit steht, ist die der Zusammenarbeit mit der Dritten Welt. Die Länder der Dritten Welt schuldeten 1988 etwa 1.000 Milliarden US-Dollar – ich weiß eigentlich nicht, warum wir uns nicht langsam angewöhnen, eine stabilere Währung als Angabe des Größenproblems zu verwenden. Wie sollen diese 1.000 Milliarden abgedeckt werden? Dabei ist zu beachten: Die Größe dieser Schulden ist zurückzuführen auf die leichtfertige Art, in der sie seitens der Gläubigerbanken ermöglicht wurden; die wahnsinnigen Steigerungen der Zinsen, wie sie durch die amerikanische Wirtschaftspolitik de facto zu den Schulden dazugeschlagen wurden; die Tatsache, daß viele Milliarden der oben erwähnten 1.000 zurückgeflossen sind in die Banken der Welt und sich in private verdeckte Guthaben in den Ländern verwandelt haben, die über ein gutes Bankgeheimnis verfügen – die internationale Korruption; die Rückzahlung wird dadurch erschwert, daß die Länder der Dritten Welt in ihren Exportmöglichkeiten in der empfindlichsten Weise behindert werden.

Vergessen wir nicht, daß die Europäische Gemeinschaft ein Budget hat, das zu 67% reserviert ist für 4% der aktiven Bevölkerung. Die Gemeinschaft gehört zu den größten Fleischproduzenten, Zuckerexporteuren und Exporteuren anderer Agrarprodukte. Ich spreche seit drei Jahrzehnten von einem Marshall-Plan für die Dritte Welt und meine damit eine multilaterale Aktion zum Ausbau adäquater, also jedem Land angepaßter Infrastrukturen, die eine erste Hilfe zur Selbsthilfe darstellen. Ich lese in diesen Tagen in den Zeitungen, daß sich die EG-Außenminister endlich über einen »Marshall-Plan« für Mittelamerika geeinigt haben.

Man muß, wenn man sich heute mit politischen Problemen beschäftigt, einem Prediger in der Wüste ähnlich sein und unermüdlich dieselben Auffassungen vertreten. So möchte ich am Schluß eines sagen: Wenn die Demokratie nicht in der Lage ist, den in ihr Wirkenden selbstverständliche Grundsätze der Ethik und der Moral aufzuerlegen, wird sie sich zu einem Sumpf entwickeln, in dem sie nicht nur von der Gefahr einer immer größer werdenden Bürokratie dominiert wird, sondern auch den Respekt der Menschen verliert.

12. Kapitel

Der Sozialismus im Jahr 2000

Eine Prognose aus dem Jahre 1970

Ich werde mich nicht als Konkurrent zu Jules Verne betätigen, um ein Zukunftsbild in allen Details zu entwerfen, von dem ich glaube, daß es für das Jahr 2000 zutreffen wird. In der Geschichte der Menschheit hat es seit sehr früher Zeit große Denker und Dichter gegeben, die versucht haben, eine schöne, eine bessere Welt darzustellen. Unter ihnen waren Menschen, die sich vor allem um Fragen bemühten, die im Bereich der Politik liegen: Große griechische Philosophen zum Beispiel haben sich in ihren Werken damit befaßt, wie ein Staat beschaffen sein soll. Wieder andere haben von einer Welt geträumt, in der die Sklaverei ein Ende findet. Einer dieser berühmten griechischen Philosophen war Plato, und einer, der vom Ende der Sklaverei geträumt und die Sklaven zum Kampf aufgerufen hat, war Spartakus. Auch die großen Religionsgründer machten sich ihre Vorstellungen darüber, wie die Menschen miteinander leben und untereinander verkehren sollten. Es gibt die großen Zeugnisse der Zehn Gebote vom Berge Sinai, die Bergpredigt, den Koran des Propheten Mohammed – alles Verhaltensregeln, wie die Menschen besser miteinander auskommen können. Und es gab einige ganz große Denker, beginnend mit Thomas Morus, die sozialistische Utopien entworfen haben.

Jedem von uns, der in seiner Jugend in die Welt des Sozialismus eingedrungen ist, wurden zuerst einmal die großen Utopien geschildert. Jene von Thomas Morus, dem Schöpfer dieses Begriffs, dessen Werk den Titel »Utopia« trug; jene von Campanella, der in »Der Sonnenstaat« darstellen wollte, wie es einmal zwischen den Menschen in einem Staat sein würde, in dem sozusagen die Wärme der Sonne alles bestrahlt. Und es hat viele andere gegeben, auch im Bereich des Christentums. So verfaßte Augustinus eine sehr interessante und moderne Interpretation des Christentums, in der es heißt, daß kein Mensch über den anderen herrschen soll, sondern herrschen soll der Wissende über den Unwissenden, der Mensch über das Tier, und wenn es unter den Menschen welche gibt, die sich über andere hinausheben, dann soll das nicht anders sein, als wenn der Hirte in seiner Herde steht.

Es gibt also viele Utopien in der leidvollen Geschichte der Menschheit, schon deshalb, weil die ewigen Begleiter der Menschen Hunger und Not gewesen sind. Und weil eben Hunger und Not wie ein Schlagschatten auf die Geschichte der Menschheit fallen, hat es immer wieder Menschen gegeben, die versucht haben, einen Weg aus diesem Elend zu finden.

Am Anfang der modernen Arbeiterbewegung, in einer Zeit, in der in unserem Sprachraum Marx, Engels und Lassalle gewirkt haben, finden all diese Träumereien ein Ende. Sie waren der Meinung, daß es keinen Sinn hat, den Menschen immer wieder zu sagen, wie es sein sollte; im Gegenteil, man muß ihnen sagen, wie man es macht, daß es so wird. Jeder dieser großen Denker hat auf seine Art darüber nachgedacht, was ist, vor allem aber darüber, was werden soll. So großartig ihre Analyse war und so überwältigend die Konsequenzen, so haben sie doch der Entwicklung nicht standgehalten, sondern sind von ihr, um mich einer modernen militärischen Formulierung zu bedienen, überrollt worden. Das zeigt sich heute etwa daran, daß Marx und Engels auch in den Staaten, in denen sie zu einer Art Heiligen erhoben wurden, Korrekturen erfahren. Und es hat sich auch dort gezeigt, wo man glaubte, in ihrem Zeichen nicht nur zu siegen, sondern auch die Gesellschaft einzurichten, daß die Dinge nicht so großartig geworden sind, wie es sich die ersten Denker erträumt und gedacht hatten. Aber sie haben uns geholfen, die Zusammenhänge in unserem gesellschaftlichen und wirtschaftlichen Leben zu erkennen, so wie uns große Männer wie Newton und Darwin geholfen haben, die Zusammenhänge im Geschehen der Natur zu enthüllen.

Damit stellt sich aber auch die Frage, was denn eine Utopie eigentlich ist. Ist eine Utopie etwas, das man nie erreichen kann, oder hat sich nicht so manches geändert? Der deutsch-amerikanische Professor Herbert Marcuse, Soziologe und Psychologe, hat in den sechziger und siebziger Jahren auch für jene Menschen, die sich mit diesen Fragen nicht so intensiv beschäftigt haben, eine gewisse Bedeutung erlangt. Er ist so etwas wie ein Karl Marx der akademischen Jugend geworden. Herbert Marcuse hat einige sehr intelligente Feststellungen getroffen; sie sind nicht neu, aber doch in einer sehr prägnanten Art formuliert. Von ihm stammen auch ein paar sehr kluge Sätze zur Utopie. So setzt er in »Das Ende der Utopie« eigentlich ein Fragezeichen, denn das, was er schreibt, ist die immer wieder entstehende, aufs neue formulierte Frage: Ist es denn wirklich so, daß wir am Ende der Utopie angelangt sind? Marcuse ist der Meinung, daß es durchaus eines Gedankens wert wäre, nach dem Weg von der Wissenschaft zur Utopie zu suchen. Dabei kommt er zu einer Reihe von Erklärungen für den Begriff der Utopie. Er bezeichnet Utopie als ein Projekt in der Richtung einer gesellschaftlichen Umgestaltung, einer Veränderung der Verhältnisse, die man im allgemeinen, im landläufigen Sinn für unmöglich hält. Das besonders dann, wenn man feststellen kann, daß die objektiven und die subjektiven Faktoren nicht gegeben sind, die eine solche Umstellung und Umwandlung ermöglichen. Objektiv heißt, daß die ganz konkreten Verhältnisse einer Umwandlung fehlen. In einem Land zum Beispiel, in dem man noch mit einer mageren Kuh pflügt, in dem es noch den Pflug der ersten landwirtschaftlichen Phase gibt, sind gewisse Entwicklungen, die etwa in einem Land denkbar sind, in dem die Menschen über elektronische Apparate verfügen und mit ihnen umzugehen wissen, nicht möglich. Aber auch die subjektiven Faktoren sind in Betracht zu ziehen, und subjektiv ist alles das, was sich auf den Menschen bezieht. Menschen, die nicht lesen und nicht schreiben können, werden auch mit komplizierten Maschinen nichts anfangen können, weil sie nicht wissen, wie sie solche Maschinen bedienen sollen.

Die sogenannte Unreife der gesellschaftlichen Situation macht also bestimmte Vorstellungen über die Art, wie wir miteinander leben sollen, zur Utopie. Und nun kommt man zu einer Folgerung, die wohl interessant ist, die ich aber zurückweisen muß: In der modernen kapitalistischen Ordnung, in den modernsten Industriestaaten also, wo die Menschen alles haben und keinen Hunger leiden, erfindet man immer wieder etwas Neues. Es gibt zum Beispiel immer wieder neue Autos – im Bereich der Produktion eines der größten Konsumgüter der modernen Gesellschaft. Allerdings gibt es seit vielen Jahrzehnten gerade in der Automobilindustrie kaum revolutionäre technische Entwicklungen. Alles, was die Menschen um das Automobil herum gedacht und erfunden haben, soll nur den Anreiz erhöhen, sich ein neues Auto zu kaufen. Erst jetzt beginnt sich diese Situation etwas zu ändern. Es ist seltsam: Henry Ford, der Mann, der das Fließband in die Automobilindustrie eingeführt und damit das Automobil zu einem Massengut gemacht hatte, sagte einmal, der Kunde sei für ihn König. Er kann sich alles aussuchen. Man bedenke aber, daß er nur ein einziges Auto gemacht hat, immer denselben Ford. Das war schon eine Vorahnung der modernen Konsumgesellschaft. Es ist die berühmte Freiheit des Konsumenten auf dem Markt, die in Wirklichkeit gar nicht besteht. Der Konsument kann sich alle Güter aussuchen – sofern sie ihm der Produzent zur Verfügung stellen will. Hat man genug zu essen, genug zum Anziehen, wohnt man immer besser, so wird man doch ununterbrochen manipuliert und entwickelt immer wieder neue Bedürfnisse nach Produkten, die man in Wirklichkeit gar nicht braucht und ohne die man vielleicht sogar glücklicher wäre. Die Menschen in der neuen kapitalistischen Ordnung werden, so Marcuse, also hin und hergetrieben von den Stürmen, die da von der Produktion entfacht sind und verkünden, alle müßten alles haben. Keinen aber interessiert in Wirklichkeit eine freiere gesellschaftliche Ordnung. Karl Marx hat deshalb nach Auffassung von Marcuse eigentlich unrecht gehabt. Die sogenannte »Unreife« für den Sozialismus besteht laut Marcuse in den höchstentwickelten kapitalistischen Länder. Und er fährt fort: Es ist falsch, wenn man glaubt – wie zum Beispiel Marx –, daß das Proletariat, also die Arbeiterklasse, im engeren oder im weiteren Sinn der Hebel zur Entwicklung ist. Die Arbeiter selber, auch in ihren demokratischen Organisationen, wollen den Sozialismus nicht mehr, außerdem könne man ihn ihnen nicht richtig begreiflich machen. Deshalb muß es andere geben, die den Sozialismus wollen. Da die Arbeiter, so Marcuse, ein Element des gesellschaftlichen Zusammenhalts geworden sind, das heißt, die kapitalistische Gesellschaft eher zusammenhalten als sie auflösen, besteht bei ihnen kein Bedürfnis nach einer revolutionären Umgestaltung. Sie sind kein revolutionäres Element, daher muß es neue Formen der Opposition in der Gesellschaft geben. Nicht mehr Arbeiter opponieren, sondern Intellektuelle, Schriftsteller, Dichter, Studenten und Professoren. Die, die hier antreten, müssen aber zur Kenntnis nehmen, daß sie gegen eine relativ gut funktionierende Gesellschaft ankämpfen und in Opposition zur überwältigenden Mehrheit der Bevölkerung stehen. Daher sollten sie alles tun, sich in Gegensatz zu dem zu etablieren, was ist.

Es ist gar nicht unlogisch, wenn man dies zum Grundsatz erklärt: Das zu tun, was die Welt entsetzt, und es immer gründlicher tun. Diese Art von Protest muß natürlich auch vollkommen krankhafte Formen annehmen, die dann ein paar Leute prakti-

Rede vor dem 12. Kongreß der Sozialistischen Internationale in Wien 1972

zieren, die glauben, daß das für sie ein guter Boden ist. Wenn man also eine bestimmte Form der Provokation, der Herausforderung der anderen vertritt, und zwar um jeden Preis vertritt, muß sie so deutlich sein, daß sie die Menschen erregt, aufregt, empört und zur Entrüstung bringt. Diese Form der Provokation kann man in einem gewissen Stadium aber nicht mehr unterbrechen. Ich glaube daher, daß eben das die Schwäche dieser Haltung ist, und sehr radikale Soziologen wie zum Beispiel der Franzose Lucien Goldmann sehen das als zentrales Problem, daß sich eben diese Kräfte keinen anderen Weg vorstellen können und deshalb untauglich sind, eine politische Phantasie zu entwickeln, wie man mit dieser Gesellschaftsordnung doch fertig wird und sie in eine bessere verwandelt. Marcuse meint dazu: Es ist nicht richtig, daß unsere Gesellschaftsordnung von vornherein nicht reif ist für eine Vision, die Menschen sind es nicht. Und hier stimme ich ihm zu, besonders dann, wenn er sagt, daß alle materiellen und intellektuellen Kräfte für die Realisierung einer freien Gesellschaft eingesetzt werden können, weil sie da sind. Es gibt, so Marcuse, die Möglichkeit, Utopien oder das, was uns als Utopie erscheint, in Angriff zu nehmen und zu verwirklichen, weil wir eigentlich alles haben, was dafür notwendig ist. Allerdings sagt er nicht, wie das am vernünftigsten geschehen soll beziehungsweise stellt er sich das auf eine Art vor, die ich nicht akzeptieren kann.

Ich will versuchen, darzulegen, wie wir demokratischen Sozialisten die Dinge sehen sollten. Wenn jemand die Forderung aufstellt, daß in dieser Welt niemand hungern darf, so muß man sich die Frage stellen, ob das technisch überhaupt möglich ist. 1970 lebten auf der Welt 3,6 Milliarden Menschen. Man kann das mit den Methoden der modernen Stichprobenstatistik, die nachweisbar richtige Ergebnisse bringt, ziemlich genau ausrechnen. Weitere Berechnungen haben ergeben, daß es im Jahr 2000 sechs Milliarden Menschen sein werden, unter der Voraussetzung, daß es nicht gelingt, diese Bevölkerungsexplosion zu bändigen. Die Frage ist, ob wir überhaupt die Kraft haben, so viele Menschen zu ernähren. Ich weiß nicht, ob wir die Ressourcen dafür haben werden. Aber daß wir unendliche Reichtümer besitzen, die wir nicht nützen, das weiß ich. Uns als Sozialisten interessiert vor allem, warum wir sie nicht ausnützen. Deshalb, weil sie sich nicht rentieren. Man weiß zum Beispiel, daß wir schon heute in manchen Teilen der Welt zu wenig Wasser haben, und ohne Wasser wird es nicht gehen, wird es kein Leben geben. In Afrika und Asien gibt es zu wenig Süßwasser, es kommt zu einer ständigen Versalzung des Süßwassers und deshalb zu einer Versalzung der Atmosphäre. Andererseits können wir heute mit gar nicht so komplizierten Apparaturen große Mengen Meerwasser in Süßwasser verwandeln. Viele werden aber die Rentabilität dieses Verfahrens bezweifeln. Es ist also notwendig, den Wissenschaftlern zu sagen, daß sie noch rascher arbeiten, noch mehr Fakten und Daten und Forschungsergebnisse kombinieren sollen, damit sie zu einem billigeren und noch effizienteren Verfahren der Entsalzung des Meerwassers kommen. Wir haben also heute eine große Zahl von Möglichkeiten, nur müssen wir sie nützen. Und den anderen muß man sagen, daß für uns Rentabilität etwas ganz anderes ist. Die Erhaltung eines Menschenlebens, des Lebens vieler Menschen bedeutet für uns mehr als die Kalkulationsergebnisse nach landläufigen Methoden.

Gegenwärtig haben wir zum Beispiel die größte Agrarproduktion, die es je gegeben hat, und es ist merkwürdig, daß die Industriestaaten heute sogar mehr Agrarprodukte erzeugen als in der Zeit, in der sie Agrarstaaten waren. Die wirkliche Sorge der

Europäischen Gemeinschaft besteht nicht darin, wie sie ihre Industrieprodukte absetzen kann, sondern darin, was sie mit ihren Agrarprodukten tun soll. Die Folgen dieser großen Produktion landwirtschaftlicher Erzeugnisse sind auch neue politische Komplikationen, weil sich zeigt, daß wir in Konkurrenz treten zu den afrikanischen Staaten, die hauptsächlich nur eine Agrarproduktion haben und ihre Güter verkaufen wollen, am ehesten an die Länder, die reich sind, und das sind die europäischen. Die europäischen Staaten sind also im Bereich der Agrarwirtschaft ein wirklich großer Markt für die Entwicklungsländer, etwa für Weizen, während Amerika überhaupt kein Markt für Weizen ist. Es tritt der groteske Zustand ein, daß das hochindustrialisierte Amerika Weizen in Agrarstaaten liefern muß, wo die Leute zum größten Teil nichts anderes tun, als den Boden zu bearbeiten.

Vieles ist denkbar, was zu einer Bewältigung des Hungerproblems in der Welt führen könnte. Es ist aber leider eine Tatsache, daß sich der Beschluß, wonach die modernen Industriestaaten ein einziges Prozent ihres Bruttonationalprodukts den Entwicklungsländern zur Verfügung stellen sollen, als kaum durchsetzbar erweist. Nicht einmal in den nobelsten Ländern Europas, die ja schon gewöhnt sind, auch ein bißchen an die anderen zu denken, herrscht dafür Verständnis.

Wenn man von Entwicklungshilfe redet, dann sagen die Leute oft: »Was, für die Schwarzen, die sich so benehmen, sollen wir arbeiten?« Dabei vergessen wir nur zu leicht, daß das, was noch vor 30 Jahren mitten im Herzen Europas passierte, viel ärger, viel grausamer, viel brutaler war als das, was diesen Menschen je einfallen könnte. Denn mit Gaskammern haben die Schwarzen bis heute nichts zu tun. Wenn man alle Verluste an Menschenleben der letzten 20 Jahre, die den revolutionären Umwandlungen in Afrika und Asien zum Opfer gefallen sind, zusammenrechnet, so erreicht man nicht im entferntesten jene in die Millionen gehenden Ziffern, die bei uns durch unseren Perfektionismus im Töten von Menschen erreicht wurden, durch die Gaskammern, Konzentrationslager und durch den Krieg.

Also weg von dieser unfaßbaren Arroganz, von diesem Hochmut, mit dem wir ständig einhergehen und der uns glauben läßt, daß wir die beste aller Welten gebaut hätten! Dabei war es doch ein purer Zufall, daß so viele überhaupt überlebten und dann noch Kinder haben konnten! In Europa haben wir die bescheidenen Aggressionshemmungen, über die die Menschen in den Entwicklungsländern noch verfügen, rasch abgelegt. Wenn man sich das überlegt, ist es unfaßbar, daß ein Mensch, sagen wir ein Buchhalter oder ein Eisenbahnkondukteur, ein Arzt oder ein Direktor, wenn man ihm sagt, »Sie müssen jetzt hundert Kinder umbringen, eines nach dem anderen«, er diesen Befehl auch ausführt. Aber wenn der gleiche Mensch in einem Flugzeug sitzt und nur drücken muß, damit die Bomben fallen und Tausende dann tot sind, dann ist das etwas, was wir uns leider sehr wohl vorstellen können. Es ist interessant zu beobachten, wie der Hemmungsmechanismus wegfällt, wenn das Opfer nur weit genug entfernt ist und man dadurch keinen individuellen Mord begeht.

Der große Pascal hat einmal gesagt: »Wenn Du Dich schon einmal entschließt, dem Menschen beizubringen, daß er ein Tier ist, was ja nicht gerade leicht ist, dann sag ihm wenigstens, daß er ein so besonders großartiges ist.« Und das ist sehr wahr! Wir kommen nur zu einer Erkenntnis des Menschen, seines Trieblebens, seiner Aggressionen und aller großen Fragen der modernen Pädagogik und Psychologie, wenn wir uns endlich hinauswagen in das weite Feld zwischen Biologie und Soziologie. Hier sind wir bis jetzt kaum über die Schwelle getreten. Wir glauben nämlich, daß nur die Menschen die Möglichkeit zur Kommunikation haben, um miteinander durch die Sprache zu verkehren. Nach dem Vater der Kybernetik war die Sprache, diese dem Menschen eigentümliche Art, miteinander zu verkehren und untereinander Erfahrungen auszutauschen, Ursache dafür, daß die Menschheit ihre heutige Entwicklungshöhe erreicht hat. Hier möchte ich einwenden, daß es Forscher gibt, die behaupten, daß auch die Delphine ihre eigene Sprache haben, und sie sind sogar der Meinung, daß es leichter sein wird, den Delphinen eine Sprache, wenn auch eine primitive, beizubringen, als ihre zu verstehen. Man hat auch festgestellt, daß die Krähen in Amerika untereinander eine Art von Kommunikation haben, daß aber »amerikanisch« sprechende Krähen und »englisch« sprechende Krähen einander nicht verstehen. Heutzutage ist eine große Zahl von Forschern am Werk, welche die Verhaltensweisen der Tiere prüfen, und ich sage nochmals: Wenn wir an das Jahr 2000 denken, dann muß es viel mehr Wissen um den Menschen geben und um das, was ihn bewegt und womit man ihn bewegen kann.

Gehen wir zu einer anderen Frage. Wenn wir um 30 Jahre zurückrechnen, sehen wir, daß es in dieser Zeit große und gigantische Erfindungen gegeben hat, Erfindungen, die wir heute als selbstverständlich ansehen. Einige Beispiele: Es sind die großen Atomkraftwerke entstanden, die Erforschung der Hormone reicht bis zu ihrer synthetischen Herstellung, und es erfolgte der Durchbruch der rein kommerziellen Herstellung der Kunststoffe. Damit wurde ein riesiger Konsumbereich eröffnet, mit dem der Siegeszug der Kunstfiber begann. Wenn also in den letzten 30 Jahren so viele große Entdeckungen gemacht wurden, von denen man vorher im allgemeinen nur wenig wußte und nur einiges ahnen konnte, so kann man davon ausgehen, daß sich dieser Prozeß in den nächsten 30 Jahren beschleunigen und es dann heute noch unvorstellbare Dinge geben wird. Aber nicht etwa deshalb, weil wir gescheiter geworden sind, das sind wir nachweisbar nicht. Die Wissenschaftler haben festgestellt, daß unsere Denkfähigkeit nicht zugenommen hat; wir sind nicht gescheiter als die Leute früher, aber wir wissen mehr. Wir haben nämlich bloß erfunden, wie wir das Wissen kombinieren können. Und das ist eigentlich das große Geheimnis unseres Fortschritts. Wir können in Bruchteilen von Minuten Kenntnisse kombinieren, wofür die Menschen früher Jahre gebraucht oder es überhaupt nicht zustande gebracht haben. Wir können heute mit den Maschinen, die wir haben, so rasch rechnen, daß wir früher gar nicht so viele Mathematiker gehabt hätten, um all diese großen Operationen durchzuführen. In ganz kurzer Zeit werden wir uns nicht mehr in die Bibliotheken setzen müssen, um uns ein Wissen zu erwerben, sondern wir werden mit einem Satz alles bekommen. Ich habe das unlängst erst im großen Krebsforschungsinstitut in Heidelberg und im Reaktorzentrum bei Mannheim erlebt. Diese rasche Präsentation der Daten ermöglicht es, daß in wenigen Sekunden alles vor einem liegt, wozu man früher Tage, Wochen, Monate und Jahre gebraucht hat. Weg also mit der arroganten Vorstellung, daß wir so gescheit geworden sind; wir haben nur so viele Möglichkeiten der Kombination dessen, was gedacht wurde und was gedacht wird, daß wir rascher den Weg von der Forschung zur Praxis gehen können!

Wenn es große Dummheiten gibt, so wird man sie nicht einfach abtun und sagen, das ist mir zu dumm, daß ich mich damit beschäftige, sondern ganz im Gegenteil, man muß die Dummheiten, die geschehen, herausheben, sie profilieren, damit die Leute, die gescheiter sind, draufkommen, mit welcher Dummheit, um das Wort des alten Oxenstierna zu gebrauchen, diese

Welt doch noch regiert wird. Vielleicht kommen wir auf diese Weise dann endlich dazu, jene ersten wichtigen Schritte auf dem Weg in das Jahr 2000 zu tun, um bei uns in Österreich im wirtschaftlichen Bereich eine Struktur-Rationalisierung durchzuführen. Auch auf die Gefahr hin, daß es manchmal weh tut, weil es eben weh tun muß. Und erst dann werden wir den nächsten Schritt tun können, der sich auf Grund neuer Methoden und Systeme aufdrängt. Hier sei noch eine andere Frage gestellt, die wichtig ist für das, was jetzt kommen wird. Bei uns gibt es die Automation ja nur in ganz bescheidenem Umfang, aber jeder, der einen modernen Betrieb betritt, wird davon etwas bemerken. Da gibt es zum Beispiel in einem großen Eisen- und Stahlwerk einen Mann, der vor sich eine Tafel und einen Fernsehapparat hat und auf diese Weise genau sieht, wie der Walzvorgang vor sich geht, den er mit einer kleinen Tastatur regeln kann. Dieser Mann hat eine ungeheuer verantwortungsvolle Arbeit, aber oft sieht man im selben Betrieb, wie ein Dutzend Menschen diese Arbeit zwar auch mit relativ modernen Maschinen durchführen, sich aber doch dabei plagen, unter Hitzeeinwirkung leiden und rasch ermüden. Dabei konnte ich eine interessante Beobachtung machen: Der Arbeiter, der bei der elektronischen Maschine stand, sagte mir: »Genosse Kreisky, am Abend sehen wir uns bei der Versammlung!« Und der andere, einer von denen, die die schwere Arbeit verrichteten, um dasselbe Produkt zu erzeugen, sagte: »Genosse Kreisky, seien Sie nicht böse, ich kann am Abend nicht kommen. Ich bin so müde. Ich wasche mich, ich trinke was, ich habe nicht einmal Lust zum Essen, und dann gehe ich schlafen, damit ich morgen wieder arbeiten kann!« Das ist doch sehr interessant. Der Mann an der elektronischen Maschine erkennt seine gesellschaftlichen Aufgaben. Wir sind nicht mehr nur eine Partei derer, die schwere Arbeit machen, sondern wir sind auch eine Partei derer, die moderne Maschinen bedienen. In den ganz großen automatisierten Betrieben stehen neben drei Männern im blauen Overall drei im weißen Mantel und erzeugen ein Produkt, das mit 250 Millionen im Jahr zu bewerten ist. Sechs Leute braucht man dafür; dazu kommen noch diejenigen, die Vorbereitungsarbeiten gemacht haben, die Forschung etc.

Aber das gibt uns doch zu denken. Wenn einer kommt und sagt, wir können nicht anders, wir müssen zurück zu jener großen Zeit, in der die manuellen Arbeiter die Bewegung geprägt haben, so sage ich: »Wir müssen gar nicht zurück, wir sind nach wie vor eine Partei der manuellen Arbeiter, der Menschen, die es am schwersten haben, weil wir uns ›sozialistisch‹ nennen. Aber wir werden ihnen nur helfen können, wenn wir auch die Partei derer sind, und das sage ich ganz offen, die an den modernen Schaltwerken der Wirtschaft stehen, das heißt, wenn wir eine Partei auch der Angestellten sind, der Akademiker, der Intellektuellen, der Hochqualifizierten.« Wir könnten ja sonst gar nicht die Aufgabe erfüllen, die wir für die Ärmsten in der Gesellschaft erfüllen wollen. Und jetzt kommt ein ganz neues Problem auf uns zu, und niemand kann heute sagen, ob es gelöst werden kann. Die Automation ist die einzige Voraussetzung einer echten Wachstumssteigerung. Wenn wir die Leute nicht haben, die diese modernen Maschinen bedienen können, dann wird unsere Wirtschaft nicht wachsen, sondern stagnieren. Gleichzeitig aber mit der Automation werden in den modernen Industriestaaten Millionen Menschen von Arbeitslosigkeit bedroht. Und das ist die entscheidende Frage für die nächsten Jahre: Was geschieht mit den Menschen, die durch die Automation arbeitslos werden? Glaubt jemand, daß, wenn in einem modernen Industriestaat innerhalb von zwei, drei Jahren drei Millionen Menschen freigesetzt werden, diese Menschen den Zufällen des Arbeitsmarktes überlassen werden können? Wir stehen in Europa erst am Anfang dieser Entwicklung, und es gibt heute nur sehr wenige, die sich mit diesen so wichtigen Fragen befassen: Wird es genügend neue Arbeitsplätze geben für diejenigen, die aus dem Produktionsprozeß hinausgeworfen werden? Wird die Gesellschaft, die Politik in der Lage sein, hier so einzugreifen, daß es die benötigten Arbeitsplätze auch gibt? Oder wird es zu einer neuerlichen Verschärfung der Gegensätze zwischen den sozialen Gruppen oder Klassen in der Gesellschaft kommen, wobei sich die Klassen nach neuen Gesichtspunkten formieren werden?

Es ist ja nicht so, daß jeder nur mehr zu einer Klasse gehört, das heißt, daß derjenige, der seine Arbeitskraft zu verkaufen hat, davon lebt, daß er seine Arbeitskraft verkauft. Erstens war das schon in der Ersten Republik anders, als es Hunderttausende gegeben hat, die ihre Arbeitskraft verkauft haben, und Hunderttausende, deren Arbeitskraft niemand haben wollte. Das erzeugt eine vollkommene Bewußtseinsänderung. Daran ist auch die alte Sozialdemokratie gescheitert. Es hat damals zwei Klassen von Menschen gegeben, diejenige, die Arbeit hatte, und die andere, die keine hatte. Die eine, die keine Arbeit hatte, war zwar bereit zu kämpfen, aber sie hätte nicht streiken können, während die andere, da sie Angst um ihren Arbeitsplatz hatte, weder zu kämpfen noch zu streiken bereit war! Daran ist die Demokratie in Deutschland und in Österreich zugrunde gegangen, dadurch sind die Faschisten stark geworden.

Die Zeit bis 1900 war die Zeit der Erfinder. Da wurde die Dampfmaschine, der mechanische Webstuhl und vieles mehr erfunden. Die Zeit bis ins Jahr 2000, das ist die Zeit der Forscher, das ist die Zeit, in der sich die Wissenschaft und die Forschung mit der Technologie vereinen und das, was früher getrennt und dem Zufall überlassen war, in ein System bringen. Das ist der Grund dafür, daß die technische Entwicklung einen solch explosionsartigen Charakter angenommen hat. Denn jedes neue Element, das die Technik der Forschung zuführt und umgekehrt, eröffnet neue Kombinationsmöglichkeiten. Ob wir es wollen oder nicht, alle größeren Entscheidungen werden im Bereich der Politik getroffen. Sie werden auch in der richtigen Weise getroffen, wenn wir die Menschen zur Erkenntnis ihrer Situation bringen, wenn wir sie dafür interessieren, sich um eine bessere Gestaltung der gesellschaftlichen Ordnung zu bemühen. Auf der anderen Seite müssen wir den Menschen aber auch begreiflich machen, daß sie dieser gigantischen Produktivkräfte, die wir heute haben, nur wirklich froh sein werden, wenn wir einen großen Teil dessen, was wir erzeugen können, nicht den Hungernden verkaufen, sondern – um es klar und deutlich zu sagen – es ihnen schenken!

Wenn ich zu einem Angestellten einer Brotfabrik gehe und ihm sage, wir müssen so denken, dann wird er sich wahrscheinlich sagen, daß wir das nicht können. Wir haben doch selber nichts. Daß die moderne Wirtschaft darin besteht, daß man nur dann reicher wird, wenn man sehr viel von dem, was man erzeugt, auch wieder hergibt, das ist eine Tatsache, die man nicht sofort akzeptiert. Wenn ich aber in meinem Wahlkreis in die Turbinenfabrik gehe und dort den Arbeitern sage: »Ihr werdet die Turbinen nur erzeugen können, wenn wir ein Finanzierungssystem finden, das es uns erlaubt, auf zehn, auf 15 Jahre in Indien, in Pakistan und Afrika oder sonstwo unsere Turbinen zu verkaufen und einzubauen«, werde ich sofort verstanden. Die Arbeiter wissen genau, daß sie mit den Turbinen, die sie erzeugen, in Europa nicht mehr viel anfangen können. Hie und da kann man noch eine verkaufen, aber die Konkurrenz ist zu groß. Daher muß man den Entwicklungsländern helfen, Kraftwerke zu bauen; das ist aber eine Frage der Finanzierung, ob man einen Weg findet, wie man ein solches Projekt mit Hilfe eines Kredits in einem, in zehn oder in 15 Jahren durchführen kann. Und nun sage ich, daß das praktisch Herschenken bedeutet! Entscheidend ist hier aber zum einen der Wert, der zusätzlich geschaffen wurde, zum anderen, daß wir keine Arbeitslosigkeit haben. Man muß ein anderes Rentabilitätssystem ausarbeiten, nämlich das der gesellschaftlichen Rentabilität. Und das lautet: Wir sind nicht reich genug, um uns den Luxus der Arbeitslosigkeit leisten zu können. Wir sind nicht reich genug, daß Hunderttausende herumgehen, ohne genügend Geld zum Leben zu haben und ohne Werte zu produzieren. Daher ist in Wirklichkeit die Politik der Vollbeschäftigung die einzig sinnvolle Wirtschaftspolitik!

Und damit komme ich zu den letzten Fragen. Man muß natürlich die Welt so anschauen, wie sie ist, vor allem dann, wenn man sie umgestalten will. Das bedeutet, daß man sich auch an diejenigen wenden muß, die nicht die gleichen politischen Ansichten haben. Meistens ist es doch so, daß diejenigen mit den gleichen politischen Ansichten die sonderbare Tendenz besitzen, sich zwar ununterbrochen zu streiten, aber fast immer nur über dieselben Dinge, die sie nur verschieden formulieren. Gelegentlich muß man auch zu den anderen gehen.

Der große Ökonom und Soziologe John Kenneth Galbraith kommt in seinem Buch »Moderne Industriegesellschaft« zu einer Schlußfolgerung des kapitalistischen Systems, die sinngemäß lautet: In der modernen Industriegesellschaft hat der Mann, dem die Aktien gehören, nichts mehr zu reden. Er kann seine Kupons schneiden, er kriegt sein Geld, aber zu reden hat er bei General Motors oder bei General Electric gar nichts. Zu reden hat in Wirklichkeit eine Oligarchie, zu reden haben eine Handvoll Männer in dieser Industrie, welche die Entscheidungen treffen, die planen, die der Produktion ihre Ausrichtung geben. Das, was man früher die Technokraten, die Manager genannt hat, das ist die neue Macht. Diese Technostrukturleute können die gigantischen Apparate nur mit den Methoden der Planung zusammenhalten. An die Stelle des freien Marktes tritt die Planung! An die Stelle des Einzelunternehmers tritt die große Kombination von Unternehmungen! Damit kommt Galbraith zu dem Schluß, den wir alle kennen, nämlich daß diese Beherrscher der Technostruktur in der Wirtschaft dies nur können, wenn sie Hand in Hand arbeiten mit denen, die den Staat beherrschen. Zu den Technokraten kommen also die Bürokraten. Das sind die Leute, die sich im modernen Staat von heute die Macht teilen.

Hier stellt sich aber folgende Frage: Wo bleibt der einzelne Mensch angesichts dieser alles beherrschenden Apparatur? Und damit komme ich zur politischen Konsequenz meiner Aussagen. Man muß sich fragen: Was unterscheidet den konservativen Politiker vom sozialdemokratischen Politiker? Das geht meistens unter, weil wir so viel über die Politikersteuer reden und über alles mögliche, was man vom Standpunkt der veröffentlichten Meinung braucht, um die Menschen zu manipulieren.

Der große Unterschied zwischen einem konservativen und einem sozialistischen Politiker besteht darin, daß der konservative Politiker der Meinung ist, die gegenwärtige Gesellschaft befinde sich in einem Zustand, der eigentlich in Ordnung ist und den man höchstens durch ein paar gelegentliche Retuschen zu verändern braucht, nämlich dort, wo es Übergriffe gibt, oder dort, wo die jungen Leute Lärm machen. Hier muß man eben ein bißchen nachgeben, die jungen Leute auf irgendwelchen Teilgebieten beruhigen. Der sozialistische Politiker muß das aber anders sehen, er muß diese Gefahren erkennen. Er muß neue Modelle der Demokratie entwickeln, er muß erkennen, daß heute im Bereich der landläufigen Demokratie nur mehr ein kleiner Teil der Willensbildung erfolgt und es daher neue demokratische Bildungsmöglichkeiten geben muß. Und wenn man mich frägt, so bin ich der Meinung, daß sich sozialdemokratische Politiker eine Menge Dinge neu überlegen müssen, zum Beispiel müßte es eine moderne Form der direkten Demokratie geben, denn bei uns ist die direkte Demokratie, das heißt das Instrument des Volksbegehrens und der Volksabstimmung, so beschaffen, daß in Wirklichkeit gar nichts passieren kann.

Auch wenn man ein Volksbegehren durchbringt, kann man damit erst durchkommen, wenn man auch das Parlament dafür gewinnt. Nur die Mehrheit des Parlaments kann entscheiden, ob es eine Volksabstimmung gibt, und das wird in den seltensten Fällen für notwendig erachtet. Das muß neu durchdacht werden. Der Gedanke des Föderalismus muß durchdacht werden, nicht deshalb, weil man sagt, Tirol ist ein historisches Land und Vorarlberg auch, Niederösterreich ist es usw., das hat gewiß seine

Berechtigung; aber auch aus einem ganz anderen Grund, weil die Demokratie nämlich ganz einfach nicht in der Lage ist, diese gigantischen Verwaltungsapparate zu kontrollieren. Daher muß man soviel als möglich dezentralisieren, und in einem Bundesstaat, der eben schon dezentralisiert ist, haben wir ja bereits die nötigen Einrichtungen. Aus diesem Grunde muß man den Gedanken des bundesstaatlichen Charakters Österreichs neu und anders sehen.

Es muß ferner neue Möglichkeiten geben, die Mitbestimmung der Menschen zu gewährleisten. Die Studenten verlangen zum Beispiel mit Recht, daß sie darüber mitbestimmen wollen, wer die Leute sind, die sie unterrichten. Dazu haben sie wirklich allen Grund. Die Arbeiter verlangen mit Recht, über das Schicksal ihrer Arbeitsplätze mitzubestimmen. Natürlich in dem Rahmen, der für sie möglich ist. Deshalb muß die Idee der Mitbestimmung ständig neu durchdacht werden. Nur eines soll man nicht tun: Man soll die Mitbestimmung nicht in neue bürokratische Formationen verlegen. Wenn diese Forderung so kanalisiert wird, daß wieder alles unter die Kontrolle einiger weniger gelangt, dann wird diese lebendige Auseinandersetzung, die wir brauchen, damit wir uns gegen die Superbürokratie und die Supertechnokratie, mit der wir es zu tun haben, auch wehren können, nicht stattfinden. Wir wollen, und das ist das Neue und der große Unterschied, diese Strukturen nicht vernichten. Wir können nicht sagen, wir schaffen die Technostruktur ab, denn dann würde nichts übrig bleiben, höchstens das Chaos. Im Gegenteil, wir sozialistischen Demokraten, wir Sozialdemokraten, die wir in Wirklichkeit doch das Durchdringen aller gesellschaftlichen Bereiche mit den Ideen der Demokratie erreichen wollen, müssen neue Formen der Zusammenarbeit mit den Männern, die in der Wirtschaft wirken, der Bürokratie und denen, die in der Politik tätig sind, finden, wie wir auch ein neues Verhältnis als Politiker zur Wissenschaf+ finden müssen. Das ist die Aufgabe der nächsten Jahre!

Zum Schluß möchte ich nochmals auf Galbraith zurückkommen, der sinngemäß sagt: Diese neue Technokratur wird, wenn sie weiter in Zusammenarbeit mit der Bürokratie herrschen kann, dazu führen, daß wir nur das konsumieren können, was diese will. Alles andere wird uns verboten sein. Unsere Wünsche werden entsprechend dem Bedürfnis des Industriesystems manipuliert werden, die staatliche Politik wird ähnlichen Ein-

Drei große sozialdemokratische Visionäre: Olof Palme, Bruno Kreisky, Willy Brandt

flüssen unterliegen. Das Bildungswesen wird sich nach den Erfordernissen der Industrie richten. Die dem Industriesystem gemäßen Haltungen werden geltende moralische Grundregeln für alle sein. Tüchtig muß man sein, nur dann ist man ein Mensch, und was tüchtig ist, das wird das Industriesystem bestimmen. Alle anderen Ziele wird man als abwegig, unwichtig und als asozial hinstellen. Wir werden vor den Wagen des Industriesystems gespannt werden. Der Staat wird diese Grundsätze mit seiner moralischen, vielleicht auch mit seiner gesetzgeberischen Macht durchsetzen. Was dabei am Schluß herauskommen dürfte, wird die geduldige Unterwürfigkeit der Haushälterin sein, die nur gelernt hat, ihre Herrin zu lieben und deren Interessen als ihre eigenen zu betrachten. Es wird nicht die erzwungene Dienstbarkeit der Schwarzen auf dem Felde sein, aber auch nicht wirkliche Freiheit. Wir werden jedenfalls vieles vom Staate her tun müssen, um uns nicht vom Industriesystem beherrschen zu lassen. Werden aber andere Ziele – nämlich unsere – energisch genug verfochten, dann wird das Industriesystem wieder seinen natürlichen Platz als besonderer, autonomer Arm des Staates einnehmen. Es wird sich nach den übergeordneten Zielsetzungen der Gesellschaft richten müssen. Wir haben gesehen, worin die Rettung liegen kann. Im Gegensatz zu seinen Vorläufern in der Wirtschaft stellt das Industriesystem intellektuelle Ansprüche an den Verstand der Menschen. Es schafft sich für die eigenen intellektuellen und wissenschaftlichen Bedürfnisse die Gruppe von Menschen, also Arbeiter und Angestellte und Intellektuelle, die hoffentlich, so Galbraith, den Monopolanspruch des Industriesystems auf die soziale Zielsetzung zurückweisen wird. Ich würde sagen, auf eine sozialistische demokratische Zielsetzung zurückweisen wird.

Und wie sehr sich diese Gedanken immer stärker zu verbreiten beginnen, möchte ich an ein paar Sätzen illustrieren, die ich an das Ende meiner Prognose über den Weg der Sozialisten in das Jahr 2000 setzen möchte, Aussagen des ermordeten Robert Kennedy. Im Nachwort zu seinem Buch »Suche nach einer neuen Welt« sagt Kennedy: »Ob es uns gefällt oder nicht, wir leben in interessanten Zeiten. Es ist eine Zeit der Gefahr und der Unsicherheit, aber sie steht offener für die schöpferische Energie der Menschen als jede andere Zeit der Geschichte. Und wir alle werden letztlich nach der Anstrengung, die wir dem Aufbau einer neuen Weltgesellschaft gewidmet haben, und nach dem Maß, in dem unsere Ideale und Ziele diese Anstrengung gestaltet haben, beurteilt werden und uns gewiß mit den Jahren selbst danach beurteilen. Unsere Zukunft mag außerhalb unserer Blickweite liegen, aber sie ist nicht gänzlich außerhalb unserer Kontrolle.«

13. Kapitel

Die letzte große Rede

Bruno Kreisky, 11. November 1987, Konzerthaus/Wien

Meine Damen und Herren! Ich habe mir lange überlegt, ob ich angesichts verschiedener Erkrankungen, vor allem meines letzten Unfalls – da habe ich ja viel Zeit gehabt, nachzudenken –, ob ich mich entschließen soll, tatsächlich noch einmal einen solchen Vortrag »Zur Lage« zu halten. Ich habe mich schließlich entschlossen, das zu tun, und zwar deshalb, weil ich glaube, daß es doch ein paar Dinge gibt, die uns alle beschäftigen und über die ich hier auch einiges sagen möchte. Ich möchte gleich festhalten, daß ich mich nicht in eine Auseinandersetzung über Fragen der Innenpolitik einlassen will. Ich habe bei diesen Vorträgen, die ich seit vielen Jahren, noch seit der Zeit als Bundeskanzler, gehalten habe, die Gewohnheit, eigentlich mehr oder weniger aus dem Stegreif zu sprechen. Das will ich diesmal nicht tun, wenngleich Sie die Fülle der Seiten, die ich vor mir habe, nicht allzu sehr beunruhigen muß, weil manches nicht direkt zum Vortrag gehört.

Und so stehe ich hier vor Ihnen und wäre fast versucht, das banale Wort zu gebrauchen: »Hier stehe ich und kann nicht anders.« Das ist eigentlich die volle Wahrheit und auch mein echtes Bedürfnis, weil ich doch wieder einmal hier vor Ihnen stehen möchte, um meine Meinung, auch wenn sie nicht eine offizielle ist, zu sagen.

Ich möchte als erstes von der Krise sprechen, der Krise schlechthin, auch dann, wenn manche in Österreich glauben, es gibt gar keine. Das ist nichts Außergewöhnliches, denn wir Österreicher, um auch mich damit zu identifizieren, haben sehr oft die Krisen, die wir durchlitten haben, nicht sofort als solche erkannt. Das war immer so, das war 1914 schon so, als man nicht verstanden hat, daß daraus ein Weltkrieg wird; und wie sehr wir diese Krise nicht verstanden haben, wir Wiener, wir Österreicher, das hat seinen literarischen Niederschlag in »Die letzten Tage der Menschheit« von Karl Kraus gefunden. Da erkennt man mit unglaublicher Eindringlichkeit, wie sehr wir uns geirrt haben. Dasselbe ist später einige Male geschehen, obwohl mit einer Regelmäßigkeit sondergleichen drei bis vier Jahre danach stets die Katastrophe eingetreten ist, deren Leidende und

Historischer Handschlag: Bruno Kreisky und Otto Habsburg; 1972

passiv Beteiligte wir waren. Nach 1914 kam 1918, der Zusammenbruch der Donaumonarchie, und übriggeblieben ist ein so kleines Land, daß ich damals – ich sage das aus tiefer innerer Überzeugung – auch für den Anschluß an Deutschland gestimmt hätte. Es konnte sich nämlich niemand vorstellen, vor allem jene nicht, die noch Bürger und Bürgerinnen eines großen Reiches waren, mit all den gewaltigen Ressourcen, die es gegeben hat, wie dieses neue kleine Österreich, abgeschnitten von allen Ressourcen, weiterleben sollte. Und ich kann mir sehr gut vorstellen, daß die verantwortungsvollen Politiker damals am 11. November 1918 zu gar keinem anderen Schluß kommen konnten. Der Krieg war aus, der Krieg war verloren, Österreich war zerschlagen, und es mußte ein Ausweg gesucht werden. Und alle Parteien, ausnahmslos, auch die neu entstandene Kommunistische Partei beziehungsweise ihre Vorläuferin, sind für den Anschluß an das neue, demokratische Deutschland eingetreten, und zwar, so die Vorstellung, als eine Art Sonder-Bundesstaat. Victor Adler hat damals – er war bereits sehr alt und schon sehr krank, wobei »sehr alt« allerdings übertrieben ist, denn er war zehn Jahre jünger, als ich es heute bin – den Versuch gemacht, noch einmal mit den Führern der Nachfolgestaaten zu reden, ob nicht wenigstens eine mitteleuropäische Wirtschaftsgemeinschaft geschaffen werden könnte. Er kam zurück und erzählte, wie er überall auf Ablehnung gestoßen war. Und so würde Österreich gar nichts anderes übrig bleiben, meinte er – und er war damals der Stärkste und Mächtigste, wenn man so will, im Bereich der Politik, den es gegeben hat –, als für den Anschluß an Deutschland einzutreten.

Daran muß man heute erinnern, weil manchmal der Versuch gemacht wird, das als den großen politischen Irrtum der Sozialdemokratie darzustellen. Alle waren dafür, sie konnten sich einen anderen Weg für dieses neue, arme, elende Staatsgebilde nicht vorstellen. So war es also damals. Vor allem der Einspruch Frankreichs bewirkte, die Ausführung dieses Beschlusses der provisorischen Nationalversammlung zu verhindern. Ich bin nicht ganz überzeugt, daß es nicht noch andere große Hindernisse auf diesem Weg gegeben hat, von manchen habe ich erfahren. Aber im großen und ganzen bleiben wir bei der Erklärung, daß es eben am Einspruch Frankreichs gescheitert ist.

Wer ist nun eigentlich schuld daran, daß wir Österreicher uns der Krisen zuwenig bewußt geworden sind? Das hängt damit zusammen, daß unsere Politiker, die damals bestimmten, dieses Krisenbewußtsein verdrängt haben, jahrzehntelang verdrängt haben und deshalb in den damals vorhandenen Medien kein Verständnis dafür entstehen konnte. Einzig und allein die Sozialdemokratie war sich dieser verheerenden Entwicklung bewußt.

Und nun kommen, in aller Kürze, noch einige andere Krisen dazu; ich bin nicht bereit und habe auch gar nicht genug Zeit, alle Krisen zu erwähnen, doch die wichtigsten möchte ich anführen: Die nächste schwere Krise in der Republik – und ich meine die folgenschwere Krise, die sich nicht mehr so leicht reparieren ließ – war 1934. Davon zu sprechen ist deshalb notwendig, weil man in diesen Tagen und diesen Wochen und Monaten vielleicht den Versuch macht, diese Krise von 1934 zu bagatellisieren. Ich habe, ohne daß ich hier alte Wunden aufreißen möchte, einmal in einer Diskussion mit angesehenen Persönlichkeiten in Deutschland gemeint, daß das, was das österreichische Schicksal so sehr vom deutschen unterscheidet, vor allem doch eines ist: Für die Deutschen war das Ende der Demokratie mit der Machtergreifung Hitlers gekommen. Und es ist keine Frage, daß es vorher in Deutschland die Demokratie gegeben hat. Bei uns war das anders. Das ist sehr wichtig, um zu verstehen, welche

Haltung von den verschiedenen Parteien, Richtungen und ihren Anhängern im Jahre 1938 eingenommen wurde. Für uns, die große Partei der Sozialdemokraten, war es eindeutig, daß das Ende der Demokratie in Österreich mit dem Jahre 1934 gekommen war. Darüber kann kein Zweifel bestehen. Der aus der Sozialdemokratie kommende kommunistische Funktionär und Schriftsteller Ernst Fischer meinte einmal, die einen waren zu wenig patriotisch und die anderen zu wenig demokratisch. Das ist eine gescheite Formulierung, aber sie ist nicht ganz richtig. Die Sozialdemokratie hat verschiedentlich ihren Patriotismus bewiesen, jedenfalls ihre große Opferbereitschaft für Österreich. Alle Versuche, die unternommen werden von verschiedenen Klopffechtern – ich rede nicht von Historikern, sondern von Klopffechtern politischer Richtungen –, die darauf abzielen, zu zeigen, daß im Jahre 1934 ein revolutionärer Umsturz, ein Putsch verhindert werden sollte, sind unrichtig. Ich berufe mich dabei auf einen unverdächtigen Zeugen, den Grafen oder Fürsten – ich bin da nicht so genau informiert – Ernst Rüdiger von Starhemberg. Starhemberg hat nämlich mitten im Krieg ein Buch erscheinen lassen, das den englischen Titel »Between Hitler und Mussolini« trug. Als ich in Schweden dieses Buch von der Redaktion einer Zeitung als Besprechungsexemplar erhielt, war ich baß erstaunt, zu lesen, daß die Sozialdemokratie schon längst daran gedacht hätte, einen gewaltsamen Putsch durchzuführen. Es traf sie der 12. Februar 1934, fast möchte ich sagen, wie ein Blitz aus heiterem Himmel. Von Heiterkeit kann allerdings damals keine Rede gewesen sein, denn ich habe das erlebt. Starhemberg erinnert in seinem Buch an die Rede von Fey, dem Heimwehrführer, der erklärte: »Wir werden morgen an die Arbeit gehen, und wir werden ganze Arbeit leisten.« Er sagt sehr deutlich, welche Fehler zwischen 1934 und 1938 begangen wurden. Fast könnte man sagen, welche Verbrechen. Er meint, man habe die Arbeiterschaft dadurch verbittert, daß ihre Bekenner in der Illegalität mit lauter Polizeiräten zu tun hatten, die verläßliche Nazis waren, während die Nationalsozialisten mit Andersgesinnten konfrontiert werden sollten. Ich glaube, daß das insofern eine Täuschung war, als auch die Andersgesinnten, wie sich später vielfach herausstellte, zum Teil schon damals Nazis gewesen sind.

Wie ich schon sagte, dauerte es ungefähr vier Jahre, bis aus der Krise die Katastrophe wurde, nämlich im März 1938. Man wird im nächsten Jahr an den Einmarsch Hitlers vor 50 Jahren erinnern. Und man wird zahlreiche Gedenkveranstaltungen durchführen. Ich weiß nicht, ob wir auf diese Art einen besonders erfolgreichen Versuch machen werden, die doch sehr verschiedenartigen geschichtlichen Interpretationen der Zeit zwischen 1934 und 1938 zu überwinden. Ich glaube, die Politiker des Jahres 1945 haben das auf eine sehr eindrucksvolle Weise getan, indem sie, von zwei verschiedenen Seiten der Barrikaden kommend, den erfolgreichen Versuch – und ich bin ein Zeuge dafür – unternommen haben, durch die Große Koalition die Gegensätze von früher zu überwinden. Das war eine Art der Überwindung, und ich kann nur sagen, daß dabei von verschiedenen Seiten Größe gezeigt wurde. Wenngleich ich immer wieder gemeint habe – und nicht aus Unversöhnlichkeit –, daß es leichter ist, dem Appell »zu vergessen« nachzukommen, wenn man die Schläge nur gezählt und nicht bekommen hat. Ich neige aber doch zu der Auffassung, daß wir über alle diese Fragen mit einer gewissen Ruhe und Besonnenheit diskutieren sollten und daß das auf eine Art geschehen soll, die annehmen läßt, daß die Diskussion in korrekter Weise erfolgt.

Man kann natürlich fragen: Wie kann man das autoritäre Regime, die Diktatur von damals mit der Diktatur von später vergleichen? Es ist kein quantitatives Problem, wie viele Menschen in einer Diktatur umgekommen sind, es genügt, daß eine Zahl von Menschen wegen ihrer Gesinnung gestorben ist. Mehr als 196 tote Schutzbündler hat es gegeben, ich wiederhole es, 196 Schutzbündler, neun hingerichtete Sozialdemokraten, viele von ihnen habe ich selber gekannt, hochanständige Menschen – Feuerwehrkommandanten, öffentlich Bedienstete, Arbeitslose –, und nicht vergessen werden sollen die 118 Opfer der Exekutive. Das war ein doch sehr blutiger Beginn für ein Regime, das infolge der autoritären Praxis nicht in der Lage war, die große Mehrheit der Österreicher für sich zu gewinnen. Ich selber habe damals zu denen gehört, die zu den Illegalen gegangen sind. Und schon im Jahre 1936, also zwei Jahre vor der großen Katastrophe – und Sie erlauben, daß ich mich selber zitiere –, habe ich, etwas vorlaut für einen jungen Studenten, in meinem Prozeß gemeint: »Unser Land ist klein und vom Ausland abhängig. Wie sehr es das ist, beweisen die ständigen Bemühungen um Garantierung unserer Unabhängigkeit durch die Großmächte. Es ist durchaus denkbar, daß diese Mächte unter dem Einfluß von

Linksregierungen in den für Österreich wichtigen Staaten erklären, daß sie nur dann bereit sind, die österreichische Unabhängigkeit zu garantieren oder Österreich in seinen chronischen Finanznöten beizustehen, wenn in Österreich ein System herrscht, das die Zustimmung des österreichischen Volkes hat.« Das ist aber nur eine Überlegung gewesen. Es kam dann sofort eine zweite, an die zu erinnern mir heute wesentlich erscheint. »Es ist nicht ausgeschlossen«, meinte ich damals, »daß sich die Bauern«, die viel zahlreicher waren als heute, »mit den Arbeitern für die Wiederherstellung der Freiheitsrechte zusammenschließen. Die Rückkehr zur Demokratie muß nicht eine Folge blutiger Kämpfe sein. Es ist auch möglich, daß die Regierung in einem ernsten Moment die breiten Massen des Landes zur Verteidigung der Grenzen aufrufen muß.« Damit will ich auch einen Beitrag zur sogenannten Geschichtsbewältigung, die hier versucht wird, leisten.

Vor einiger Zeit hat eine Diskussion im Fernsehen stattgefunden, an der auch sehr militaristisch gesinnte Herren teilgenommen haben. Sie meinten, daß eine Verteidigung Österreichs nicht möglich gewesen wäre, und viele haben ihnen natürlich zugestimmt. Gewiß, eine Verteidigung Österreichs durch das damalige Bundesheer ist nicht möglich gewesen, schon deshalb nicht, weil ja ein Teil der Offiziere und Unteroffiziere zu den illegalen Offiziers- und Soldatenvereinigungen gehörte. Ich kann nur sagen, daß General Emil Spannocchi, ein untadeliger Mann aus dieser Zeit, sicher bemüht war, die Militärs von damals in Schutz zu nehmen, als er meinte, daß weniger als 5% der Soldaten dem »Nationalsozialistischen Soldatenring« angehört haben, ein Prozentsatz, der auch auf die Offiziere zutreffen würde. So wäre es aber doch nicht gegangen. Wäre Österreich das Jahr 1934 erspart geblieben und hätte eine demokratische Regierung das Ruder gehalten, was bei der Schweiz und beim großteils deutschsprachigen Luxemburg der Fall war, dann ist nicht einzusehen, warum sich nicht sehr viele zu diesem Volksaufgebot bereit gefunden hätten, wie ich es damals in meiner Verteidigungsrede erklärt habe. Warum sollten sie es 1934, unter ganz besonders schwierigen Umständen, getan haben und 1938 nicht? Es ist die große Frage, die ich immer wieder stelle, ob Hitler es sich geleistet hätte, in ein Land einzudringen, in dem er überall, vor allem dort, wo die Industriegebiete lagen, in viel höherem Maße, als das im Jahr 1934 der Fall gewesen ist, blutigen

Widerstand gefunden hätte. Was dieser Widerstand für die damals noch handlungsfähige Tschechoslowakei und für viele andere bedeutet hätte, will ich dahingestellt lassen. Gewiß, alles andere ist Spekulation, aber es ist in diesem Zusammenhang sehr interessant, daß mir General De Gaulle einmal, als ich ihn nach seiner Meinung über Léon Blum gefragt habe, erzählt hat, sein Fehler wäre gewesen, daß er damals, im März 1936, als die Reichswehr im Rheinland einmarschiert ist, nicht wenigstens eine Division an den Rhein geworfen hat, Hitler hätte es sich dann überlegt.

Zum Schluß sei nur noch eines gesagt, weil wir immer ein bißchen wehleidig auf diese Frage reagieren. Wissen Sie, es hat Situationen gegeben, wo über alle Parteigrenzen hinweg tatsächlich ein großes Volksaufgebot nicht ausgeschlossen wurde. Das war damals, als Mussolini auf eine Rede des Dr. Wilhelm Ellenbogen über Südtirol im österreichischen Parlament gedroht hatte, die italienische Flagge über den Brenner zu tragen. Da haben sich in Tirol der Republikanische Schutzbund und die Heimwehren tatsächlich bereit gefunden, gemeinsam die Grenzen unseres Landes zu verteidigen.

General Körner, einer unserer großartigen Bundespräsidenten, hat immer den Standpunkt vertreten, daß man solche politischen Auseinandersetzungen, er meinte damals die zwanziger und dreißiger Jahre, nicht in militärischer Weise führen könne, wie das seinerzeit durch den Republikanischen Schutzbund geschehen ist. Diese Art von Krieg erfordere ganz andere Maßnahmen. Als er feststellte, daß er damit auf taube Ohren stieß, hat er sich zurückgezogen.

Wenn ich heute also Meinungsumfragen lese, aus denen hervorgeht, daß die Österreicher zu einem großen Teil nicht bereit sind, militärischen Widerstand zu leisten für den Fall, daß die Demokratie bedroht ist, dann, glaube ich, sollte man sich hier doch auch selber Klarheit darüber verschaffen, daß unsere demokratische Erziehung nicht perfekt gewesen ist. Denn wenn man mit den Schweizern redet, so wird es kaum einen geben, der Ihnen sagt, auch wenn er ein linker Sozialdemokrat ist, daß er der Meinung wäre, man müsse die Grenzen des Landes nicht verteidigen.

Und nun möchte ich ein Wort zum Heldenplatz sagen, er wird uns nämlich immer wieder vorgehalten. Ich selber habe den vollen Heldenplatz einmal erlebt, damals, als das internationale Jugendtreffen in Wien stattfand. Ich glaube, daß fast 50.000 junge Menschen, vor allem aus Europa, dort versammelt waren und daß sich zu ihnen noch ungefähr 200.000 andere gesellten, die an dieser Kundgebung ebenfalls teilnehmen wollten. Ich habe also einmal den vollen Heldenplatz erlebt, beim internationalen Jugendtreffen 1929. Den Heldenplatz im Jahre 1938 habe ich deshalb nicht erlebt, weil ich im Gefängnis der Gestapo war. Aber die Vorstellung, daß auf diesem Platz und den anderen Plätzen in Österreich *ganz Österreich* gewesen wäre, ist eine unerlaubte Verallgemeinerung. Wenn man noch so kühne Berechnungen anstellt – und ich kenne diese Art von Berechnungen ein bißchen, weil ich selber auf den meisten dieser Plätze während meiner langen, doch 13jährigen Zeit als Bundeskanzler gesprochen habe und die Plätze relativ voll waren –, kommt man zu dem Schluß, daß wahrscheinlich damals, wenn man sehr großzügig ist, zwei Millionen Menschen in Bewegung waren: Männer, Frauen und Kinder, denn sie wollten ja diesem historischen Ereignis beiwohnen, damit sie einmal sagen können, sie wären »dabeigewesen«.

So kann ich nur fragen: Wo waren die anderen? Weinend, voller Angst die einen, schaudern und zitternd die anderen, vielleicht auch abwartend, und zu diesen kommen noch 200.000 Wiener Juden, deren Stimmung Sie sich ja ungefähr vorstellen können. Jedenfalls, sie waren zu keiner Massenaktion fähig, denn es gehört zum Wesen einer Diktatur, daß sie ihre Gegner, die Masse ihrer Gegner, atomisiert. Und daß die große Mehrheit derer, die dagegen sind, alles als vorbei und verloren betrachtet. Das ist jedenfalls meine Meinung als Zeitzeuge, von dem ich allerdings sagen muß, daß er am 15. März 1938 nicht am Heldenplatz gewesen ist.

Unlängst hat der Ministerrat beschlossen, eine Kommission zur Gestaltung der Gedenkveranstaltungen um den »März 1938« einzusetzen. Ihr gehört, allerdings nicht zu unrecht, der Vizekanzler außer Dienst, Dr. Bock, an. Er war damals Funktionär der Vaterländischen Front. Auf mich hat man offenbar verzichtet, worüber ich nicht traurig bin – aber fragen hätt' man mich wenigstens können. Ich erinnere Sie also an den Ausgangspunkt dieser Betrachtungen, daß wir Österreicher die großen Krisen unserer Geschichte nicht in ihrer ganzen Bedeutung erkannt haben.

Und wieder eine Parenthese: Frau Professor Weinzierl

schreibt, daß von den 1938 bis 1945 ins KZ verschleppten oder nach Polen, Riga und Minsk deportierten 67.601 österreichischen Juden nur 2.142 das Ende des Krieges erlebt haben. 65.459 fanden einen grauenhaften und unvorstellbaren Tod. Das wird von manchen bedauert, von sehr vielen sehr gleichgültig hingenommen und von einigen sogar als gut und – wie unlängst einer meinte, nämlich der Gehilfe Eichmanns in Damaskus – als wünschenswert und wiederholbar bezeichnet. Das ist eine Seite, die aber in weiterer Folge von Ereignissen überschattet wurde, die doch der Vergessenheit entrissen werden müssen.

Ich will nicht vom Krieg reden und den Irrtümern, die aus ihm kamen. Wir sprechen von den Krisen, und so sei die letzte große erwähnt. Ich beschäftige mich nicht mit den einzelnen Fakten, sie werden immer mehr und in immer größerer Zahl weiterhin veröffentlicht werden. Ruhe wird es, wie sich manche erhofft haben, so bald keine geben. Erst unlängst ist das Buch eines äußerst versierten UN-Beamten erschienen, Brian Urquhart, der ein ganzes Kapitel dem ehemaligen Generalsekretär widmet. Man merkt deutlich, wie objektiv Brian Urquhart seinem früheren Vorgesetzten Dr. Kurt Waldheim gegenüber sein will, sich aber in einigen Zeilen einer sehr klaren und verurteilenden Sprache bedient. Er fügt dann einige Betrachtungen über die Haltung der Regierungen, der Großmächte, bei der Auswahl von internationalen Beamten an. Das gilt auch für die Regierung, die ich damals leitete. Auch ich habe, als ich die Meinung vertrat, einen Beamten des auswärtigen Dienstes, unseres Außenamtes, zum Generalsekretär vorzuschlagen, auch ich habe offenbar Fehler gemacht, Fehler dahingehend, daß ich die Angaben, die man mir machte, für richtig gehalten habe. Das war, retrospektiv gesehen, sicher falsch. Ich hätte damals eine eigene Kommission einberufen müssen, aber mir kam das nicht in den Sinn, denn ich war überzeugt, daß mir die Wahrheit gesagt wurde. Und so kam es zu diesem Vorschlag. Brian Urquhart hat also recht, wenn er meint, manche Regierungen haben nicht immer die entsprechende Sorgfalt walten lassen. Nur einen Einwand muß ich machen: Er sagt, daß vor allem die Alliierten, die USA, England, Frankreich und die Sowjetunion, damals besser hätten aufpassen müssen, denn die Akten, die heute veröffentlicht werden, wären ihnen damals schon bekannt gewesen. Mir waren sie allerdings nicht bekannt, das muß ich sagen.

Ich will auch heute nicht über die Akten reden, es werden sich immer wieder in verschiedenster Weise Kommissionen damit beschäftigen. Bezüglich der hier in Wien errichteten Historikerkommission möchte ich mir eine Stellungnahme ersparen, weil schon viel Kritik an ihr geübt wurde und sich sogar sonderbare Ereignisse um sie ranken. Nochmals, ich werde mich nicht mit den Fakten beschäftigen, hier gibt es genügend Fachleute. Ob es gerade der World Jewish Congress sein mußte, der in der Vorwahlzeit Veröffentlichungen machte, was schon lange vorher geschehen hätte können, ist jedenfalls nicht zu unrecht als Wahlbeeinflussung aufgefaßt worden und hat, was ich mit großer Trauer feststellen möchte, zum Lostreten einer politisch-antisemitischen Lawine geführt.

Sie können die Frage stellen, meine Damen und Herren, wenn ich also keine Fakten, alte oder neue, nennen möchte oder zu beleuchten wünsche, was habe ich denn hier dazu zu sagen? Ich glaube einiges, und zwar realistisches. Und das scheint mir vor allem in der demokratischen Welt anzuführen zu sein. Die Tatsache, daß das österreichische Staatsoberhaupt, also das Staatsoberhaupt einer demokratischen Republik, auf die sogenannte »Watch-List« kam, ist meiner Ansicht nach – und ich sage es mit aller Deutlichkeit – unerträglich und hat unsere Reputation in der demokratischen Welt erschüttert. Wer hier glaubt, es wären »nur ein paar Juden gewesen«, der macht einen gewaltigen Fehler. In der Tat hat es uns schwerst erschüttert. Bei der »Watch-List« handelt es sich nämlich um einen juristischen Akt der Verwaltung, ist also etwa gleichzusetzen mit der Staatsanwaltschaft. Es hat in den USA während der Zeit der Zweiten Republik kaum eine Administration gegeben, die so prinzipiell freundlich gegenüber der ÖVP gewesen ist wie diese unter Reagan. Um so erstaunlicher ist die Geschichte mit der »Watch-List«, für die eigentlich Edward Meese verantwortlich zeichnet.

Ich verstehe sehr gut, daß die legale Bekämpfung der »Watch-List« durch das Staatsoberhaupt nicht erfolgen kann. Natürlich kann sie bekämpft werden, allerdings nur in Amerika. Ich habe mich gründlich zu informieren versucht und habe dabei von einem der mich beratenden Freunde erfahren, daß die Verfügung des Justizministeriums nur auf folgendem Weg anzufechten ist: Irgendwelche Amerikaner müssen zeigen, daß sie ein legitimes und wichtiges Interesse daran haben, den Betroffenen in den USA zu sehen und zu sprechen und daß – nach dem first amendment (free speech) – die Verhinderung eines derartigen Treffens das verfassungsmäßige Recht dieser Amerikaner beeinträchtigt. Ich glaube also, daß wir darüber nachdenken müßten, wie wir das anstellen. Es müßte ein Konsilium von hervorragenden amerikanischen Rechtsgelehrten befragt werden, denn es ist doch nicht denkbar, daß es in einem demokratischen Land wie den USA keine Möglichkeit geben sollte, gegen eine Verfügung einer amerikanischen Administration aufzutreten. Das scheint mir vor allem wichtig zu sein.

Allerdings muß auf Grund der Sachlage das Prozeßrisiko bedacht werden. Entweder bleibt der Zustand aufrecht, das heißt, es ändert sich nichts an der »Watch-List«, oder wir beziehungsweise unsere Freunde dringen durch. Gewiß, manche werden die neuerliche öffentliche Debatte scheuen, aber die bleibt uns ja nicht erspart. Sie wird täglich, wöchentlich, monatlich geführt werden, in allen großen Zeitungen der Welt.

Eine zweite, außerordentlich wichtige politische Aktion müßte, so glaube ich, in sehr konsequenter und nachdrücklicher Weise durch geeignete Persönlichkeiten vor allem in der Presse und in den amerikanischen Medien erfolgen. Und zwar von Leuten, die unverdächtig sind. Man kann diese aber nicht einfach aus dem Hut zaubern und auch nicht Leute wählen, die seinerzeit mit dieser Angelegenheit befaßt waren.

Und dann müßte man natürlich auch beweisen, daß »die Österreicher«, wie man es heute hört und liest, in Wirklichkeit nicht die Österreicher sind. Den Österreichern, wie sie im Augenblick generalisierend Erwähnung finden, geschieht Unrecht. Österreich hat nämlich, und ich sage das im Bewußtsein meiner Verantwortung, die ich immer noch habe, eine gewaltige historische und demokratische Bewährungsprobe abgelegt. Einer der Zeugen, ich wiederhole es, bin ich. Denn ich war Mandatar in der sowjetischen Zone, und mit mir waren es noch andere in Niederösterreich und im Burgenland sowie im Ostteil Wiens. Ich war unzählige Male bei Versammlungen in den Dörfern, Märkten und Städten der Ostzone, also in der gesamten russisch besetzten Zone. Niemand – und ich will das mit aller Deutlichkeit sagen – niemand hätte damals Stalin hindern können, für Österreich denselben Weg zu gehen wie für Ostdeutschland. Die österreichischen Kommunisten jedenfalls haben das sehnsüchtig erwartet, bis zuletzt. Sie haben gehofft, daß es dann in dem so »befreiten Österreich« ein ähnliches politisches Regime wie in Ostdeutschland und den kommunistischen Staaten geben werde.

Es gab damals keine Macht der Welt, die das hätte verhindern können. Ostösterreich war ja auch in den Augen vieler im Westen verloren. Und sehr deutlich habe ich das selbst erlebt, als nach dem Staatsvertrag, mehr als ein Jahr später, in Ungarn die große Erhebung stattfand und die Sowjetarmeen an der Grenze wieder aufmarschierten und einige der Soldaten sie sogar überschritten – einer wurde dabei von einem österreichischen Gendarmen getötet, es war am 23. November 1956. Da konnten wir keine Hoffnung hegen auf die Vereinigten Staaten, und auf die anderen schon gar nicht. Warum? Man bedenke: Die zweite Wahl Eisenhowers beschäftigte die USA, gleichzeitig erfolgte der Marsch zum Suez-Kanal seitens Israels, Frankreichs und Englands. Der Westen war also paralysiert. Die Auskunft, die wir damals, ich war einer der Fragenden, von unseren amerikanischen Freunden erhielten, war sehr eindeutig: Würde die Russenzone wieder besetzt, könne man bestenfalls die eigenen Zonen wieder besetzen, mehr wäre nicht zu erwarten. Das war die Situation – mehr als ein Jahr nach dem Staatsvertrag.

Nur – und ich sage das ganz deutlich – dank Chruschtschow und Mikojan ist es beim Staatsvertrag geblieben, hat die Sowjetunion die Wiederbesetzung ihrer Zone nicht durchgeführt, obwohl derartige Wünsche von vielen Kommunisten in der Tschechoslowakei, in Ostdeutschland und anderen Ländern geäußert wurden. Daß das alles nicht passiert ist und die Ostzone Wiens dazugerechnet wurde, ist nicht zuletzt dem Umstand zu verdanken, daß es in Österreich – und darauf kommt es mir jetzt an – vor allem eines nicht gab, nämlich die Bereitschaft der österreichischen Arbeiter und Angestellten, der österreichischen Gewerkschaften und der Sozialdemokraten, hier nachzugeben und sich einer Einheitsfront wie in Ostdeutschland einzugliedern. Vorschläge dieser Art gab es auch in Österreich, immer wieder. In diesem Zusammenhang könnten viele Namen von Patrioten unter den Toten erwähnt werden, einer von den Lebenden war damals Franz Olah. Das zu verleugnen hätte keinen Sinn und wäre eine Geschichtsfälschung; diese historische Rolle soll nicht verkleinert werden. Daneben gab es noch große Leistungen des damaligen Bürgermeisters Theodor Körner und vieler kleiner Vertrauensmänner und -frauen im Osten Österreichs. Erst vor kurzem erzählte mir ein bekannter Professor, ein Medi-

Während der letzten großen Rede im Wiener Konzerthaus; 1987

ziner, daß seine Mutter täglich zur Arbeit aus dem zweiten in den vierten Bezirk gegangen war, um der Weisung der Gewerkschaft nachzukommen, dem Arbeitsplatz ja nicht fernzubleiben.

Ich jedenfalls empfinde das alles gerade auch als Unrecht gegenüber den österreichischen Eisenbahnern. Wenn man weiß, welchen Mut sie in dieser Zeit bewiesen haben, jedenfalls dort, wo die Sowjetarmeen in großer Zahl alles taten, um diese Bewegung der Kommunisten zu fördern. Das sollte unvergessen bleiben und Erwähnung finden. Dieser mutige Kampf um die Demokratie in Österreich, wie er vor allem von den Arbeitern und Angestellten in ihrer Gesamtheit geführt wurde.

Ich spreche gar nicht von den Politikern, die hier ihre Rolle spielten. Bundespräsident Schärf hat über diese Zeit in seinem Buch ausführlich berichtet, und er zitiert dort auch die »New York Times«. Der Berichterstatter des Blattes, John Mac Cormac, schrieb am 27. September 1950, daß manche Regierungsmitglieder das Einschreiten amerikanischer Militärs begehrt hätten, und es war eine allgemeine Verlegenheit usw. Die Mitglieder der Regierung, schreibt Schärf, die sich gerne unter den Schutz der amerikanischen Maschinenpistolen begeben hätten, das waren ganz bestimmt keine Sozialisten. Als der amerikani-

Im Wiener Konzerthaus; 1987

sche Hochkommissär General Keyes Wien verließ, richtete er eine Abschiedsbotschaft an die Österreicher. Er erklärte darin, daß der ständige Fortschritt hauptsächlich durch die Ausdauer, den Fleiß und den Mut der Arbeiter erreicht wurde.

Doch nun zurück zur Wahl Waldheims: Noch eine Sache hat, finde ich, nicht genug Beachtung seitens unserer eigenen Medien gefunden. Wien hat 1,5 Millionen Einwohner, Gesamtösterreich 7,5 Millionen, das heißt, daß ein Viertel der österreichischen Bevölkerung in Wien lebt. Und jetzt möchte ich Sie daran erinnern, daß 70% der in dieser Stadt Wahlberechtigten ihre Stimme nicht für das gegenwärtige Staatsoberhaupt abgegeben haben. Im Burgenland waren es 50,71%, die ihre Stimme Dr. Kurt Steyrer gaben, in Kärnten 51,74%. Was ganz Österreich betrifft, haben von allen Wahlberechtigten, ich rede von den Wahlberechtigten, 54,75% ihre Stimme nicht für Waldheim abgegeben. Aber die Zahl der an der Wahl nicht Teilnehmenden war wesentlich größer als bei allen anderen Präsidentenwahlen.

Ich weiß, daß es sehr mühsam ist, das alles draußen in der Welt zu erklären. Wir werden uns dieser Aufgabe aber unterziehen müssen, wollen wir einige Korrekturen am heutigen Österreich-Bild anbringen. Mit Imagepflege, wie man so sagt, über teure Büros, wird es nicht gehen. Wir werden historische Beispiele, eindrucksvolle Beispiele erwähnen müssen, vor allem denen gegenüber, die sich von vornherein dieser Argumentation nicht zu verschließen bereit sind.

Eine Wahl ist eine demokratische Entscheidung, und es bleibt, so scheint mir, gar nicht anders übrig, als sie anzuerkennen. Daß es Menschen gibt, die man nicht zwingen kann, im nachhinein für den Ausgang dieser Wahl Sympathie zu empfinden, ist klar. Vielleicht hätte man große Anstrengungen unternehmen müssen, um zu einer klaren und eindeutigen Stellungnahme der SPÖ zu kommen, in der man sich ein für allemal distanziert, aber das konstitutionelle Faktum akzeptiert. Es gibt jedoch tiefgreifende Meinungsverschiedenheiten, und sie bringen diese Partei in eine schwierige Lage. Jedenfalls glaube ich, daß die SPÖ, will sie in Zukunft eine Demonstration ihrer mangelnden Geschlossenheit vermeiden, diesen Meinungsbildungsprozeß durchführen muß. Ich möchte auch bemerken, daß die Tatsache, daß sich jemand, selbst wenn es wahr wäre, mit der Person eines Kandidaten und seiner Vergangenheit zu beschäftigen wünscht, doch nichts Ehrenrühriges oder Strafbares sein kann. Mir war daher der geführte Prozeß von Anfang an unverständlich.

Aus meinem doch relativ langen Leben in der Politik bin ich zu der Überzeugung gelangt, daß man viele Dinge sehr oft und immer wieder sagen muß, ehe man mit ihnen durchdringt. Ich weiß das größte Beispiel dieser Art zu nennen. Ich kann mich erinnern, wie man über uns gespottet hat, als wir nach all den vielen Niederlagen immer wieder vom Abschluß des Staatsvertrages gesprochen haben. Man hat uns für naiv und ermüdend unrealistisch gehalten in dieser Zeit der zehnjährigen Okkupation, und doch kam eines Tages die Einladung, nach Moskau zu kommen, und wir haben den Staatsvertrag aus den verschiedensten Gründen erhalten. Aber allein der Umstand, daß wir nie aufgehört haben, von ihm zu reden, hat schließlich Mut und Gewißheit vermittelt. Und diesem Umstand verdanken wir doch die relativ großartige Entwicklung, die es nach dem Staatsvertrag gegeben hat. Ich bin also der Meinung, daß die Aufklärungsarbeit, die wir leisten müssen, einerseits, was die »Watch-List« betrifft, andererseits, was das Verhalten der österreichischen Bevölkerung in der Ostzone betrifft, und schließlich das Wahlverhalten, das auch nicht übersehen werden soll, immer wieder den Menschen im Ausland nähergebracht werden muß.

Und sagen Sie ja nicht, ich hätte derartige Mißverständnisse im Ausland nicht selbst erlebt, ich wäre von der öffentlichen Meinung im Ausland verwöhnt worden und könne das daher nicht beurteilen. Das stimmt ja nicht. Ich erinnere Sie an die berühmte Schönau-Krise, in der man mich wahrlich nicht geschont hat, aber wir haben – zur Aufklärung der von uns durchgeführten Schritte – die Journalisten der großen Zeitungen aus der ganzen Welt immer wieder nach Wien eingeladen und mit ihnen über diese Ereignisse gesprochen, bis sich schließlich ein mich selber überraschendes Ereignis ergeben hat. Ich kam auf meiner Reise durch die arabischen Staaten auch nach Israel. Und da hat Frau Golda Meir im King David Hotel eine Tischrede gehalten, in der sie mich freundlich behandelt hat, was nicht immer der Fall gewesen ist. Aber damals war es so, sie hat anläßlich der »Fact Finding Mission«, die ich im Auftrag der Sozialistischen Internationale in den arabischen Staaten geleitet habe, bei meinem anschließenden Besuch in Israel festgestellt, daß sie und ihr Land mir und der österreichischen Regierung zu großem Dank verpflichtet wären, weil wir nach der Schönau-Krise weiterhin Hunderttausenden russischen Juden die Durchreise durch Österreich ermöglicht haben. Botschafter Thalberg, der mich damals begleitete, hat darüber folgendes geschrieben: »Golda Meir dankte dem österreichischen Bundeskanzler, Österreich war das einzige Land, auch daran wäre zu erinnern, das die Emigration von 200.000 sowjetischen Juden ermöglicht habe, bis zu diesem Zeitpunkt nämlich, und bedauerte die Mißverständnisse, die in der Schönau-Frage entstanden seien. Kreisky unterstrich in seiner Antwortrede: So lange diese Regierung an der Macht ist, wird niemand, der durch Österreich reisen will, nach seiner Religion gefragt werden.«

In Parenthese möchte ich bemerken, daß ich oft mißverstanden wurde oder unverständliche Äußerungen getätigt habe, sie aber schließlich doch allgemeine Anerkennung gefunden haben. Das schafft mir eine gewisse Befriedigung in dieser Zeit.

Ich glaube also, daß wir alles das erfahren haben – ob wir jetzt streiten wollen darüber, was größer und was kleiner war an den Ereignissen, das ist nicht das Problem. Wir müssen uns einer Aufgabe unterziehen, weil wir das Ansehen Österreichs anders nicht wieder herstellen können. Und deshalb rede ich so ausführlich über diese Fragen, auch auf die Gefahr hin, daß manche von Ihnen enttäuscht sein werden.

Und nun möchte ich über eine ganz andere Frage sprechen, und das deshalb, weil ich mit ihr befaßt bin. Sie ist von internationaler Bedeutung für die Zukunft, wenn sie auch von vielen nicht als solche erkannt wird. Der Europäische Gewerkschaftskongreß, der Zusammenschluß aller europäischen Gewerkschaften ungeachtet ihrer politischen Auffassungen, ist im Jahre 1985 in Mailand zu einer Konferenz zusammengetreten. Dort wurde diskutiert, was gegen die Arbeitslosigkeit geschehen sollte. Die Abgeordneten kamen zu vielen Schlüssen, unter anderem auch zu einem konkreten Vorschlag: Es sollte eine Kommission geschaffen werden, so meinte der finnische Minister Jermu Laine, die sich mit diesem Problem beschäftigt. Das sollte eine überparteiliche, unabhängige Kommission sein, und sie schlugen mich als Vorsitzenden vor. Ich bin ein alter Mann, deshalb habe ich meine Freunde in der Welt draußen gefragt, ob ich einer solchen Aufforderung nachkommen sollte. Alle Antworten waren sehr positiv, darunter auch die des deutschen Bundesministers für Arbeit und Sozialordnung, Dr. Norbert Blüm, und vieler anderer hervorragender Gelehrten, wie die von John Kenneth Galbraith, Lester Thurow und des französischen Politikers Michel Rocard. So entschloß ich mich, allerdings nicht leichten Herzens, diese Aufgabe jedenfalls für den Anfang zu übernehmen.

Darf ich Ihnen zahlenmäßig die Größe dieses Problems darstellen? Das illustriert die Behauptung, daß es sich hier um eine der schwerwiegendsten Fragen, ja geradezu um eine der großen Katastrophen unserer Zeit handelt. Aus dem letzten Employment-Bericht der OECD, also der Gesamtheit der Industriestaaten der Welt, gibt es folgende Prognose für 1988: Es wird 31,25 Millionen Arbeitslose insgesamt geben, davon 19, fast 20 Millionen in Europa, das sind über 11%. Der Bericht dieser Kommission stellt außerdem fest, daß nicht mit einer signifikanten Abnahme der Arbeitslosigkeit in den Industriestaaten gerechnet werden kann. Und alle Hoffnungen, die manche haben, daß sich dieses Problem auf die eine oder andere Art doch lösen wird, sind trügerisch. Der Bericht der Kommission wird aller Voraussicht nach noch im Frühjahr 1988 zur Verfügung stehen und bei der Sitzung in Helsinki vorgestellt werden. Dabei wird es eine Fülle von interessanten Aspekten geben. Die Persönlichkeiten, die an der Arbeit der Kommission teilgenommen haben, rechtfertigen diese Erwartung.

Ich werde hier aber nicht zu ökonomischen Fragen sprechen, sondern über einige wenige, mir wichtig erscheinende politisch-psychologische Fragen. Die demokratische Welt befindet sich – so behaupte ich – am Ende einer konservativen Welle. Einige ökonomische Schulen, welche die theoretische und wirtschaftliche Grundlage hierfür lieferten, zum Beispiel die monetaristische, glaubten, alle Probleme lösen zu können. Man sprach sogar von der monetaristischen Revolution, von einer »supply-side-Revolution«. Diese ökonomischen Auffassungen sind aber heute nicht mehr unbestritten, allerdings nicht so sehr im offiziellen Österreich. Bei uns steht man noch in sehr hohem Maße auf einem Standpunkt, der in anderen Teilen der Welt als überwunden gilt. Die Auffassung aber, wonach die Marktkräfte alles zu lösen in der Lage wären, scheint ihre Popularität verloren zu haben. Und die moderne Ökonomie beginnt, die großen Fragen der Gegenwart anders zu sehen. Ich wiederhole, nicht so sehr bei uns. Die Vorstellung nämlich, daß, wenn die Wirtschaft ein besseres Wachstum aufweist, die Arbeitslosigkeit von allein verschwindet, scheint mir nicht mehr sehr gesichert zu sein.

Ich habe vor kurzem eine Harvard-Studie erhalten, die ein furchtbares Bild der sozialen Lage in den Vereinigten Staaten zeichnet. 32 Millionen beziehungsweise 13,5% aller Amerikaner haben ein Einkommen, das weit unter dem offiziell festgelegten Existenzminimum liegt. Die Zahl dieser Armen ist seit 1978, also in der Zeit Präsident Reagans, um 8 Millionen gestiegen. Die Einkommensungleichheit hat seit der Einführung solcher Statistiken vor 40 Jahren das höchste Ausmaß erreicht. Die Rechnung der Reagan-Administration, aber auch vieler Leute in Deutschland und Österreich, daß sich Steuersenkungen für die großen Einkommen auf alle Bevölkerungsschichten fortpflanzen werden, ist nicht aufgegangen. Ölarbeiter in den Südstaaten haben 320.000 Arbeitsplätze verloren und sind arbeitslos geworden. 280.000 Eigenheime werden auf dem Markt unter ihrem Wert angeboten. Bauern im Mittelwesten erleben den Untergang ihrer Betriebe. Und das, was man in dieser Harvard-Studie schildert, ist sehr ähnlich dem, was der großartige Film von John Ford nach der Romanvorlage von John Steinbeck nachgezeichnet hat. Bergleute und Stahlarbeiter haben ihre Arbeitsplätze in der Gegend um Pittsburgh auf Dauer verloren. 3,5 Millionen Menschen leben im reichen Kalifornien unter der Armutsgrenze. Nun gibt es in den Vereinigten Staaten ein ganz neues Phänomen, man nennt es die »working poors«. Das sind die Armen, die Arbeit haben und die volle Arbeitszeit erbringen, jedoch zu den neuen Armen gehören, wenn nicht sogar zu den Ärmsten dieser Zeit.

Und deshalb wird man sich auch diesmal wieder zu einem großen Investitionsprogramm in Europa entschließen müssen, zu einem europäischen Investitionsprogramm, wie es bei uns in Österreich bereits in ähnlicher Weise in den siebziger Jahren geschehen ist. Man wird die beschäftigungspolitischen Konsequenzen einer großzügigen Umweltschutzpolitik beachten und die vernünftige Zusammenarbeit mit den Entwicklungsländern berücksichtigen müssen.

Man spricht von der Schuldenkrise. Sie ist gewaltig. Ich habe einmal im American Enterprise Institute, einer konservativen Einrichtung in Washington, über diese Schuldenkrise gesprochen. Man hat mich um meine Meinung gefragt. Und bevor ich sie kundtat, habe ich eine kleine Anekdote aus Osteuropa erzählt. Ich hoffe, niemand wird mir das als antisemitische Gesinnung auslegen, das wäre jedenfalls bei mir nicht sehr angebracht. Also, ein Mann trifft einen anderen, tief verzweifelt, und auf die Frage, was ihm denn widerfahren wäre, meint er, er könne den Greißler nicht mehr bezahlen, er könne die Miete nicht mehr bezahlen, er könne alle seine Schulden nicht mehr bezahlen, es bleibe ihm nichts anderes übrig, als Selbstmord zu begehen. Wenige Wochen später treffen die beiden Freunde einander wieder, und der vorher so Vergrämte und Verbitterte ist voll Humor und Zuversicht. Auf die Frage, was denn geschehen wäre, meint er, eigentlich nichts, außer daß er seinen Gläubigern mitgeteilt hätte, er könne nicht zahlen. Und jetzt hätten sie seine Sorgen. Genau das ist den Vereinigten Staaten und den reichen Ländern passiert. Sie haben in einer Art und Weise leichtfertig Geld hergeborgt, das sie jetzt nicht mehr eintreiben können. Es wird daher eine neue Art der Zusammenarbeit mit den Entwicklungsländern geben müssen. Wir werden ganz andere Gesichtspunkte anzulegen haben, wir werden sehr viel mehr kontrollieren müssen, was mit dem Geld geschieht, als das in der Vergangenheit der Fall war, wo die Banken diese Kredite einfach hergegeben haben.

Schließlich und endlich müssen das die Steuerzahler nicht nur in Amerika, sondern auch in Europa tragen. Was in der Kommission große Beachtung gefunden hat, war der Umstand, daß die Arbeitslosigkeit besonders demonstrative Formen, besonders aufregende Formen bei den Kulturschaffenden gefunden hat. Wissen Sie, viele Menschen in ihrer Gedankenlosigkeit meinen, Arbeitslosigkeit, das gehöre zum natürlichen Schicksal des Arbeiters. In der Zwischenzeit hat sich die Welt verändert. Zur menschenleeren Fabrik ist das menschenleere Büro gekommen, und die Kulturschaffenden sind in besonderer Weise in große, unerwartete Schwierigkeiten geraten. Lehrer, Ärzte und andere müssen Jahre auf eine Beschäftigung warten. Hier muß eine Antwort gegeben oder jedenfalls eine versucht werden. Andernfalls werden wir innerhalb kürzester Zeit unglaubliche soziale und politische Probleme bekommen.

Und schließlich geht es um die Frage der Finanzierbarkeit des Wohlfahrtsstaates, das kann man täglich bei uns lesen. Dabei wird sozusagen »geflüstert«, daß es die Konsolidierung des Budgets erst jetzt gäbe, diese Idee wäre ganz neu. Unlängst habe ich einen Aufsatz eines hervorragenden Ökonomen gelesen, in dem er schreibt: »Die von der Großen Koalition gebildete Bundesregierung« – die jetzige ist gemeint – »hat sich das Ziel gesetzt, bis 1991 das Nettodefizit des Bundesbudgets von zirka 5% des Jahres 1987 auf 2,5% des Bruttoinlandsproduktes 1992 zu reduzieren. Betrachtet man die Budgetentwicklung seit 1975« – ich wiederhole, seit 1975 –, »so stellt eine solche Senkung des Defizits keineswegs einen völlig neuen Vorgang dar. Von 1976 bis 1981 wurde das Defizit von 4,6% auf 2,6% des Bruttoinlandsproduktes, also im Durchschnitt um 0,4 Prozentpunkt pro Jahr, gesenkt, gegenüber einer jetzt angepeilten Senkung«, aber erst angepeilten Senkung, »von 0,5 Prozentpunkten pro Jahr.« Ich möchte Sie nicht lange damit aufhalten, sondern nur sagen, daß die Budgetkonsolidierung durchaus keine Erfindung der Gegenwart ist; sie wurde damals, in der Zeit der großen Krise, von der Regierung, die ich zu leiten hatte, auch durchgeführt.

Ich möchte sagen, daß in manchen Ländern auch das Staatsschuldenproblem heute anders gesehen wird. Ich las in der großen liberalen Wochenschrift »Die Zeit« von der neuen Steuerreform. Durch sie werden die hohen Einkommen in Deutschland in positiver Weise beeinflußt. Ja, es wird dazu kommen, daß die hohen Einkommen eine sehr viel geringere Besteuerung »erleiden« müssen, und »Die Zeit« rechnet aus, daß dem deutschen Finanzminister, damals noch Stoltenberg, 40 Milliarden Mark fehlen werden. Und unter den Lösungsvorschlägen, die man ernsthaft prüft, liest man von der Quellensteuer, ich wiederhole: von der Quellensteuer, wie ich sie im Jahre 1980 zum ersten Mal vorgeschlagen habe, und von der Möglichkeit einer Neuverschuldung des Bundes. Der ganze Unterschied zu meinem Vorschlag: Ich bin für die Neuverschuldung des Bundes eingetreten, um die Arbeitslosigkeit zu verhindern, die deutsche Bundesregierung tritt für eine Neuverschuldung ein, um die hohen Gehälter weniger stark zu besteuern.

Es gibt, wenn man von der Arbeitslosigkeit spricht, nicht nur ökonomische Probleme, es gibt in höchstem Maße politisch-psychologische Probleme. Die Stadt in England, die die höchste Arbeitslosenzahl aufweist, ist Liverpool. Sie ist bei uns bekannt als die Stadt, die über die beste Fußballmannschaft verfügt. Vor einiger Zeit hat in Brüssel an einem Wochentag ein Fußballmatch stattgefunden. Bekanntlich können sich Arbeitende nicht den Luxus leisten, an einem Wochentag eine Reise ins Ausland zu machen. Es sind aber Tausende englische Schlachtenbummler nach Belgien gefahren, und zwar vorwiegend Arbeitslose. Als Beispiel für die Brutalisierung, die gerade im Zusammenhang mit Jugendarbeitslosigkeit eintritt, sei hier gesagt, daß bei diesem Match Dutzende Menschen den Tod fanden. Ich behaupte, daß die lange Jugendarbeitslosigkeit die jungen Menschen nicht verpolitisiert, sondern sie entpolitisiert und sehr häufig brutalisiert.

Ich habe mir während meines Kuraufenthaltes im deutschen Fernsehen abermals ein Fußballspiel einer englischen Mannschaft gegen eine deutsche angesehen. Dort wurde die Ankunft von einigen tausend englischen Schlachtenbummlern gezeigt. Ein junger Mann sprang hervor, um vom Reporter des Fernsehens besser gesehen zu werden, hielt ein altes deutsches Hakenkreuzabzeichen der NSDAP vor die Kamera und meinte, zu seinen Freunden gewandt: »Na, ist das so schlecht gewesen?« Wenn das auch nur ein winziges Symptom ist, so möchte ich Ihnen folgendes nahelegen – die Älteren brauchen diesen Hinweis nicht, die Jungen sollen aber wissen: Man kann von vornherein keine Entwicklung ausschließen. Was sollen denn viele junge Arbeitslose, die für sich keine Zukunft sehen, was sollen die denn von ihrer Rolle in der Demokratie halten? Wieviel ist denn für sie die Demokratie wert, wenn sie nicht einmal in der demokratischen Gesellschaft die Chance haben, Arbeit zu finden? Unterschätzen Sie bitte diese Entwicklung nicht, sie braucht, um in voller Sumpfblüte auszuschlagen, nur wenige Jahre, wie aus unserem eigenen Leben bewiesen werden kann. Und deshalb scheint mir diese Frage so wichtig für die Demokratie. Unsere Tätigkeit wird also auch diese psychologischen Fragen berücksichtigen und dadurch dem Arbeitslosenproblem eine neue Dimension geben.

Was die letzte Wiener Wahl betrifft, so möchte ich keine Wahlpropaganda im nachhinein betreiben. Was meine Frau und ich und meine Familie gewählt haben, brauche ich ja nicht zu verheimlichen. Ich freue mich natürlich über den Erfolg, den der Bürgermeister Dr. Zilk errungen hat, aber blind soll er uns nicht machen der Tatsache gegenüber, daß im Vergleich zur letzten Wahl 150.000 Wiener nicht wählen gegangen sind oder ihre Stimme nicht der Sozialistischen Partei gegeben haben. Das muß uns zu denken geben, darüber soll man sich nicht mit ein paar Phrasen hinwegschwindeln. Das sind ernste Zeichen, die man früh genug beachten soll. Daß der andere Kandidat, der führende Mann der Volkspartei, so sehr zum Handkuß gekommen ist, hat Gründe, die ich nicht analysieren möchte, aber eines muß ich allen denen sagen, welche die Panik erfaßt hat an diesem Sonntag: Das Wahlresultat der Freiheitlichen ist durchaus nicht bemerkenswert und überraschend, wenn man alle die Stimmen, die die Freiheitlichen, seitdem sie kandidieren dürfen, also seit 1949, miteinander vergleicht, dann hat sich zahlenmäßig nicht sehr viel verändert. 1949, also in der Anfangszeit der Zweiten Republik, gab es 78.000 Freiheitliche oder VdU-Wähler, 1973 waren es 73.000, jetzt sind es 67.812. Man kann also davon ausgehen, daß der Prozentsatz der für diese Partei abgegebenen Stimmen sich vielleicht das eine oder andere Mal verändert, die Zahl der Stimmen allerdings in keiner besonders bemerkenswerten Weise. Und wir sollten dieser Partei keinen Erfolg verschaffen, den sie nicht gehabt hat. Ich glaube also, daß wir uns mit der Tatsache abfinden müssen, daß es in Wien seit eh und je, seit Anfang der Zweiten Republik, zirka 8% bis 10% Stimmen gibt, die für diese Bewegung abgegeben werden, wobei es sicher eine Übertreibung wäre, sie alle als Neonazis zu bezeichnen. Das würde ich für meinen Teil doch nicht gerne apodiktisch behaupten. Ich glaube also, daß wir andere Fakten ernster nehmen sollten.

Deshalb, meine Damen und Herren, möchte ich ein Wort zur außenpolitischen Lage sagen, weil das schließlich mit zu den

Problemen gehört, die mich auch heute noch sehr beschäftigen. Ich habe vor Jahren einen Vorschlag gemacht, der von vielen als illusionär, falsch und einseitig gesehen wurde. Ich meinte nämlich, daß es im Lichte der Entwicklung der letzten Jahre hoch an der Zeit wäre, eine Konferenz über die Probleme des Mittleren Ostens einzuberufen. Man hat mir alle möglichen Einwände entgegengehalten, zum Beispiel von amerikanischer Seite: Was soll denn die Sowjetunion bei einer solchen Veranstaltung eigentlich zu tun haben? Ich mußte meinen Kritikern sagen, daß die Sowjetunion zu den Gründerstaaten Israels gehört, in höherem Maße sogar als die USA und sicherlich mehr als die Engländer, und daß sie daher genauso wie andere Mächte, wenn sie mitreden wollen, mitzureden hat. Aber es kommt noch etwas sehr viel Ernsteres dazu. Die Sowjetunion ist der Verbündete Syriens, des heute mächtigsten Staates in der arabischen Welt und größten Feindes Israels. Israel ist der Verbündete der Vereinigten Staaten; die Folgen davon, daß diese beide Staaten Israel und Syrien aneinander geraten und von den ihnen zur Verfügung stehenden nuklearen Waffen Gebrauch machen könnten, sind unabsehbar.

Es ist also ganz ausgeschlossen, nur durch die Herabsetzung der Rüstungen der beiden Supermächte zu einer Entspannung in der Welt zu kommen. Die Rüstungen haben nur eine symptomatische Bedeutung. In Wirklichkeit müssen die beiden Supermächte, und vor allem beim kommenden Gipfeltreffen, bereit sein, sich mit den Krisenzonen in der Welt zu beschäftigen. Es gibt sie wahrlich nicht in Europa, wenn auch die größten Armeen in Europa stehen und hier die größten Waffenarsenale sind, es gibt sie außerhalb Europas, im Mittleren Osten, in Mittelamerika und im Golf. Die großen Mächte dürfen, sollen ihre Bemühungen, zu einer Herabsetzung ihres Rüstungspotentials zu gelangen, erfolgreich sein, dieser Frage nicht ausweichen.

Man hört in letzter Zeit viel Zustimmung, was die Frage einer Mittelostkonferenz betrifft, bei der es natürlich darauf ankommt, welche »terms of reference« es gibt. Man kann nicht zu einer Konferenz gehen, bei der man jederzeit wieder weggehen kann. Man muß zu einer Konferenz gehen, bei der sich jeder, der von ihr weggehen will, überlegen muß, wie er denn wieder zu ihr zurückkommt. Und wie sehr diese Idee nun an Boden gewinnt, kann daran erkannt werden, daß sich der frühere Ministerpräsident und jetzige Außenminister Israels, Shimon Peres, sogar positiv zu dieser Idee geäußert hat. Es wird in Israel schließlich ein

Meinungsbildungsprozeß erfolgen, der eine solche Konferenz möglich macht. Nicht, daß ich glaube, daß sie sofort Lösungen bringen wird, aber man wird an sie mit derselben Geduld herangehen müssen, mit der wir an die Verhandlungen über den Staatsvertrag herangegangen sind. So kann es dann eines Tages doch möglich werden, gewisse Lösungen zu finden.

Meine Damen und Herren, vergessen Sie nicht, daß alle großen weltpolitischen Fragen ihre eigene Dynamik entwickeln. Früher einmal war Israel ein Staat, geschaffen von den Zionisten Osteuropas, der nach sozialistischen Gesichtspunkten aufgebaut werden sollte, in dem das Gemeinwohl vor dem Wohl des einzelnen steht. Viele sind hingefahren und haben mit Bewunderung die Experimente gesehen, die es dort gegeben hat. Heute ist es anders. Die Zahl der orientalischen Juden ist jetzt in Israel viel größer als die der osteuropäischen oder europäischen Juden. Das wäre vielleicht nur ein statistisches Problem. Aber es geht um etwas anderes: Für die europäischen Juden ist das große Erlebnis ihrer Zeit der Holocaust, für die orientalischen Juden liegt ihr Holocaust sehr weit in der Vergangenheit zurück, und niemand, der das nicht in seiner Familie und in seiner Verwandtschaft erlebt hat, am eigenen Leib gar, kann das anderen vermitteln. Man muß, so glaube ich, bei einem großen Unglück dabeigewesen sein und es in seiner ganzen grausamen Fülle erlebt haben – und das ist im heutigen Israel nicht der Fall. Es ist also ein anderes Land geworden, das muß man berücksichtigen.

Und die arabische Welt? Die befindet sich in einer furchtbaren Situation, am deutlichsten im Golf. Iran vertritt die fundamentalistische Revolution. Ich erinnere mich noch sehr gut, als ich auf dem Höhepunkt der Revolution mit Olof Palme und Felipe González in Teheran war und man uns sagte, welche Ziele man für den Golf – vorerst nur für den Golf – und dann für die ganze arabische Welt habe. Die arabische Welt ist heute in einer großen Zahl ihrer Länder, wie die Amerikaner sagen, »terrified«, voll von Furcht und Angst vor dem, was da kommen könnte. Und man sieht also den Golfkrieg anders als eine militärische Auseinandersetzung, in welche die Großmächte, wann immer sie wollen, eingreifen können. So einfach sind die Probleme dort nicht. Es würde viel zu weit führen, hier jetzt weitere Aspekte anzuführen; zusammengefaßt kann ich aber sagen: Eine Antwort, wie es dort weitergehen soll, habe ich nicht. Ich bin auch viel zu wenig mit den Fragen befaßt, ich ahne nur Furchtbares, und die arabische Welt beginnt das langsam zu verstehen. Auch das ist ein Grund mehr, warum eine solche Konferenz größere Bedeutung hat, als das früher der Fall gewesen ist. Ich bin für diese Konferenz im Europäischen Parlament eingetreten, ich bin für sie vor vielen Gremien eingetreten, auch vor den Gremien der PLO, und ich sage Ihnen eines: Die Regierungen Europas wissen keine andere Antwort als diese Konferenz. Und diese Idee dazu beginnt sich durchzusetzen. Man soll schließlich nicht übersehen, daß sehr oft Ideen der Wirklichkeit vorauseilen. In diesem Fall ist es jedenfalls so.

Wir können nur hoffen, daß es den zentralamerikanischen Staaten gelingt, eine Friedenslösung zu finden; diese überdeckt und überschattet das Nicaragua-Problem, über das ich nicht sprechen will, weil ich davon nichts verstehe.

Noch ein Wort zu Rußland: Unlängst erschien in Wien das Buch »Was ich wirklich will«. Es ist die Zusammenfassung einiger Reden, die Gorbatschow gehalten hat. Ich selber habe schon bei einem Kongreß in Rom davon gesprochen, daß Gorbatschow eine gewisse Glaubwürdigkeit verdient, nicht, weil man sie ihm subjektiv gerne zubilligen möchte, sondern weil die Sowjetunion die von ihm vorgeschlagenen Reformen nur dann zumindest teilweise verwirklichen kann, wenn sie sich die hohen Rüstungsausgaben erspart. Und es wäre gut, wenn sich auch die Vereinigten Staaten diese hohen Rüstungsausgaben ersparen und ihren Armen helfen könnten.

Meine Damen und Herren, und viele von Ihnen werden es mir nicht verübeln, daß ich Sie auch mit liebe Freunde anspreche, ohne Rücksicht auf Ihre politische Herkunft oder Gesinnung, zum Schluß möchte ich sagen: Ich sprach vorher von der Art, wie man im nächsten Jahr die Feiern begehen sollte, um einer sinnlosen Streiterei über die Ursachen des Jahres 1938 zu entgehen. Nicht, daß man sie verschweigen sollte, man soll sie im eigenen Kreis führen. Auf eine rechtschaffene Art, die eigenen Fehler auch erkennend, aber auch die eigene historische Leistung nicht verkleinernd. Aber viel wichtiger scheint es mir zu sein, daß wir uns im kommenden Jahr bei dieser Gelegenheit mit der Zukunft unseres Landes beschäftigen. Denn das ist die Frage, die auch die heutigen Jungen beschäftigt, und zwar sehr. Ich bin also, wohlgemerkt, nicht für Verwaschungen und Grundsatzlosigkeit, schon gar nicht für Phraseologie, aber ich glaube, man sollte sich sehr viel mehr um Fragen der demokratischen

Grundgesinnung, um den demokratischen Grundkonsens bemühen. Wofür, aber auch wogegen wir sind, und das mit großer Eindeutigkeit. Was sind denn die großen Probleme, mit denen wir alle konfrontiert werden? Ich habe einige von ihnen bereits genannt. Ich möchte sagen, daß wir, wenn wir uns alle miteinander sehr viel gründlicher um diese Fragen kümmern, an einem demokratischen Willensbildungsprozeß teilnehmen.

Um ein Wort zu verwenden, das einer der bedeutendsten lebenden Historiker, Hans Mommsen, auf Deutschland bezogen hat und das ebenso für uns gilt: Wir sollten uns der Bewältigung der vor uns liegenden Herausforderung stärker annehmen, als das in der Vergangenheit oft geschehen ist.

Ich danke Ihnen.

14. Kapitel

»Casa Kreisky« auf Mallorca

An sich ist es natürlich so, daß Österreich zu den schönsten Urlaubsländern Europas gehört, und ich selber habe in der Regel nicht nur im Winter, sondern auch im Sommer den Urlaub in Österreich verbracht. Schließlich war es aber so, daß ich überhaupt keine Zeit mehr hatte für mich. Es gab Tage, da konnte ich nicht einmal fünf Minuten baden gehen, weil ununterbrochen Leute bei mir waren. Das war dann kein Urlaub mehr. Darum habe ich mich entschlossen, ein kleines Häuschen auf Mallorca zu bauen. Um diese Geschichte gab es ein Mißverständnis: Als ich dieses Haus, das im Bau war, einem Journalisten zeigte, fragte er mich logischerweise: »Warum bauen Sie sich so etwas nicht am Wörthersee?«, und ich antwortete damals, daß nicht der Aufenthalt dort mir zu teuer wäre – das hätte ich mir ja leisten können –, sondern bauen wäre mir an den Ufern dieses Sees zu teuer. Trotzdem wurden diesbezüglich aber viele Legenden verbreitet, so zum Beispiel über eine angebliche Prachtvilla am Wörthersee. Alles das ist natürlich nicht wahr. Die Entscheidung, daß das von mir so sehr geliebte Kärnten, wobei ich dabei nicht nur an einen Platz an einem bestimmten See denke, nicht mein Urlaubsdomizil werden würde, hatte mehrere Gründe. Die Äußerung, die mir oft vorgeworfen wurde, daß mir Kärnten zu teuer wäre, stimmt ohne Zweifel, denn für den Betrag, für den ich mir mein Haus auf Mallorca errichtete, hätte ich in Kärnten ein etwas komfortableres Schrebergartenhaus anschaffen können. Das ist vielleicht eine Übertreibung, aber den Grundbesitz, den ich hier habe, der beträgt, wenn ich mich richtig erinnere, 800 Quadratmeter, das ist das Höchstmaß für einen Schrebergarten in Wien. Die Wohnung, das heißt, die Größe des Hauses, war anfänglich knapp über 100 Quadratmeter – oder wie einer der vielen Besucher einmal meinte, als er meines Hauses ansichtig wurde: »Jessas, da hab' ich ja ein größeres Häusl in Krems.« Doch das stört mich nicht. Ich war aber immer wieder Irrtümern und auch bewußten Verleumdungen ausgesetzt, weil mein Cousin, Kurt Kreisky, seit einigen Jahrzehnten in einer der luxuriösesten Gegenden der Insel einen großen Besitz hat. Er war bei der Errichtung dieses Besitzes sehr stolz darauf und versah ihn mit zwei schönen, schmiedeeisernen Gittern, auf denen er die

Bezeichnung des Anwesens, nämlich »Casa Kreisky«, relativ groß anbringen ließ.

Ein anderer Grund für meinen Entschluß, den ich meiner Frau gar nicht mitzuteilen wagte, war, wie meine Urlaube in Österreich normalerweise abliefen. Zu einem Kurzurlaub in Kärnten eingetroffen, mußte ich verschiedenen Orten der Umgebung Besuche abstatten, offizielle Besuche, Ausstellungen beiwohnen und auch sehr viele Einladungen in Villen am See akzeptieren. Ich erkannte damals, daß ich mich in Kärnten nur aufhalten könnte, wenn ich ein hohes Maß an Arroganz mobilisieren und konsequent alle Einladungen ablehnen würde, gleichzeitig aber auch keine Einladungen aussprechen konnte. Ich wäre dort immer, auch gegenüber Besuchern, wehrlos gewesen. Sie kamen vorbei, meinten, sie wollten mich nicht stören, aber sie waren da. Ich habe das irgendwie auch eingesehen. Als Bundeskanzler hatte man eben immer dazusein und konnte sich nicht hinter hohen Zäunen und Hecken verbergen. Auch in anderen Teilen Österreichs hätte ich sicher dieselben Probleme wie in Kärnten gehabt. Ich will nicht leugnen, daß es wunderschöne Flecken Landes auch in anderen Bundesländern gibt und sie scheinen mir auch besuchenswert, doch für einen dauernden Sommeraufenthalt waren sie für mich nicht geeignet.

Ein weiterer Grund für diese Überlegung, ins Ausland zu gehen, war der Rat einiger bekannter Kollegen. Von Pierre Graber, dem Schweizer Außenminister, erfuhr ich, daß er seinen Urlaub in Spanien verbringen würde, das gleiche galt auch für meinen Freund Gaston Thorn. Ich dachte mir also, daß ich mich ohne Rücksicht auf das Gerede der Leute und die Schreibereien der Zeitungen dazu entschließen könnte. Es war für mich aber von Anfang an klar, daß ich unter gar keinen Umständen in einem Land ein Sommerhaus kaufen würde, in dem es eine Diktatur oder ein diktaturähnliches Regime gibt. So kam also Jugoslawien, wo man mir des öfteren kleine Bungalows anbot, nicht in Frage, auch Griechenland in der Zeit des Obristenregimes nicht; es blieb bestenfalls Italien, das mir aber nicht zusagte, weil es mir eine zu touristische Gegend zu sein schien. Gleichzeitig sollte mein Urlaubsdomizil am Meer sein, weil meine Frau das Meer liebt. In Schweden konnte es nicht sein, wozu ich viele Möglichkeiten gehabt hätte, weil das Wetter dort so unsicher ist, daß man bestenfalls jedes fünfte Jahr mit einem erträglichen

Kreiskys Enkelsohn Oliver vor dem Swimming-pool im Sommerhaus auf Mallorca

Sommer rechnen kann. Das tat mir sehr leid, denn ich liebe ja Schweden außerordentlich und zutiefst.

Zu Spanien habe ich aber eine besondere Beziehung. Dieses Land hatte schon in meiner Jugend große Bedeutung für mich; der spanische Bürgerkrieg war ein aufregendes Erlebnis, und es gab so manchen politischen Gefangenen der Linken, der, kaum in die Freiheit entlassen, sich auf verschlungenen Wegen nach Spanien durchzuschlagen versuchte, um dort auf der Seite der republikanischen Regierung zu kämpfen. Ich kannte auch einige Schweden, die im spanischen Bürgerkrieg waren, mit denen ich später, vor allem schriftlich, verbunden war.

Ich erinnere mich noch an eine Konferenz der Sozialistischen Internationale in Berlin, kurze Zeit vor der demokratischen Entwicklung in Spanien, da sah ich zum ersten Mal den mir später unter seinem echten Namen bekanntgewordenen Felipe González. Bis dahin hatten wir immer nur mit dem Auslandsvertreter der spanischen Bewegung, Adolfo Lopez, zu tun. In den Diskussionen rund um diese Konferenz wurde von den alten Hasen der Internationale die Frage gestellt, inwieweit so junge Leute in Zukunft eine Chance haben würden. Ich vertrat die Ansicht, daß das österreichische Beispiel mit Karl Renner und den Alten deshalb eine Ausnahme wäre, weil sich angesichts der Vier-Mächte-Besatzung die Notwendigkeit, einen bewährten Politiker zu nehmen, geradezu angeboten hatte, daß aber in der Regel der illegale Kampf, die »underground movements« – oder wie immer die Namen für diesen Kampf gegen die Diktatur auch lauten –, eigentlich vor allem von jungen Menschen getragen werden müßte, denn der Kampf ist opferreich, und Menschen mit Familie haben es sehr schwer, sich, unbekümmert um das Schicksal der Angehörigen, in diese Gefahren zu stürzen. Dazu kommt auch die hohe Beweglichkeit, die für diesen Kampf unter ganz bestimmten physischen Umständen erforderlich ist. Man kann keinen dauernden Wohnsitz haben oder muß damit rechnen, ihn zu verlieren, muß flüchten. Ich war daher der Meinung, daß es durchaus kein Hindernis wäre, daß besonders junge Leute für die Zukunft in Betracht kämen, vor allem, wenn sie sich, was ihre menschlichen Qualitäten betrifft, schon vorher bewährt hatten.

Die zweite und wichtigste Erkenntnis, die ich vermitteln konnte, und über diese Erkenntnis bin ich sehr froh: Ich trat immer den Argumenten derer, die da meinten, ein neuer Bürgerkrieg, eine neue Revolution würde die Verhältnisse ändern, entgegen und meinte, Völker, die schon einmal Bürgerkriege in ihrer Zeit erlebt hätten, wollten vor allem eines nicht, einen neuen Bürgerkrieg. Ich bin der Meinung, daß nur Revolutionen *ohne* Tränen Aussicht auf einen echten, dauernden Erfolg haben. Jede Revolution, die in einen blutigen Kampf mündete, trug in sich den Keim für eine neue Diktatur. Friedliche Umwälzungen, wie etwa in Griechenland, in Spanien, sogar in Portugal, haben mich in meiner Ansicht immer wieder bestärkt. Die portugiesische Revolution, der man den Titel »Nelkenrevolution« gab, war ja keine sehr blutige, aber eine militärische. Und in Griechenland gab es unmittelbar durch den Umsturz wenige Tote; die Zahl derer, die in Portugal für die Demokratie fielen, übertraf zahlenmäßig nicht die Auswirkungen einer Eisenbahnkatastrophe. Dieser Teil Europas ist also eigentlich auf unblutigem Weg demokratisch geworden. Ich bin froh, daß ich damals zu diesen Schlüssen kam, weil sie auch mich und mein Denken, was meine Erwartungen für das kommende Europa betraf, auf eine andere Bahn führten. Aber zurück zu Spanien.

Ich hatte 1966 auf Mallorca Damián Barceló, einen Freund meines Cousins Kurt Kreisky kennengelernt, einen jungen, sehr fähigen Rechtsanwalt, der bereits damals ein Gegner Francos war. Mit ihm war ich in oberflächlichem Kontakt, und er lud mich kurz nach dem Tode Francos ein, hier in Palma einen Vortrag über eine funktionierende Demokratie zu halten. Ich erklärte mich dazu bereit, allerdings unter der Voraussetzung, daß meine Parteifreunde gleichfalls das Recht der freien Versammlung und der freien Rede hätten. Das wurde mir zugesichert. Ich kam also hierher, um meinen Vortrag zu halten und erfuhr, daß der vom Übergangsregime zugelassene sozialistische Parteikongreß verschoben worden war. Ich teilte meinen Freunden auf Mallorca mit, daß ich unter diesen Umständen nicht in der Lage wäre, diesen Vortrag zu halten, eben weil ich, wenn meine Parteifreunde das Recht der freien Versammlung nicht hätten, hier nicht als ausländischer Sozialdemokrat reden könnte, vor allem nicht, da ich ja noch dazu Regierungschef war. Ich war also in Palma, aber funktionslos geworden. Damals verbrachte ich die Tage dennoch sehr angenehm im Hause meiner Verwandten und eines Schulfreundes, Kurt Tandler, der hier seinen Sommersitz hatte. Ich sah mir also die damals rasch emporwachsenden Appartementhäuser an und fand, daß eigentlich keines von ihnen

Kongreß der Sozialistischen Internationale in Madrid 1980 (v. l. n. r.): Shimon Peres, Willy Brandt, Bruno Kreisky, König Juan Carlos I., Ministerpräsident Felipe González, Königin Sophie

meinen Wünschen entsprach, weil ich abermals meinen Wohnsitz inmitten von Massen von Menschen gehabt hätte.

Ganz zum Schluß dieser tagelangen Besichtigungstour erzählte mir einer unserer begleitenden Freunde, daß er an der Costa d'en Blanes ein kleines Häuschen wüßte, das vielleicht meinen Zwecken entsprechen könnte. Mit dem Bau des Hauses war schon vor einiger Zeit begonnen worden, doch der deutsche Käufer hatte angesichts der politischen Entwicklung in Spanien vor einer möglichen Revolution Angst bekommen und wollte vom Kauf zurücktreten, wobei er auf eine Anzahlung, die er geleistet hatte, verzichten müßte. Er seinerseits wäre sehr froh, wenn ich an diesem Haus Freude fände und es kaufen würde. Das heißt, in Zahlen ausgedrückt, daß man mir dieses Haus für vier Millionen Peseten zum Kauf anbot. Das war damals der mir erschwinglich scheinende Betrag von einer Million Schilling. Natürlich war mir klar, daß gewisse zusätzliche Installationen noch einmal eine Million Peseten erforderlich machen würden.

Unabhängig davon ereignete sich in Wien eine Begegnung, die besondere Bedeutung hatte. Der frühere König von Bulgarien,

Simeon II., lebte in Madrid und gehörte zum engsten Freundeskreis des zukünftigen Königs von Spanien, Juan Carlos I. Er kam nach Wien und, so wurde mir gesagt, wollte mit mir sprechen. Wie es wirklich zu diesem Appointment gekommen ist, weiß ich nicht genau; ich habe nie Nachforschungen betrieben und weiß nicht, ob es seine Idee war oder die Idee gemeinsamer Freunde. Jedenfalls entschloß ich mich nur sehr zögernd, ihn zu treffen. Simeon von Bulgarien war der Sohn von König Boris, von dem ich nur wußte, daß das sozialistische politische Kabarett der frühen dreißiger Jahre ein Liedchen sang mit den Textzeilen: »Ich bin der König Boris, wer weiß, wie lang's noch wohr ist.« (Zu den Darstellern dieses Kabaretts gehörten übrigens die später, nachdem sie Österreich verlassen hatten, berühmt gewordenen Wissenschaftler Victor Weisskopf, Hans Zeisel und viele andere.) Simeon kam also, ein junger, sehr elegant gekleideter Mann, der ganz dem Bild entsprach, das ich mir von ihm gemacht hatte. Man hatte mir erzählt, daß der zukünftige spanische König von einem Heer von Playboys umgeben wäre, die sich nicht besonders ernsthaft beziehungsweise überhaupt nicht mit politischen Fragen beschäftigten. Das sollte auch für den König zutreffen.

Simeon meinte nun in dem von ihm begonnenen Gespräch, er käme zu mir, um ein paar Gedanken auszutauschen. So habe man sich in seiner Umgebung mit der aktuellen europäischen Geschichte, den aktuellen Ereignissen beschäftigt und gefunden, daß die neue Staatsform Spaniens, nämlich die Monarchie, ihre größte Stabilität in Ländern erlangt hätte, die in eindeutiger Weise von sozialdemokratischen Parteien regiert würden. Er meinte damit die Labour Party, die schwedische, norwegische, dänische, holländische und belgische sozialdemokratische respektive sozialistische Partei. Das würde den Schluß erlauben, daß die Sozialdemokratie, auch wenn sie grundsätzlich eine republikanische Gesinnung vertreten würde, in der Praxis jedenfalls nicht in diesem Sinne handeln würde. Das hätte ihn und seine Umgebung zu einem europäisch-politischen Weltbild geführt. Ich verfolgte diese Ausführungen mit großem Interesse, konnte mir aber keine Rolle in diesem Gespräch zuteilen. Was sollte ich auch sagen? Hätte ich das bestätigt – es entsprach der Wahrheit –, so hätte ich mich damit einer gewissen Liebedienerei schuldig gemacht. Hätte ich widersprochen, so wäre das mit der Wahrheit im Widerspruch gestanden. Deshalb meinte ich nur, daß das davon abhängig wäre, inwieweit die kommende neue

Regierungsform auch den neuen Gedanken der Zeit Rechnung tragen würde. Damit wollte ich eigentlich das Gespräch beenden. Er aber meinte, es gäbe noch einen Punkt, den er mir gerne vermitteln möchte. Franco läge im langen Todeskampf, und man verstünde sehr wohl, daß, würde er sterben, die europäischen Demokratien auf Grund seiner Vergangenheit auf keine besonders hohe Repräsentation bei seinem Begräbnis Wert legen würden. Das führte aber zu der von ihm persönlich vertretenen Ansicht, daß man der Monarchie in Spanien einen Vertrauensvorschuß geben sollte. Es war nicht notwendig, weiter darüber zu sprechen; ich verstand, was er meinte, und er wußte, daß ich ihn verstanden hatte. Dabei blieb es. Er sagte mir noch, daß sich der spanische König bewußt wäre, daß natürlich eine Amnestie besonderer Art gewährt werden müßte, die ersten Amnestiebestrebungen aber relativ begrenzter Art zu sein hätten, weil ja die Träger des Franco-Systems große Macht besaßen. Wir verabschiedeten uns, und ich hatte das Gefühl, daß mir hier unter Umständen eine besondere Aufgabe, wenn auch nicht von sensationellem Charakter, zufallen könnte. Und obwohl ich es vermeiden wollte, als ein politischer »busy body« zu erscheinen, hatte ich doch das Gefühl, daß ich unter den europäischen Sozialdemokraten hier wahrscheinlich eine gewisse Aufgabe besäße. Als erstes war mir klar – das wußte ich aus meiner Zeit der Zugehörigkeit zur illegalen Bewegung –, daß man sich bemühen mußte, nicht den Eindruck zu erwecken, daß man die im Lande wirkenden politischen Kräfte präjudizierte. Ich versuchte also über die Internationale, den mir seit vielen Jahren bekannten Adolfo Lopez, den ständigen Vertreter der Exilpartei, zu erreichen und bat ihn, nach Wien zu kommen. Er kam, und ich schilderte ihm den Besuch Simeons und meinte, daß ich nicht den Ehrgeiz hätte, für sie Politik zu machen, aber sollten sie diesem Gedanken nähertreten, so würde ich meinerseits versuchen, meine Freunde in den verschiedenen Parteien dahingehend zu beeinflussen, anläßlich der Krönung des neuen Königs eine Spur zahlreicher vertreten zu sein. Das allerdings nur unter der Voraussetzung, daß das eine Vorleistung wäre, wenn es da Gegenleistungen gäbe. Lopez verständigte mich ganz kurze Zeit später, daß man dagegen nichts einzuwenden hätte, und so waren bei der folgenden Krönung der Verteidigungsminister Karl Lütgendorf, ein Freiherr und parteiloses Regierungsmitglied, für Österreich anwesend, für Deutschland Außenminister Walter Scheel.

Ich will aber nicht den Eindruck erwecken, daß es sich hier nicht auch um ähnliche Bestrebungen von anderer Seite handelte. Für mich stellte sich jedenfalls diese Frage so dar, und die Personen, mit denen ich zu tun hatte, waren eindeutig Simeon von Bulgarien und Lopez. Es wurde dann noch verschiedentlich über die damit in Zusammenhang stehenden und später erfolgten Amnestien gesprochen. Dabei schien das größte Problem für die neuen Männer Spaniens zu sein, wie man sich denn eigentlich gegenüber den Basken verhalten sollte. Sie sollten zwar amnestiert werden, aber nicht in Spanien leben dürfen. Soweit ich mich heute noch erinnere, waren hier besondere Hilfestellungen seitens Österreichs und Belgiens notwendig, wobei ich nicht weiß, ob überhaupt jemals amnestierte Basken in Österreich eingetroffen sind. Für mich war zweifelsfrei gegeben, daß es sich bei diesen Basken nicht um ETA-Leute handelte.

So lief also meine persönliche Besichtigungsfahrt nach Mallorca parallel zu meinen politischen Hilfsdiensten für die Neuentwicklung in Spanien. Mein Freund Damián Barceló spielte ebenfalls eine bestimmte Rolle, weil er mit dem König befreundet war und der König seinen Sommeraufenthalt seit langer Zeit auf Mallorca verbrachte.

Als ich dann das erste Mal nach Mallorca kam, um den Fortgang der Bauarbeiten an meinem Haus zu kontrollieren, wurde ich zu einem Abendessen beim König in dem ihm zur Verfügung gestellten kleinen Palast eingeladen. Es war dies der Beginn einer sehr freundschaftlichen Beziehung zwischen uns. Ich habe mich seitdem sehr bemüht, diese freundschaftlichen Beziehungen von meiner Seite nicht überzubewerten, aber es ist keine Frage, daß sie von spanischer Seite immer wieder in sehr deutlicher Weise bestätigt wurden, und ich kann nicht bestreiten, daß ich diesbezügliche Erklärungen, auch von König Juan Carlos, sehr schätze und mich darüber freue. Juan Carlos ist ein Mann, der, ganz im Gegensatz zu dem Ruf, der ihm vorausging, seine Aufgaben sehr ernst nimmt und sich in relativ kurzer Zeit ein bedeutendes politisches Wissen verschaffte. Er scheint mir von sehr rascher Auffassungsgabe zu sein und das hohe Maß seiner Verantwortung von Anfang an zu verstehen, zu kennen. Diese Erkenntnis erfuhr ihre Bestätigung in ernstester Form damals, als der Polizeimajor Tejero 1981 einen Putschversuch unternahm, und der König, zu jener Zeit noch gar nicht im eindeutigen Besitz der Macht, Widerstand leistete. Es war dies keines-

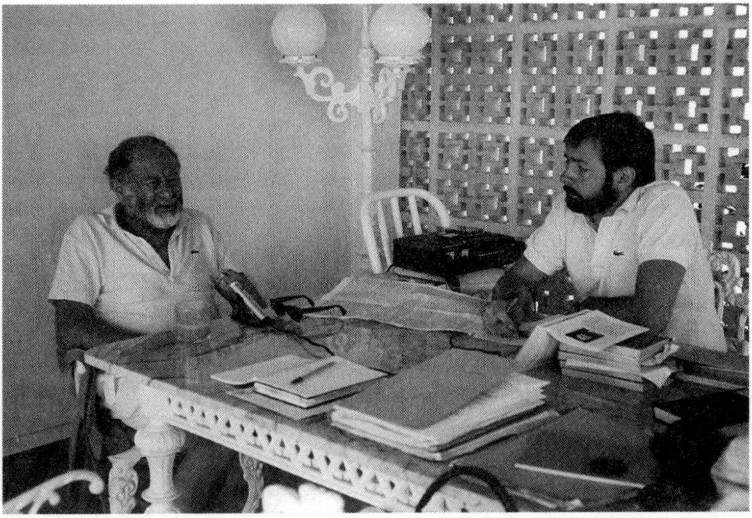

Bruno Kreisky bei der Arbeit an seinen Memoiren mit Oliver Rathkolb

wegs eine leichte Aufgabe, vor allem deshalb nicht, weil sich der Putschistenführer der Zustimmung eines nicht unbedeutenden Teils der Armeeführung, der Offiziere, sicher war, während sich der König im Gegensatz befand zu der spanischen Rechten, die besonders francotreu geblieben war. In dem Maße, in dem der König hier eine eindeutige Rolle einnahm, nämlich die der Treue zur demokratischen Konstitution, gewann er das Vertrauen weiter Kreise der spanischen Bevölkerung, die von einer neuen Diktatur, einer Militärdiktatur, nichts wissen wollten.

Ich führte jedes Jahr lange Gespräche mit dem König, dabei ging es um den damals noch herrschenden und mir seit langem bekannten Schah von Persien, Resa Pahlawi. Der König erzählte mir, daß der Schah davor gewarnt hatte, die Entwicklung in Spanien zu übereilen und sich zu sehr von einigen Ratgebern beeinflussen zu lassen. Er glaubte, daß damit auch ich gemeint wäre. Ich war aber im Gegenteil der Ansicht, daß der Schah von Persien die Entwicklung in seinem eigenen Land allzu langsam vorangehen ließ. Die Frage war, ob er mit seinen Versuchen, die politische Struktur Persiens neu zu gestalten, noch zurechtkommen würde. Dieses und andere Gespräche haben ein Verhältnis besonderer Art, eines sui generis, wenn man so will, geschaffen.

Es war also alles für die Übersiedlung für gelegentliche Urlaubsmonate positiv verlaufen. Das Haus, das ich erworben hatte, schien den Betrachtern sogar überraschend klein zu sein, die Einheimischen meinten überhaupt, daß es nicht standesgemäß für einen Regierungschef wäre (auch die Österreicher überzeugten sich davon), und ich selbst fand rasch viele gute Freunde dort. Diese Dynamik der freundschaftlichen Beziehungen, die hier wirkte, war auch in diesem Fall nicht ganz frei von politischen Bezügen. Jedenfalls gehören zu meinen Freunden auf Mallorca die sozialistischen Parteifreunde, unter ihnen Carlos Martin, der Gouverneur von Mallorca, Ramon Aguila, der Bürgermeister von Palma, Francesc Obrador, der sozialistische Bürgermeister von Calvià, der zweitgrößten Gemeinde auf den Balearen, deren Ehrenbürger ich wurde, Felix Pons, der Präsident der Cortez, und Emilio Allonso, der Finanzverwalter der spanischen Partei. Daneben kannte ich natürlich auch viele andere, und ich muß ehrlich sagen, daß mein Freundeskreis politisch und beruflich sehr disparat ist. Und ich fühle mich mit diesen Menschen, die ununterbrochen nachdenken, wie sie mir und meiner Familie durch Einladungen, Besuche und Bootsfahrten Freude bereiten können, außerordentlich glücklich.

Ich will abschließend über ein Erlebnis berichten, das mir große innere Genugtuung verschaffte. In einer der ersten Pressekonferenzen, die ich, neben den vielen Vorsprachen von Journalisten aus der ganzen Welt, alljährlich mindestens ein- bis zweimal hier abgehalten habe, wurde mir einmal von einem deutschen Journalisten die Frage gestellt, warum ich mich denn entschlossen hätte, mein Urlaubsdomizil an einem Ort zu wählen, den man gemeinhin als die »Bedienerinneninsel«, als »Putzfraueninsel« bezeichnete. Und ich meinte, wenn sie mir in Österreich als Wählerinnen recht wären, müßten sie mir auch als Miturlauber recht sein. Damit war diese Frage beantwortet, zur Befriedigung vieler hier, aber auch zu meiner eigenen Befriedigung. Seitdem freue ich mich jedes Mal, daß ich, wenn ich in ein Charterflugzeug nach Wien einsteige, von einem besonders großen Teil der Touristen in sehr warmer Weise begrüßt werde. Einer allerdings wird noch wärmer und intensiver begrüßt, nämlich der Pilot, wenn er die soundso viel hundert Insassen sicher nach Hause bringt. Und das mit Recht. Hier scheiden sich nicht die politischen Geister; wenn es um so elementare Sicherheitsfragen geht, scheiden sich die Geister nach anderen Orientierungspunkten als in der Politik.

Bruno Kreiskys Familie 1989 (v. l. n. r.): Enkel Oliver, Tochter Suzanne, Sohn Peter, Schwiegertochter Eva und Enkel Jan Daniel

Es ergab sich – und meine spanischen Freunde waren darüber nicht ungehalten, auch die nicht, die nicht meine Ansichten teilten –, daß einige extravagante Gäste, unter ihnen Arafat und Gaddafi, zu mir nach Mallorca kamen. Aber auch andere haben mich hier besucht, die weniger Kopfschütteln verursachten. Natürlich habe ich in diesem kleinen Haus keine sehr praktischen Möglichkeiten, etwa Gaddafi zu treffen. Hier hat mir ein wohlhabender Freund, der keineswegs meine politischen Ansichten teilt, sein schönes Kastell zur Verfügung gestellt, in dem dann Gaddafi und Felipe González zu einem Meinungsaustausch zusammengetroffen sind. Man darf nicht vergessen, daß Tripolis von Palma in einer oder eineinhalb Stunden erreichbar ist.

Meine politischen Freunde aus Österreich waren hier oft auf

Besuch, und wir hatten Gelegenheit, sehr wichtige Fragen in Ruhe zu besprechen. Eine der Ursachen meiner Wahlniederlage 1983 lag in dem sogenannten Mallorca-Paket begründet, das den Versuch beinhaltete, eine Budgetpolitik einzuleiten, die den Erfordernissen einer schweren Wirtschaftskrise, die damals auch Österreich zu erfassen drohte, gerecht werden sollte. Mit den Finanzministern meiner Zeit – es waren ja nur zwei in 13 Jahren, Hannes Androsch und Herbert Salcher – beriet ich mich hier. Ich war, ich gebe es zu, der Meinung, daß man den österreichischen Wählern und Wählerinnen vor der Wahl sagen müßte, welche Belastungen auf sie zukommen würden.

Ich habe in persönlichen Fragen bis zuletzt – wie ich glaube – richtige Entscheidungen getroffen, wobei mir meine Frau außerordentlich geholfen hat. Eine davon war die vor dem Jahre 1955 getroffene Entscheidung, das Haus in der Armbrustergasse zu beziehen. Ich hätte auch niemals ein Haus in Spanien gekauft, hätte meine Frau nicht zugestimmt. Beide Entscheidungen haben mir viel bedeutet. Das Haus auf Mallorca wurde mir – um über diese Frage die volle und ganze Wahrheit zu berichten – sehr bald viel zu klein. Denn meine drei Schlafzimmer, von denen zwei relativ klein waren, fast könnte man sagen winzig, konnten natürlich meiner Familie nicht mehr ausreichen. Auch sonst fehlten gewisse Details. Und so habe ich in Hinblick auf die zu erwartenden Einnahmen aus meinen Memoiren einen Anbau vornehmen lassen. Aber immer noch handelt es sich dabei um ein zwar nun geräumiges, aber doch im wesentlichen relativ bescheidenes Haus – so wollte ich es haben.

15. Kapitel

»Für das Parteiarchiv diktiert«

Während es in den Kapiteln 1–14 und 16 gelungen ist, Originaltexte von Bruno Kreisky zu bestimmten Themenbereichen, die von ihm selbst ausgewählt worden sind, zusammenzustellen, sind für dieses Kapitel kurze historische Einführungen notwendig.

Abseits von der Medien-Diskussion hat Kreisky von Fall zu Fall in größeren Zeitabständen seine eigene Position zu wesentlichen Fragen betreffend sein Verhältnis zur Parteiführung der SPÖ vertraulich für die Nachwelt diktiert – motiviert durch seine Auseinandersetzung mit Hannes Androsch vor und nach 1983 und durch den Rücktritt als Ehrenvorsitzender der SPÖ 1986.

Wie bereits in den vorhergehenden Kapiteln geschildert, gab es zwischen Bundeskanzler und Finanzminister nicht nur wirtschaftsstrategische Meinungsunterschiede, sondern seit 1977/78 zunehmend grundsätzliche politische Kontroversen. Bereits am 6. Dezember 1978 versuchte Kreisky vergeblich in einer außer-

Zur Aussprache beim Bundeskanzler in der Armbrustergasse (v. l. n. r.): Finanzminister Hannes Androsch, Bruno Kreisky, Nationalratspräsident Anton Benya und ÖGB-Sekretär Erich Hofstetter; 1976

ordentlichen Sitzung des erweiterten Parteivorstandes, eine Mehrheit für ein Ausscheiden von Androsch aus der Bundesregierung zu finden. Inzwischen hatte sich die 1977 begonnene, auch öffentliche Diskussion über die Vereinbarkeit von Androschs Tätigkeit als Finanzminister mit seiner Beteiligung an der Steuerberatungskanzlei Consultatio, die am 11. Juni 1970 im Handelsregister eingetragen worden war, verschärft.

Eine Treuhänder-Lösung vom Jänner 1979 – als Folge des Drängens Kreiskys nach schärferen Unvereinbarkeitsbestimmungen –, beendete diese Diskussionen jedoch keineswegs. Wie explosiv die Stimmung zwischen Kanzler und Vizekanzler geworden war, dokumentiert folgendes Schreiben:

Wien, am 15. April 1980

Lieber Genosse Androsch!

Dein Naheverhältnis zur Consultatio ist seit längerer Zeit die Ursache so vieler Mißverständnisse, daß auch die eindrucksvollste Argumentation sie nicht zu beseitigen vermag. Ich muß Dich daher in beiden Funktionen, der des Bundeskanzlers und des Parteivorsitzenden, ersuchen, Dir neuerlich Gedanken darüber zu machen, inwieweit eine solche Ordnung der Verhältnisse gefunden werden kann, daß klargestellt ist, daß Du in Zukunft in keinen Zusammenhang mit diesem Unternehmen gebracht werden kannst. Mir ist diese Frage, wie Du weißt, seit jeher sehr wichtig erschienen und sie hat in einer ernsten Weise unsere Beziehung belastet. Ich schreibe Dir diesen Brief aus tiefster Besorgnis um Deine politische Zukunft. Ein direktes Gespräch hierüber habe ich bisher vermieden, weil das letzte darüber geführte in so unerfreulicher Weise vor sich ging.

Mit bestem Gruß
Bruno Kreisky

Bereits im Juni 1980 hatte der Bundeskanzler in einer Regierungsklausur über die »Korruptionssituation in Österreich« am Beispiel des AKH-Bauskandals in Wien berichtet und schonungslose Aufdeckung angekündigt. Der Konflikt mit Androsch entlud sich damals im Juli 1980 eher auf einer inhaltlichen Ebe-

ne, als der Finanzminister gegen die Einführung der Quellensteuer argumentierte. Am 3. September 1980 präsentierte Bruno Kreisky bei der Konferenz der Bezirksobmänner des Pensionistenverbandes in Linz in ultimativer Form zehn Forderungen als Katalog zur Gewährleistung unangreifbarer Sauberkeit in der Politik. Im September 1980 wurde jedoch parteiintern geklärt, daß Vizekanzler Androsch die Regierung verlassen würde, allerdings unter Bedingungen, die dieser wünschte, zum Beispiel unter Beibehalt der Funktion als stellvertretender SPÖ-Parteiobmann. Kreisky war durch die mehrere Jahre dauernden Auseinandersetzungen mit den Entscheidungsträgern im SPÖ-Parteivorstand über Vizekanzler Androsch im höchsten Maße persönlich verletzt, so daß er folgendes Schreiben – an Karl Blecha und Fritz Marsch gerichtet – entwarf:

Wien, am 27. November 1980

Liebe Genossen!

Ich habe Euch heute einen Brief geschrieben, in dem ich gebeten habe, von Veranstaltungen und Geschenken aus Anlaß meines 70. Geburtstages *(am 22. Jänner 1981; Anm. d. Hrsg.)* Abstand zu nehmen.

Ich bitte um Verständnis für diese Haltung. Was sollen Feiern dieser Art? Für mich bedeuten Reden, auch dann, wenn sie noch so freundlichen Inhaltes sind, in diesem Zusammenhang wenig. Ich empfinde lediglich Befriedigung über das, was ich im Interesse der Menschen zu leisten vermag, und die höchste Anerkennung, die ich mir denken kann, besteht im Vertrauen derer, für die ich arbeite. Der Gedanke, daß solche Feiern in Anwesenheit von führenden Funktionären der Partei abgehalten werden, von denen ich in den letzten Jahren nicht die geringste Unterstützung in meinen Bestrebungen, das moralische Ansehen der Partei zu erhalten, gefunden habe, läßt mir solche Veranstaltungen als im höchsten Maße widersinnig erscheinen.

Das Ausmaß der Vertrauenskrise, die die Partei in diesen Monaten durch die Gewinnsucht weniger und das Verständnis, das von einigen hierfür aufgebracht wird, erleidet, ist sehr groß – und das wird sich noch in einiger Zeit zeigen. Angesichts dieser Umstände bitte ich, mir eine Geburtstagsveranstaltung des Parteivorstandes zu ersparen.

Ich habe daneben auch noch überwältigende Beweise mangelnder Zivilcourage erlebt, sodaß ich gezwungen sein könnte, dieser Enttäuschung bei einem solchen Anlaß Ausdruck zu verleihen, was doch unserer Zusammenarbeit nicht gut täte.

Ich schreibe diesen Brief, der nicht zur Veröffentlichung bestimmt ist, ausschließlich für das Archiv der Partei. Aber dort soll er seinen Platz haben.

Mit freundschaftlichen Grüßen
Bruno Kreisky

Die Auseinandersetzung zwischen Kreisky und Androsch endete aber nicht mit dem Ausscheiden des Vizekanzlers aus der Bundesregierung im Jänner 1981 und dessen Bestellung zum stellvertretenden Generaldirektor und späteren Generaldirektor der Creditanstalt-Bankverein. Da Hannes Androsch zunehmend die Wirtschaftspolitik der Regierung Kreisky und den Kanzler selbst direkt kritisierte, fürchtete dieser eine Rückkehr des ehemaligen Vizekanzlers in die Regierungspolitik – möglicherweise sogar als Bundeskanzler. Wenige Monate vor der Nationalratswahl

SPÖ-Parteivorstandssitzung vor der Nationalratswahl 1979, stehend: Zentralsekretär Karl Blecha

1982/83 verstärkte Kreisky daher seine Bemühungen, Androschs Rückhalt in der Parteispitze zu brechen:

Wien, am 6. Dezember 1982

Liebe Genossen!
(an Karl Blecha zur Weiterleitung an das Parteipräsidium; Anm. d. Hrsg.)

Ich habe mich in der letzten Sitzung des Parteivorstandes erbötig gemacht, zu beweisen, wie systematisch und haltlos die Kampagne ist, die gegen die Regierungspolitik und mich persönlich geführt wird.

Obwohl offenbar niemand neugierig war auf diese Dokumentation, habe ich mich doch veranlaßt gesehen, einen ersten Teil fertigzustellen. Die Kampagne begann in einer sehr raffinierten Weise damit, daß der Redakteur der »Arbeiter-Zeitung«, Dibold, der über Empfehlung Androschs in die »AZ« kam und gegenwärtig, wie ich höre, Konsulent der Creditanstalt-Bankverein ist, einen Artikel in die »AZ« eingeschleust hat, in dem die charakteristische Stelle lautet:

»In Finanzkreisen wird berichtet, daß im Ausland durch die jüngste wirtschaftspolitische Entwicklung eine gewisse Besorgnis über die Kreditfähigkeit Österreichs wächst, und daß wir das berühmte ›Triple A‹, das Zeichen höchster Kreditwürdigkeit, im Augenblick nicht mehr haben.«

Merkwürdigerweise hat der »Börsenkurier« vom 26. März 1981 einen Artikel des ehemaligen Wirtschaftsredakteurs der »AZ«, Romé, wiedergegeben – dessen Zeitschrift »Falstaff« im Augenblick kräftig von der Tabakregie, sprich Direktor Mauhart, gefördert wird –, in dem die Rufschädigung noch viel deutlicher betrieben wird.

Am 23. August 1981 erschien in der deutschen Zeitschrift »Bild am Sonntag«, die eine Millionenverbreitung hat, ein Artikel mit der Überschrift: »Ich fühle mich von Kreisky verraten!«

Die am nächsten Tag erfolgte Androsch-Erklärung, daß er das nicht gesagt habe, konnte ich deshalb nicht zur Kenntnis nehmen, weil ich solche Dementis einige Male vorher schon erfahren habe. Außerdem hätte er ja den Journalisten klagen können, wenn es nicht wahr gewesen wäre, was jedenfalls nicht geschehen ist.

Am 26. August 1982 gab es ein Interview in der »Wochenpresse«, in dem sich die wesentlichen Stellen gegen die Regierungspolitik richten.

Schließlich kam dann der massivste Angriff am 23. November 1982. Die Headline der »Kronen-Zeitung« lautete: »Androsch sieht schwarz. Wirtschaft stagniert. Noch mehr Arbeitslose.« In diesem Artikel wird der Vorwurf gemacht, daß an den Schwierigkeiten der Steyr-Werke die Regierung schuld sei. Die Behauptungen Androschs sind unwahr und haben den Steyr-Werken international einen großen Schaden zugefügt und werden zudem noch zu sehr negativen Konsequenzen für dieses Werk führen.

Schließlich hat der »Economist« in einer für Banken bestimmten Ausgabe – die nicht öffentlich erscheint – beiliegende Information gebracht.

Beide, Präsidium und Parteivorstand, schweigen, und diejenigen, die sich zu Wort melden, haben versteckte Angriffe gegen mich gerichtet.

Ich nehme das zur Kenntnis und werde in einem gesonderten Brief, den ich für die Sitzung des Parteipräsidiums am 13. 12. vorbereite – da ich an der Sitzung nicht teilnehmen werde –, die Stellungnahme, die Dir und den beiden anderen Stellvertretern seit Sonntag, dem 28. November, bekannt ist, schriftlich vorlegen.

Mit bestem Gruß
Bruno Kreisky

Beilage: *(Die übrigen Artikel wurden aus Platz-Gründen nicht abgedruckt, sind aber jederzeit in öffentlichen Bibliotheken oder im Bruno Kreisky Archiv in Kopie erhältlich; Anm. d. Hrsg.)*

Foreign Report: Androsch wird möglicherweise Kreisky-Nachfolger; Foreign Report Nr. 1753, 25. 11. 1982, Seite 6

Foreign Report ist ein vertrauliches News Bulletin, hrsg. von »Economist«, Auflage ca. 7.000 Stück, publiziert für »Opinion-Leader« in Politik, Wirtschaft, Diplomatie und Presse.

»Kreiskys Nachfolger«

Österreichs nächster Bundeskanzler könnte Hannes Androsch sein (...) ein herausragender Technokrat, dem weithin Österreichs ständiges Wirtschaftswachstum in den siebziger Jahren zugeschrieben wird. Er hat die Unterstützung der Wirtschaft und der Gewerkschaften. Man rechnet damit, daß Kreiskys Sozialistische Partei die Wahlen am 24. April nächsten Jahres mit Leichtigkeit gewinnen wird, denn der Bundeskanzler ist ein enorm populärer Politiker, der in Österreich den Status einer Vaterfigur genießt. Aber Kreisky, der im Jänner 72 wird, ist ein kranker Mann. Er leidet an einer ernsten Nierenerkrankung und wird mit einem Dialysegerät behandelt. Vor dem Sommer gab es Zweifel, daß er sein Amt würde weiter ausüben können, aber er erholte sich und versprach, er würde während des größten Teils der nächsten vierjährigen Regierungsperiode im Amt bleiben können. Dennoch machen sich Kreiskys Mitarbeiter wegen seines Gesundheitszustandes Sorgen, wobei ihr Alptraum der ist, daß sich sein Gesundheitszustand kurz vor der Wahl plötzlich verschlechtern könnte. Die führenden Funktionäre der Sozialistischen Partei machen sich ferner über ernste Gefährdungen der österreichischen Wirtschaft in den nächsten zwei Jahren Sorgen. Von den etwa 80 Mrd. Dollar betragenden Schulden Osteuropas beim Westen werden fast 7 Mrd. Dollar (8%) Österreich geschuldet. Dieses Geld könnte verloren sein. Im Inland sind die Kosten der Subventionierung der verstaatlichten Industrie rapid gestiegen, und das diesjährige Budgetdefizit wird sich auf 3,9 Mrd. Dollar belaufen – um ein Fünftel mehr, als von der Regierung vorgesehen. Kreisky hat ein ambitioniertes Investitionsprogramm in der Größenordnung von 9,5 Mrd. Dollar gestartet, um Arbeitsplätze zu schaffen und die Arbeitslosigkeit zu bekämpfen, aber es ist unklar, wie es finanziert werden soll. Das ist der Punkt, wo man an Androsch denkt. Androsch wird nicht »Nummer zwei« unter dem neuen Kanzler, wie zum Beispiel Sinowatz, werden wollen. Androsch (...) wird die Spitzenposition anpeilen und er wird sie wahrscheinlich bekommen.

Als Generaldirektor Androsch auf Vorwürfe Kreiskys, sein schlechter Gesundheitszustand sei »Folge der Aufregungen, die mir diese Angelegenheit (Androsch, Anm. d. Hrsg.) innerlich ver-

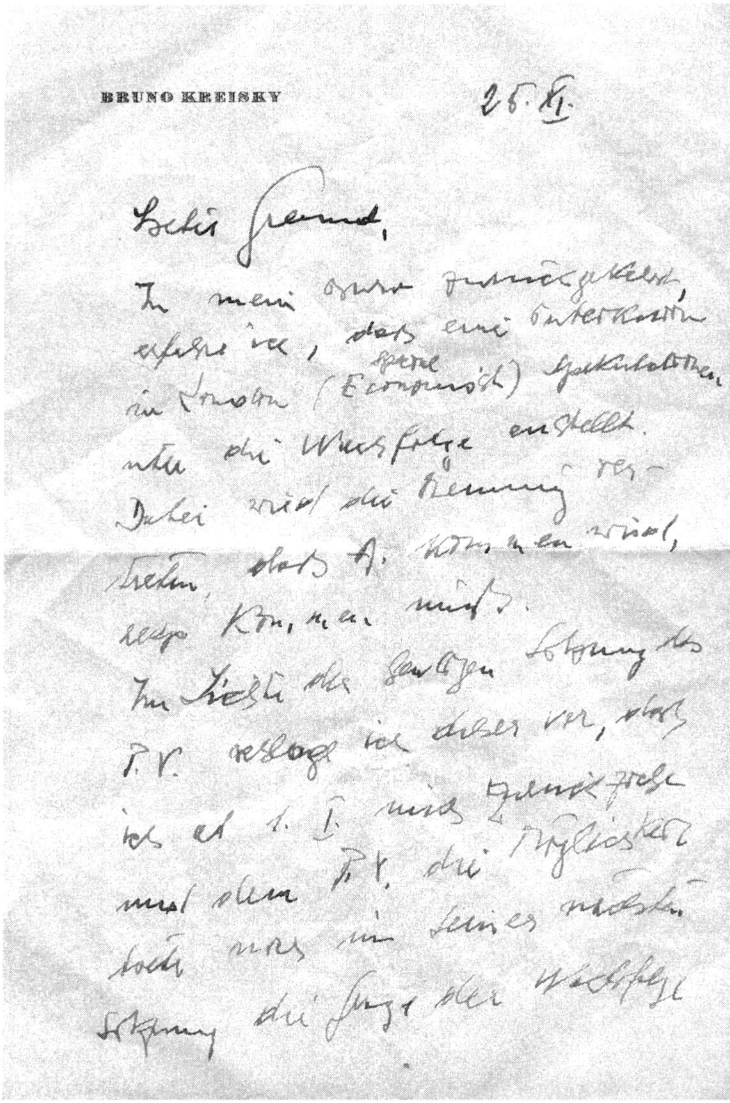
BRUNO KREISKY

25. XI.

Bruno Kreisky an Karl Blecha, 25. November 1982, handschriftliches Rücktrittsangebot, das aber nicht abgeschickt wurde (Text: »Lieber Freund! In mein Büro zurückgekehrt, erfahre ich, daß eine Publikation in London (Economist Spezial) Spekulationen über die Nachfolge anstellt. Dabei wird die Meinung vertreten, daß A[ndrosch, Anm. d. Hrsg.] kommen wird resp[ektive, Anm. d. Hrsg.] kommen muß. Im Lichte der heuti-

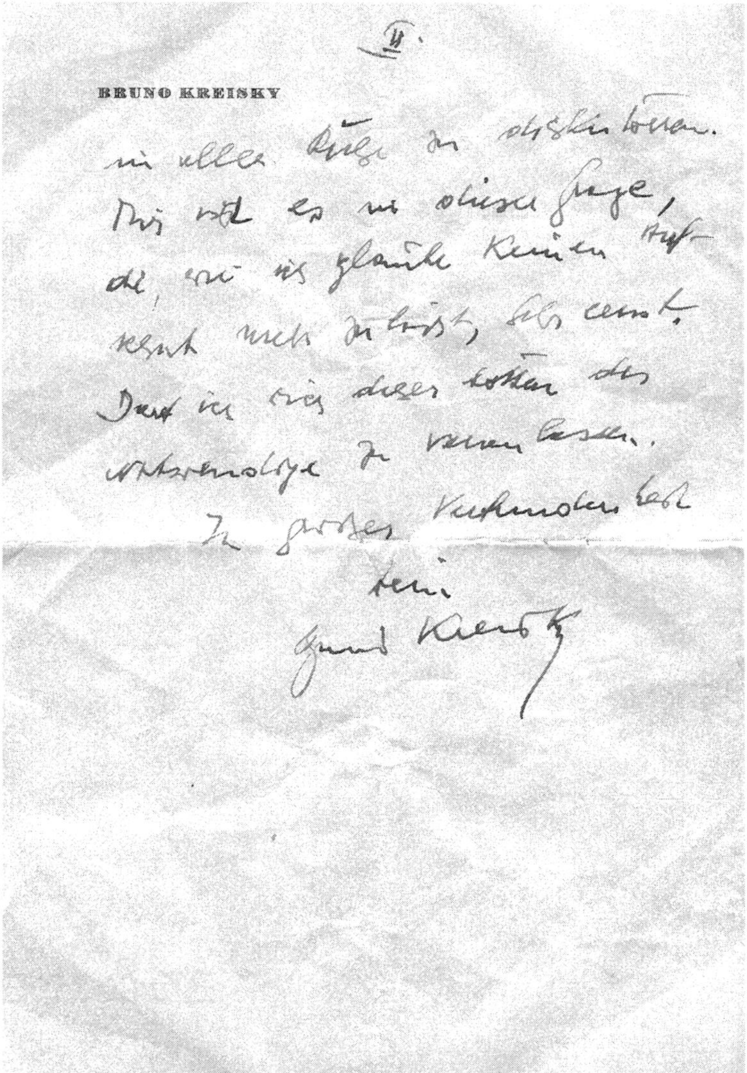

(II)

BRUNO KREISKY

in aller Ruhe zu diskutieren.
Mir ist es in dieser Frage,
die, wie ich glaube keinen Auf-
schub zuläßt, sehr ernst.
Darf ich Dich daher bitten das
Notwendige zu veranlassen.
In großer Verbundenheit
Dein
Bruno Kreisky

gen Sitzung des P.V. [Parteivorstands, Anm. d. Hrsg.] schlage ich dieser (sic!) vor, daß ich ab 1. I. mich zurückziehe und dem P.V. die Möglichkeit biete, noch in seiner nächsten Sitzung die Frage der Nachfolge in aller Ruhe zu diskutieren. Mir ist es in dieser Lage, die, wie ich glaube, keinen Aufschub zuläßt, sehr ernst. Darf ich Dich daher bitten, das notwendige zu veranlassen. In großer Verbundenheit Dein Bruno Kreisky«)

ursacht hat«, in einem Interview mit der Tageszeitung »Die Presse« am 23. August 1983 seinerseits den nunmehrigen Altbundeskanzler kritisiert, entwirft dieser folgenden Gedächtnisvermerk:

Zu der Stellungnahme von GD Androsch, die Sie am 23. 8. veröffentlicht haben, möchte ich folgende Feststellungen machen, und zwar nur jene, die sich allgemein überprüfen lassen:

1. Dr. Androsch vergißt, daß ich ihm vor der Regierungsbildung 1970 die Frage gestellt habe – und zwar, als wir das Parlament gemeinsam verließen –, ob er sich zumute, die Funktion des Finanzministers zu übernehmen. Als Androsch dies bejahte, was mich eigentlich beeindruckte, denn damals war auch an Landeshauptmann-Stellvertreter Schachner *(Alfred Schachner-Blazizek; Anm. d. Hrsg.)* gedacht, habe ich ihm die Frage gestellt, ob es irgend etwas gäbe in seiner beruflichen Tätigkeit, das ein Hindernis darstelle. Er antwortete damals, es gäbe nur die Steuerkanzlei Dr. Androsch, und die werde er an Prof. Jonasch übergeben, in der gleichen eindeutigen Weise, wie das bei Dr. Brodas Rechtsanwaltskanzlei geschehen ist.

2. Die Consultatio konnte damals nicht in Rede stehen, weil sie noch nicht bestanden hat, sondern erst am 11. 6. 1970 im Handelsregister eingetragen wurde.

Sicher ist, daß ich einmal die Firma auf seine Einladung hin besucht habe und dort von seiner Mutter empfangen wurde. Ich kam zu der Annahme, daß seine Mutter die Besitzerin wäre. Ich habe niemals gewußt, daß er Miteigentümer war.

3. (. . .)

4. Androsch kann sich die Quelle unserer Entfremdung nicht erklären. Ich kann ihm hier helfen. Er hat zu einem Zeitpunkt, als wir bereits einig waren, Dr. Koren *(Stephan Koren; Anm. d. Hrsg.)* zum Präsidenten der Nationalbank zu bestellen, den Wunsch geäußert, sich aus der Politik zurückzuziehen und selbst diese Funktion übernehmen zu wollen. Mein Einwand war, jetzt, wo ich ihn zur Unterstützung seiner Reputation als Vizekanzler vorgeschlagen habe, würde es wie eine Flucht aus der Politik aussehen und viele enttäuschen. Damals begannen bei mir Zweifel zu entstehen.

5. Ich habe niemals auch nur mit einem Wort die Lebenshaltung Dr. Androschs kritisiert, sondern ganz generell die Meinung vertreten, ein öffentlicher Funktionär müsse gewisse Vorsicht walten lassen.

Übrigens habe ich mich zu vielem nicht geäußert, was in irgendeiner Weise diskriminierend für den Politiker hätte sein können, was gerade seit 1978 in der öffentlichen Debatte hervorkam. (. . .)

Als im Vorfeld des Parteitages 1983 ein acht Seiten langer Brief von Hannes Androsch an Leopold Gratz im Magazin »Basta« (Nr. 7/1983) veröffentlicht wird – eine Art Generalabrechnung mit dem Noch-Parteiobmann Bruno Kreisky als Reaktion auf die Entscheidung des Wiener Ausschusses, Androsch auf Vorschlag von Gratz nicht mehr als Kandidaten für den SPÖ-Parteivorstand vorzuschlagen –, reagiert Kreisky auf die »milde« Zurechtweisung von Androsch durch das Parteipräsidium:

Wien, am 12. Dezember 1983

Lieber Freund! *(Sinowatz; Anm. d. Hrsg.)*

Wie ich Dir schon mündlich mitgeteilt habe, möchte ich Dir auch schriftlich wiederholen, daß ich dem Parteipräsidium danke für seine Stellungnahme. Sie stellt eigentlich das Minimum dessen dar, was sich jemand in meiner Situation erwarten konnte. Jedenfalls hat das Parteipräsidium die eingeschlagene Methode nicht verurteilt, was mich, wie Du weißt, sehr enttäuscht hat. Die von A.*(ndrosch; Anm. d. Hrsg.)* erfolgte Stellungnahme ist hinterhältig und eine Frotzelei, ich kann sie daher nicht zur Kenntnis nehmen und behalte mir alle Schritte vor, wobei ich die meine, die im Parteistatut für solche Zwecke vorgesehen sind. Sollten sie sich aber nicht als zielführend erweisen, muß ich mit meinem Rechtsanwalt andere überlegen. Für das Parteiarchiv bestimmt, möchte ich sagen, daß ich nicht gewillt bin, mir das bieten zu lassen und daß ich das als eine unfaßbare Methode betrachte, die seinesgleichen in meiner über fünfzigjährigen Zugehörigkeit zur Partei nicht findet. Wenn aber das alles eine Konzession an den Opportunismus darstellt, der offenbar hoch im Kurs ist, dann muß ich mir doch sehr viel mehr überlegen. Andeutungen habe ich Dir diesbezüglich schon gemacht.

Mit besten Grüßen
Bruno Kreisky

PS: Ich bitte Dich, diesen Brief in Zusammenhang mit meinem Brief vom 6. 12. 82, den ich in der Beilage anschließe, zu sehen. Ebenso wie mit meiner, längere Zeit vor den Wahlen zum Verhalten des A.*(ndrosch; Anm. d. Hrsg.)* im Parteivorstand abgegebenen Erklärung.

In einem Brief vom 20. August 1985 begründete Bruno Kreisky erstmals, warum er bereits im Jänner 1985 überlegt hatte, den Ehrenvorsitz in der SPÖ zurückzulegen. Anlaß für diese historische Auseinandersetzung war ein Brief des langjährigen Landwirtschaftsministers Günter Haiden an Kreisky. Kreiskys Antwort darauf lautete:

Wien, am 20. August 1985

Sehr geehrter Herr Bundesminister! *(Haiden; Anm. d. Hrsg.)*

Dein Brief, den ich erst jetzt bekommen habe, fordert schon aus parteigeschichtlichen Gründen eine systematisch gegliederte Antwort:

(. . .) Sehr viel ernster nehme ich die schnoddrige Art, in der Du von meinem »Lieblingsthema« sprichst: Wenn ein Minister der Eigentümer einer Firma ist, die jahrelang in seinem Ministerium mit großem Erfolg, der sogar über die Grenzen unseres Landes gedrungen ist, interveniert, so hältst Du das also nur für ein »Lieblingsthema.«

Wenn sich später herausstellt, daß der betreffende Minister bereits nach schwierigen inneren Auseinandersetzungen im Parteipräsidium zur Demission veranlaßt wird, weil ich das alles für inkompatibel hielt und halte, nennst Du das ein »Lieblingsthema«.

Wenn schließlich nachher bekannt wird, daß der Finanzminister, der in solchen Fragen doch besonders streng sein müßte, öffentlich als Steuerhinterzieher (. . .) geziehen wird und darauf nicht klagt, nennst Du das ein »Lieblingsthema«.

In Parenthese möchte ich bemerken, daß ja nur eines im besten Fall herauskommen kann, nämlich, daß das Maß der Steuerhinterziehung unter der Grenze bleibt, die vor Gericht abgehandelt werden muß. Daß die Steuerhinterziehung stattgefunden hat, ist ja heute klar.

Bruno Kreisky und zwei »Kronprinzen«: Leopold Gratz und Hannes Androsch

Wenn ein Finanzminister sich von zwei Leuten Geld zur Verfügung stellen läßt, von denen er gewußt hat, daß sie zumindest hiefür nicht die Steuer entrichtet haben, was durch die Selbstanzeige, die auch in seiner Amtszeit erfolgt ist, bewiesen wurde, das alles ist für Dich nur ein »Lieblingsthema«.

Daß das viele nicht aufgeregt hat, ist eine Sache für sich und bedenklich. Wehe, ein anderer Finanzminister, ein der ÖVP nahestehender, hätte das getan. Ich bin und bleibe zutiefst betroffen, weil das in der Amtszeit der (. . .) sozialistischen Regierung passiert ist.

Was Leopold Gratz betrifft, ist zu sagen, daß ich mit ihm durch Jahre hindurch ein sehr gutes und freundschaftliches Verhältnis gehabt habe und auch immer wieder in der Öffentlichkeit seine Leistungen und die Leistungen der Stadt Wien – wie ich glaube – in sehr viel eindrucksvollerer Weise gewürdigt habe, als das die Zuständigen in Wien getan haben. Daß ich sehr betroffen war, als ich erfuhr, welche Rolle er bei der letzten Regierungsbildung gespielt hat, darüber habe ich öffentlich nie ein Wort gesagt. Ebenso wenig habe ich Gratz wegen der Affairen seines Freundes *(Udo Proksch; Anm. d. Hrsg.)* Vorwürfe gemacht oder überhaupt darüber auch zu irgend jemandem eine Äußerung getan. Denn ich selbst gehöre zu den Leuten, die Proksch kennen und habe auch nie geleugnet, ihn auch einige Male getroffen zu haben. Ich habe mich niemals veranlaßt gesehen, Gratz wegen seiner Beziehungen zu Proksch im kleinen Kreis oder in der Öffentlichkeit anzugreifen. Ich schätze sogar seine Loyalität, die er manchen Freunden gegenüber – aber leider nicht mir gegenüber – gezeigt hat.

Eines hingegen ist richtig: Daß ich zutiefst verletzt war, als dieser von vielen auch in Amerika als üble Person betrachtete zionistische Bürgermeister von New York mich anläßlich seines Besuches in der rüdesten Weise beschimpft hat. Leopold Gratz wußte um seine Haltung und hat ihn trotz der Schimpforgie nach Wien eingeladen. Koch brüstet sich auch in einer amerikanisch-jüdischen Zeitung damit, daß er Gratz und Zilk dankbar wäre, daß sie ihm Gelegenheit geboten haben, mir in Wien seine Meinung zu sagen.

Was nun Helmut Zilk betrifft, so möchte ich dazu feststellen, daß das, was ich ihm vorwerfe, ja nur die Geschichte mit Koch ist. So leichtfertig sollten Leute wie Gratz und Zilk mit der Ehre des Ehrenvorsitzenden der Partei nicht umgehen, den herabzusetzen sie wissentlich ermöglicht haben. Und nun zu Zilk, wo ich einbekenne, daß ich ihm gegenüber seit vielen Jahren voll von Mißtrauen bin, es aber öffentlich nie erklärt habe. Ich will die konkreten Gründe für meine Abneigung nun aussprechen: Ich habe Zilk als Rundfunkmitarbeiter geschätzt und sogar seinerzeit, als Mandl *(Hans Mandl; Anm. d. Hrsg.)* abging, gemeint – er war vorher bei mir –, er könne doch auch als Kandidat für diese Stadtratsfunktion in Betracht kommen. Das wurde damals von allen in Wien abgelehnt. Und es kam, wenn ich mich richtig erinnere, Gertrude Sandner, die natürlich sehr viel mehr Meriten um die Stadt Wien hatte als Zilk. Eines Tages, es war in der Zeit der Opposition, rief mich Bundeskanzler Klaus zu sich und teilte mir mit, er habe mir eine erfreuliche Nachricht zu geben. Die ÖVP hätte entschieden, einem SPÖ-Mann die Leitung des Fernsehens, die damals ein SPÖ-Mann, nämlich Freund *(Gerhard Freund; Anm. d. Hrsg.)*, innehatte, zu übertragen. Darauf teilte ich ihm mit, daß die Partei das zur Kenntnis nimmt und daß Freund unser Kandidat wäre. Darauf meinte Klaus, daß das so nicht verstanden werden könnte und betonte ausdrücklich, daß Zilk es werden müsse und niemand anderer. Klaus selber hatte einen anderen Kandidaten, irgendeinen Herrn (...) aus Salzburg. Er konnte sich aber nicht durchsetzen, wie er mir offenherzig mitteilte. Also kam ich zurück zum Parteipräsidium und teilte ihm mit, daß die ÖVP Zilk für diesen Posten vorgesehen habe und Freund den Hut nehmen müsse. Das hat große Aufregung im Parteipräsidium verursacht, und ich selber habe seitdem keinen Kontakt mehr mit Zilk gehabt, außer anläßlich eines Abendessens, bei dem ich ja auch mit dem damaligen Rundfunkchef Bacher und einigen anderen führenden Rundfunkmitgliedern zusammentraf, um den Rundfunk betreffende Fragen zu besprechen. Dann kam die Rundfunkreform *(1974; Anm. d. Hrsg.)*, die man unglückseligerweise nun wieder rückreformiert hat, was unsere Partei noch sehr bereuen wird. Ich habe das alles dem Bundeskanzler geschrieben, der zwar dem Parteipräsidium davon Mitteilung gemacht hat, aber nicht dem Parteivorstand.

Ich möchte noch, was das Curriculum vitae Zilks betrifft, fortfahren. Nach Jahren hat Genosse Blecha mich bedrängt, ich möge doch Zilk namens der Partei ins Rundfunk-Kuratorium entsenden. Ich habe zugestimmt, weil ich immer wieder Leuten, auch dann, wenn ich mit ihnen nicht übereinstimmte oder gar einen Konflikt hatte, das nicht nachtragen wollte. Und so hat Zilk Blecha im Kuratorium abgelöst. Er verfügte damit, denn geschickt ist er ja, wenn es um seine Popularität geht, über zwei gewaltige Medien, die er auch bis zum äußersten für sich ausgenutzt hat. Das eine war die »Kronen-Zeitung«, das andere war der Rundfunk. Die »Kronen-Zeitung« hat zur Wahlniederlage 1983 kräftig beigetragen. Wir sind durch die »Kronen-Zeitung« – sicher ist es auch auf den ORF zurückzuführen – ein Opfer der bewußten Mißinterpretation unserer Zinsertragssteuer geworden: Sie wurde in eine Sparbuchsteuer umgeschwindelt. Wobei ich gerne einräume, daß meine damalige Krankheit sicher auch eine Rolle gespielt hat. Die Wahl war geschlagen, ich demissionierte. Über Wunsch blieb ich noch amtierender Parteivorsitzender. Und als die Regierungsbildung zwischen Sinowatz und mir besprochen wurde, habe ich gemeint, ob es nicht eine große Unvorsichtigkeit wäre, den sicher als Stadtrat geschickt agierenden Zilk zum Unterrichtsminister machen zu wollen. Sinowatz bat mich zuzustimmen, weil es sein höchstpersönlicher Wunsch wäre. Ich habe natürlich zugestimmt, habe aber gemeint, ganz abgesehen von gewissen Einwänden gegen seine Person, daß er dann seine Funktion im Rundfunk-Kuratorium zurücklegen müsse, weil, wie ich die herrschende Praxis kannte, ein Minister Zilk im Rundfunk sehr positiv »herauskommen« werde, die anderen aber nur dann, wenn sie in eine unerfreuliche Situation geraten. Ich habe Zilk gerufen. Die Unterredung fand im Zimmer des Parteivorsitzenden statt, und ich habe ihm den Rücktritt nahegelegt. Zilk hat mir versprochen, diesen Rücktritt ins Auge zu fassen. Er werde mir bald davon Mitteilung machen. Das hat er nicht getan. Er behielt seine dominierende Stellung im Kuratorium und nützte diese Stellung auch in einer Weise aus, daß die ZiB im Volksmund den Namen erhielt »Zilk im Bild«, während die anderen Minister immer wieder in eher unerfreulichen Situationen im Rundfunk vorkamen.

Nicht nur, daß Zilk sofort, nachdem er Unterrichtsminister wurde, entgegen seinem Vorgänger *(Fred Sinowatz; Anm. d. Hrsg.)* erklärte, daß beim Schulbuch beträchtliche Summen einzusparen wären, was ja Sinowatz immer wieder bestritten hat, so war das jedenfalls eine Illoyalität gegenüber seinem Nachfolger *(Herbert Moritz; Anm. d. Hrsg.)*. Es kam dann zur Regierungsumbildung, Salcher mußte gehen, Lanc mußte gehen, Lausecker mußte gehen und, wie man damals schon hörte, solltest auch Du gehen. Die Gründe hierfür habe ich nicht erfahren. Ich glaube, sie sollten irgendwie koalitionstechnischer Art gewesen sein. Ich weiß es jedenfalls nicht.

Daß mich das alles nicht sehr froh gestimmt hat, ist klar, und zu dem kam noch, daß man aus rein opportunistischen Gründen – weil man glaubte, mit Zilk die nächste Wahl gewinnen zu können, was ich auch glaube, daß das geschehen wird (. . .).

Wenn das in der Sozialistischen Partei Schule machen wird, was da in Wien passiert ist, daß einer, der niemals in ihr eine gewählte Funktion innehatte, zum Bürgermeister gemacht wird, dann sehe ich sehr Düsteres kommen. (. . .) Noch einmal: Zilk, Dichand und Bacher, das ist ein Triumvirat, das die Medien beherrscht. Dazu kommen einige sie umgebende Krokodilvögel, die Mißbrauch mit den ihnen anvertrauten Millionen für Öffentlichkeitsarbeit treiben.

Deine moralische Entrüstung scheint mir vollkommen falsch am Platz zu sein. Außerdem irrst Du, daß ich Josef Cap diese Vorgangsweise übelgenommen hätte. Ich glaube, daß ich lange genug bewiesen habe, daß Josef Cap die Partei öffentlich kritisieren konnte. In einer Frage allerdings war ich der Meinung, er hätte es im Parteivorstand tun müssen, nämlich in der Sache Kery.

Aber in der Zwischenzeit habe ich mich eines Besseren besonnen. Ich bin nämlich zu der Erkenntnis gekommen, angesichts dessen, was sich im Burgenland in der letzten Zeit abgespielt hat, daß der Parteivorstand über eine Wortmeldung des Genossen Cap in dieser Richtung einfach hinweggegangen wäre.

Es muß der Partei durchaus nicht schaden, wenn an ihr von außen her die Sonde der Kritik angelegt wird. In der Parteigeschichte ist das einige Male zum großen Vorteil der Partei geschehen.

Man denke an die Zeit Friedrich Adlers und, wenn man so will, in gewissem Abstand an das, was 1966, 1967 geschehen ist. Das alles hat der Partei nur genützt und nicht geschadet.

(. . .) Ich habe meine Äußerung, mich in die Innenpolitik nicht einzumischen, zu einer Zeit gemacht, als ich vermeiden wollte, den Freunden Schwierigkeiten zu bereiten. Ich komme langsam zu der Erkenntnis, daß das allmählich nicht mehr gelten kann. Vor allem dann nicht, wenn es sich um Unwahrheiten handelt. Ich muß mir das Recht vorbehalten, das jeder andere Staatsbürger auch hat. Wie oft hat doch der Landeshauptmann von Kärnten den Weg in die Öffentlichkeit gefunden. Ich habe das nie bedauert, wenn er mit seiner Kritik, wie ich glaube, recht gehabt hat. Ich habe es auch nie bedauert, wenn das seitens des ÖGB-Präsidenten geschehen ist. Als er uns zum Beispiel kritisierte, daß wir zuviel auf einmal machen wollten, was schließlich in der Bergbauern-Frage auch Dein Ressort betroffen hat.

Ich möchte auch nicht unterlassen, festzustellen, daß ich mich bis heute immer nur zur öffentlichen Unterstützung des Parteistandpunktes gemeldet habe, Zwentendorf, Abfangjäger und anderes. Auch dort, wo das mein Publikum nicht gern gehört hat. Und was schließlich Hainburg betrifft, war das ja eine meiner letzten Fragen, die ich Dir und Staribacher gestellt habe, wann man von Euch endlich erfahren wird, was geplant wird. Ich kann nur sagen, Ihr habt das gründlich – um einen wienerischen Ausdruck zu verwenden – »verbranscht«. Und Du hast eine nicht unbeträchtliche Mitschuld an dieser Entwicklung.

Als Busek sein Plakat anschlagen ließ »Wenn ich Wiener Bürgermeister wäre . . .«, wo blieb da der echte Wiener Bürgermeister? Was hatte er zur Unterstützung seines Freundes, des Bundeskanzlers, zu sagen?

Und was hat uns die Freundschaft Zilks mit Dichand in der Hainburg-Frage gebracht? Zum Glück sind die Leser der »Kro-

Bundeskanzler Fred Sinowatz bei der Feier des 75. Geburtstages von Bruno Kreisky; 21. Jänner 1986

nen-Zeitung« nicht ganz im Banne der Dichandschen und Staberlschen Mentalität und haben anders entschieden. Es ist also das berühmte PR-Konzept, man müsse die »Kronen-Zeitung« gewinnen und könne auf alle dann verzichten, nicht aufgegangen. Ob es bei den kommenden Wahlen zu einer späten Erfüllung der Zusagen Dichands kommen wird, weiß ich nicht. Aber es war keine Kunst, die »Kronen-Zeitung« zu gewinnen, indem man zuerst das, was in meiner Zeit geschehen ist, als »Saustall« bezeichnet, den ich Sinowatz hinterlassen hätte.

(. . .)

Es gibt einen Satz in Deinem Brief, dem ich restlos zustimme, wonach es die Sozialdemokratie auch in Hinkunft geben werde und sie auch in Zukunft Erfolge haben wird.

Aber es ist höchste Zeit, daß sie auf einen anderen Weg findet, denn die letzten Jahre sind nur deshalb nicht zur Tragödie geworden, weil die ÖVP mit einer Parteiführung gesegnet ist, die in der österreichischen Öffentlichkeit – sogar in ihr nahestehenden Zeitungen – nicht als Alternative präsentiert werden kann.

Ich schreibe diesen Brief als persönlichen Brief, aber ich habe überhaupt nichts dagegen einzuwenden, wenn er einmal als Beitrag zur jüngsten Parteigeschichte ausgewertet wird. Das, was ich mit der »Düsterkeit der Politik« meinte, habe ich selber oft empfunden.

Eines bitte ich aber mir abzunehmen: Ich bin nur über ganz Weniges verbittert, ansonsten mit meinem jetzigen Leben sehr zufrieden. Vor allem werde ich in den Monaten September und Oktober sowie von März bis Juni voll im Einsatz in Österreich sein.

Mit bestem Gruß
Bruno Kreisky

Ein Jahr später, am 9. Juni 1986, entschloß sich Kreisky, dem damaligen SPÖ-Parteivorsitzenden Dr. Fred Sinowatz seinen Rücktritt als Ehrenvorsitzender mitzuteilen. Dieser hatte nach der Wahlniederlage des SPÖ-Bundespräsidentschaftskandidaten Kurt Steyrer gegen den von der ÖVP unterstützten Kandidaten Kurt Waldheim seinen Rücktritt als Bundeskanzler erklärt und Finanzminister Dr. Franz Vranitzky als Nachfolger vorgeschlagen. Einen Tag später, am 10. Juni 1986, diktierte Kreisky einen Brief an das Parteiarchiv, um diesen Rücktritt zu begründen, schickte diesen Entwurf aber nie ab.

Wien, am 9. Juni 1986

Lieber Genosse Sinowatz!

Ich teile Dir mit, daß ich ab sofort meine langgehegte Absicht verwirklichen möchte und auf den Titel eines Ehrenvorsitzenden – der sich ja als vollkommen bedeutungslos erwiesen hat – verzichte, und ich bitte, das als meine endgültige Entscheidung zu betrachten. Sie ist nach reiflichem Überlegen, spät genug, erfolgt.

Ich überlasse es Dir, ob und in welchem Augenblick Du hiervon die Öffentlichkeit informieren willst. Ich für meinen Teil werde nichts davon in der Öffentlichkeit verlauten lassen.

Was die Frage des Präsidenten des Renner-Institutes betrifft, darüber sollten wir uns im Laufe dieser Woche unterhalten.

Mit den besten Grüßen
Bruno Kreisky

Für das Parteiarchiv der SPÖ

Ich habe am 9. 6. 1986 den Parteivorsitzenden, Genossen Dr. Sinowatz, schriftlich hiervon informiert, daß ich nunmehr mich gezwungen sehe, den seit langem gehegten Schritt des Verzichts auf den in den Statuten nicht verankerten Titel eines Ehrenvorsitzenden der Sozialistischen Partei auszusprechen. Es gibt hierfür zahlreiche Gründe, vor allem die Unzufriedenheit mit der Politik der Partei in einer ganzen Reihe von Fragen, allen voran die de facto-Solidarisierung mit Dr. Hannes Androsch (. . .).

Mich trifft hierfür keine Schuld, denn ich habe aus dem Umstand, daß er auf das Miteigentum bei der Consultatio nicht verzichten wollte, Konsequenzen gezogen und ihn zur Demission veranlaßt.

Diese Gespräche über den Fall Consultatio sind in unbefriedigendster Weise jahrelang geführt worden, ohne daß ich hierfür Unterstützung der Mehrheit des Parteipräsidiums bekommen hätte.

Diese mangelnde Sensibilität für Unvereinbarkeiten in einem so großen Kreis führender Mitglieder des Präsidiums hat mich zutiefst erschüttert und mich veranlaßt, die »Flucht« in die Öffentlichkeit anzutreten, indem ich die sogenannten zehn Punkte verkündete und dann vom Parteipräsidium darüber Auskunft verlangen mußte, ob es dazu stünde oder nicht.

In diesem Zusammenhang erfuhr ich auch, daß es Gerüchte gäbe, wonach es irgendwelche Unregelmäßigkeiten Dr. Androschs im Zusammenhang mit seiner Steuer gäbe.

In einem Gespräch mit den leitenden Beamten des Finanzministeriums haben diese mir versichert, daß alles in bester Ordnung wäre; auch was seine Bankkonten beträfe, habe ihnen Dr. Androsch das Recht gegeben, Einsicht zu nehmen. Ich habe daher, als ich mit der provisorischen Führung der Geschäfte des Finanzministeriums betraut wurde, Auftrag gegeben, namens des Aktionärs Staat Dr. Androsch in das Direktorium der CA aufzunehmen. Daraus geht hervor, daß ich jedenfalls besorgt war, Dr. Androsch einen sehr hochrangigen und wahrscheinlich in Österreich bestbezahlten Posten anzuvertrauen.

Vor zwei Jahren wurde mir bekannt, daß Dr. Androsch an einige Parteitagsdelegierte und damit an die Öffentlichkeit in einem Brief mit unfaßbaren Beschuldigungen *(gegen mich; Anm. d. Hrsg.)* herangetreten ist (. . .).

Ich habe damals von der Partei eine eindeutige Stellungnahme erwartet, die nur in sehr zögernder Weise erfolgt ist und dann dem Parteivorstand mitgeteilt wurde. Eigentlich hätte ich Androsch klagen müssen, wollte aber der Partei diesen Skandal ersparen. Trotzdem hat sich die Partei in keiner Weise von ihm distanziert, sondern ihn nach wie vor in besonderem Maße respektiert. Auch dann nicht, als es zum Konflikt mit Dr. Salcher kam, dessen Entlassung aus der Regierung in einer erniedrigenden Weise erfolgt ist – für die ich den Bundeskanzler Dr. Sinowatz verantwortlich machte. Ich gebe gerne zu, daß ich die Verantwortung, Dr. Sinowatz zum Vizekanzler und später zum Vorsitzenden der Partei vorgeschlagen zu haben, übernehme. Dr. Sinowatz hat große Verdienste um die Gewinnung der Mehrheit im Burgenland, er war in der Regierung ein loyaler Mitarbeiter und hat sein Ressort gut geführt. Als ich mich von Dr. Androsch trennen mußte, habe ich mich von dem Gedanken leiten lassen, daß die Bewegung nach mir einen Mann an der Spitze sehen möchte, der der großen Masse der Parteifunktionäre sehr verbunden ist und ein intelligenter Mensch mit gutem politischen G'spür ist und psychologische Einfühlung hat. Ganz abgesehen davon, daß man nicht selber der beste Ratgeber sein muß, man sich aber möglichst vernünftige Leute aussuchen soll (. . .).

Ich möchte bemerken, daß ich *(hätte man mich gefragt; Anm. d. Hrsg.)* auch nicht dagegen gewesen wäre, daß die Vorgeschichte Waldheims der Öffentlichkeit bekanntgemacht werde, daß ich aber dringendst abgeraten hätte, das im Zusammenhang mit einer Wahlbewegung zu tun und vor allem durch den Jüdischen Weltkongreß. Daß der Jüdische Weltkongreß – das nur nebenbei – seine Konferenz in Wien abhalten konnte, ist sicherlich mit Hilfe des Bundeskanzlers, des Außenministers und des Bürgermeisters von Wien geschehen, um zu markieren, wie sehr sich die neue Regierung von mir zu distanzieren wünsche. (. . .) Damals wollte ich schon in aller Öffentlichkeit den Ehrenvorsitz zurücklegen und habe nur angesichts der Probleme, die die Affäre Gratz-Frischenschlager-Reder in der Öffentlichkeit schufen, darauf verzichtet. Ich habe einen langen begründeten Einwand zur Rundfunkreform dem Herrn Bundeskanzler zur Verfügung gestellt. Er hat davon – so höre ich – lediglich das Präsidium informiert, den Parteivorstand überhaupt nicht. Wozu also diese inhaltslose Funktion eines Ehrenvorsitzenden der SPÖ innehaben, wenn man nicht einmal durchsetzen kann, daß ernste Einwände in einer sehr ernsten Sache Berücksichtigung finden.

Ich habe Einwände erhoben gegen die Art, in der hervorragende Funktionäre der Partei in die Wüste geschickt wurden, wie zum Beispiel der langjährige Parteivorsitzende in Tirol, Dr. Herbert Salcher, der langjährige stellvertretende Wiener Parteiobmann, Erwin Lanc.

Ich habe Dr. Sinowatz darauf aufmerksam gemacht, wie sehr ich diese Vorgangsweise mißbillige und auch die Intrigen seines Kabinettschefs in dieser Angelegenheit in der Boulevard-Presse.

(. . .)

Andere Fehlleistungen, die in dieser Zeit erfolgt sind, wie zum Beispiel in der Verstaatlichten Industrie und auf anderen Gebieten, erwähne ich im Augenblick nicht und behalte mir vor, darüber, wenn ich mehr Zeit habe, zu reden.

In der Zwischenzeit hat in einem Gespräch mit mir Genosse Sinowatz zugegeben, daß er sich in der Auswahl des Außenministers, in der Beurteilung des Generalintendanten, in der Einschätzung Zilks, in der Hoffnung auf die »Kronen-Zeitung« und in zahlreichen anderen personellen Fragen geirrt hätte und mir jetzt recht geben müsse. Ich sage das nicht aus Rechthaberei, sondern nur um zu zeigen, daß ich bis in die letzte Zeit für den Bundeskanzler und Parteivorsitzenden zur Verfügung stand, ohne daß die Öffentlichkeit irgend etwas erfahren hat. Vor einiger Zeit wurde nun Dr. Androsch wieder gewählt, obwohl zwei schwere gerichtliche Anzeigen drohen (. . .).

Es ist richtig, daß Genosse Sinowatz mit mir ein Gespräch darüber führte, ob ich nicht bereit wäre, für die Bundespräsidentschaft zu kandidieren. Er tat das mit der Bemerkung, daß ich der einzige Kandidat wäre, der die Aussicht hätte, die Wahl zu gewinnen. Ich erwiderte ihm, daß es bei meinem Nein bliebe, aus vielen Gründen, die ich der Öffentlichkeit bekanntgegeben habe, daß ich aber wisse und fühle, daß es für manche heute führende Genossen, er nicht ausgenommen, ein Alptraum wäre, mich wieder in der Innenpolitik zu sehen. Damit war das Gespräch beendet. Gelegentlich hat Genosse Blecha vorher ein Gespräch mit mir hierüber geführt, Pläne entwickelt, von denen ich wußte, daß sie sicher aufgegeben werden würden.

Ich habe mich in aller Öffentlichkeit bereit erklärt, mit ganzer Kraft in die Wahlbewegung für Dr. Steyrer einzutreten, die Partei hat nichts getan, außer einigen Surrogat-Besprechungen, die ja gar keine Bedeutung hatten. Die einzigen zwei Großveranstaltungen, die es mit mir gab, fanden in Wien statt und am letzten Samstag vor der Wahl in Trumau. In Döbling wurde ich gebeten, für Zilk, der in letzter Minute absagte – obwohl er auf den Plakaten angekündigt war –, einzuspringen. Man kann mir also nicht vorwerfen, daß ich nicht einsatzbereit gewesen wäre.

(. . .) Und so kamen die Ereignisse des Montag früh, wo mir Bundeskanzler Dr. Sinowatz die Mitteilung machte, welche Absichten er hätte. Ich teilte ihm mit, daß ich im Begriffe war, zur Parteivorstandssitzung zu kommen, aber unter diesen Umständen nicht kommen werde. Ich halte seine Vorschläge für falsch, unüberlegt und aus Panik heraus erfolgend. Ich könne im Parteivorstand aber nicht schweigen, andererseits auch nicht zustimmen.

Es gilt hier das Wort: Qui tacet, consentire videtur. *(Wer schweigt, scheint zuzustimmen; Anm. d. Hrsg.)* Nicht aus Besserwisserei, sondern weil ich mich verpflichtet sehe, auch zu sagen, was hätte geschehen müssen, möchte ich das hier heute, Dienstag, den 10. Juni 1986, nach reiflicher Überlegung tun:

Eine verlorene Wahl, noch dazu in so katastrophaler Form, schafft keine Atmosphäre, in der man zu ruhigen Überlegungen fähig ist. Es hätte also ein erster Durchgang erfolgen können. Aber auch der Beschluß, daß man in Ruhe über die Konsequenzen in einigen Tagen werde reden müssen, das hätte jedenfalls den Parteimitgliedern, die noch an die Reife der obersten Parteiführung glauben, Hoffnung gegeben, daß man es mit einer besonnenen Parteiführung zu tun habe. Das geschah nicht, sondern unter der besonderen psychologischen Situation hat man Entscheidungen getroffen. Meine Einwände sind folgende:

Ich glaube nicht, daß wir der ÖVP bei der Herbeiführung der sogenannten Wende mit einem Bundeskanzler Vranitzky den Rang ablaufen können. Die Alternative ist unentrinnbar. Entweder, er wird sie machen, dann trifft das die Bewegung sehr hart, oder man kommt zu der Auffassung, bei den nächsten Wahlen, die *(politische; Anm. d. Hrsg.)* Wende können die anderen sehr viel umfangreicher machen. Dann wäre das keine Lösung.

Vranitzky ist sicherlich für Mock ein schwerer Schlag, weil er weiß, daß er ihm in jeder Hinsicht unterlegen ist. Vranitzky verfügt über eine beträchtliche formale Begabung, hat sich auch bei der Sanierung der Länderbank bewährt (. . .).

Ich habe zur Kenntnis genommen, daß auch diesmal kein

Bruno Kreisky in der SPÖ-Parteizentrale in der Löwelstraße mit Robert Rauscher; 1970

Wert darauf gelegt wird, auf meinen Rat neugierig zu sein, sondern höchstens eine gewisse formale Informationspflicht erfüllt wird, ein Umstand, der mich, wie man verstehen kann, einigermaßen verbittert, und ich habe daraufhin einen Brief an den Bundeskanzler in den Parteivorstand am 9. 6. geschickt. Genosse Sinowatz war vorbereitet darauf. Er hat's halt nicht ernst genommen.

Als Bruno Kreisky im Jänner 1987 im Krankenhaus erfuhr, daß im Zuge der Koalitionsverhandlungen zwischen SPÖ und ÖVP das Außenministerium an die ÖVP fallen werde, diktierte er einen Artikel für die »Arbeiter-Zeitung«, den er aber in weiterer

Folge nicht veröffentlichte. Noch am 15. Jänner 1987 erklärte Bruno Kreisky öffentlich, seine »Funktion als Ehrenvorsitzenden der Sozialistischen Partei Österreichs aus Protest gegen die Verhandlungen über die Koalition zurückzulegen«:

Verrat an der Außenpolitik Adolf Schärfs

Während der Koalitionsverhandlungen 1953 arbeitete ich als Kabinettsvizedirektor in der Präsidentschaftskanzlei für den damaligen Bundespräsidenten Körner. Erstmals seit 1945 war die SPÖ mit 42,11% der abgegebenen gültigen Stimmen stärkste Partei geworden, obwohl die ÖVP, durch die Wahlarithmetik begünstigt, ein Mandat Vorsprung hatte – 74 gegenüber 73. Dies änderte aber nichts an der Tatsache, daß die ÖVP mit 41,26% der Stimmen eindeutig bei den Wählern gegenüber den vorhergehenden Wahlen und gegenüber der SPÖ verloren hatte.

Erstmals kandidierte die Wahlpartei der Unabhängigen (Vorläuferin der FPÖ) und erreichte auf Anhieb 14 Mandate oder 10,95% der Stimmen. Auf Grund der öffentlichen Erklärungen ihres neuen Obmannes, des deutschen Majors Stendebach, der ständig von der »unbekannten Grenze« gegenüber Deutschland sprach, war für mich klar, daß die sowjetische Besatzungsmacht die Einbeziehung des VdU als außenpolitischen Affront empfinden würde. Zwar hatte ich einige Jahre vorher in Frankreich bei dem französischen Hochkommissar Béthouart nicht gegen eine Zulassung dieser Partei Stellung genommen, doch war mir 1953 eindeutig klar, daß eine von der ÖVP geforderte Konzentrationsregierung der beiden Großparteien mit dem VdU angesichts der sowjetischen, aber auch französischen Vorbehalte eine Katastrophe bedeuten würde.

Schärf schien zwar – ganz zum Unterschied zu Bundespräsident Körner, der diese Koalition schließlich auch verhinderte – eine Einbeziehung des VdU auf Kosten von ÖVP-Ministerposten akzeptieren zu wollen, doch war auch er sich klar darüber, welche Bedeutung der Außenpolitik für das künftige Schicksal der Republik Österreich zukommen würde.

Während außenpolitische Fragen in der 1. Republik auch außerhalb der Regierung durch Persönlichkeiten wie Otto Bauer und Julius Deutsch abgedeckt waren, erschien es in der 2. Republik immer notwendiger, auch innerhalb der Regierung auf die Gestaltung der Außenpolitik Einfluß zu nehmen. Obwohl es andere Ressorts in der Diskussion gegeben hätte, entschied sich Schärf aus drei Gründen für die Forderung nach einem Staatssekretär für Auswärtige Angelegenheiten im Bundeskanzleramt.

1. Auf Grund seiner Erfahrungen und Kontakte mit dem Außenminister der Labour Party, Bevin, und seiner Bedeutung für die britische Nachkriegspolitik.

2. Schärf hatte die Relevanz dieses Ressorts für die Verhandlungen mit den vier Alliierten über den Staatsvertrag erkannt.

3. Ihm war auch bewußt, welche Bedeutung das Außenministerium in der künftigen Politik eines souveränen und letztlich neutralen Österreichs erlangen wird.

Bei der Personalauswahl hatte ich als unbekannter Bruno Kreisky aus der Präsidentschaftskanzlei keinen Einfluß. Ganz im Gegenteil. So versuchte sogar der ÖVP-Außenminister Karl Gruber »mitzubestimmen«, wer von der SPÖ als Staatssekretär nominiert werden sollte, und er übte seinen Einfluß auf Schärf aus, einen seiner Freunde, Ernst Lemberger oder Walter Wodak, zu nominieren. Schärf wollte nie wieder den Einfluß auf dieses Ministerium verlieren, sondern ihn noch mehr ausbauen – und er sollte schließlich recht behalten, als Karl Gruber gehen mußte und Figl ein relativ »schwacher« Minister war. 1959 stellte die SPÖ den neuen Bundesminister für Auswärtige Angelegenheiten.

Nicht zuletzt auf Grund der Anciennität wurde Ernst Koref formal gefragt, doch war zu erwarten, daß er ablehnen würde. So einigten sich schließlich Schärf und die Gewerkschaften, denen ich aus der Zeit des Widerstandes nahestand, auf Bruno Kreisky. Sie wollten keinen Mann des Westens wie Wodak, obwohl sich Waldbrunner für ihn stark gemacht hatte.

Seit dieser Zeit hat die Partei dieses Ministerium nie auch nur einen Tag lang aufgegeben – selbst als Raab alle Staatssekretäre »einsparen« wollte. 1953 bis 1958 konnte ich als SPÖ-Staatssekretär die Politik des Ministeriums entscheidend mitgestalten. 1959 bis 1965 leitete ich als Bundesminister dieses Ressort, und selbst in ihrer schwächsten Zeit verminderte sich der Einfluß der SPÖ in diesem Bereich nicht.

Während der ÖVP-Alleinregierung brachte das Ressort keineswegs einen Alleinvertretungsanspruch dieser Partei im Ausland, da sich ihre Minister wie Tončić nicht bewährten oder wie Waldheim, der wegen seiner guten Kontakte zur Sowjetunion nominiert worden war, durch den Bundespräsidenten Franz

Jonas im Vertretungsanspruch vor dem Ausland neutralisiert wurde.

In den Jahren 1970 bis 1986 nominierte die SPÖ allein die Außenminister, die keineswegs immer der SPÖ angehörten, aber ihre Politik im außenpolitischen Bereich realisierten.

Der Verzicht auf das Außenministerium ist schlicht und einfach eine Katastrophe, und es bleibt die Frage offen, ob wir einen Bundespräsidenten Waldheim und den Obmann jener Partei, die ihn nominiert und voll und ganz unterstützt hat, im Ausland aushalten werden. Ist das Ministerium verloren, kann es für lange Zeit nicht mehr gewonnen werden. Im besten Fall könnten die negativen Auswirkungen durch eine »bipartisan policy« *(gemeinsame Außenpolitik der Koalitionsparteien; Anm. d. Hrsg.)* vermindert werden. Mit dem Verzicht auf das Bundesministerium für Auswärtige Angelegenheiten hat man jene grundlegende außenpolitische Linie, die Schärf 1953 begonnen hat, 1987 in der Koalition preisgegeben.

Am 1. März 1990 signalisierte Bruno Kreisky wieder Einigkeit mit der SPÖ-Spitze und nahm an einer offiziellen Veranstaltung im Wiener Austria Center in Anwesenheit von Bundeskanzler Vranitzky und Altbundeskanzler Sinowatz teil. Ende April veröffentlichte Kreisky gemeinsam mit Franz Vranitzky nachfolgenden Aufruf zum 1. Mai:

Die große Perspektive

Vor hundert Jahren haben die arbeitenden Menschen zum ersten Mal am 1. Mai ihrer Kraft und ihrem Selbstbewußtsein, ihren Forderungen und ihrer Sehnsucht Ausdruck verliehen. So begann es.

In den hundert Jahren seither, die viele das »sozialdemokratische Jahrhundert« nennen, hat sich unendlich viel von dem erfüllt, was die Arbeiter erhofften und forderten. Es hat sich erfüllt, weil – nicht nur in Österreich – eine kraftvolle Sozialdemokratie prägend und gestaltend wirkte.

In unserem Land war es vor allem die Politik der siebziger Jahre, die einen grundlegenden Wandel einleitete. Österreich wurde damals moderner und sozialer, legte seine hinterwäldlerische Verstaubtheit ab, öffnete sich der Welt und begann ein in-

Bundeskanzler Franz Vranitzky und Bruno Kreisky im März 1990 bei einer Veranstaltung im Wiener Austria Center, neben Vranitzky Altbundeskanzler Fred Sinowatz

ternational beachtetes Reformwerk. Österreich wurde, wie wir es versprochen hatten, zu einem guten Vaterland und einer sicheren Heimat für seine Menschen.

Die historische Aufgabe der Sozialdemokratie ist damit aber noch lange nicht erfüllt. In all den Jahrzehnten hat sich unsere Bewegung neuen Aufgaben und Herausforderungen gestellt.

So auch heute: In jenem Geist, in dem Sozialdemokraten viele soziale und wirtschaftliche Probleme gelöst haben, gehen sie heute die Probleme der Umwelt, die Probleme der internationalen Wirtschaft und nicht zuletzt die Probleme der Integration des europäischen Ostens an, der endlich die kommunistischen Diktaturen abgeschüttelt hat.

Sie tun es, gestützt auf Grundwerte, die in hundert Jahren stets aufs neue ihre Richtigkeit erwiesen haben, gestützt auf die Kraft einer großen demokratischen Bewegung und gestützt auf Persönlichkeiten, die das große Jahrhundertwerk würdig fortsetzen können.

Bruno Kreisky

Die österreichische Sozialdemokratie ist stark genug, um die immer wieder notwendige Erneuerung ihrer eigenen Struktur, die kritische Auseinandersetzung mit neuen Ideen und die Regierungsverantwortung für unser Land gleichzeitig zu tragen. Österreich steht in einem gewaltigen Prozeß der Erneuerung, den wir eingeleitet haben.

Es geht um die ökologische Erneuerung. Das ist mein Hauptanliegen. Die Ökologie – das hat sich längst erwiesen – ist nicht die feindliche Schwester der Ökonomie, beide gehören untrennbar zusammen. Hier müssen wir ansetzen.

Es geht um die politische Erneuerung, die Entscheidungsprozesse klarer macht, Verantwortung deutlich macht, die Rechte und die Entscheidungsmöglichkeiten des einzelnen stärkt, und – notfalls mit großer Härte – für Sauberkeit in der Politik sorgt.

Es geht um die ökonomische Erneuerung. Um den Platz Österreichs in Europa, das heute mehr denn je nicht nur aus der EG besteht. Um eine Modernisierung unserer Betriebe, um eine Öffnung hin zu den Weltmärkten.

Es geht um die soziale Erneuerung. Um die Sicherung des umfassenden sozialen Netzes. Um Mindeststandards für die sozial Schwächsten. Aber zugleich muß das System so umgestaltet werden, daß die Menschen es nicht als Bürde oder bürokratische Bevormundung empfinden.

Und schließlich geht es um die kulturelle Erneuerung. Um die Sicherung und den Ausbau jenes Maßes an Offenheit, an Toleranz und Liberalität, das zur Entfaltung jeder wirklichen Kultur notwendig ist.

Für diese Aufgabe steht die Sozialdemokratie heute. Aufgaben, die in die Zukunft weisen – und die wir im gleichen Geist bewältigen wollen wie die Aufgaben der Vergangenheit.

Franz Vranitzky

Nachwort des Herausgebers

Anläßlich der zehnten Wiederkehr des Todestages von Bruno Kreisky am 29. Juli 2000 soll der vorliegende, korrigierte Nachdruck der drei Memoirenbände nochmals Bruno Kreisky zu Wort kommen lassen. Sowohl die Erstausgaben als auch die Taschenbuchausgabe der ersten beiden Bände sind inzwischen vergriffen, trotzdem gibt es nach wie vor rege Nachfrage nach O-Tönen Bruno Kreiskys. Vor allem viele junge Menschen, die ihn nur mehr aus dem aktuellen Mediendiskurs kennen – Schulbuchautoren scheuen nach wie vor eine umfassende Auseinandersetzung mit österreichischer Geschichte seit den sechziger Jahren –, sind sehr an seiner Persönlichkeit und seiner Ära interessiert, ohne daß Kreiskologen seine authentische Selbstdarstellung filtern oder unter den Tisch fallen lassen.

Gerade aufgrund des Fehlens eines differenzierten öffentlichen Gedächtnisses über Kreiskys politischen Ziele und deren reale Umsetzungsversuche verstärkt sich seit seinem Tod die Tendenz, sein Charisma und seine immer deutlicher werdende Bedeutung in der österreichischen Geschichte des 20. Jahrhunderts zu vereinnahmen oder völlig ins Gegenteil zur Entlastung politischer Verantwortung in der Gegenwart umzuinterpretieren. Einige wenige signifikante Beispiele seien hier herausgegriffen: So versucht der Kärntner Landeshauptmann und Ex-FPÖ-Obmann Jörg Haider seit 1990 Kreiskys Reformgeist zu usurpieren, indem er ein Gespräch, das – vor dem Hintergrund eines gerichtlichen Vergleiches – in einem Presseprozeß Haiders gegen Kreisky von Haider zu sehen ist, zu einer politischen Versöhnung umstilisiert. Die wahren Fakten bezüglich der Einschätzung Kreiskys über Haider verschweigt dieser. Daher wird zu diesem dritten Band die Chronologie der beiden Presseprozesse Haiders gegen Kreisky abgedruckt. Zuletzt hatte Jörg Haider versucht – vom ORF trotz erwiesenem Faktenwiderspruch unkommentiert übernommen –, in der Dokumentation »Das Dritte Lager« vom 7. Juni 2000 Bruno Kreisky zum »Deutsch-Nationalen« umzuinterpretieren – Zitat: »Er war nicht nur Jude, sondern er war auch Großbürger, er war Großdeutsch – wenn Sie so wollen – in seinem Kulturbekenntnis und hat daher immer eine besondere Beziehung zum bürgerlichen, deutschnationalen Lager gehabt ...« Dies ist schlicht und einfach eine unwahre Behauptung, die durch die zahllosen Aktivitäten und Stellungnahmen des engagierten Österreichers und Patrioten Bruno Kreisky in diesen vorliegenden Memoirenbänden ad absurdum geführt wird.

Ganz bewußt wurde der Originalton der Wertungen und Interpretationen Bruno Kreiskys in seinen Memoiren nicht verändert. Überdies sind gerade im dritten Band auch offensichtliche Lükken aufgetreten, die nicht mehr geschlossen werden konnten, da der Autor verstorben war. Dies traf beispielsweise auf Kreiskys persönliche Einschätzung des Justizministers Christian Broda zu, den Kreisky gegen heftigen Widerstand von Franz Olah als Rechtsexperten in die SPÖ geholt hatte. Bereits 1967 war dieses enge persönliche Verhältnis zerbrochen, da Broda sich gegen Kreisky bei der Wahl zum Parteiobmann stellte. In den siebziger Jahren wurde das durchaus funktionierende Arbeitsverhältnis zwischen den beiden durch Brodas Parteinahme – gemeinsam mit Hertha Firnberg, Anton Benya und anderen – für Hannes Androsch massiv gestört. Kreisky empfand zwei Konflikte als höchst emotionale Auseinandersetzungen, über die auch nur wenig schriftliches Analysematerial von ihm selbst überliefert ist – die Auseinandersetzungen mit Simon Wiesenthal und Hannes Androsch (und hier auch mit Christian Broda).

Daß Kreiskys Memoiren zu Widerspruch und Gegendarstellungen führen, liegt in der Natur der subjektiven Geschichtsinterpretation von handelnden Akteuren. Die wohl umfassendste Gegendarstellung zum III. Band hat der ehemalige Vizekanzler und Finanzminister Hannes Androsch verfaßt, die im Anhang zu diesem Nachwort im O-Ton ebenfalls unkommentiert abgedruckt wird. Die historische Auseinandersetzung über diesen Konflikt bleibt nach wie vor ein Forschungsdesiderat, um so wichtiger ist es, entsprechendes Material für weitere Forschungen und Neubewertungen zugänglich zu machen. In diesem Sinne verstehe ich die Darstellung von Dr. Androsch als Zwischenschritt und keineswegs als Abschluß dieser Debatte: Ganz im Gegenteil, ich glaube, daß die nüchterne historische Aufarbeitung und Bewertung dieser Diskussion und ihrer Hintergründe erst am Anfang steht.

Ein letzter Hinweis betrifft die aktuelle Diskussion über die Langzeitwirkungen der Ära Kreisky bei der Bildung der ÖVP-FPÖ-Koalition am 3. Februar 2000. Sehr rasch erfanden politische Kommentatoren eine kühne Variante, diese umstrittene Koalition, die für heftige Kontroversen im In- und Ausland sorgt und auch weiterhin sorgen wird, mit einem völlig ahistorischen Rückgriff auf die Geschichte zu erklären und letztlich auch zu entlasten: Bruno Kreisky habe durch die Wahlrechtsreform 1970, die das ungerechte Wahlsystem zugunsten kleiner Parteien reformierte, die FPÖ als Partei gerettet und sich deren Unterstützung während der Minderheitsregierung bis 1971 gesichert – daher sei er letztlich der »Steigbügelhalter der FPÖ« (so Paul Lendvai in der FAZ vom 7. Februar 2000 und Le Monde vom 16. Februar 2000). Verdrängt und vergessen wird dabei, daß gerade Kreisky 1983 mit der Bildung einer Koalition zwischen SPÖ und FPÖ die FPÖ endgültig von ihrem rechts-nationalen Kurs in Richtung einer liberalen Partei (ähnlich der Transformation der FDP in Deutschland in den sechziger Jahren) umorientieren wollte und insbesondere in dem nach Kärnten »emigrierten« oberösterreichischen Jungpolitiker Jörg Haider seinen erbittertsten Gegner fand. Haider bekämpfte mit allen Mitteln diese liberale Transformation der FPÖ unter Norbert Steger und siegte mit seiner rechtspopulistischen Restaurationsargumentation 1986.

Richtig hingegen ist vielmehr, daß Kreisky die Sozialdemokratie – ähnlich wie in Schweden – zu einer »linken« Volkspartei machen und damit die politische Mitte dominieren wollte. Eine liberale Partei könnte in diesem Zusammenhang – so Kreiskys strategische Überlegungen – durchaus die Spaltung der ÖVP mitmotivieren und diese in ihrer Bedeutung deutlich reduzieren sowie ein moderner Koalitionspartner für die SPÖ werden.

Zum Editorischen wäre noch zu bemerken, daß eine Reihe von formalen Korrekturen – vor allem im Zusammenhang mit Namen und Daten – in diese Ausgabe eingearbeitet wurde. Das Gesamtregister erstellten Herr Vitali Bodnar und Frau Elke Hubich, denen für ihre Hilfe aufrichtig gedankt sei. Ebenso herzlich möchte ich den Sponsoren dieser Neuausgabe danken, die nur soweit sie es wünschten auch hier abgedruckt wurden. Insgesamt konnte der Neudruck mit rund 60 Einzelspenden mitfinanziert werden. Dem Verleger, Professor Leo Mazakarini, der im Rahmen des Verlags Kremayr & Scheriau zuletzt bereits den dritten Memoirenband posthum herausgebracht hat, sowie all seinen MitarbeiternInnen gilt abschließend nochmals mein Dank für Initiative und Engagement bei der Neuauflage der Kreisky-Memoiren.

Wien, Ende Juli 2000 Oliver Rathkolb

Anhang zum Nachwort des Herausgebers

Ungekürzter und unkommentierter Text eines Schreibens von Dr. Hannes Androsch an den Chefredakteur der Kleinen Zeitung, Dr. Kurt Wimmer, 10. Februar 1998 – ohne Beilagen. Dr. Wimmer hatte Dr. Androsch in einer Lehrveranstaltung von Professor Wolfgang Mantl mit diesen betreffenden Kreisky-Zitaten aus dem III. Band konfrontiert:

Zum ersten, Thema »Consultatio«: Ich wurde am 21. 4. 1970 als Bundesminister für Finanzen in die Regierung berufen. Zuvor war ich seit Oktober 1967 Abgeordneter zum Nationalrat. Beruflich war ich seit 1. 7. 1966 beeideter Buchprüfer, seit 24. 6. 1968 beeideter Wirtschaftsprüfer. Diesen freien Beruf übte ich mit eigener Kanzlei aus. Darüber hinaus war ich Kanzleiverweser des Witwenfortbetriebes der Buchprüfungs- und Steuerberatungskanzlei meines 1965 verstorbenen Vaters. In Übereinstimmung mit den einschlägigen gesetzlichen Bestimmungen des Unvereinbarkeitsgesetzes für politische Mandatare und der Wirtschaftstreuhänderberufsordnung (WTBO) wurde von der Kammer der Wirtschaftstreuhänder für meine eigene Kanzlei für jeweils ein Jahr ein berufsrechtlich eigenverantwortlicher Stellvertreter bestellt, während der Witwenfortbetrieb von einem berufsrechtlich eigenverantwortlichen Kanzleiverweser geführt wurde.

Die Klienten des Witwenfortbetriebes sowie der Großteil der Klienten meiner Kanzlei wurden 1970 in die im Juli des Jahres neu gegründete Gesellschaft »Consultatio« eingebracht. Meine Mutter, die bis zu ihrer Pensionierung in der Consultatio als Steuerberaterin tätig war, bezieht im übrigen daraus bis heute eine Leibrente. Die Consultatio wurde gemäß den bereits angeführten gesetzlichen Vorgaben und Regelungsmechanismen in meiner Stellvertretung ebenfalls von einem berufsrechtlich eigenverantwortlichen Geschäftsführer geleitet, der für diese Tätigkeit über eine jährlich zu erneuernde Genehmigung durch die Kammer der Wirtschaftstreuhänder verfügte. Mit diesem Abwicklungsverfahren wurde sichergestellt, daß ich nach Beendigung meiner Ministertätigkeit, während der ich meinen ursprünglichen Brotberuf natürlich nicht ausüben konnte, wieder in meine Kanzlei zurückkehren konnte. Über diese Regelung, die in das Handelsregister eingetragen bzw. im Amtsblatt der Kammer der Wirtschaftstreuhänder veröffentlicht wurde, war Dr. Kreisky sowie die interessierte Öffentlichkeit informiert. In diesem Zusammenhang soll auch nicht unerwähnt bleiben, daß meine berufliche Qualifikation von Dr. Kreisky öffentlich als besondere Eignung für das Amt des Finanzministers gewürdigt worden ist.

Meine damalige Situation läßt sich direkt mit der all jener Rechtsanwälte, Notare oder Firmeninhabern vergleichen, die nach ihrem Ausscheiden aus der Bundesregierung wieder in ihre Kanzleien zurückgekehrt sind bzw. erneut die Leitung ihrer Firmen übernommen haben. Beispiele dafür sind: Dr. Josef Gerö, Dr. Otto Tschadek, Dr. Christian Broda, Dr. Hermann Withalm, Dr. Norbert Steger, Dr. Fritz Bock, Dr. Harald Ofner und Dr. Andreas Staribacher. In der jetzigen Regierung treffen diese Umstände auf Dr. Michalek und Dr. Bartenstein zu.

In keinem der angeführten Fälle wurde bzw. wird die Möglichkeit der beruflichen Rückkehr in die eigene Kanzlei oder Firma in Frage gestellt. Auch während der ersten acht Jahre meiner Tätigkeit als Finanzminister war dies kein Thema. So hat Dr. Kreisky im Jahr 1975 der Consultatio einen Firmenbesuch abgestattet. Er hat damals allen Mitarbeitern die Hände geschüttelt und sich lange mit meiner Mutter und dem damaligen Geschäftsführer unterhalten.

Im Herbst 1977 mußte Dr. Kreisky mit seiner zu mir gegenteiligen Position in der Frage der Währungspolitik eine politische Niederlage hinnehmen. Er begann mich zu bekämpfen. Die Consultatio schien ihm, wie in der Folge auch der Bau des AKH, hiefür eine geeignete Möglichkeit zu sein. Dabei wurde er von Teilen der ÖVP und einigen Medien unterstützt. Trotz intensiver Bemühungen gelang es aber nicht, nur einen einzigen konkreten Vorwurf gegen mich zu erheben. So hat beispielsweise Dr. Kreisky Mitte 1978 erklärt, er hätte von der Existenz der Consultatio nichts gewußt. Diesbezüglich mußte er den Widerspruch von ÖGB-Präsident Anton Benya, Dr. Herta (sic! Hertha) Firnberg und Bürgermeister Leopold Gratz hinnehmen. Sie erklärten öffentlich, sie hätten, so wie Dr. Kreisky, um die Existenz der Consultatio Bescheid gewußt. Schließlich verlangte Dr. Kreisky im September 1980 in dem von ihm initiierten »Zehn Punkte-Programm«, daß ich mich von meinen beruflichen Grundlagen zu trennen habe. Gegenüber Chefredakteur

Dr. Chorherr vertrat er die Meinung, daß ich diese »Gebote« nicht annehmen werde. Ziel seiner Bemühungen war, so wie mir dies Dipl.-Ing. Waldbrunner vorausgesagt hatte und wie dies auch auf Seite 248 ff. des von Heinz Fischer verfaßten Buches »Die Kreisky-Jahre« nachzulesen ist, mich »wegzubekommen«. Nach meinem Ausscheiden aus der Bundesregierung hat sich in weiterer Folge bezeichnenderweise niemand mehr um die Einhaltung dieses Punktekataloges gekümmert. Dieser würde es in der Tat allen Freiberuflern oder anderweitig Selbständigen unmöglich machen, ohne Aufgabe der beruflichen Existenz ein Regierungsamt zu übernehmen. Als Regierungsmitglieder kämen dann konsequenterweise nur mehr Beamte oder Rentiers in Frage. Daher nimmt es nicht wunder, daß sich vergleichbare Bestimmungen in keinem anderen demokratischen Staat finden lassen. Zu diesem Schluß gelangte auch eine von Dr. Willibald Pahr zu dieser Thematik durchgeführte Studie, die im übrigen von Dr. Kreisky in Auftrag gegeben worden ist.

Zum zweiten: Sie haben während der Lehrveranstaltung des weiteren aus den Kreisky-Memoiren die Behauptung übernommen, daß ich Herrn Hans Dibold in die AZ »gebracht« hätte. Darüber hinaus hätte ich mich für ihn für einen Konsulentenvertrag bei der CA und indirekt für die Vermittlung eines namhaften Inserenten für sein Magazin »Falstaff« verwendet. All diese Behauptungen sind unrichtig und entsprechen nicht den Tatsachen. Die Bestätigung hiefür entnehmen Sie bitte den beigelegten Kopien von Schreiben von Herrn Dibold sowie der CA (nicht abgedruckt, Anm. d. Herausgebers). Im übrigen befand sich die AZ nie in meinem Einflußbereich. Diesen beanspruchte der Parteivorsitzende ausschließlich für sich.

Zum dritten, was die Nationalbanktätigkeit von Dipl.-Ing. Karl Waldbrunner betrifft, so haben Sie im Konversatorium zitierenderweise (sic!) ausgeführt, ich hätte in für Dr. Kreisky unverständlicher Weise Herrn Dipl.-Ing. Waldbrunner nicht gegönnt, als Erster Vizepräsident dieser Institution eine angemessene Entschädigung zu beziehen. Gegenteilige Tatsache ist vielmehr, daß erst über mein Betreiben den beiden Vizepräsidenten eine entsprechende Entschädigung – 50% des Gehaltes des Präsidenten für den Ersten Vizepräsidenten und 25% für den Zweiten Vizepräsidenten – zuerkannt wurde. Die dafür gemäß Nationalbankgesetz notwendige Genehmigung wurde von mir als Finanzminister am 20. 3. 1973 erteilt. Über diese neue Regelung hat der damalige Generaldirektor der OeNB, Dr. Heinz Kienzl, bei einem seiner regelmäßigen Besuche Dr. Kreisky berichtet. Dieser hat mit entsprechend gespielter Empörung diese Information an die Medien weitergegeben. Eine breite öffentliche Kampagne gegen die Aufstockung der Bezüge war die Folge. Dipl.-Ing. Waldbrunner war darüber tief gekränkt. Er teilte Dr. Kreisky in einem persönlichen Gespräch mit, daß er auf diese Entschädigung verzichten wolle. Das gegenständliche Verzichtsschreiben hat Dipl.-Ing. Waldbrunner als offenen Brief auch an die AZ und die Wiener Zeitung weitergeleitet, wo dieser jeweils am 12. 4. 1973 veröffentlicht worden ist.

Am 18. 9. 1974 hat der Generaldirektor der OeNB unter Zugrundelegung einer geänderten Berechnungsbasis eine neuerliche Änderung der Bezügeregelung für die beiden Vizepräsidenten beschlossen. Diesem Beschluß habe ich allerdings die Zustimmung als Finanzminister verweigert, weil u. a. die Thematik der Möglichkeit des Verzichtes seitens eines Vizepräsidenten auf die ihm formal zustehende Aufwandsentschädigung noch einer rechtlich einwandfreien Abklärung bedurfte. In der Folge habe ich mit dem damaligen Präsidenten der Österreichischen Nationalbank, DDr. Klaus Kloss vereinbart, daß von ihm zu dieser spezifischen Problemstellung ein Rechtsgutachten eingeholt werde. Dieses erbrachte das Ergebnis, daß der Verzicht eines Vizepräsidenten der OeNB auf Auszahlung seiner Aufwandsentschädigung juridisch nicht möglich sei. Auf Grundlage der von mir bereits im März 1973 erteilten Genehmigung für die Bezügereform der beiden OeNB-Vizepräsidenten wurden Herrn Dipl.-Ing. Waldbrunner schlußendlich im Juni 1977 die bis dahin aufgelaufenen Ansprüche aus seiner Nationalbanktätigkeit nachträglich ausbezahlt. Die diesbezügliche Steuererklärung wurde von meiner Mutter verfaßt, die damals Steuerberaterin von Herrn Dipl.-Ing. Waldbrunner war. Die Bestätigung meiner Ausführungen entnehmen Sie bitte den beiliegenden Kopien von diesbezüglichen Schreiben vom ehemaligen Sekretär von Dipl.-Ing. Waldbrunner und nunmehrigen Generaldirektor der OeNB, Alfred Wala, der Witwe und der Tochter von Dipl.-Ing. Waldbrunner sowie einschlägigen Zeitungsmeldungen (nicht abgedruckt, Anm. des Herausgebers).

Das Verhältnis zwischen Dr. Kreisky und Dipl.-Ing. Waldbrunner läßt sich des weiteren auch an folgendem Ereignis verdeutlichen: Dipl.-Ing. Waldbrunner verstarb nach längerem schweren Leiden am 5. 6. 1980. In seinem Testament ist von ihm verfügt worden, daß an seinem Sarg keine Rede zu halten sei. Es ist unschwer zu erraten, wer damit gemeint war. Die Witwe Waldbrunner wollte Dr. Kreisky daher auch nicht zum Begräbnis einladen. Dr. Christian Broda hat mich damals angerufen und mich aufgrund meines guten freundschaftlichen Verhältnisses zur Familie Waldbrunner gedrängt, auf Frau Waldbrunner einzuwirken, es sich doch noch anders zu überlegen. Ich konnte Frau Waldbrunner schließlich dazu überreden, auch Dr. Kreisky zur Begräbnisfeier einzuladen.«

Oliver Rathkolb

Exkurs: Wechselseitige Einschätzungen Jörg Haiders und Bruno Kreiskys seit 1985

1. März 1985

Im Zusammenhang mit der Reder-Frischenschlager-Affäre stellt Bruno Kreisky fest: »Frischenschlager ist zwar nicht auf diese Idee gekommen, sondern ein erfahrener Politiker. Ich kann den Gratz verteidigen, ich kann den Frischenschlager verteidigen, aber nicht den Haider, denn das ist der mieseste Opportunist, den es in diesem Lande gibt.«

In weiterer Folge lehnte Kreisky jede Entschuldigung ab, obwohl ihm Haider mit einer Ehrenbeleidigungsklage gedroht hat. Zur Haltung Haiders in dieser Affäre hielt Kreisky fest, daß diese nicht zu tolerieren sei. »... ich glaube gar nicht, daß er ein Nazi ist, sondern daß er einfach nur den Nazis nach dem Munde redet.«

Im Ehrenbeleidigungsprozeß untermauerte er den Grund für seine Angriffe. Nach der Rückkehr von einer Amerikareise habe er Haiders (später dementierten) Ausspruch gelesen, »wäre die FPÖ die Nachfolgepartei der alten Nationalsozialisten, so hätte sie in Österreich die Mehrheit«. Kreisky stellte dazu in der Hauptverhandlung am 25. Juni 1985 fest: »Hier wird also genau das, was Journalisten oft gar nicht so böswillig bringen, vertreten, nämlich, daß die Österreicher ein Volk von Nazis und Antisemiten sind. Damit bin ich in meiner Tätigkeit als Bundeskanzler immer wieder konfrontiert worden. Nun wird so etwas von einem Mandatsträger der FPÖ behauptet, und diese Äußerung ist für mich horribel gewesen.«

14. September 1986

Bruno Kreisky erklärt in einem Referat in Dornbirn zur Abwahl Stegers als FPÖ-Bundesparteiobmann: »Haider zu beurteilen wird nicht leicht sein.« Im Zusammenhang mit den Nationalratswahlen vom 23. November 1986 kommentierte Kreisky Jörg Haiders Erfolg: »Vielen jungen Leuten hat seine Erscheinungsart einfach imponiert, dieser gewisse Jargon, diese gewisse Frechheit. Das hat ihm auch die jungen Arbeiter in der Obersteiermark zugetrieben.« Einige Tage später stellte er fest, daß Jörg Haider ein Populist sei. Aber ihm das vorzuwerfen, sei wieder sinnlos. In der Obersteiermark »war er ein Sozialrevolutionär, da hätte er mit deutschnationalen Tönen nichts aufgesteckt. Mit seinem demonstrativen Gang nach Braunau wollte Haider sicher den letzten Ehemaligen haben.«

22. April 1987
Haider kritisierte Vranitzky als Schuldenmacher ..., der sich auf dem besten Weg befinde, in die Fußstapfen seines grantigen und selbstherrlichen Vorgängers, Kreisky, zu treten.

3. November 1987
Bruno Kreisky zeigt sich zufrieden, daß es keine SPÖ-FPÖ-Zusammenarbeit im Burgenland gibt. Für ihn wäre die FPÖ Jörg Haiders – anders als für Alois Mock – kein Koalitionspartner mehr. »Der Parteiführer hat einen Richtungswechsel vorgezogen. Früher habe ich die Hoffnung gehabt, daß die FPÖ eine liberale Partei wird.«

2. Dezember 1987
In einer vorgedruckten Weihnachtskarte fügt Jörg Haider handschriftlich ein PS. an: »Würde mich freuen, wenn wir zu einem Gedankenaustausch zusammentreffen könnten.«

23. März 1988
Im Zusammenhang mit der Kritik Bundeskanzler Vranitzkys an Justizminister Foregger betonte Haider, daß Vranitzky allmählich schon dieselben Starallüren zeige wie Kreisky.

17. Oktober 1988
Bruno Kreisky erklärte in einem Profil-Interview: »Es gibt dann wirkliche Nazis, die lebensgefährlich sind, und es immer wieder sein werden. Dazu würde ich heute den Jörg Haider zählen. Ich wollte eigentlich den Namen gar nicht nennen, aber das ist ein bißchen zu gefährlich. Heute ist Dienstag, und am Sonntag sind Wahlen in Niederösterreich. Da wird der Haider seine 10% unter Umständen haben, bei den niederösterreichischen Landtagswahlen, wo es eh genug Auslauf für Antisemiten gibt.« »... und wenn der Haider mehr als 10% kriegt, wird es zwar auch keine Katastrophe sein, aber bedenklich deshalb, weil er damit in die Nähe jener Wahlziffer der Nationalsozialisten kommt, die 1932 on their own terms – da hat noch kein Hitler mitgeholfen – ca.

14% haben. Das würde rechtfertigen, daß man sagt, es hat sich also gegenüber der Zeit von damals nicht viel geändert.«

Jörg Haider klagte schließlich mit Privatklage vom 19. Oktober 1988 Kreisky wegen dem Satz »es gibt dann wirkliche Nazis, die lebensgefährlich sind, und es immer wieder sein werden, und dazu würde ich heute den Jörg Haider zählen« nach § 111 Abs. 1 und 2 Strafgesetz (Vergehen der üblen Nachrede).

6. Juli 1989

Bruno Kreisky wurde von der Wiener Presserichterin, Dr. Doris Trieb, zu einer Geldstrafe von 30 Tagessätzen von 700 Schilling (21.000 Schilling) verurteilt. Das Urteil erging in Abwesenheit Kreiskys, der sich aus Krankheitsgründen hatte entschuldigen lassen. Kreiskys Anwalt, Dr. Amhof, legte Berufung ein.

27. Dezember 1989

Doktor Wilfried Gredler, Botschafter i.R., gratuliert Kreisky zum Jahreswechsel und erwähnt unter anderem: »...die Brücke, die Sie bauten für ein Zusammengehen sozialdemokratischer Kräfte jahrelang innerhalb des eigenen Lagers dann mit dem meinen, war, wie ich Ihnen seinerzeit vor Jahren sagte, nicht tragfähig. Sie trug dazu bei, daß 1983 die Bundesparteileitung der FPÖ mit 80 zu 0, allerdings in offener Abstimmung, das Zusammengehen mit der SPÖ für richtig fand. Aus der Konstruktion aber wurde ich leider dann ausgespart, so daß der konservative (nicht nazistische Flügel, der ist klein, wiewohl es stets einige Narren, auch unter jüngeren Jahrgängen, gibt), Bereich nicht eingebunden wurde. Die Idee hätte sich durchgesetzt, wenn auch linkere Sozialdemokraten und rechte Liberale sie mitgetragen hätten. Daß es nicht dazu kam, führte dann nach dem Innsbrucker Parteitag leider zu einem brüsken Ende. Es hätte vermieden werden können. Aber das ist ja Vergangenheit. Mir tut diese Entwicklung leid.«

Kreisky antwortet in einem Telegramm am 9. 1. 1990, daß er gerne mit Gredler zusammentreffen möchte.

Jänner 1990

Basta-Interview Kreiskys: »Wir erleben gerade jetzt eine historische Erscheinung: nämlich das Debakel Haiders mit seinem Volksbegehren. Da macht einer ein Volksbegehren, das so unverbindlich ist, daß jeder dazu nicken darf, und die Wählerschaft läßt ihn links liegen … nein, der Haider ist im Grunde keine Gefahr, man muß nur aufpassen, denn es war schon einmal so, nämlich bei den Nazis. Die waren schon fast tot, ihre Rechnung hat niemand mehr bezahlt. Erst dann haben die Rechtskonservativen unter Hindenburg einen Wiederbelebungsversuch unternommen. Deshalb sage ich: wer immer eine schwarz-blaue Koalition anstrebt, macht den größten, furchtbarsten Fehler. Die Chancen für eine Fortsetzung der schwarz-roten Koalition stehen prächtig, auch wenn es nicht immer so aussieht.«

26. März 1990
Termin Gredlers bei Kreisky.

19. April 1990
Termin Gredlers und Haiders bei Kreisky nach inkriminiertem Anruf Gredlers im Büro, ob Kreisky Haider empfangen würde.

Bruno Kreisky selbst berichtet keinem seiner MitarbeiterInnen über den Inhalt dieses Treffens mit Jörg Haider, das möglicherweise im Zusammenhang mit einem von den Anwälten angestrebten Vergleich in dem Ehrenbeleidigungsprozeß Jörg Haiders steht. Tatsache ist, daß Bruno Kreisky eine Ehrenerklärung in zweiter Instanz zugunsten Jörg Haiders abgegeben hat, daß er »weder mit der inkriminierten noch mit anderen von ihm im Zuge des politischen Meinungskampfes getätigten Äußerungen zum Ausdruck bringen wollte, daß Herr Landeshauptmann Dr. Jörg Haider eine nationalsozialistische Gesinnung habe, verbreite oder eine solche toleriere« (Wien, 25. Juni 1990).

Nach dem 19. April hat Kreisky noch eine Reihe anderer öffentlicher und privater Termine wahrgenommen, so bereits am 20. April beim Staatsakt Adolf Schärf, es gab Reisen nach Bratislava und nach Meran, und im Mai kam es noch zu einem persönlichen Treffen Kreiskys mit Bundeskanzler Franz Vranitzky.

Bruno Kreisky ist am 29. Juli verstorben.

Nun noch einige Zitate Haiders zu Kreisky nach dessen Tod.

29. Juli 1990
Jörg Haider: »Bruno Kreisky hat es verstanden, traditionelle Barrieren zu durchbrechen. Insbesondere mit seiner persönlichen Ausstrahlung habe Kreisky eine Ära geprägt.« Es sei seine

persönliche Tragik gewesen, daß er am Ende seines Lebens Zeuge eines kontinuierlichen Abstiegs in der SPÖ werden mußte.

Dezember 1991
Basta-Interview Haiders. Hier erzählt Haider erstmals seine – verfälschte – Version dieses Treffens mit Kreisky:

»10 Tage vor seinem Tod hat er mich zu sich eingeladen, und in diesem Gespräch mir gegenüber seine Vision noch einmal entwickelt. Er hat zu mir gesagt: ›Sie werden's schwer haben, aber ich glaube, Sie werden dazu beitragen, daß wir in Zukunft drei, in etwa gleich starke politische Lager haben. Die Sozialdemokraten werden in dieser künftigen politischen Konstellation immer stärkste Kraft sein‹ – meinte Kreisky – ›aber ÖVP und FPÖ liegen dann Kopf an Kopf. Daneben wird es da und dort Splittergruppen geben, die zwischen 5 und 10% liegen.‹« Frage des Journalisten: »Haider als politischer Nachlaßverwalter Kreiskys?« Haider: »Es war sein persönlicher Wunsch, mich zu treffen, mit dabei war damals Botschafter Gredler, zu dem Kreisky ja ein gutes Verhältnis gehabt hat.« Frage des Journalisten: »Wie war Ihre eigene persönliche Beziehung zum ›Alten‹?« Haider: »Ich bin in der sogenannten Ära Kreisky politisch groß geworden. Er war ja für meine Generation so etwas sowie eine Vaterfigur. Obwohl wir jungen Freiheitlichen vom Rest der SPÖ schon damals abqualifiziert und ausgegrenzt wurden, hat sich Kreisky immer mit uns auseinandergesetzt, weil ihm ganz einfach unsere Meinungen interessiert haben.«

Im Gespräch mit Werner Perger im **Frühjahr 1995** bestätigt Jörg Haider das Treffen mit Kreisky, daß u. a. darüber gesprochen wurde, daß man einander nicht dämonisieren dürfe. An Details konnte er sich fünf Jahre später nicht mehr erinnern. Wilfried Gredler, inzwischen verstorben, habe bei der Begegnung der Ungleichen aber Protokoll geführt. Gredler ist inzwischen verstorben.

Interessant ist, daß hier das »korrekte« Datum von Haider gegeben wird, wohingegen er 1991 eine bewußte Fälschung vorgenommen hatte oder sich schlicht und einfach geirrt hat.

Das »Treffen am Totenbett« hat nie stattgefunden.

Anhang

Biographischer Überblick und Chronologie

- 1911, 22. Jänner
  Geburt in Wien-Margareten (5. Wiener Gemeindebezirk), Schönbrunner Straße 122.
  Die Familie: Vater Max Kreisky, 1876–1944, Generaldirektor der österreichischen Wollindustrie AG und Textil AG, Zensor der österreichischen Nationalbank, Mitglied des Zentralvereins der kaufmännischen Angestellten, in der Emigration (ab 1942) Leiter einer Textilfabrik in Schweden. Mutter Irene, geb. Felix, 1885–1969. Großvater Moritz Felix, Industrieller, stammte aus Mähren. Unter den Vorfahren waren viele Ärzte. Großvater Kreisky war Oberlehrer. Ein Großonkel, Josef Neuwirth, war von 1873–1895 Abgeordneter zum Reichsrat in der österreichisch-ungarischen Monarchie. Beide Eltern waren jüdischer Herkunft. Vater Kreisky gehörte einer Freimaurerloge an. Bruder Paul Kreisky, geboren 1909, früh erkrankt, wanderte 1938 illegal in das heutige Israel aus.
- 1916, September
  Eintritt in die Volksschule in Wien-Mariahilf (6. Wiener Gemeindebezirk)
- 1921–1929
  Mittelschulbesuch (mehrere Schulen)
- 1924, 8. November
  Teilnahme an einer Mittelschülerdemonstration vor dem Gebäude des Wiener Stadtschulrates. Anlaß: Der Selbstmord eines Schülers.
- 1925
  Beitritt zur Vereinigung der sozialistischen Mittelschüler. Diese Organisation sagte ihm jedoch nicht zu (»Diskussion um der Diskussion willen«). Daher
- 1927
  Beitritt zum »Verband der Sozialistischen Arbeiterjugend« (SAJ), Wien-Wieden; trotz des anfänglichen Widerstandes wird der Mittelschüler Kreisky Vorsitzender dieser Arbeiterjugendgruppe.
- 1929
  Matura an der Bundesrealschule Wien-Landstraße, Radetzkystraße

- 1929, Herbst
  Auf Ratschlag Otto Bauers, den Kreisky in diesem Jahr kennengelernt hat, Jus-Studium an der Universität Wien: »Die Partei braucht gute Juristen«; ursprünglich wollte Kreisky Medizin studieren.
- 1930
  Kreisky wird Vorsitzender einer niederösterreichischen Regionalorganisation (Purkersdorf, Klosterneuburg und Tulln) der Sozialistischen Arbeiterjugend.
- 1933
  Kreisky wird Vorsitzender des »Reichsbildungsausschusses« der SAJ und übernimmt damit die gesamte Verantwortung über die Bildungs- und Kulturarbeit des Verbandes.
- 1934, 12. Februar
  Kreisky und der Funktionär der Gewerkschaftsjugend Franz Olah vervielfältigen und verteilen gemeinsam den Aufruf des Parteikomitees zum Widerstand gegen den diktatorischen Austro-Faschismus.
- 1934, 18. Februar
  Nach dem Verbot der »Sozialdemokratischen Arbeiterpartei« kommt es zum Treffen der ehemaligen Funktionäre der Jugendbewegung im Wienerwald. Die illegale Jugendorganisation »Revolutionäre Sozialistische Jugend« wird unter der Führung von Bruno Kreisky und Roman Felleis, Kreiskys bestem Freund dieser Jahre, gegründet.
- 1934, 1. März
  Als Abgesandter der illegalen Partei reist Kreisky erstmals nach Brünn (Brno) zu Otto Bauer (Kreisky führt in der Folge die Decknamen Rainer, Braun, Brand und Pichler).
- 1934, Dezember
  Hauptredner auf der 2. Konferenz der illegalen sozialistischen Jugendbewegung in Mährisch-Trübau (Moravská, Třebová); ideologische Auseinandersetzung mit dem Kommunismus.
- 1934, 30. Dezember–1935, 1. Jänner
  Teilnahme an der Ersten Reichskonferenz der Revolutionären Sozialisten in Brünn.
- 1935, Ende Jänner
  Kreisky reist nach Brünn, um Otto Bauer über die große Verhaftungswelle in Österreich zu informieren.
- 1935, 30. Jänner
  Verhaftung Kreiskys in der elterlichen Wohnung in Wien;

gleichzeitig werden auch Franz Jonas, Otto Probst, Stefan Wirlandner, Anton Proksch, Theodor Grill, Josef Kratky und andere ins Gefängnis eingeliefert.

- 1936, 16. März
  Beginn der Hauptverhandlung gegen Kreisky und seine Kampfgefährten vor dem Schwurgericht im Wiener Landesgericht für Strafsachen (»Sozialistenprozeß«). Kreiskys Verteidigungsrede findet großen Widerhall in der internationalen Öffentlichkeit.
- 1936, 24. März
  Nach vier Monaten Polizeihaft und einjähriger Untersuchungshaft Urteilsverkündung: ein Jahr Kerker wegen Hochverrats.
- 1936, 3. Juni
  Kreisky wird enthaftet und von allen österreichischen Hochschulen relegiert.
- 1936–1938
  Nach seiner Enthaftung Fortsetzung der illegalen Tätigkeit. Zusammenkünfte mit Joseph Buttinger, dem Führer der »Revolutionären Sozialisten«.
- 1938
  Bewilligung zur Fortsetzung des Studiums.
- 1938, 14. März
  Nach dem Einmarsch der deutschen Truppen in Österreich erscheint die Gestapo in Kreiskys Wohnung, während er an der Wiener Universität das letzte Rigorosum ablegt.
- 1938, 15. März
  Kreisky wird in Schutzhaft genommen. Inhaftiert zuerst im Landesgericht (Lg.) II, dann im Notgefängnis Karajangasse im 20. Wiener Gemeindebezirk, später im Gefangenenhaus des Lg. I.
- 1938, 14. August
  Enthaftung mit der Auflage, das Land zu verlassen. Kreisky reicht ein Auswanderungsansuchen für Bolivien ein. Der Führer der schwedischen Jungsozialisten und spätere Außenminister Torsten Nilsson lädt Kreisky nach Schweden ein.
- 1938, 21. September
  Kreisky verläßt Österreich mit dem offiziellen Eröffnungsflug der Lufthansa Wien-Berlin. Das Flugticket hat ihm Josef Afritsch, später Innenminister der Zweiten Republik, besorgt. Nach seiner Ausreise von Berlin nach Kopenhagen will die Gestapo Kreisky verhaften.

- 1939–1945
  Kreisky arbeitet als Angestellter im Sekretariat der Stockholmer Konsumgenossenschaft, daneben als Korrespondent verschiedener ausländischer Zeitungen und Zeitschriften und als Mitarbeiter schwedischer Tages- und Wochenzeitungen.
- 1939, 30. Juli–2. August
  Kongreß der Sozialistischen Jugendinternationale in Lille, Frankreich. Kreisky, alias Pichler, verteidigt die Politik der österreichischen Sozialdemokratie und tritt gegen kommunistische Einflüsse unter dem Spanier Santiago Carrillo, dem späteren Generalsekretär der spanischen KP, auf.
- 1940
  Kreisky trifft zum ersten Mal mit Willy Brandt zusammen. Beginn einer lebenslangen Freundschaft.
- 1941
  Obmann des Klubs österreichischer Sozialisten.
- 1942, 23. April
  Heirat mit Vera Fürth; sie kommt aus einer Industriellenfamilie, ihr Vater war Besitzer einer Textil-Importfirma.
- 1942
  Kreisky setzt politisches Asylrecht für die aus der Deutschen Wehrmacht nach Schweden geflohenen Österreicher durch.
- 1943, Sommer
  Kreisky konzipiert eine Erklärung, in der die österreichischen Sozialisten in Schweden für die Wiederherstellung eines selbständigen Österreich und die Einberufung eines österreichischen Nationalkongresses in London eintreten.
- 1943, 12. November
  Die erste Nummer der »Österrikiska Informationer« (»Österreichische Informationen«) erscheint.
- 1943, 13. Dezember
  In einer Resolution begrüßen die österreichischen Sozialdemokraten die Moskauer Deklaration über ein unabhängiges Österreich.
- 1944, 28. Februar
  Eine von Kreisky verfaßte Resolution über die Einberufung eines österreichischen Nationalkongresses wird von der Stockholmer Emigranten-Gruppe, bestehend aus vier Sozialisten, zwei Kommunisten und dem Gesandten Carl Buchberger, den alliierten diplomatischen Vertretungen zur Weiterleitung überreicht.

- 1944, 8. Mai
  Geburt des Sohnes Peter.
- 1944, 8. Juni
  Ableben des Vaters Max Kreisky.
- 1945
  Ernst Lemberger kommt als Abgesandter der Sozialistischen Partei Österreichs (SPÖ) nach Schweden. Kreisky arrangiert den Besuch, unter anderem auch ein Zusammentreffen mit Ministerpräsident Per Albin Hansson.
- 1945, 23. Oktober
  Kreisky wird vom schwedischen Innen- und Sozialministerium beauftragt, für das schwedische Hilfswerk Verbindungen mit Österreich herzustellen: Es handelt sich um die Weiterleitung von Medikamenten, Trockenmilch und Lebensmitteln für Tausende österreichische Kinder und um die Beistellung von Ausrüstungsgegenständen für die Wiener Feuerwehr aus Beständen der schwedischen Marine. Die amerikanische Besatzungsmacht verweigert dem Mit-Beauftragten der Schwedenhilfe, Bruno Kreisky, die Einreise nach Österreich.
- 1946, Mai
  Die französische Besatzungsmacht gestattet die Einreise nach Österreich, Kreisky trifft nach achtjähriger Abwesenheit wieder in seiner Heimat ein.
- 1946, Juli
  Kreisky wird zum österreichischen Interessenvertreter in Schweden bestellt und erhält ein Einführungsschreiben als Beauftragter zur Vorbereitung einer österreichischen Gesandtschaft in Stockholm. Er legt seine Funktion als Obmann der Österreichischen Vereinigung in Schweden zurück.
- 1946, November
  Kreisky erhält Einführungsschreiben auch für Oslo und Kopenhagen.
- 1947, Februar
  Kreisky wird der österreichischen Gesandtschaft in Stockholm unter dem Gesandten Paul Winterstein zugeteilt.
- 1947, November
  Pragmatisierung Kreiskys als Legationssekretär erster Klasse.
- 1948, 14. April
  Geburt der Tochter Suzanne.
- Ab 1951
  Beamter in der wirtschaftspolitischen Abteilung des Bundes-

kanzleramtes, Auswärtige Angelegenheiten. Aufnahme der politischen Kleinarbeit als Subkassier der SPÖ in Wien-Hernals unter Bezirksobmann Franz Olah.

- 1951, Jänner
  Beförderung zum Legationsrat dritter Klasse.
- 1951, 22. Juni
  Bundespräsident Theodor Körner betraut Kreisky mit der Funktion des Kabinettsvizedirektors und Beraters in politischen Fragen.
- 1953, 2. April
  Kreisky wird Staatssekretär im Bundeskanzleramt, Auswärtige Angelegenheiten.
- 1954, 25. Jänner–28. Februar
  Teilnahme an der Berliner Außenministerkonferenz über den österreichischen Staatsvertrag.
- 1955, 12.–15. April
  Mitglied der österreichischen Verhandlungsdelegation in Moskau.
- 1955, 15. Mai
  Unterzeichnung des österreichischen Staatsvertrages im Wiener Schloß Belvedere.
- 1955, 9.–11. November
  Beim Parteitag der SPÖ erhält Kreisky bei der Wahl des Parteivorstandes 123 Stimmen, obwohl er nicht auf der Kandidatenliste steht.
- 1956, 13. Mai
  Bei der Wahl zum österreichischen Nationalrat wird Kreisky als Nachfolger Oskar Helmers für Niederösterreich nominiert und im Wahlkreis St. Pölten zum Abgeordneten gewählt.
- 1956, 26.–28. November
  Beim Parteitag der SPÖ wird Kreisky in einer Kampfabstimmung in den Parteivorstand gewählt, obwohl er wieder nicht auf der Kandidatenliste steht.
- 1957
  Mit Bruno Pittermann, Felix Slavik und Franz Olah gehört Kreisky zur Parteiexekutive und damit zum maßgebenden Führungsgremium der SPÖ.
- 1958
  In einer Rede vor sozialistischen Studenten stellt Kreisky erstmals eine Verbindung zwischen der Entspannung in Europa und der kritischen Lage im Nahen Osten her.

- 1959
  Kreisky wird stellvertretender Parteivorsitzender.
- 1959, 16. Juli
  Kreisky wird Außenminister im Kabinett Raab III und setzt die Errichtung des Außenamtes als eigenes Ressort durch (bis dahin waren die Agenden des späteren Bundesministeriums für Auswärtige Angelegenheiten dem Bundeskanzleramt zugeteilt). Maßgebliche Führung der Verhandlungen über die Errichtung der EFTA in Stockholm.
- 1959, 21. September
  In einer Rede vor der UNO spricht Kreisky erstmals über die Südtirolfrage.
- 1962, 1.–7. Juli
  Kreisky beruft die »Konferenz für wirtschaftliche Zusammenarbeit und Partnerschaft« (Salzburg/Wien) ein, die unter Teilnahme von Politikern aus 36 Industriestaaten und Entwicklungsländern, unter anderem des indischen Premiers Jawaharlal Nehru, die »Wiener Erklärung« beschließt, in der erstmals Kreiskys Vorstellungen über einen »Marshall-Plan für die Dritte Welt« ihren Niederschlag finden.
- 1963
  In einer Publikation des Econ-Verlags »Die Herausforderung« entwickelt Kreisky analog zum Marshall-Plan einen Plan zum Wirtschaftsaufbau der Entwicklungsländer mit Priorität für die Schaffung einer Infrastruktur durch Mithilfe der Industriestaaten.
- 1963, 27. März
  Nach dem Wahlsieg der Österreichischen Volkspartei (ÖVP) im November 1962 sollte Kreisky auf Wunsch der ÖVP aus der Regierung ausscheiden. Nach langen Regierungsverhandlungen, in der sich die SPÖ-Unterhändler, vor allem Franz Olah, für ihn einsetzten, wird Kreisky wiederum Außenminister.
- 1963, 23. September–11. Oktober
  Besuch in Washington: Treffen mit Präsident John F. Kennedy.
- 1964
  Kreisky gründet das »Wiener Institut für Entwicklungsfragen«.
- 1964, 8. März
  Besuch in Ägypten. Zusammenkunft mit Präsident Gamal Abd el Nasser.

- 1964, Dezember
Pariser Geheimkonferenz Kreiskys mit dem italienischen Außenminister Giuseppe Saragat über das Südtirol-Problem (am Rande einer OECD Konferenz: Weitgehende Einigung über ein Autonomiestatut für Südtirol).
- 1966, 6. März
Absolute Mehrheit der ÖVP bei den österreichischen Nationalratswahlen und Alleinregierung der ÖVP.
- 1966, 5. Juni
Kreisky wird Parteiobmann der SPÖ Niederösterreich.
- 1967, 1. Februar
Mit 32 von 54 Stimmen empfiehlt der neugewählte Parteivorstand der SPÖ, Kreisky zum Parteivorsitzenden zu wählen. Der Parteitag bestätigt mit 347 von 497 Stimmen die Wahl Kreiskys zum Nachfolger Bruno Pittermanns als Vorsitzenden der SPÖ.
- 1970, 21. April
Nach dem Sieg der SPÖ (relative Mehrheit) bei der österreichischen Nationalratswahl vom 1. März 1970 wird eine SPÖ-Minderheitsregierung unter Bundeskanzler Kreisky angelobt.
- 1970, 3.–4. Juli
Erster Staatsbesuch Kreiskys als Bundeskanzler in der Schweiz.
- 1970, 30. Oktober
Die Regierung Kreisky beginnt die Reform des Familienrechts mit dem Gesetz über die Rechtsstellung des unehelichen Kindes.
- 1971, 8. Juli
Die »Kleine Strafrechtsreform« bringt eine Liberalisierung unter anderem bei den Delikten der Ehestörung, der Homosexualität und der Amtsehrenbeleidigung.
- 1971, 1. September
Die Regierung Kreisky führt erstmals die Schülerfreifahrten ein.
- 1971, 10. Oktober
Mit 50,04% der Stimmen und 92 Mandaten erreicht die SPÖ die absolute Mehrheit im österreichischen Nationalrat.
- 1971, 4. November
Angelobung des Kabinetts Kreisky II.
- 1971, 2. Dezember
Gesetz über die Heiratsbeihilfen zur Hausstandsgründung für Erstverheiratete.

- 1972, 22. Februar–2. März
  Goodwill-Tour Kreiskys in die Hauptstädte der EG-Länder und nach London.
- 1972, April
  Die Kärntner Slowenen fordern die volle Erfüllung des Staatsvertrages: Zweisprachigkeit der Ortstafeln in Bezirken mit gemischter (slowenisch-deutschsprachiger) Bevölkerung; in den folgenden Monaten Eskalation des »Ortstafelkonfliktes«.
- 1972, 4. Mai
  Rede Kreiskys beim 50jährigen Bestandsjubiläum der Paneuropäischen Union in Wien; Begegnung mit Otto Habsburg.
- 1972, 22. Juli
  Unterzeichnung des bilateralen Freihandelsabkommens mit der EWG in Brüssel, für das sich Kreisky seit Jahren gegen manche Widerstände eingesetzt hat.
- 1972, 1. September
  Einführung der Gratis-Schulbücher.
- 1973, 15. Februar
  Das Gesetz über die »Stahlfusion« soll zur Strukturverbesserung der Verstaatlichten Industrie Österreichs beitragen.
- 1973, 10. Juli
  In einer Rede über die wirtschaftliche Lage vor dem österreichischen Nationalrat warnt Kreisky vor Prosperitätseuphorie. Für die Regierung müsse die Maxime »Bereit sein ist alles« gelten.
- 1973, 28.–29. September
  Die Geiselaffäre von Marchegg und Schwechat (beides Niederösterreich) wird unblutig beendet. Palästinensische Aktivisten hatten jüdische Auswanderer aus der Sowjetunion in ihre Gewalt gebracht.
- 1973, 29. November
  Mit der neuen Gewerbeordnung führt die Regierung Kreisky längst fällige liberale Reformen durch.
- 1973, 14. Dezember
  Gesetz über die Einführung des »Mutter-Kind-Passes« und damit in Verbindung eine Geburtenbeihilfe in Höhe von 16.000 Schilling.
- 1974, 6. Februar
  Das Schulunterrichtsgesetz demokratisiert das Schulwesen durch Einführung von Berufungsmöglichkeiten gegen schu-

lische Entscheidungen und Konstituierung eines partnerschaftlichen Verhältnisses zwischen Lehrern, Eltern und Schülern.

- 1974, 12.–15. Februar
  Ein Parteitag der SPÖ hebt die innerparteiliche Altersklausel auf, derzufolge politische Mandatare nach Vollendung des 66. Lebensjahres auf eine weitere Tätigkeit verzichten sollten.
- 1974, 9.–16. März
  Kreisky leitet die erste »Fact Finding Mission« der Sozialistischen Internationale in den Nahen Osten (Ägypten, Syrien, Israel) mit der Aufgabe, die Vorbedingungen einer friedlichen Beilegung des arabisch-israelischen Konflikts zu untersuchen. Weitere diesbezügliche »Fact Finding Missions« leitet Kreisky im Februar 1975 (Marokko, Algerien, Tunesien und Libyen) und im März 1976 (Kuwait, Irak, Jordanien, Saudi-Arabien, Vereinigte Arabische Emirate und Syrien).
- 1974, 28.5.–1.6.
  Besuch in der UdSSR.
- 1974, 23. Juni
  Der auf Vorschlag Kreiskys aufgestellte parteilose Kandidat der SPÖ, Dr. Rudolf Kirchschläger, wird zum Bundespräsidenten gewählt.
- 1974, Herbst
  In einem Gespräch mit dem deutschen Bundeskanzler Helmut Schmidt am 21. Oktober 1974 in Bonn betont Kreisky die Priorität der Vollbeschäftigung im Kampf gegen die Krise der Weltwirtschaft – denn um eine solche und nicht um eine »minor recession« handle es sich. Mit dem Budget 1974 beginnt eine Politik des »deficit spending«, die das Keynessche Rezept der Stimulierung der heimischen Konjunktur mit geld- und fiskalpolitischen Mitteln anwendet und durch arbeitsmarktpolitische Maßnahmen ergänzt: Von 1975–1977 werden insgesamt Aufträge im Wert von 160 Milliarden Schilling an die Wirtschaft vergeben. Entgegen der Meinung vieler Nationalökonomen, die das Gegenteil vorausgesagt haben, werden so Vollbeschäftigung, Wachstum und Preisstabilität erhalten.
- 1974, 12. November
  Besuch bei US-Präsident Gerald Ford im Weißen Haus.
- 1974, 28. November
  Gesetz über die 40-Stunden-Woche für unselbständig Beschäftigte.

- 1974, 29. November
  Abschluß der »Großen Strafrechtsreform«; das neue Strafgesetzbuch tritt am 1. Jänner 1975 in Kraft.
- 1975, 11. April
  Das Universitätsorganisationsgesetz (UOG) führt zu einer Reform der Hochschulverwaltung unter anderem durch Demokratisierung auf allen Ebenen und erweitert die Mitbestimmung der Assistenten und Studenten (Drittelparität).
- 1975, 14. April
  Das »International Rescue Committee« (freiwillige US-Hilfsorganisation für Flüchtlinge) verleiht Kreisky in New York den »Freedom Award« für bedeutende persönliche Leistungen in der Flüchtlingshilfe.
- 1975, 1. Juli
  »Gesetz über die persönlichen Rechtswirkungen der Ehe«: Mit diesem Kernstück der Familienrechtsreform wird die Gleichberechtigung von Mann und Frau in der Ehe verankert.
- 1975, 5. Oktober
  Die Wahl zum österreichischen Nationalrat unter der Devise »Kreisky – wer sonst?« bringt der SPÖ abermals eine verbesserte absolute Mehrheit.
- 1975, 28. Oktober
  Angelobung des Kabinetts Kreisky III.
- 1975, 21.–22. Dezember
  Terroristenüberfall auf die OPEC-Konferenz in Wien. Kreisky führt die Verhandlungen. Alle als Geiseln genommenen Erdölminister erlangen schließlich in Algerien ihre Freiheit wieder. (Bei dem Überfall fanden ein österreichischer Polizeibeamter und ein libyscher Angestellter der OPEC den Tod, ein Terrorist wurde schwer verletzt).
- 1975, 29. Dezember
  Staatsbesuch Kreiskys in Jugoslawien. Gespräch mit Staatspräsident Josip Broz Tito und dessen Stellvertreter Edvard Kardelj über die seit dem »Ortstafelkonflikt« 1972 belasteten Beziehungen.
- 1976, 20. Mai
  Unterhaltsvorschußgesetz: Der Staat springt als »Ersatz-Kindesvater« ein, wenn der Unterhaltspflichtige seinen Zahlungen nicht nachkommt.
- 1976, 7. Juli
  Volksgruppengesetz (zur Regelung der Rechte der ethnischen

Gruppen in Österreich). Gesetz über 4 Wochen Mindesturlaub für unselbständig Beschäftigte.

- 1976, 26.–28. November
  13. Kongreß der Sozialistischen Internationale in Genf: Willy Brandt wird zum Präsidenten der SI gewählt, Kreisky zu einem der Vizepräsidenten.
- 1976, 13. Dezember
  32. Novelle zum Allgemeinen Sozialversicherungsgesetz (ASVG): Ausdehnung der Sozialversicherung auf fast alle Gruppen der österreichischen Bevölkerung.
- 1977, 13.–18. März
  Besuch Kreiskys in den USA anläßlich der 200-Jahrfeier der Vereinigten Staaten; Überreichung des Jubiläumsgeschenkes des österreichischen Volkes zur Errichtung von Zentren für Österreich-Studien an der Universität in Stanford und an der Staatsuniversität von Minnesota in Minneapolis. Treffen mit Vizepräsident Walter Mondale, Außenminister Cyrus Vance und Sicherheitsberater Zbigniew Brzezinski.
- 1977, 11. Mai
  Wahl der Mitglieder der Volksanwaltschaft.
- 1977, 30. Juni
  Neuordnung des Kindschaftsrechtes.
- 1978, 6.–8. Februar
  Besuch in der UdSSR, Wirtschaftsgespräche mit Staats- und Parteichef Leonid Breschnew und Ministerpräsident Alexej N. Kossygin.
- 1978, 7. März
  Kreisky fordert erneut einen »Marshall-Plan« für die Länder der Dritten Welt.
- 1978, 30. März–1. April
  Besuch in der DDR, Treffen mit Ministerpräsident Willi Stoph und SED-Generalsekretär Erich Honecker.
- 1978, 17.–20. Mai
  Auf dem SPÖ-Parteitag wird ein neues Programm beschlossen; Kreisky wird mit 454 von 457 Stimmen neuerlich zum Parteiobmann gewählt.
- 1978, 3.–5. Juli
  Besuch in Großbritannien, Treffen mit Premierminister James Callaghan. Im Royal Institute of International Affairs spricht Kreisky zum Thema »Gedanken über die Weiterführung der Entspannung«.

- 1978, 8. Juli
  Wiener Treffen zwischen Kreisky, SPD-Vorsitzenden Willy Brandt, dem ägyptischen Staatspräsidenten Anwar al Sadat und dem israelischen Oppositionsführer Shimon Peres. Kreisky und Brandt präsentieren die Vorschläge der SI-»Fact Finding Mission« zur friedlichen Beilegung des Nahost-Konflikts.
- 1978, 22.–25. September
  Besuch in Ungarn, Treffen mit ZK-Sekretär János Kádár, Ministerpräsident György Lázár und Staatspräsident Pál Losonczi.
- 1978, 5. November
  Mehrheit bei einer Volksabstimmung gegen die Inbetriebnahme des Kernkraftwerkes Zwentendorf (Niederösterreich) trotz Kreiskys Einsatz für eine friedliche Nutzung der Atomenergie.
- 1978, 30. November
  Sozialversicherung für freie Berufe wird Gesetz.
- 1978, 15. Dezember
  Verbot der Nutzung der Kernkraft zur Energieversorgung durch ein »Atomsperrgesetz«.
- 1979, 23. Februar
  Gesetz über die Arbeiterabfertigung.
- 1979, 8. März
  Konsumentenschutzgesetz.
- 1979, 6. Mai
  Mit 51,3% der Stimmen erringt die SPÖ zum dritten Mal die absolute Mehrheit im österreichischen Nationalrat.
- 1979, 5. Juni
  Angelobung des Kabinetts Kreisky IV.
- 1979, 7.–8. Juli
  Treffen Kreiskys mit PLO-Chef Jassir Arafat und Willy Brandt in Wien.
- 1979, 23. August
  Kreisky übergibt das Internationale Zentrum Wien den künftigen Benützern.
- 1979, 23.–30. Oktober
  Besuch Kreiskys in den Vereinigten Staaten von Amerika, Treffen mit Präsident Jimmy Carter; in einer Rede vor der UNO-Generalversammlung tritt Kreisky für direkte explorative Verhandlungen zwischen der PLO und Israel ein.
- 1979, 25.–26. November
  Arbeitsbesuch in Polen, Abschluß eines Vertrages über Kohlelieferungen.

- 1980, 23. Jänner–4. Februar
Reise nach Singapur, den Philippinen, Indien (Treffen mit Indira Gandhi) und Saudi-Arabien.
- 1980, 31. Jänner
In einer Rede in New Delhi vor der dritten Generalversammlung der UNIDO plädiert Kreisky neuerlich für einen »Marshall-Plan« für die Dritte Welt.
- 1980, 8.–10. April
Besuch in Jugoslawien, Treffen mit Premierminister Veselin Djuranovic und Vizepräsident Lazar Koliševski.
- 1980, 6./7. Mai
Besuch in der Bundesrepublik Deutschland, Treffen mit Bundeskanzler Helmut Schmidt und Vertretern der Sozialistischen Internationale; Gespräch mit dem mexikanischen Staatspräsidenten José López Portillo über einen geplanten Nord-Süd-Gipfel in Mexiko.
- 1980, 15./16. Mai
Feiern zum 25. Jahrestag der Unterzeichnung des österreichischen Staatsvertrages; die Außenminister der vier Signatarmächte treffen in Wien zusammen.
- 1980, 25./26. Mai
Erkundungsmission der Sozialistischen Internationale mit Olof Palme und Felipe González unter Führung Kreiskys nach Teheran. Treffen mit Staatspräsident Abdol-Hassan Bani-Sadr, Außenminister Sadegh Ghotbzadeh und dem Führer der Islamisch-Republikanischen Partei, Ayatollah Beheshti.
- 1980, 27./28. Mai
Besuch in Griechenland, Treffen mit Staatspräsident Konstantinos Karamanlis, Ministerpräsident Georgios Rallis und Oppositionsführer Andreas Papandreou.
- 1980, 11.–13. Juni
Teilnahme an einer Konferenz der Sozialistischen Internationale in Oslo (in Anwesenheit des iranischen Außenministers Sadegh Ghotbzadeh).
- 1980, 12. Juni
Festrede beim 20jährigen Bestandsjubiläum der EFTA in Stockholm.
- 1980, 17. Juni
Vortrag in Brüssel über die Erfolge der österreichischen Wirtschaftspolitik; Konsultationen mit EG-Vizepräsident Wilhelm Haferkamp über Agrarprobleme.

- 1980, 3. September
  Auf einer Versammlung in Linz (Oberösterreich) verkündet Kreisky angesichts des Korruptionsskandals um das neue Allgemeine Krankenhaus (AKH) in Wien die »Zehn Punkte« zur Sauberkeit und Kontrolle im öffentlichen Leben und zur rigorosen Trennung von Politik und Geschäft.
- 1980, 9. September
  Der Parteivorstand der SPÖ billigt einhellig diese Vorschläge.
- 1980, 17./18. September
  Vortrag Kreiskys vor 30 prominenten Persönlichkeiten in Steyning (Sussex, Großbritannien) über die Probleme des Nahen Ostens; Treffen mit Ministerpräsidentin Margaret Thatcher und Außenminister Lord Carrington.
- 1980, 2.–5. Oktober
  Besuch Kreiskys in Jordanien. Gespräche mit König Hussein.
- 1980, 7. November
  Eine Konferenz der Außenminister aus elf Staaten in Wien unter Vorsitz Kreiskys bereitet das von ihm und dem mexikanischen Präsidenten López Portillo proponierte Nord-Süd-Gipfeltreffen vor.
- 1980, 10.–13. November
  Der Staatsratsvorsitzende der DDR, Erich Honecker, stattet Österreich als erstem westlichen Staat einen Besuch ab.
- 1980, 13. November
  Rede Kreiskys vor dem Kongreß der Sozialistischen Internationale in Madrid.
- 1981, 5.–7. Jänner
  Besuch des kanadischen Premierministers Pierre Elliott Trudeau.
- 1981, 6. Jänner
  Kreisky wird, zugleich mit Konstantinos Karamanlis, von einem Gremium aus Politikern, Künstlern und Wissenschaftlern in Paris zum »Politiker des Jahres 1980« gewählt.
- 1981, 20. Jänner
  Revirement in der Bundesregierung: Ausscheiden von Finanzminister und Vizekanzler Hannes Androsch; Gesundheitsminister Herbert Salcher wird Finanzminister, Unterrichtsminister Fred Sinowatz wird Vizekanzler; Kurt Steyrer als Gesundheitsminister und Hans Seidel als Staatssekretär im Finanzministerium treten neu in die Bundesregierung ein.

- 1981, 22. Jänner
Anläßlich einer Feier zu seinem 70. Geburtstag werden Kreisky im Haus der SPÖ Wieden in Wien zwei Bände mit seinen gesammelten Reden überreicht.
- 1981, 6. Februar
Kreisky spricht vor dem European Management-Forum in Davos, Schweiz.
- 1981, 14.–17. Februar
Staatsbesuch Kreiskys in Ägypten.
- 1981, 31. März
Wirtschaftskonferenz der Bundesregierung.
- 1981, 2.–4. April
Staatsbesuch von Veselin Djuranovic, Vorsitzender des Bundesexekutivrates der Sozialistischen Föderativen Republik Jugoslawien, in Österreich.
- 1981, 6.–10. April
Staatsbesuch von Nikolaj A. Tichonow, Vorsitzender des Ministerrates der UdSSR, in Österreich.
- 1981, 29. April
Kreisky spricht bei der Konferenz der Sozialistischen Internationale in Amsterdam, Niederlande.
- 1981, 5.–7. Mai
Offizieller Besuch Kreiskys in Saudi-Arabien.
- 1981, 12.–15. Mai
Offizieller Besuch Kreiskys in Bulgarien.
- 1981, 15. Mai
Die SPÖ präsentiert ihr Wirtschaftsprogramm.
- 1981, 22.–24. Mai
SPÖ-Parteitag in Graz, Steiermark, unter dem Motto »Österreich muß vorne bleiben« – Kreisky wird mit 98% der Stimmen in den Parteivorstand wiedergewählt.
- 1981, 24.–25. Mai
Arbeitsbesuch des ČSSR-Ministerpräsidenten Lubomir Štrougal in Wien.
- 1981, 9.–12. Juni
Staatsbesuch des rumänischen Präsidenten Nicolae Ceaušescu in Österreich.
- 1981, 12. Juni
Der Nationalrat beschließt das neue Mediengesetz, über welches jahrelang verhandelt worden ist.

- 1981, 20.–21. Juli
  Kreisky in West-Berlin: Gedenkrede für die Opfer des 20. Juli 1944 in Plötzensee.
- 1981, 1.–4. August
  Lee Kuan Yew, Ministerpräsident von Singapur, in Wien.
- 1981, 28. August
  Kreisky spricht beim Weltjugendtreffen in Sevilla, Spanien, über den Nord-Süd-Dialog.
- 1981, 17. September
  In einer aufsehenerregenden Rede in Linz, Oberösterreich, mahnt Kreisky die polnischen Arbeiter, ihre Lieferverpflichtungen (Kohle) an Österreich zu erfüllen.
- 1981, 17.–18. September
  Maltesischer Ministerpräsident Dom Mintoff in Wien.
- 1981, 22. September
  Bundeskanzler der Bundesrepublik Deutschland, Helmut Schmidt, in Wien: Zusage, den Rhein-Main-Donaukanal weiterzubauen.
- 1981, 16. Oktober
  Kreisky sagt aus gesundheitlichen Gründen seine Teilnahme am Nord-Süd-Gipfel in Cancún, Mexiko, ab, den er gemeinsam mit López Portillo vorbereitet hat und dessen Co-Vorsitzender er sein sollte.
- 1981, 21. Oktober
  Kreisky wird Ehrendoktor der Universität Göteborg, Schweden.
- 1981, 22. Oktober
  Beim Nord-Süd-Gipfel in Cancún wird ein Statement Kreiskys verlesen, das die Idee eines neuen »Marshall-Plans« zwischen Industriestaaten und Entwicklungsländern darlegt.
- 1981, 11. November
  Auf Vorschlag Kreiskys verabschiedet der Ministerrat einen Gesetzesentwurf über eine Finanzhilfe für die verstaatlichte Eisen- und Stahlindustrie in Höhe von 4 Milliarden Schilling.
- 1981, 18.–20. November
  Staatsbesuch Kreiskys in Ungarn.
- 1981, 24. November
  Rede Kreiskys bei der OPEC-Tagung in Wien: »Das Schuldbewußtsein der europäischen Länder gegenüber Israel und die wirtschaftliche Realität«.

- 1981, 5.–9. Dezember
  Offizieller Besuch Kreiskys in den Staaten Kuwait und Bahrain, in den Vereinigten Arabischen Emiraten und im Staat Katar. Im Rahmen dieser Besuchsreise trifft Kreisky am 9. Dezember in Abu Dhabi mit Jassir Arafat zusammen.
- 1981, 18. Dezember
  Auf einer Pressekonferenz bezeichnet Kreisky die Ereignisse in Polen als »die gefährlichste Lage seit dem Zweiten Weltkrieg«.
- 1981, 22. Dezember
  Gründung eines »Österreichischen Nationalkomitees für Polenhilfe«.
- 1982, Jänner
  Die Regierung Kreisky beschließt ein Wirtschaftsprogramm, das eine Investitionssumme von 5 bis 6,5 Milliarden Schilling vorsieht und 8.500 bis 11.000 neue Arbeitsplätze schaffen soll.
- 1982, 3. Jänner
  Kreisky läßt durchblicken, daß er eventuell doch an eine Wiederkandidatur für die Nationalratswahlen 1983 denkt. In einem Zeitungsinterview (»Süddeutsche Zeitung«) erklärt er, die objektiven Faktoren in der Politik seien heute so, daß man sich als Mann mit relativ langer politischer Erfahrung »nicht einfach trollen könne«.
- 1982, 14. Jänner
  Kreisky spricht vor 7.000 Vertrauensleuten der SPÖ in der Wiener Stadthalle über die Rolle der Kirche und der Gewerkschaften in Polen.
- 1982, 8. Februar
  Ägyptens Staatspräsident Hosni Mubarak trifft zu einem Kurzbesuch in Österreich ein.
- 1982, 10.–13. März
  Oberst Muhammar al Gaddafi, der Staatschef Libyens, besucht Österreich als erstes westliches Land.
- 1982, 6. April
  Spaniens König Juan Carlos I. besucht Kreisky in seinem Urlaubsdomizil auf Mallorca.
- 1982, 20. April
  Kreisky spricht bei der Eröffnung der Hannover Messe.
- 1982, 21. April
  Vor dem Parteitag der SPD in München, Bundesrepublik

Deutschland, erörtert Kreisky die Lage in Polen und spricht über die Aufgabe der europäischen Sozialdemokratie.

- 1982, 25.–27. April
  Der Premierminister von Thailand, General Prem Tinsulanonda, besucht Österreich.
- 1982, 5. Mai
  Ärztekonsilium gibt »grünes Licht« für eine neuerliche Kandidatur Kreiskys für die Nationalratswahlen 1983.
- 1982, 21. Mai
  Kreisky entscheidet sich endgültig für eine neuerliche Kandidatur bei den Nationalratswahlen 1983 unter der Bedingung, daß auch Anton Benya, 1. Nationalratspräsident und Präsident des ÖGB (Österreichischer Gewerkschaftsbund), im Amt bleibt und daß er selbst bei der Zusammenstellung der künftigen Bundesregierung freie Hand erhält.
- 1982, 3.–4. Juni
  Todor Schiwkov, Vorsitzender des Staatsrates der Volksrepublik Bulgarien, auf Österreichbesuch.
- 1982, 13. Juni
  Kreisky nimmt in Malmö, Schweden, den Friedenspreis der Zeitung »Arbetet«, der größten sozialdemokratischen Zeitung Schwedens, entgegen und appelliert in einer Rede an die Jugend Israels, für den Frieden einzutreten.
- 1982, 16.–17. Juni
  Frankreichs Staatspräsident François Mitterrand stattet Österreich einen offiziellen Besuch ab.
- 1982, 24.–25. Juni
  Offizieller Österreichbesuch des Präsidenten der EG (Europäische Gemeinschaft)-Kommission, Gaston Thorn.
- 1982, 22. Juli
  Kreisky stellt den »Polenplan« vor, der von der ECE (UN-Wirtschaftskommission für Europa) ausgearbeitet werden soll und die Sanierung der Wirtschaft sowie die politische Befriedung Polens anstrebt.
- 1982, 3.–12. August
  UN-Generalsekretär Javier Pérez de Cuéllar hält sich aus Anlaß der UN-Weltkonferenz über das Altern und der UNISPACE '82 in Österreich auf.
- 1982, 10. August
  Beim letzten Pressefoyer des Ministerrates vor der Sommerpause erklärt Kreisky seine Präferenz für den 15. Mai 1983,

den Jahrestag des österreichischen Staatsvertrages, als Termin für die nächsten Nationalratswahlen.

- 1982, 12. August
  Bei einem Mittagessen zu Ehren Javier Pérez de Cuéllars würdigt Kreisky die Bedeutung der Vereinten Nationen, nicht zuletzt für die Aktualisierung des Nord-Süd-Problems.
- 1982, 16. September
  Regierungsklausur beschließt zweites Beschäftigungsprogramm.
- 1982, 21.–23. September
  Finnlands Ministerpräsident Kalevi Sorsa zu Gesprächen mit Kreisky in Wien.
- 1982, 28.–30. September
  Besuch des Vorsitzenden des Ministerrates der Ungarischen Volksrepublik, György Lázár, in Wien: Beratung über Wirtschaftsfragen.
- 1982, 6. Oktober
  US-Präsident Ronald Reagan würdigt in einem persönlichen Schreiben Kreiskys Nahost-Politik und gibt der Hoffnung »auf weitere gemeinsame Bemühungen« Ausdruck.
- 1982, 9.–12. Oktober
  Kreisky besucht Tunesien; Ministerpräsident Mohammed Mzali würdigt Kreiskys Politik für die Palästinenser.
- 1982, 27.–29. Oktober
  Auf dem Parteitag der SPÖ in der Wiener Stadthalle bezeichnet Kreisky die Entwicklung im Österreich der siebziger Jahre als »wahrhafte Revolution ohne Tränen«.
- 1982, 29. Oktober
  Mit 484 von 489 Stimmen wird Kreisky neuerlich zum Parteivorsitzenden der SPÖ gewählt, ein Amt, das er seit 15 Jahren bekleidet.
- 1982, 12. November
  Round-Table-Gespräch über Friedenssicherung in Wien unter Vorsitz Kreiskys und unter Teilnahme von internationalen Politikern und Wissenschaftlern.
- 1982, 17.–19. November
  ČSSR-Staatspräsident Gustáv Husák auf Staatsbesuch in Wien (dies ist zugleich der erste Staatsbesuch eines tschechoslowakischen Staatschefs in Österreich seit dem Jahr 1920).
- 1982, 18. November
  Die vom verstorbenen Staats- und Parteichef der Sowjetunion

Leonid Breschnew ausgesprochene Einladung Kreiskys in die UdSSR wird offiziell bekanntgegeben.

- 1982, 14. Dezember
  Der Kandidat des Politbüros und Sekretär des ZK der KPdSU, Boris Ponomarjow, besucht Kreisky in Wien.
- 1982, 16. Dezember
  Ägyptens Staatspräsident Hosni Mubarak erörtert bei einer Kurzvisite in Wien mit Kreisky den Friedensplan Präsident Reagans und den Plan der Konferenz der Liga der arabischen Staaten von Fez.
- 1982, 28. Dezember
  Auf Vermittlung Kreiskys verhandeln Vertreter Israels und der PLO in Wien über den Austausch von Gefangenen.
- 1982, 29. Dezember
  Treffen Kreiskys mit Jassir Arafat auf Mallorca.
- 1983, 2. Jänner
  Spaniens Ministerpräsident Felipe González besucht Kreisky auf Mallorca.
- 1983, 22.–24. Jänner
  Treffen von sechs sozialistischen Regierungschefs in Paris; Erörterung der Möglichkeiten sozialistischer Reformen und des Nord-Süd-Dialogs. Außer Kreisky nehmen teil: Olof Palme (Schweden), Kalevi Sorsa (Finnland), Andreas Papandreou (Griechenland), Felipe González (Spanien) und Habib Thiam (Senegal). Mit dem französischen Staatspräsidenten François Mitterrand werden Wirtschaftsprobleme und Fragen der europäischen Sicherheit diskutiert.
- 1983, 1.–9. Februar
  Kreisky besucht zum fünften Mal innerhalb von zehn Jahren die USA: Dank an Präsident Ronald Reagan für die seit mehr als drei Jahrzehnte währende Unterstützung Österreichs durch die Vereinigten Staaten.
- 1983, 3. März
  Auf einer Pressekonferenz in Wien gibt Kreisky die Finanzierung des Konferenzzentrums im Internationalen Zentrum Wien (»UNO-City«) durch arabische Aktionäre bekannt.
- 1983, 10. März
  Eröffnung des neuen BMW-Motorenwerks in Steyr.
- 1983, 19. März
  Bei einer Wahlkampfveranstaltung in Graz erklärt Kreisky, daß er sich eine SPÖ-Minderheitsregierung unter seiner

Kanzlerschaft durchaus vorstellen könne, falls die Partei die absolute Mehrheit knapp verfehle.

- 1983, 4. April
  In einem Interview mit »Der Spiegel« führt Kreisky die Niederlage der SPD bei den Bundestagswahlen auf die »grüne Wellenreiterei« und die Tatsache zurück, daß »zu viele in der ersten Reihe gestanden sind«.
- 1983, 11. April
  Nach der Ermordung des gemäßigten palästinensischen Politikers und Freundes von Kreisky, Issam Sartawi, am 10. April in Lissabon werden die Sicherheitsvorkehrungen für den österreichischen Bundeskanzler verstärkt.
- 1983, 20. April
  Ein medizinisches Gutachten bestätigt, daß sich Kreiskys Gesundheitszustand »seit Sommer 1982 signifikant gebessert« hat und er in der Lage ist, sein aktives Berufsleben »ohne Einschränkungen« fortzusetzen.
- 1983, 24. April
  Bei den Nationalratswahlen verliert die SPÖ 5 Sitze und damit die absolute Mehrheit. Kreisky verzichtet auf die Regierungsbildung und schlägt als Nachfolger Fred Sinowatz vor. Im Herbst legt er den Vorsitz der SPÖ zurück.
- 1983, 31. August–5. September
  Besuch in Stockholm (Schweden). Kreisky trifft mit Olof Palme und dem schwedischen Außenminister zusammen. Er spricht bei der SIPRI (Stockholm International Peace Research Institute)-Konferenz.
- 1983, 28. Oktober
  Ernennung zum Ehrenvorsitzenden der SPÖ.
- 1983, 7. November
  Kreisky hält die »13th Mc Dougall Memorial Lecture« der FAO in Rom.
- 1983, 18.–21. November
  Besuch in Berlin und Vortrag am Aspen-Institute.
- 1983, 21. November
  Kreisky erhält den Nehru-Preis für Internationale Völkerverständigung, den er am 11. Jänner 1985 in Neu Delhi persönlich entgegennimmt.
- 1983, 25.–26. November
  Teilnahme am »Kolloquium der Europa-Union Schweiz: Was heißt neutral sein« in Bern.

- 1983, 28.–30. November
  Kreisky besucht Norwegen und spricht vor der »Oslo Labour Association«.
- 1983, 18. Dezember
  Treffen mit Willy Brandt in Bonn.
- 1983, 27.–28. Dezember
  Besuch bei Gaddafi in Libyen.
- 1984, 21. Jänner
  Teilnahme an der »Solidaritätskonferenz der IG-Metall zur 35-Stunden-Woche« in Frankfurt/Main.
- 1984, 27.–31. Jänner
  Auf Einladung der Universität Oslo eröffnet Kreisky die »Humaniora-Woche« mit einer Rede zum Thema »Betrachtungen für eine Politik für den Frieden«.
- 1984, 13.–15. Februar
  Zusammentreffen mit Präsident Mitterrand und Außenminister Dumas in Paris.
- 1984, 8.–9. März
  Besuch in Genf. Am Institut Universitaire des Hautes Etudes Internationales hält Kreisky den Vortrag »In search of peace – the experience of a statesman«.
- 1984, 20. März
  Rede vor der Sozialistischen Fraktion des Europäischen Parlaments in Brüssel.
- 1984, 30. März–2. April
  Teilnahme an der Solidaritätskonferenz für Palästina in Kairo.
- 1984, 7. April
  In Madrid trifft Kreisky mit Felipe González, Olof Palme und Willy Brandt zusammen.
- 1984, 11. April
  In Genf nimmt Kreisky an einem »Round Table über Flüchtlingsfragen« teil.
- 1984, 24. April
  Nierentransplantation an der Medizinischen Hochschule in Hannover.
- 1984, 24.–29. Juni
  Kreisky hält das Eröffnungsreferat der »3. Internationalen Ombudsmann-Konferenz« in Stockholm. Er trifft mit dem schwedischen König zusammen.
- 1984, 9. Juli
  Anläßlich des Symposions »Europäisch-Amerikanische Be-

ziehungen« spricht Kreisky an der Universität Innsbruck zum Thema »America and Europe – Conditions for a Democratic Partnership«.

- 1984, 13. Juli
  Beim Friedensfest des schwedischen Arbeiterbildungsverbandes in Sunne verurteilt Kreisky die Militärdoktrin der USA über die Begrenzbarkeit eines Nuklearkrieges.
- 1984, 20. August
  Zusammentreffen mit dem spanischen König in seinem Feriendomizil auf Mallorca.
- 1984, 30. August
  Zusammentreffen mit Ministerpräsident Felipe González auf Mallorca.
- 1984, 3. September
  Bei der Eröffnungssitzung des Kongresses der »Europäischen Gesellschaft für Entwicklungsforschung (EADI)« in Madrid fordert Kreisky neue Wege in der Schuldenpolitik gegenüber den Ländern der Dritten Welt.
- 1984, 12. September
  Im Rahmen der »20. Internationalen Tagung der Historiker der Arbeiterbewegung« (Linz) plädiert Kreisky erneut für einen »Marshall-Plan für die Dritte Welt«.
- 1984, 1. Oktober
  Teilnahme an der COOP-Konferenz in Saltsjöbaden (Schweden).
- 1984, 3.–5. Oktober
  Zusammentreffen mit Präsident Assad und Vertretern palästinensischer Organisationen in Damaskus (Syrien).
- 1984, 13.–19. Oktober
  Kreisky nimmt am »5. Internationalen Mainichi Symposion: The East-West Confrontation. Is it possible to create a new détente?« in Osaka (Japan) teil.
- 1984, 19.–22. Oktober
  Zusammentreffen mit Lee Kuan Yew, dem Ministerpräsidenten von Singapur. Vortrag vor der »Singapore Junior Chamber of Commerce«.
- 1984, 22. Oktober
  In Bangkok (Thailand) trifft Kreisky mit General Kriangsak Chamanand, dem ehemaligen thailändischen Ministerpräsidenten, zusammen.

- 1984, 28.–30. Oktober
  Teilnahme am »International Press Seminar« in Paris. Treffen mit Premierminister Fabius und Außenminister Dumas.
- 1984, 10. November
  Kreisky spricht auf einer Gedenkveranstaltung in Dachau. Er betont die Notwendigkeit einer genauen Analyse der Ursachen »der wahrscheinlich größten Schande in der Geschichte der modernen Zeit«.
- 1984, 13. November
  Referat vor der Schweizer Sozialdemokratischen Partei in Zürich.
- 1984, 19. November
  Im Rahmen der Indira-Gandhi-Gedenkfeier in Wien würdigt Kreisky Indira Gandhis Bemühungen um politische Entspannung.
- 1984, 8. Dezember
  Teilnahme an einer Veranstaltung des »Arbetarrörelsens Fredsforum« (Friedensbewegung der schwedischen Arbeiterbewegung) in Stockholm.
- 1984, 10. Dezember
  Treffen mit Willy Brandt und Hans-Jürgen Wischnewski, dem Schatzmeister der SPD, in Bonn.
- 1984, 17. Dezember
  Treffen mit Außenminister Dumas in Paris.
- 1984, 18.–20. Dezember
  Auf Mallorca trifft Kreisky Gaddafi und González.
- 1985, 13. Jänner
  Rede vor dem »Indian Council for Cultural Relations«, dem »India International Centre«, der »Jawaharlal Nehru University« und dem »Indian Council for World Affairs« in Neu Delhi (Indien).
- 1985, 13.–28. Februar
  Besuch in den USA. Kreisky hält an mehreren amerikanischen Universitäten Vorträge (University of Minnesota, University of Chicago, Cleveland/Ohio und Pittsburgh). Vor dem »World Affairs Council« spricht er über »Global Détente – European Problems«.
- 1985, 10.–16. März
  Kreisky besucht Abu Dhabi. Vor dem »Diplomatic Seminar 1985« spricht er zum Thema »Logical Foundations for Settlement of the Middle East Conflict«.

- 1985, 30. April–3. Mai
  Besuch in Helsingborg und Stockholm (Schweden).
- 1985, 16.–18. April
  Teilnahme an der Tagung der Sozialistischen Internationale in Brüssel.
- 1985, 19.–20. April
  Bei einer Tagung des »Comité Européen pour la Défense des Réfugiés et Immigrés« in Marseille spricht Kreisky gegen die Xenophobie, die Fremdenfeindlichkeit.
- 1985, 20.–26. April
  Teilnahme an den Symposien »Israelische Siedlungen in besetzten arabischen Gebieten« in Washington und »Survival in the Nuclear Age« in New York.
- 1985, 7. Mai
  Im ehemaligen Konzentrationslager Stutthof referiert Kreisky vor Abgeordneten des Europa-Parlamentes.
- 1985, 20.–22. Juni
  Vortrag vor dem »Rhein-Main-Wirtschaftsclub« in Frankfurt am Main zum Thema »Grundlinien einer neuen Entwicklungspolitik«.
- 1985, 28. Juni
  Teilnahme am »Fifth Congress of International Physicians for the Prevention of Nuclear War« in Budapest. Gespräch mit Kádár.
- 1985, 1. September
  Auf der Veranstaltung »Frieden bei uns – Krieg in der Welt?« der SPD Hamburg fordert Kreisky eine gemeinsame Initiative der beiden Supermächte zur Lösung der Nahost-Krise.
- 1985, 8.–10. September
  Im Rahmen eines NGO (Non-Governmental Organizations)-Meetings in Genf spricht Kreisky zum Thema »How to encourage the peace process«. Er plädiert für die Gründung eines UNO-Sonderausschusses für das Nahost-Problem.
- 1985, 11.–13. September
  In Antibes (Frankreich) trifft Kreisky den libanesisch-maronitischen Anwalt Roger Eddé, den Gründer der »Bewegung neutraler Libanon«.
- 1985, 17. September
  Vor dem Bertelsmann-Forum in Gütersloh spricht Kreisky zum Thema »Entwicklung bei den Supermächten – die mögliche Rolle Europas«. Er betont, daß sich in der Sowjetunion unter

Michail Gorbatschow einschneidende Wandlungen abzeichnen, die neue Strategien im Friedensprozeß notwendig machen.

- 1985, 29.–30. September
  Teilnahme am internationalen Symposion der »World Federation of UN-Associates« in Genf.
- 1985, 14. Oktober
  Eröffnung eines Friedenskongresses in Vårberg (Schweden).
- 1985, 15. Oktober
  Kreisky spricht auf der Friedenskonferenz des dänischen Gewerkschaftsbundes in Helsingør.
- 1985, 23. Oktober
  Rede vor der Sozialistischen Fraktion des Europäischen Parlamentes.
- 1985, 24. Oktober
  Auf Einladung der »Association Luxembourgeoise pour les Nations Unies« hält Kreisky anläßlich des 40. Geburtstages der Gründung der Vereinten Nationen die Festrede.
- 1985, 25. Oktober
  Kreisky hält im Kongreßhaus der Stadt Villach anläßlich eines Jugendempfanges einen Vortrag zum Thema »40 Jahre Zweite Republik – 30 Jahre Staatsvertrag«.
- 1985, 21. November
  Kreisky spricht in Würzburg vor der »Gesellschaft für Politische Bildung« zum Thema »Der Österreichische Staatsvertrag«.
- 1985, 9. Dezember
  In Zürich ist Kreisky Gast der Sendung »vis-à-vis« des Schweizer Fernsehens.
- 1985, 14.–15. Dezember
  Besuch in London.
- 1986, 14.–19. Jänner
  In New York trifft Kreisky mit dem Präsidenten des PEN-Clubs, Norman Mailer, und mit mehreren amerikanischen Senatoren zusammen. Beim »48th International PEN Congress« hält er einen Vortrag.
- 1986, 30.–31. Jänner
  Aufenthalt in Oviedo (Spanien). Kreisky ist Mitglied der Jury für die Vergabe des spanischen »Friedenspreises des Prinzen von Asturien«.
- 1986, 8.–10. Februar
  Teilnahme an der »International Conference on Colonialism«

der Garyounis Universität in Benghazi (Libyen). Treffen mit Gaddafi. Kreisky verurteilt die US-Flottenmanöver vor der libyschen Küste.

- 1986, 14. Februar
  Vortrag vor der Offiziersgesellschaft See & Gaster in Zürich mit dem Titel »Betrachtungen zur weltpolitischen Lage«.
- 1986, 24. Februar–2. März
  Reise Florenz – Rom. In Florenz hält Kreisky mehrere Vorlesungen am »Europäischen Hochschulinstitut«. In Rom trifft er mit Ministerpräsident Craxi zusammen und eröffnet den 11. Kongreß der C.G.I.L. (Confederazione Generale Italiana del Lavoro).
- 1986, 14.–16. März
  Teilnahme an der »Olof Palme Memorial Ceremony« in Stockholm. Besuch beim neuen schwedischen Ministerpräsidenten Ingvar Carlsson.
- 1986, 17. März
  Teilnahme an einer Diskussionsveranstaltung »Sozialdemokraten und Kommunisten« der SPD in Bonn.
- 1986, 20.–23. April
  Reise nach Abu Dhabi. Unterredung mit dem Staatsoberhaupt der Vereinigten Arabischen Emirate (VAE) und Emir von Abu Dhabi, Scheich Zayed Bin Sultan al Nahayan.
- 1986, 24.–26. April
  Vortrag bei der »Pasinger Runde« mit dem Titel »Politik braucht Visionen«.
- 1986, 6.–8. Mai
  Teilnahme an der Ronneby-Brunn-Konferenz der SKTF (Schwedische Gewerkschaft der kommunalen Beamten und Angestellten). Referat zu dem Thema »The Public Sector in an International View«.
- 1986, 13.–14. Mai
  Beim EFTA-Symposion in Lissabon hält Kreisky das Hauptreferat: »Economic Relations EFTA-Portugal in the Framework of the Development of European Integration«. Er trifft mit Staatspräsident Soares zusammen.
- 1986, 2.–4. Juli
  Teilnahme an der Konferenz »Der Dialog als allgemeine Grundlage des Friedens« in Rom.
- 1986, 4.–10. September
  Reise nach Nordkorea. Treffen mit Kim Il Sung, dem Staats-

präsidenten von Nordkorea. Unter der Regierung Kreisky waren 1974 auf Initiative des damaligen Außenministers Rudolf Kirchschläger diplomatische Beziehungen zwischen Wien und Pjöngjang hergestellt worden.

- 1986, 11.–13. September
  Kreisky spricht vor dem »Arbetarnas BildingsFörbund« in Stockholm und trifft mit Premierminister Carlsson zusammen.
- 1986, 22.–24. September
  Kreisky nimmt am internationalen Seminar über »Unemployment in Europe« des Institute of International Affairs in Stockholm teil. Er spricht über »Politics and Economic Development«.
- 1986, 25.–26. September
  Vortrag an der »Hermann-Ehlers Akademie« (BRD). Treffen mit Björn Engholm.
- 1986, 3. Oktober
  François Bondy präsentiert den ersten Memoiren-Band Kreiskys (»Zwischen den Zeiten«, Siedler-Verlag Berlin) auf der Frankfurter Buchmesse.
- 1986, 10.–13. Oktober
  Teilnahme an der Konferenz »Europe/Arab Nations/Pacific – Piloting the Megatrend« in Rimini (Italien).
- 1986, 15.–17. Oktober
  Kreisky nimmt an einem Treffen der Sozialistischen Internationale in Bonn teil.
- 1986, 14.–15. November
  Teilnahme am »International Scientists' Peace Congress: Ways Out of the Arms Race« in Hamburg.
- 1986, 26.–28. November
  Reise in die BRD. Vortrag vor der Deutsch-Arabischen Gesellschaft in Bonn. Im Rahmen einer Veranstaltung der Buchhandlung Baedeker in Essen liest Kreisky aus »Zwischen den Zeiten«.
- 1987, 15. Jänner
  Kreisky tritt vom Ehrenvorsitz der SPÖ sowie allen übrigen öffentlichen Funktionen, darunter der Präsidentschaft im Renner-Institut und im Institut für Internationale Politik, zurück. Schwere Verstimmungen zwischen Kreisky und der SP-Spitze im Zusammenhang mit dem Koalitionsabkommen mit der ÖVP (Verlust des Außenministeriums) werden als Grund angesehen.

- 1987, 7. April
Council Meeting der Sozialistischen Internationale in Rom; Zusammentreffen mit Willy Brandt.
- 1987, 22.–23. April
Besuch in Algier.
- 1987, 12. u. 15. Mai
Vorträge in München und Stuttgart.
- 1987, 21. Mai
Referat vor Investor Treuhand in Bonn.
- 1987, 24. Mai
Gespräch mit Senator George McGovern in Wien.
- 1987, 1. Juni
Besuch bei dem Präsidenten der EG-Kommission, Jacques Delors, in Brüssel.
- 1987, 2.–3. Juni
Besuch in Stockholm, Zusammentreffen mit dem schwedischen Außenminister Sten Andersson.
- 1987, 4. Juni
Parteikongreß in Helsinki.
- 1987, 30. September
Anläßlich der Präsentation des Gorbatschow-Buches »Was ich wirklich will«, zu dem Kreisky ein Vorwort verfaßt hat, unterstreicht er die »vollkommen neue Sicht Gorbatschows für Abrüstungsprobleme«.
- 1987, 5. Oktober
Kreisky nimmt am 11. Bundeskongreß des Österreichischen Gewerkschaftsbundes teil, bei dem Anton Benya, langjähriger Weggefährte Kreiskys, von Fritz Verzetnitsch abgelöst wird. Bei einer Nicaragua-Veranstaltung des Österreichischen Informationsdienstes für Entwicklungspolitik Zusammentreffen mit Kulturminister Ernesto Cardenal – Kreisky fordert die ersatzlose Streichung der Schulden der Dritten Welt.
- 1987, 19. Oktober
Beim internationalen Symposion »Vertriebene Vernunft – Emigration österreichischer Wissenschaft« analysiert er die Bedeutung des politischen Exils für Österreich.
- 1987, 23. Oktober
Vortrag im Rahmen des 10. Österreichischen Soziologentages an der Universität Graz zum Thema »Österreich zwischen Ost und West.«

- 1987, 29. Oktober
  Kreisky plädiert bei der Buchpräsentation von »Zeitzeugen« im ORF für eine »politische Kultur des Streites«.
- 1987, 3. November
  Für seinen erfolgreichen ersten Memoiren-Band (über 70.000 verkaufte Exemplare) erhält Kreisky den »Donauland-Sachbuchpreis«.
- 1987, 11. November
  Kreisky hält im Wiener Konzerthaus seine letzte Rede »Zur Lage« und kritisiert Bundespräsident Kurt Waldheim dafür, daß er seine militärische Funktion während des Zweiten Weltkrieges verschwiegen hat.
- 1988, 12. Jänner
  Vortrag im Rathaus von Barcelona.
- 1988, Februar und März
  Anläßlich des 50. Jahrestages des Einmarsches deutscher Truppen unter Adolf Hitler in Österreich am 12. März spricht Kreisky auf zahlreichen Veranstaltungen sowie vor Jugendlichen an österreichischen Schulen.
- 1988, 19. Februar
  Treffen mit Arafat in Genf.
- 1988, 4. März
  Referat vor dem »Österreichischen Bundesjugendring« mit dem Titel »Die hundert nationalen Fragen«.
- 1988, 10. März
  Kreisky hält auf dem Rathausplatz eine Rede über »Politik und Demokratie«.
- 1988, 14. März
  Bruno Kreisky wird mit dem Goldenen Doktorat der Universität Wien ausgezeichnet.
- 1988, 23. März
  Im Rahmen der »Wiener Vorlesungen« in der Wiener Secession spricht Kreisky zum Thema »Geschichte – klüger für ein anderes Mal?«
- 1988, 22. April
  Zusammentreffen mit dem schwedischen Außenminister Sten Andersson auf Mallorca.
- 1988, 17. August
  Präsentation der schwedischen Ausgabe des ersten Bandes der Erinnerungen anläßlich der Skandinavischen Buchmesse in Göteborg.

- 1988, 28. Oktober
  Bundespräsident a. D. Rudolf Kirchschläger stellt im Wiener Austria Center den zweiten Memoirenband »Im Strom der Politik« (Siedler/Kremayr & Scheriau) vor.
- 1988, 23. November
  Vortrag vor der Handelskammer in Malmö.
- 1988, 5. Dezember
  Bruno Kreiskys Ehefrau Vera stirbt unerwartet in Wien.
- 1988, 15. Dezember
  Begegnung mit dem schwedischen Außenminister Sten Andersson auf Mallorca.
- 1989, 12. Jänner
  Anläßlich der Präsentation des Abschlußberichtes seiner »Kommission für Beschäftigungsfragen in Europa« in Paris wird Kreisky von Präsident Mitterrand im Elysée-Palast empfangen und trifft mit Premierminister Michel Rocard und Außenminister Roland Dumas zusammen.
- 1989, 20. Jänner
  Im Rahmen des Geburtstagsempfangs von Bundespräsident Weizsäcker für Willy Brandt hält Kreisky die Laudatio.
- 1989, 28. Jänner
  PLO-Chef Arafat trifft Kreisky auf Mallorca.
- 1989, 2. März
  Besuch und Vortrag in Barcelona.
- 1989, 10. April
  Präsentation der Buchausgabe des Kreisky-Kommissions-Berichts mit dem Titel »Zwanzig Millionen suchen Arbeit« (Passagen-Verlag) in der Wiener Arbeiterkammer.
- 1989, 21. Juni
  Bruno Kreisky erhält die KF-Hanson-Medaille in Saltsjöbaden (Schweden).
- 1989, 22. Juni
  Auf der Schlußsitzung des Kongresses der Sozialistischen Internationale wird Kreisky als Vizepräsident verabschiedet.
- 1989, 27. Juni
  UNO-Generalsekretär Javier Pérez de Cuéllar bittet Kreisky, in einer Kommission zur Untersuchung der Apartheid in Südafrika mitzuwirken.
- 1989, 19. Juli
  Minister Pierre Bérégovoy trifft anläßlich eines Wien-Besuchs mit Kreisky zusammen.

- 1989, 7. Dezember
  Bruno Kreisky erhält den Friedenspreis der Martin-Luther-King-Stiftung in der Wiener UNO-City.
- 1990, 1. März
  Gemeinsam mit Bundeskanzler Franz Vranitzky Teilnahme an der »Veranstaltung zur Erinnerung an die Nationalratswahlen am 1. März 1970« in Wien.
- 1990, 17. März
  Wahlrechtskomitee der Auslandsösterreicher im Palais Schwarzenberg.
- 1990, 24. März
  Willy Brandt besucht Kreisky in Wien.
- 1990, 18. Mai
  Ost-West-Seminar der Kreisky-Kommission in Wien.
- 1990, 13. Juni
  Anläßlich des Geburtstages des Freundes Otto Georg in Kronberg trifft Brandt Kreisky zum letzten Mal.
- 1990, Juni
  Urlaub in Südtirol und Begegnungen mit Landeshauptmann Durnwalder in Meran, dem Senator Volgger und dem Politiker Dr. Jenny.
- 1990, 29. Juli
  Bruno Kreisky stirbt im Alter von 79 Jahren in Wien.
- 1990, 7. August
  Staatsbegräbnis unter Teilnahme zahlreicher offizieller Vertreter des In- und Auslandes (Ingvar Carlsson, Willy Brandt, Roland Dumas, Jassir Arafat und andere).

Bibliographie

Bruno Kreisky als Autor

Die Herausforderung. Politik an der Schwelle des Atomzeitalters. Düsseldorf 1963.

Aspekte des demokratischen Sozialismus. München 1974.

Neutralität und Koexistenz. München 1975.

Briefe und Gespräche (mit Willy Brandt und Olof Palme). Frankfurt/M.-Köln 1975.

La Social-démocratie et l'avenir (avec W. Brandt et Olof Palme) (französische Übersetzung der «Briefe«). Paris 1976.

Die Zeit, in der wir leben. Betrachtungen zur internationalen Politik. Wien 1978.

L'Autriche entre l'Est et l'Ouest (französische Übersetzung von «Die Zeit, in der wir leben«). Paris 1979.

A Democracia entre o Leste e o Oeste (portugiesische Übersetzung von «Die Zeit, in der wir leben«). Lissabon 1979.

Reden. Bd. 1 und Bd. 2. Wien 1981.

Politik braucht Visionen. Königstein im Taunus 1982.

Das Nahostproblem. Wien 1985.

Zamaneh-e por Aschub-e ma (persische Übersetzung von «Die Zeit, in der wir leben«). Teheran 1986.

Der junge Kreisky. Schriften, Reden, Dokumente 1931–1945, hrsg. v. Oliver Rathkolb und Irene Etzersdorfer. Wien 1986.

Zwischen den Zeiten. Erinnerungen aus fünf Jahrzehnten. Berlin 1986.

Im Strom der Politik. Der Memoiren zweiter Teil. Berlin 1988.

Skiftande Skeden (schwedische Übersetzung von «Zwischen den Zeiten«). Kristianstad 1988.

Eurooppalaisen Muistelmat (finnische Übersetzung von «Erinnerungen«, Bd. 1 und Bd. 2). Helsinki 1990.

Bruno Kreisky. Ansichten des sozialdemokratischen Staatsmannes, hrsg. v. Johannes Kunz. Wien 1993.

Bruno Kreisky, Der Mensch im Mittelpunkt. Der Memoiren dritter Teil, hrsg. v. Oliver Rathkolb, Johannes Kunz und Margit Schmidt. Wien 1996.

Bruno Kreisky als Herausgeber

Decolonization & After. The Future of the Third World. (Mithrsg.) London 1987.
Zwanzig Millionen suchen Arbeit. Wien 1989.
A Programme for Full Employment in the 1990s (englische Übersetzung von »Zwanzig Millionen suchen Arbeit«). Oxford 1989.
Pour en finir avec le chômage en Europe (französische Übersetzung von »Zwanzig Millionen suchen Arbeit«). Paris 1989.

Biographien bzw. Studien zur Ära Kreisky

Viktor Reimann: Bruno Kreisky. Porträt eines Staatsmannes. Wien 1972.
Paul Lendvai/Karl Heinz Ritschel: Kreisky. Porträt eines Staatsmannes. Düsseldorf 1974.
Bruno Kreisky. Fotografiert von Konrad R. Müller, Texte von Gerhard Roth und Peter Turrini. Berlin 1981.
Stella Klein-Löw: Bruno Kreisky: Ein Porträt in Worten. Wien 1983.
Irene Etzersdorfer: Kreiskys große Liebe. Inszenierungen eines Staatsmannes. Wien 1987.
Elisabeth Horvath: Ära oder Episode. Das Phänomen Bruno Kreisky. Wien 1989.
Bettina Gruber: Die Nahostpolitik Bruno Kreiskys. Diplomarbeit. Klagenfurt 1989.
Thomas Nowotny: Was bleibt von der Ära Kreisky? Wien o.J. [1989].
Heinz Fischer: Die Kreisky Jahre 1967–1983. Wien 1993.
H. Pierre Secher: Bruno Kreisky: Chancellor of Austria. Pittsburgh 1993.
Herwig Danzinger: Bruno Kreisky und die Zeitschrift »profil«. Eine empirisch-inhaltliche Analyse, Diplomarbeit. Wien 1994.
Konrad R. Müller/Werner A. Perger/Wolfgang Petritsch: Bruno Kreisky – Gegen die Zeit. Berlin 1995.
Gabriele Bernadette Waldner: Bruno Kreisky, Medienstar. Zur Bedeutung von Kalkül und Intuition in der politischen Kommunikation. Diplomarbeit. Wien 1995.

Andreas Pittler: Bruno Kreisky. Reinbek bei Hamburg 1996.
Harald Pesendorfer: Bruno Kreisky – Transformation der SPÖ? Bruno Kreisky wird Parteiobmann. Wien 1996.
Gerhard Schmid: Die Ära Kreisky 1970–1983. Ihre Auswirkungen auf das politische System Österreichs, Dissertation. Wien 1996.
Gerhard Schmid: Österreich im Aufbruch: die österreichische Sozialdemokratie in der Ära Kreisky (1970–1983). Innsbruck 1999.
Werner Gatty, Gerhard Schmid, Maria Steiner, Doris Wiesinger (Hrsg.): Die Ära Kreisky. Österreich im Wandel 1970–1983. Wien 1997.

Lexikographische Überblicksliteratur

Hans Eder: Die Politik in der Ära Kreisky, in: Österreich 1945–1995. Gesellschaft, Politik, Kultur, hrsg. v. Reinhard Sieder/Heinz Steinert/Emmerich Tálos. Wien 1995, S. 186–199.
Félix und Denise Kreissler: Bruno Kreisky, in: Les Grands Revolutionnaires. Romorantin 1984, S. 99–188.
Wolfgang C. Müller: Bruno Kreisky, in: Die Politiker, hrsg. v. Herbert Dachs/Peter Gerlich/Wolfgang C. Müller. Wien 1995, S. 353–365.
Oliver Rathkolb: Bruno Kreisky, in: Lebensbilder Europäischer Sozialdemokraten des 20. Jahrhunderts, hrsg. v. Otfried Dankelmann. Wien 1995, S. 240–272.
Oliver Rathkolb: Die Kreisky-Ära 1970–1983, in: Rolf Steininger, Michael Gehler (Hrsg.): Österreich im 20. Jahrhundert. Wien – Köln – Weimar 1997, S. 305–353.

Sammelwerke über die Ära Kreisky

Johannes Kunz (Hrsg.): Die Ära Kreisky: Stimmen zu einem Phänomen. Wien 1975.
Erich Bielka/Peter Jankowitsch/Hans Thalberg (Hrsg.): Die Ära Kreisky. Schwerpunkte der österreichischen Außenpolitik. Wien 1983.
Aktion kritische Wähler (Hrsg.): Brüche und Aufbrüche: Zum Wandel der Werte in der Politik. Wien 1985.

Erich Fröschl/Helge Zoitl (Hrsg.): Der österreichische Weg 1970–1985. Fünfzehn Jahre, die Österreich verändert haben. Wien 1985.
Peter Pelinka/Gerhard Steger (Hrsg.): Auf dem Weg zur Staatspartei. Zur Geschichte und Politik der SPÖ seit 1945. Wien 1988.
Günter Bischof/Anton Pelinka (Hrsg.): The Kreisky Era in Austria (Contemporary Austrian Studies 2). New Brunswick 1994.
Austriaca No. 40 (1995): Bruno Kreisky.

Kommentierte Bildbände

(inklusive Karikaturen)

Irene Etzersdorfer: Kreiskys große Liebe. Inszenierungen eines Staatsmannes. Wien 1987.
Bruno Kreisky. Fotografiert von Konrad R. Müller. Texte von Gerhard Roth und Peter Turrini. Berlin 1981.
Doris Fuchs: Bruno Kreisky in der Karikatur (Beiträge zur neueren Geschichte Österreichs 2). Frankfurt/M. 1995.

Audiovisuelle Medien

Videos

Franz Kreuzer: Bruno Kreisky. Ein Leben zwischen den Zeiten, hrsg. v. Johannes Kunz. ORF/Edition S. 1993.
Der Weg nach oben. Dr. Bruno Kreisky 1911–1990. ORF-Video 1990.
Erinnerungen. Johannes Kunz im Gespräch mit Bruno Kreisky, 1989.
Zu Gast. Bruno Kreisky: Versöhnliche Worte zur Monarchie; nachdenkliche Worte zur EG, 1989.
Begräbnis von Bruno Kreisky, 1990.
Ich bin der Meinung. Eine Hommage an Bruno Kreisky, 1990.
Abschied von Bruno Kreisky. Staatsakt, Trauerzug, 1991.
Abschied von Bruno Kreisky. Zusammenfassung der Trauerfeierlichkeiten, 1991.
Bruno Kreisky – Spurensuche. Eine historische und politische Spurensuche zehn Jahre nach dem Rücktritt von Bruno Kreisky, 1993.

Kassette

Bruno Kreisky. Regierungserklärungen 1970, 1971, 1975. (1970, 1971: nur schriftlich; 1975: 2 Kassetten; Dokumentation unserer Zeit. Bundeskanzler Dr. Bruno Kreisky. Regierungserklärung 1975) Hrsg. v. Karl Heinz Ritschel.

Langspielplatte

Dr. Bruno Kreisky. Weiter auf dem österreichischen Weg (Dokumentation unserer Zeit). Produktion Fritz Salus, Interview: Karl Heinz Ritschel.

Weitere bibliographische Informationen sowie Recherche-Hilfestellung erhalten Sie in der Bibliothek des Bruno Kreisky Forums für Internationalen Dialog, Armbrustergasse 15, A-1190 Wien, Tel.: 0222/318 82 60/Dw 19, Fax: 0222/378 51 11;
E-Mail: kreiskyforum@kreisky.org

Originalquellenmaterialien von und über Bruno Kreisky und seine Zeit können in der Stiftung Bruno Kreisky Archiv, Rechte Wienzeile 97, A-1050 Wien, eingesehen werden.
Tel.: 0222/545 75 35/Dw 32; Fax: 0222/545 30 97;
E-Mail: archiv@kreisky.org
Internetseite: www: kreisky.org

Quellenverzeichnis

Folgende Originalquellen wurden auszugsweise im III. Band verwendet:

Wörtliche Transkripte von Diktaten Bruno Kreiskys, die er für seine Memoiren aufzeichnen ließ:

17./18. November	1984, Wien
19./20. Jänner	1985, Wien
8.–10 Februar	1985, Semmering
3.–9. April	1985, Mallorca
28. Juli–11. August	1985, Mallorca
16.–31. März	1986, Mallorca
18. April–2. Mai	1987, Mallorca
20.–29. November	1987, Mallorca
6.–13. Jänner	1988, Mallorca
3.–17. Juli	1988, Mallorca
26. Februar–5. März	1989, Mallorca

Artikel »Ganz Europa soll es sein«, Forum, Heft XI, Jänner 1964.
Rede über den Sozialismus im Jahr 2000, undatiert (um 1970).
Wortprotokoll von Gesprächen mit Karl Heinz Ritschel, 30. und 31. März 1972.
Interview mit H. Sterk, »Arbeiter-Zeitung«, 2. Juli 1977.
Transkripte von Gesprächen mit Manuel Lucbert, 1977.
Transkripte von Kreisky-Gesprächen im Zusammenhang mit der Pammer Film-Produktion »Bruno Kreisky – fast privat«, ein filmisches Feuilleton anläßlich seines 70. Geburtstages, entstanden im Laufe des Jahres 1980.
Vortrag vor der Industrie- und Handelskammer in Düsseldorf, 7. Mai 1980.
Bruno Kreisky, Rede für die Freiheit der Kunst, 19. Februar 1983.
Vortrag in Stockholm, 25. Juni 1984.
Vortrag »Der österreichische Weg«, 1. März 1985.
Rede »2. Congres du comité européen pour la défense de réfugiés et immigrés«, Marseille, April 1985.
Rede in Stutthof, 7. Mai 1985.
Vortrag beim Österreichischen Gewerbeverein in Wien, 19. Juni 1985.
Interview für ein Nahost-Buch, Juni 1985.
Hauptverhandlungsprotokoll Jörg Haider gegen Bruno Kreisky, 25. Juni 1985.
Unveröffentlichter Artikelentwurf zum Thema Terror, 1985/86.
Off-the-Record-Gespräch mit Redakteuren von »New York Times« und »Time«, 15. und 16. Jänner 1986.
Wortprotokoll eines Interviews mit Bruno Kreisky, Bad Ragaz, 22. September 1987.

Wortprotokoll eines Interviews mit Wolfgang Pohlodek, 9. November 1987.
Rede zur Lage, Wiener Konzerthaus, 11. November 1987.
Wortprotokoll eines Gesprächs für die »Revue d'Etudes Palestiniennes«, Frühling 1988.
Rede bei der außerordentlichen Vollversammlung des österreichischen Bundesjugendringes, März 1988.
Rede am Rathausplatz, 10. März 1988.
Rede »Geschichte – klüger für ein anderes Mal?«, 23. März 1988.
Artikel »Gräben zuschütten, aber nicht vergessen«, Auseinandersetzung mit österreichischer Geschichte 1933/34 bis 1945, Jüdisches Echo, 1988.
Wortprotokoll eines Gesprächs für »Esquire«, August 1989.
Wortprotokoll einer Rede anläßlich der Verleihung des Martin-Luther-King-Friedenspreises, 7. Dezember 1989.
»Kurier«-Artikel »Wozu braucht man eigentlich die Politik?« Veröffentlicht in: »Bruno Kreisky. Dennoch Hoffnung für die Welt«. (Wien o. J.)
Sowie eine Reihe von Briefen aus dem Nachlaß Bruno Kreiskys, die im Text genau zitiert werden.

Bildnachweis

Otto Bartel: S. 42
Basch Presse-Bilderdienst: S. 171
Rudolf Blaha: S. 124 oben
Stiftung Bruno Kreisky Archiv: S. 22, 24, 31, 50, 74, 93, 124 unten, 156, 190, 199, 208, 210, 261, 272, 273, 295
Fotostudio Haslinger: S. 316, 326
Walter Henisch: S. 41, 108, 122, 141, 302, 311
Erich Janzso: S. 90
Fritz Kern: S. 68, 247
Walter Kernstock: S. 322
Johann Klinger: S. 54, 130, 143
Herlinde Koelbl: S. 297
Robert Lebeck: S. 76
Peter Lehner: S. 288
Georg Mikes: S. 65
Harald Nap: S. 133
Perlstein Gamma: S. 177
Miguel Povedano: S. 102, 184
profil: S. 52
Fritz Schimke: S. 70
Rudolf Semotan: S. 32, 35, 66, 73, 82, 116, 144, 163, 196, 213
Stadt- und Landesbibliothek Wien: S. 222
Stern (Lebeck): S. 125
Tecnifoto: S. 291
Pressefoto Votava: S. 17, 26, 38, 80, 87, 96, 99, 131, 146, 258, 299

Bei einigen Fotos ist es leider nicht gelungen, die heutigen Rechteinhaber zu ermitteln. Wir bitten diese, sich mit dem Verlag in Verbindung zu setzen.

Namensregister

Kursive Ziffern verweisen auf die Abbildungen

Gesamtnamensregister

Kursive Ziffern verweisen auf die Abbildungen

Sponsoren für die Neuauflage der Kreisky-Memoiren

Anneliese Albrecht
BAWAG
Bruno Kreisky Forum für Internationalen Dialog
Caspar Einem
Staatssekretärin a.D. W. Hofrat Dr. Beatrix Eypeltauer
Mag. Georg Fischer
ao. u. bev. Botschafter i.R. Dr. Karl Fischer
Friedrich Gehart
Generaldirektor a.D. Otto Georg
Bürgermeister Dr. Michael Häupl
Bundesminister a.D. Dr. Peter Jankowitsch
Dr. Edith Kitzmantel
Vizebürgermeisterin Mag. Monika Kohl-Kircher
Mag. Max Kothbauer
Johannes Kunz
Karl Lausecker
Botschafter Dr. Georg Lennkh
Univ. Prof. Ewald Nowotny
Österreichisches Studienzentrum für Frieden und Konfliktlösung
Martina Reichma-Hollat
Vizepräsident Wolfgang Roth, Europäische Investitionsbank
Albin Schober
Dr. Fred Sinowatz
Dr. Andreas Staribacher
LHM.Stv.a.D.Karl Steinocher
Stiftung Bruno Kreisky Archiv
MEP Dr. Hannes Swoboda
Günter Traxler
Vize Gouverneurin Mag. Dr. Gertrude Tumpel-Gugerell
Dr. Franz Vranitzky
Wiener Städtische Allgemeine Versicherung AG
Professor Sepp Wille